POLITIKA

herausgegeben von

Rolf Gröschner und Oliver W. Lembcke

13

Faktizität und Normativität

Georg Jellineks freiheitliche Verfassungslehre

herausgegeben von

Winfried Brugger †, Rolf Gröschner
und Oliver W. Lembcke

Mohr Siebeck

Rolf Gröschner, geboren 1947; Studium der Wirtschaftswissenschaften und der Rechtswissenschaft in Nürnberg, Erlangen und München; 1974 Diplom; 1978 Erste, 1985 Zweite Juristische Staatsprüfung; 1981 Promotion; 1990 Habilitation; Professor für Öffentliches Recht und Rechtsphilosophie an der Universität Jena; 2009/2010 Fellow am Max-Weber-Kolleg für kultur- und sozialwissenschaftliche Studien in Erfurt; 2013 Pensionierung.

Oliver W. Lembcke, geboren 1969; Studium der Politikwissenschaft, Rechtswissenschaft und Geschichte in Kiel und Cambridge/Mass.; 1995 Magister, 2004 Promotion; Inhaber einer Vertretungsprofessur für das Politische System der Bundesrepublik Deutschland an der Universität Jena.

ISBN 978-3-16-155140-6
ISSN 1867-1349 (POLITIKA)

Die Deutsche Nationalbibliothek verzeichnet diese Publikation in der Deutschen Nationalbibliographie; detaillierte bibliographische Daten sind im Internet über *http://dnb.dnb.de* abrufbar.

Das Buch wurde von Gulde Druck in Tübingen aus der Bembo gesetzt, auf alterungsbeständiges Werkdruckpapier gedruckt und gebunden.

Inhaltsverzeichnis

Vorwort

Die Idee einer Tagung zum 100. Todestag Georg Jellineks stammt aus Jena. Aber schon im ersten Gespräch waren die »local hosts« darüber einig, Winfried Brugger als ausgewiesenen Jellinek-Kenner um Beteiligung zu bitten. Die Zusage aus Heidelberg kam prompt. Und die telefonische Anfrage, ob er den Tagungsband in der Reihe Politika des Mohr-Verlags mitherausgeben wolle, beantwortete er mit dem Satz: »So schnell bin ich noch nie zu einer Herausgeberschaft gekommen.« Für die beiden Jenaer Reihen- und Bandherausgeber ist es ein nobile officium, die Editorenrolle Winfried Bruggers nicht mit seinem Tode enden zu lassen. Ebenso erschien es uns als Ehrenpflicht, seine Eigenschaft als Architekt der Tagungskonzeption an prominenter Stelle des Programms zum Ausdruck zu bringen. In den Entwürfen zur Konkretisierung der Tagung findet sich folgender Abschnitt aus seiner Feder, der uns damals als Einführung in das Tagungsthema diente und den wir mit der Erinnerung an einen viel zu früh verstorbenen Kollegen verbinden möchten:

»Georg Jellinek ist einer der intellektuellen Riesen der deutschen Staats- und Verfassungslehre, die in seiner Person auch die Verfassungsgeschichte, die Politikwissenschaft und das Völkerrecht umfaßte. Wegen antijüdischer Ressentiments war ihm die institutionelle Anerkennung durch einen der Weite seines wissenschaftlichen Horizonts entsprechenden Lehrstuhl lange versagt geblieben. Spätestens mit seiner Berufung an die Universität Heidelberg als Ordinarius für Allgemeines Staatsrecht, Völkerrecht und Politik 1890 hatte sich dies geändert. Dort starb er sechzigjährig am 12. Januar 1911. Sein Heidelberger Kollege Max Weber sprach an seinem Grab von einem ›Mann, der zu den wenigen gehörte, die in ihrem Fach Weltruf genossen‹. Das American Journal of International Law betrauerte ›an irreparable loss‹. [...] Sein 100. Todestag jährt sich 2011. Das ist für die Antragsteller Anlaß, den historischen Kontext des Jellinekschen Werkes wie auch dessen Gegenwarts- und Zukunftsrelevanz zu untersuchen.«

Von der Planung bis zur Durchführung verging rund ein Jahr – eine Zeit intensiven Austauschs. Die Entwürfe flogen zwischen Heidelberg und Jena hin und her. Aus der schönen Idee, den Tagungsort Heidelberg nach der Hauptwirkungsstätte Jellineks auszuwählen, wurde der pragmatische Entschluß, aus Finanzierungsgründen den Jenaer Sitz des Hellmuth-Loening-

Zentrums für Staatswissenschaften (HLZ) zu nutzen. Winfried Brugger hat den Verlust des Gastgeberstatus mit heiterer Gelassenheit hingenommen. Ohnehin bot die Zusammenarbeit mit ihm reichlich Gelegenheit, seine Verbundenheit der Sache, dem Projekt und auch den Personen gegenüber zu erleben. Das Zu- und Absagegeschehen etwa kommentierte er stets spontan am Telefon oder per E-Mail. Auf Information seines Kollegen der Staatsrechtslehre, die Planung müsse für eine Weile ruhen, um die Ursache irritierender Blitze im Auge untersuchen zu lassen, schrieb er: »Ich wünsche Ihnen nur Geistesblitze, keine sonstigen, und drücke die Daumen.« Geist und Witz waren für ihn keine kontradiktorischen Gegensätze. Auch die Wissenschaft und die Künste verstand er in Kennerschaft zu verbinden: *From opera to folk music* – so hat es der Dekan des Law Center der Georgetown University in seiner als Nachruf gestalteten, sehr bemerkenswerten Todesanzeige in der Süddeutschen Zeitung formuliert.

Von dieser Mischung haben Intention und Konzeption der Tagung nachhaltig profitiert. So hat es nicht lang gedauert, bis man sich gemeinsam entschloß, einen »Ehrengast« nach Jena einzuladen, dem dieser Titel auch in besonderer Weise zukommt: Wolfgang Jellinek, einen weit über seine Urenkelschaft hinaus renommierten Geiger, der den wissenschaftlichen Vorträgen und Diskussionen einen künstlerischen Rahmen gab, indem er musikalisch-biographische Aphorismen in Wort und Ton zu Gehör brachte. Als Violinvirtuose konnte er nicht nur den Begriff Ehrengast mit Wohlklang erfüllen, sondern seinem Urgroßvater auch als Musiker die Ehre erweisen. Georg Jellinek wissenschaftlich *und* künstlerisch ehren zu können, war für die Veranstalter eine besondere Freude.

Ähnlich einig war man sich im Grunde von Beginn an über den Titel der Tagung, der daher auch für den Band gewählt wurde. Er verbindet den Verweisungszusammenhang zwischen Faktizität und Normativität, der Jellineks Werk kennzeichnet, mit der Auszeichnung seiner Lehre als »freiheitlicher« Verfassungslehre. Dazu schreibt Winfried Brugger in seinem letzten Aufsatz: Wenn die »Feingliedrigkeit der Jellinekschen Analysen« nicht immer erkannt werde, liege dies teilweise an Jellinek selbst, weil er »manchmal zu schnell oder auch unnötigerweise von der sozialtheoretischen Ebene auf spezifisch staatliche Dimensionen überwechselt und dann als im Herrschafts-, Zwangs- und Gewaltdiskurs befangen erscheinen mag«. Georg Jellinek hundert Jahre nach seinem Tode gegen solch unberechtigten Etatismusverdacht in Schutz zu nehmen, ist das gemeinsame programmatische Anliegen der Herausgeber, das der Titel zum Ausdruck bringen soll.

Zugleich soll damit auf die produktive Transdisziplinarität hingewiesen werden, die so charakteristisch für das Denken Georg Jellineks ist. Zweifellos hat er längst seinen verdienten Platz im Kreis der führenden Köpfe der deutschen Staats- und Verfassungslehre sicher. Seine Bedeutung für die Nachbardisziplinen, gerade für die Politikwissenschaft, aber ebenso für die Grundlagen der Jurisprudenz, in Sonderheit für die Rechtstheorie, wird hingegen nur eher kursorisch erkannt. Letztlich scheint Kelsen mit seiner Kritik an Jellineks »unwissenschaftlicher« Behandlung von Recht und Staat den Sieg davongetragen zu haben. Die Methode konstituiere den Forschungsgegenstand – und diese Methode müsse sich zuallererst und grundsätzlich entscheiden, ob sie sich dem Sein oder dem Sollen widme. Kelsens Verdikt wirkt nach. Bis zum heutigen Tag weiß die Rechtswissenschaft mit Jellineks Doppelperspektive auf das Recht nicht viel anzufangen. Im Grunde ist ihr seine Methode suspekt: zu staatsfixiert oder zu soziologisch – oder beides. So ist vieles verschüttet worden, was die moderne Staatsrechtslehre erst neuerlich, mitunter mühsam im Zuge wachsender Internationalisierung und Globalisierung aufbaut. Das Recht jenseits des Staates zu denken, die »Eigenlogik« gesellschaftlicher Praxis und deren Ordnungsfunktion und Bedeutung für das Recht zu erfassen, den internen Legitimationskern des Rechts und dessen Fruchtbarkeit zu erkennen, all das sind Herausforderungen, die in den Rupturen der letzten zwei Jahrzehnte sichtbar geworden sind. Daß gerade Jellinek zum Verstehen dieser Herausforderungen maßgeblich beitragen kann, mag nur für jene paradox erscheinen, die in ihm ein altes »Zitierfossil« (Kersten) einer überkommenen Disziplin sehen. Die Allgemeine Staatslehre hat sich die Aufgabe gestellt, elementare Ordnungsphänomene zu durchdringen. Und auch wenn diese zum Teil ihre Gestalt gewandelt haben – die Macht des Staates ist kleiner geworden, die Ansprüche der Gesellschaft politischer –, so bleibt doch die Aufgabe nach wie vor aktuell; und mit ihr viele der bekannten Probleme, die nach wie vor Rätsel aufgeben.

Eines dieser Rätsel ist das »Doppelleben« des Rechts, nämlich »[e]inmal als tatsächliche Rechtsübung, als welche es eine der sozialen Mächte ist, die das konkrete Kulturleben eines Volkes ausgestalten. Sodann aber als ein Inbegriff von Normen, der bestimmt ist, in Handlungen umgesetzt zu werden.« Diese kleine Passage, die sich in der »Allgemeinen Staatslehre« findet, umreißt Jellineks großes Thema, sein Lebensthema, das sämtliche Stichworte durchwirkt, die ihm den Rang eines Klassikers eingebracht haben: das Recht als »ethisches Minimum«, die »Zwei-Seiten-Theorie« sowie die »Drei-Elemente-Lehre« des Staates, die »Statuslehre« über das Verhältnis zwischen Individuum und Staat und selbstredend seine Konzeption der »normativen Kraft des Faktischen«. Seine dogmatischen Leistungen als Jurist schuldet er im Grunde seinem Blick für Werden und Wandel sozialer Ordnungen. Contra Kelsen könnte man sagen, daß es gerade sein historisches Gespür für die Kontingenzen menschlicher Ordnungen und sein sozialwissenschaftlicher Sinn für Typisierungen gewesen sind, die es ihm ermöglicht haben, Staats*rechts*lehre zu betreiben – ohne dafür den Staat und damit den Verweisungszusammenhang zwischen Politik und Recht verabschieden zu müssen.

Ein Tagungsband allein kann dem Umfang an Themen und Inhalten, mit denen sich Jellinek auseinandergesetzt hat, nicht gerecht werden. Wir haben uns daher auf zwei Schwerpunkte konzentriert, mit denen wir Jellinek als produktiven Denker in einem transdisziplinären Sinne vorstellen möchten: Der erste Schwerpunkt nimmt Theorie und Methode Jellineks in den Blick und versucht, die sozial- und politikwissenschaftlichen Momente seines Denkens herauszuarbeiten. Der zweite Schwerpunkt zielt auf die normative Dimension und rekonstruiert Jellineks Beiträge für eine moderne und freiheitliche Staats- und Verfassungslehre. Daß beide Schwerpunkte sich nicht säuberlich voneinander trennen lassen, zeigt bereits der Beitrag »Georg Jellinek als Sozialtheoretiker und Kommunitarist«. *Winfried Brugger* vertritt hier die These, Jellineks Staats- und Rechtsdenken sei als eine kommunitaristische Stufung von Sozialordnung vor Rechts- und Staatsordnung zu verstehen, mit der die Einbindung des Staates in die Realitäten der sozialen Welt zum Ausdruck gebracht werden solle. In ähnlicher Weise weiß auch der Beitrag »Max Weber auf den Spuren Georg Jellineks« methodische und normative Einsichten miteinander zu verbinden. *Andreas Anter* macht hier auf die vielfältigen Anregungen aufmerksam, die Max Weber von seinem Heidelberger Kollegen und Freund für seine eigenen wissenschaftlichen Studien erhalten hat. Dabei wird unter anderem deutlich, was Staat für den vermeintlichen Etatisten Jellinek bedeutet – in einem Wort: gedankliche Synthese statt Substrat. Auf dieser Grundlage erhellt sich zudem Jellineks Beharren (im Unterschied zu Weber) auf den staatlichen Funktionen und der Zweckbindung des Staates, die er als Gegenmittel gegen die damals reaktionär ausgerichtete Ideologie der Zweckfreiheit des Staates verstanden wissen wollte.

Einen weiteren Vergleich zweier intellektueller Riesen, diesmal auf dem Gebiet der Staatslehre, bietet der Beitrag »Das mag in der Praxis richtig sein, taugt aber nicht für die Theorie: Zum Verhältnis zwischen Faktizität und Normativität bei Jellinek und Kelsen«, in dem die rechtspositivistischen Grundpositionen der beiden Denker von *Oliver W. Lembcke* und *Bart van Klink* einander gegenübergestellt werden. Im Kern geht es darum, Kosten und Nutzen des jeweiligen Anspruchs auf Wissenschaftlichkeit zu veranschaulichen, den beide in der Einheit der Rechtsordnung abzusichern suchen. Daß dabei Kelsens Primat des Rechts einen klaren Punktsieg über Jellineks Primat des Staates davonträgt, kann weder aus methodischer noch aus normativer Sicht überzeugend behauptet werden. Vielmehr wird die Einheitsfiktion offenbar, die sowohl der Grundnorm als auch der Formel von der Selbstbindung des Staates zugrunde liegt (und mit ihr die Defizite des jeweiligen Theorieansatzes). Allerdings könnten die Konsequenzen, die aus diesen Ansätzen folgen, kaum unterschiedlicher sein: Resultiert bei Kelsen aus der Grundnorm der strukturelle Autismus der Rechtswissenschaft gegenüber anderen als rechtlichen Erscheinungen – mit der Folge, daß sämtliche Erscheinungen solche des Rechts sein oder werden können –, folgt aus Jellineks Sicht zwingend die Geschichtlichkeit jeder (Rechts-)Ordnung, deren Zustand für das Recht potentiell stets relevant ist, gleichwohl aber nicht aus dem Recht abgeleitet werden kann.

Vor diesem Hintergrund verliert nicht nur die Selbstbindung des Staates (teilweise) ihr etatistisches Antlitz. Auch die Statuslehre erscheint in einem anderen Licht. Darauf läuft zumindest das Plädoyer des Beitrags von *Christoph Enders* hinaus: »Die Freiheit des status subiectionis – Zur Geburt der Grundrechtsdogmatik aus dem Geist des Rechtsverhältnisses in Georg Jellineks System der subjektiven öffentlichen Rechte«. Die in modernen Ohren martialisch klingende Unterwerfung unter den Staat und seinen Willen ist hiernach nur die Kehrseite des Rechtsverhältnisses, aus dem der Staat als Rechtssubjekt verpflichtet wird. Mit anderen Worten: Es ist die Abkehr vom absolutistischen Allmachtsanspruch staatlicher Gewalt. Herrschaft ist nicht Beherrschung, das heißt ein institutionalisiertes Machtverhältnis, sondern ein Rechtsverhältnis, in dem Individuum und Staat einander auf der Basis wechselseitiger Rechte und Pflichten begegnen. Dabei ist es entscheidend zu verstehen, so *Manfred Rehbinder* in seinem Beitrag »Statusbegriffe von Sir Henry S. Maine über Georg Jellinek bis heute«, daß Jellineks Statuslehre nicht der Beschreibung eines Inhalts von Rechten und Pflichten dient. Der Status ist selbst kein subjektives Recht, sondern eine das Individuum qualifizierende Beziehung zum Staat. Und diese Beziehung ist laut *Hans Vorländer* auf Anerkennung angewiesen. In seinem Beitrag »Statuslehre und Staat bei Georg Jellinek« verweist Vorländer hierbei auf die Parallele zu Max Weber, wonach die Überzeugung auf Seiten der Rechtsunterworfenen, die bestehende Ordnung sei legitim und damit gerechtfertigt, das Substrat dieser auf Anerkennung beruhenden Beziehung sei. Gerade weil es sich beim Status nicht um ein einzelnes Recht handelt, sondern um eine Beziehung, an die das einzelne Recht anknüpfen kann, erschöpft sich die Bedeutung der Statuslehre nicht im Verfassungsrecht. Daher ist die Antwort auf die titelgebende Fragestellung »Statuslehre verwaltungsrechtlich: Spiegeln sich der

Status von Bürger und Staat auch in der modernen Verwaltungsrechtsdogmatik wider?« mit *Winfried Kluth* zu bejahen. Er erinnert daran, daß Jellinek über das Bürger-Staat-Verhältnis hinaus auch die Beziehungen zwischen und in den öffentlichen Verbänden im Blick hat. Diese Perspektive ermöglicht es, unter anderem die Eigenrechte von Selbstverwaltungseinheiten angemessen in einer Weise dogmatisch zuzuordnen, die der heutigen ausdifferenzierten Verwaltungsorganisation entspricht.

Die Einbindung staatlicher Herrschaft in die soziale Ordnung und die Ausgestaltung der politischen Ordnung durch Rechtsverhältnisse, in denen Symmetrie zwischen Rechten und Pflichten herrscht, ist den Dynamiken und Herausforderungen der Politik unterworfen, und zwar sowohl in der Innen- wie Außenpolitik. *Jens Kersten* analysiert »Georg Jellineks rechtspolitische Schriften 1885 bis 1906 als Beitrag zum Verhältnis von Staatsrechtslehre und Politik im Spätkonstitutionalismus und darüber hinaus« und porträtiert diesen als Deutschnationalen im Kampf zwischen »Mehrheit und Minderheit im Minoritätenstaat« der k. u. k. Monarchie Österreich-Ungarn. Demnach war Jellinek sich nicht zu schade dafür, seine politischen Interessen mit den Mitteln des Staatsrechts zu verfolgen. In diesem Sinne sind sowohl seine Forderung nach einem Verfassungsgerichtshof als auch sein Eintreten für Minderheitenrechte zu verstehen, bei dem es sich, wie Kersten zeigt, im Grunde um die »Sicherung von deutschsprachigen Minderheiten*vor*rechten« handelte. Gleichwohl wird man Jellinek einen klaren Blick auf des Pudels Kern zugestehen können, sofern er zwischen politischen (veränderbaren) und strukturellen (verfestigten) Mehrheits- und Minderheitsverhältnissen zu differenzieren versteht und für die Institutionalisierung proporz- und konsensdemokratischer Spielregeln votiert. Hier kommt zum Vorschein, was von Smend später zum Angelpunkt der gesamten Verfassungslehre gemacht werden wird: Die Einsicht in die politische Bedeutung der Integrationsfunktion findet sich bei Jellinek an verschiedenen Stellen, in seinen rechtspolitischen Überlegungen besitzt sie jedoch bereits eine klare Kontur. Ein weiteres Beispiel dafür liefert der Beitrag »Verfassung und Verfassungswandel bei Georg Jellinek« von *Stephan Kirste*. Kirste demonstriert, wie stark Jellineks Analyse der Verfassungsdynamik vom Integrationsgedanken bestimmt ist, der hier in Form des Ausgleichs zwischen innovativer Verfassungsänderung und konservativem Verfassungswandel auftritt. Insofern sich der Nationalstaat als Rechtsstaat versteht, der sich qua eigener souveräner Entscheidung selbst bindet und einbindet, könnte der Integrationsbegriff auch das Stichwort liefern für den Beitrag »Jellineks Lehre von den Staatenverbindungen und der Streit um die Souveränitätsverständnisse«. Aus *Christian Hillgrubers* Analyse geht jedenfalls klar hervor, daß Jellinek staatliche Souveränität als Autonomie und nicht als Autarkie begreift, als eine Fähigkeit also, Machtverhältnisse in Rechtsverhältnisse zu übersetzen, um damit die Voraussetzungen für eine politische Integration in transnationalen und internationalen Kontexten zu schaffen.

Als Klassiker lebt Jellinek von der Rezeption. Daher ist es den Herausgebern eine besondere Freude, als Abschluß des Bandes noch zwei Zugänge zu Jellinek präsentieren zu können, die etwas abseits der bekannten Rezeptionspfade liegen. *Elena Pribytkova* gibt einen Überblick über »Georg Jellineks Einfluß auf die russische Rechtskultur«, die für diesen ein echtes Anliegen war. Und *Manfred Walther* macht auf »eine übersehene Verbindung« zwischen »Jellinek und Spinoza« aufmerksam, für die man bisher vielleicht auch deswegen blind gewesen ist, weil sie für Jellinek zum fraglosen, eben nicht weiter thematisierten Selbstverständnis eines jüdischen Gelehrten gehörte – bevor dieser Strang der Rezeption erst gewaltsam unterbrochen und dann lange beschwiegen wurde.

Nürnberg und Jena im August 2016 Rolf Gröschner
und Oliver W. Lembcke

In memoriam Winfried Brugger (1950–2010)

Klaus Dicke

Statt eines Grußwortes zur Eröffnung des Symposiums »Faktizität und Normativität. Georg Jellineks freiheitliche Verfassungslehre. Eine Tagung aus Anlaß seines 100. Todestages«, Jena, 14. Januar 2011

Liebe Kolleginnen und Kollegen,

zu dieser Gedenktagung anläßlich des 100. Todestages des namensgebenden Begründers der »Allgemeinen Staatslehre« und eines freiheitlichen Verfassungsdenkens Georg Jellinek möchte ich Sie hier im Senatssaal der Friedrich-Schiller-Universität sehr herzlich begrüßen. Ich hatte mich – wie Sie alle – auf diese Tagung sehr gefreut und hätte gerne zu Jellinek selbst gesprochen, der ja auch ein Großer meines Fachs, der Politischen Theorie und Ideengeschichte, war. Mit der erschütternden Nachricht von Winfried Bruggers Tod am 13. November 2010 wich diese Vorfreude aber der Trauer, denn Winfrieds Platz bei dieser Tagung und bei weiteren in diesem Senatssaal bleibt für immer leer.

Darüber, daß er als exzellenter Jellinek-Kenner bei dieser Tagung um so schmerzlicher vermißt wird, kann uns auch die Tatsache nicht hinwegtrösten, daß er sich in seinen letzten Lebensjahren in mehreren Aufsätzen mit Jellinek auseinandergesetzt hat. Ich bin sicher, daß dies auf dieser Tagung reichlich zur Sprache gebracht wird, wenngleich seine emphatisch-kritischen Einlassungen damit nicht zu ersetzen sind. Ich habe das Glück gehabt, in den Jahren 1976 bis 1983, in denen Winfried Brugger Assistent an der Juristischen Fakultät der Universität Tübingen war, in seiner unmittelbaren Nachbarschaft und oft täglichen freundschaftlichen Denkgemeinschaft in Schwartländers Menschenrechtsprojekt auch seinen Zugang zu Georg Jellinek beobachten zu können, und von dieser ersten Befassung mit Jellinek möchte ich kurz berichten, nicht allein, weil sie mein Bild von Winfried Brugger ganz wesentlich geprägt hat, sondern weil sie auch Lehren enthält, die zu beherzigen ein Gedenken in seinem Sinne wäre.

Wer sich in den späteren Arbeiten etwa zum »anthropologischen Kreuz der Entscheidung« oder zu staatsrechtlichen Sachverhalten die Verweise Bruggers auf Jellineks Schriften – übrigens aller Schriften – vor Augen führt, wird schon bei oberflächlichem Blick sehen, daß Brugger Jellinek »draufhatte«, und zwar nicht nur die klassischen Topoi – Statuslehre, subjektiv-öffentliche Rechte, Menschenrechtsgeschichte –, sondern gerade im Reichtum der Argumentationen, Beobachtungen, historischen Materialien und verfassungsrechtlichen Analysen, die Jellineks Werk auszeichnen. Der Verweis auf Jellinek im Zusammenhang von Machtstaatstheorien, die eine Expansion aus innenpolitischen Gründen rechtfertigen, mag als Beleg für seine erstaunlich detaillierte Kenntnis genügen.

Zu dieser Kenntnis ist Winfried Brugger, der ein gewaltiges Lektürepensum bewältigte, durch eine Textarbeit gelangt, die Schule machen sollte. Er hat – und dies ist in der ja nicht gerade von hohen Freizeitpotentialen durchzogenen Assistentenzeit an sich schon erstaunlich – die Texte Jellineks im Ganzen gelesen. Mindestens für die »Allgemeine Staatslehre« ist schon das bewundernswert. Er hat zweitens ausführliche und kommentierte Exzerpte angefertigt und – zur Bitte um und Vorbereitung auf Diskussion – seinen Freunden und Kollegen zur Verfügung gestellt. Ich habe heute noch etliche von ihm auf Matrize geschriebene und abgezogene Exzerpte auch von Schriften Jellineks. Er hat drittens ausführlich Quellen überprüft und Mitdenker Jellineks befragt, Urteile und Debatten analysiert, um sein Verständnis der Texte aufzupeppen. In diesem Kontext hat er eine Reihe Neukantianer gelesen, und dies ist einer der Pfade, die ihn in der Dissertation zu Max Weber geführt haben. Ich frage mich heute manchmal, ob wir diese unglaubliche Intensität der Textbearbeitung dem Nachwuchs noch zureichend vermitteln können.

Aber von Jellinek zu Weber führte auch ein zweiter Pfad: die Soziologie. Ich kenne niemanden, der die Zweiteilung der Allgemeinen Staatslehre Jellineks so ernst genommen und zu einem eigenen Profil gestaltet hat wie Winfried Brugger. Dabei hat sicher Tenbruck einen großen Einfluß gehabt, wohl auch die Lektüre Gehlens und anderer Soziologen. Zwei Dinge sind an dieser soziologischen Schulung bemerkenswert: erstens die für einen juristischen Nachwuchswissenschaftler schon sehr mutige Interdisziplinarität. Den juristischen Lehrern Bachof, Dürig und Esser muß man heute noch ein Kompliment machen, daß sie das systematische Fremdgehen eines Musterassistenten nicht nur duldeten, sondern letztlich förderten. Es hat Winfried Brugger zu einem Geisteswissenschaftler par excellence werden lassen, und das führt zum zweiten Punkt, der an seiner soziologischen Schulung bemerkenswert ist: die präzise Beobachtung und Beschreibung dessen, was der Fall ist – darum ging es ihm, immer stärker sichtbar. Und darüber kann man schon – jedenfalls eine Weile – an Max Weber hängenbleiben; oder später dann an Nickel, wenn es um die Klärung der subjektiven Rechte ging, an Fraenkel und James, wenn es um den Pluralismus ging, oder an kommunitaristischen Positionen, wenn es etwa um das Gemeinwohl ging. Winfried Brugger war nichts weniger als ein Dogmatiker. Seine theoretische Arbeit, beginnend mit Jellinek, war und blieb Denk- und Beobachtungshilfe. Er ist einerseits in den Jellinek – und später in Max Weber, in Nickel, in James, Fraenkel und andere – förmlich hineingekrochen, aber wurde kein Jellinekianer, kein Weberianer oder Anhänger eines »-ismus«, er hat andererseits eben immer Distanz wahren können.

Das führt mich zu einem letzten Punkt, und der hat mit Ironie und Humor zu tun. Jeder von uns hat in seiner frühen akademischen Entwicklung seine Phasen gehabt – das mögen Kant, Hegel, Nietzsche, Weber, Simmel, Sombart oder andere gewesen sein, und manches von diesen Phasen hing (und hängt) auch lange nach. Und manchmal war das nervig, wenn zu früher Morgenstunde ein Kollege wieder mit »seinem« Nietzsche oder Luhmann ankam. Winfried Brugger hatte eine ganz eigene Art, seine Phasen zu gestalten: Er hat kommentierte Exzerpte verteilt, wie ich schon berichtete. Aber vor allem: Er hat seine Autoren und die Identifizierung mit den Autoren ironisiert. Auch in ernsthaften Diskussionen hat er nicht selten Wissenschaft als dramaturgische Inszenierung präsentiert, hat in der Debatte seine Meisterdenker als Figuren eines Diskurstheaters sprechen lassen, witzig-spritzig vor allem bei Vorträgen anläßlich allfälliger Feste. Das war »fröhliche Wissenschaft« vom Besten, und sie hat eben nicht billig Geisteshelden in Unterhosen präsentiert, sondern sie als Personen erlebbar werden lassen, in allem Respekt vor ihnen, aber auch vor uns, ihren Interpreten, die sich anschickten, den eigenen Denkweg zu gehen.

Und wieder frage ich mich, ob wir hier und heute dies unserem Nachwuchs vermitteln können, wie Winfried Brugger dies in den Tübinger Jahren uns vermittelt hat. Wer ihn kannte, wird vielleicht dies als sein Vermächtnis gelten lassen: Wir sollten, wir müssen es tun – ohne ihn, aber von ihm lernend.

Georg Jellinek als Sozialtheoretiker und Kommunitarist

Winfried Brugger †*

1. Erste und zweite Eindrücke von Jellineks Werk

Georg Jellinek ist in der Staatslehre für vieles bekannt, aber nicht als Gemeinschaftstheoretiker oder Kommunitarist. Der Kommunitarismus hebt die Bedeutung des Gemeinschaftslebens in all seinen Varianten für die Persönlichkeitsentfaltung der Menschen hervor, auch und oft gerade vor oder außerhalb staatlicher Herrschaft.[1] Er ist primär eine anthropologische und Sozialtheorie, für die Zwang durch den Staat an sekundärer Stelle kommt.[2] Georg Jellineks Arbeiten[3] dagegen kreisen vorrangig um die Entwicklung einer Staatstheorie. Sonstige soziale Organisationen sind vor allem Gegenstand staatlicher Herrschaftsgewalt. Jedenfalls könnte man das denken, wenn man Zitate wie die folgenden liest: »Menschen, die befehlen, und solche, die diesen Befehlen Gehorsam zollen, bilden das Substrat des Staates« (StL 176). »Herrschen heißt aber die Fähigkeit haben, seinen Willen anderen Willen unbedingt zur Erfüllung auferlegen, gegen anderen Willen unbedingt durchsetzen zu können« (StL 180). »Herrschergewalt [...] ist unwiderstehliche Gewalt« (StL 429).

---

* Abdruck aus Der Staat 49 (2010), S. 405–434 mit freundlicher Genehmigung des Verlags Duncker & Humblot.

[1] Siehe *Brugger* 1999, § 11 II.

[2] Siehe *Selznick* 1992. Die vier Teile des grundlegenden Werks befassen sich mit (1) Moral und Modernität, (2) Person, (3) Institution und (4) Gemeinschaft. Recht und Zwang kommen schwerpunktmäßig im letzten Teil vor und erfüllen gewichtige, aber eben nur spezifische Aufgaben des Lebens in den unterschiedlichsten Gemeinschaftsformen.

[3] Seine Werke werden hier nach folgenden Abkürzungen zitiert: S: System der subjektiven öffentlichen Rechte (*Jellinek* 1905); StL: Allgemeine Staatslehre (*Jellinek* 1976); StV: Die Lehre von den Staatenverbindungen (*Jellinek* 1996); SR I und II: Ausgewählte Schriften und Reden, Bd. I und II (*Jellinek* 1911); MR: Die Erklärung der Menschen- und Bürgerrechte, sowie: Replik auf Emile Boutmy (*Jellinek* 1964), S. 1 ff., 113 ff.; RM: Das Recht der Minoritäten (*Jellinek* 1996); RUS: Die sozialethische Bedeutung von Recht, Unrecht und Strafe (*Jellinek* 1967).

Der Eindruck etatistischer Voreingenommenheit zugunsten von »Imperium [...], Herrschafts- und Zwangsgewalt« (StL 220) täuscht jedoch. Bei näherem Hinsehen zeigt sich, daß Jellinek in seinem Werk an vielen Stellen die Staatstheorie trotz der für ihn zweifellos eminenten Bedeutung in den größeren Zusammenhang einer eigenständigen Sozialtheorie einordnet. Der moderne Staat bildet dann zwar formell die höchste und umfassendste Herrschaftsmacht, materiell bleibt er aber eingebunden in zahlreiche Gemeinzwecke und Rechtsbeschränkungen, die seine im Prinzip unbeschränkte Souveränität in einen kommunitaristischen Ordnungsrahmen einstellen. Dem gilt es hier an einigen wichtigen Stellen seines Werks nachzugehen.

Hinweise in Richtung Kommunitarismus gibt es vielfach. Nimmt man etwa die »Allgemeine Staatslehre« von 1900 als eines seiner herausragenden Werke, so fällt auf, daß die beiden Hauptteile des Werkes, das 2. und das 3. Buch, mit »Allgemeine Soziallehre des Staates« und »Allgemeine Staatsrechtslehre« überschrieben sind. Obwohl nicht immer streng durchgehalten, weist das auf die *kommunitaristische Stufung von Sozialordnung vor Rechts- und Staatsordnung* hin. Das Werk schließt mit der für Recht und Staat unverzichtbaren Aufbaufunktion kommunitärer Kräfte: »Die großen gesellschaftlichen Mächte: die Religion, Sitte, soziale Sittlichkeit, kurz: die Gesamtheit der Kulturmächte und die durch sie geschaffenen Interessen und Gliederungen wirken ununterbrochen am Auf- und Fortbau des Rechtes und gewähren die stärkste, durch andere Mächte nur vervollkommnete Bürgschaft seiner Geltung« (StL 789). Schon vorher hatte Jellinek in seiner Schrift von 1887 über »Die sozialethische Bedeutung von Recht, Unrecht und Strafe« auf die vorrangige oder doch zumindest gleichwertige Bedeutung von Religion und Sitte neben dem Recht für ein produktives Miteinander in der Gesellschaft hingewiesen.[4] In »Die Erklärung der Menschen- und Bürgerrechte« spricht er davon, die Freiheit der Menschen werde »anerkannt [...] durch die Selbstbeschränkung des Staates und die durch sie erzeugte *Abgrenzung von Zwischenräumen*, die notwendig zwischen den Fäden seiner Normen existieren müssen, mit denen er das Individuum umgibt« (MR 71).[5] Und nicht nur das: »Die wesentlichen produzierenden Elemente der gesamten Kultur eines Volkes liegen [...] überwiegend in den Individuen und der nicht-staatlichen Gemeinschaft« (StL 251). Somit läßt sich die Tätigkeit des Staates mit ordnungschaffender Herrschaft und schadenabwendendem

[4] Siehe RUS 82ff., 116.

[5] Hervorhebung von W.B. Ähnlich StL 91 (»selbständige Gebilde zwischen Individuum und Staat«). Siehe ergänzend zu diesen »Zwischenräumen« die Schrift von *Nisbet* 1962, etwa S. 70: »It is [...] the problem of intermediate association that is fundamental at the present time.«

Zwang bei weitem nicht angemessen beschreiben; es geht auch um Unterstützung und Förderung individueller und sozialer Entfaltung.[6]

In mehreren Schriften geht Jellinek zudem auf das Naturrecht und die Theorie vom Gesellschaftsvertrag ein, die für ihn trotz gewisser Verdienste um die Hervorhebung der Bedeutung der Selbstzweckhaftigkeit und Autonomie der Menschen eine entscheidende sozialtheoretische Schwäche hat: Sie wird der Bedeutung des Gemeinschaftslebens allgemein und seiner Bedeutung für die Entwicklung produktiver Verhältnisse des Zusammenlebens nicht gerecht: »Jener Naturzustand der Vereinzelung [der Individuen beim Abschluß des Gesellschaftsvertrags] hat sich als luftige Spekulation herausgestellt, vorgeschichtlich und geschichtlich erscheint uns der Mensch überall im Zustande der Gesellung. Die Familie, die Sippe, der Stamm sind soziale Mächte, aus denen das Individuum herausgeboren, und von denen es gebildet wurde [...], je weiter wir zurückschauen in der Menschheitsgeschichte, desto weniger individuelle Freiheit finden wir. Der Verband ist ursprünglich alles, das Individuum nichts. Das Eigentum ist anfangs Gemeineigentum, das Erbrecht Familienerbrecht, die Verantwortlichkeit Gesamthaftung usw. Das selbstberechtigte Individuum ist überall erst das Produkt hoher Kultur gewesen. Auch der freie Mensch steht am Ende und nicht am Anfang aller Tage« (SR II 43). In diesem Sinne enthüllt Jellineks Blick zurück in die antike Auffassung einen Vorrang des politischen Gemeinwesens vor dem Individuum: »Plato und Aristoteles hatten gelehrt, daß der Mensch um des sittlichen Ganzen willen da sei, als welches der Staat sich ihnen darstellte. Der Staat ist früher da als das Individuum, lautet ein berühmter Satz des Aristoteles, der besagen will, daß nur aus der Idee des Ganzen heraus das einzelne Glied begriffen werden kann« (SR II 34).[7]

Dennoch stellt sich ihm die Sozial- und Herrschafts- wie Staatsgeschichte als ein Prozeß dar, in dem der ursprüngliche normative Vorrang des sozialen und politischen Ganzen vor dem Individuum dem Gedanken der individuellen Dignität eines jeden Menschen und Bürgers nachgeben und weichen mußte. Darin sieht er trotz aller Kritik am atomistisch-rationalistischen Naturrecht[8] dessen menschheitsgeschichtliche Bedeutung für die Verhältnis-

---

[6] Siehe StL 255. Siehe hierzu auch *Brugger* 2010, S. 152–169.

[7] Siehe auch Kap I in RUS, 15 ff., über das Verhältnis von Sozialethik und Individualethik. »Staat« wird hier in einem weiten Sinn als separierte Herrschaft verstanden, noch nicht als der souveräne Territorialstaat der Moderne, als Staat im engen Sinn, wie StL 365 deutlich macht.

[8] SR II 34: Nach dem Naturrecht wird »der Staat aus den einzelnen Menschen mechanisch zusammengesetzt [...]. Die einzelnen sozialen Atome werden nur durch ein juristisches Band, nicht auch durch ein natürliches aneinandergefesselt. Daraus ergibt

bestimmung von Individuum und Gemeinschaft im allgemeinen wie für dessen Zu- und Einordnung in eine Staatsorganisation im besonderen.[9] Damit beginnt die *ethische Moderne*[10] und wird der *Kommunitarismus liberal* im Sinne der Abweisung von Kollektivismus und Totalitarismus.[11] *Integration in größere Zusammenhänge bei Integrität in den einzelnen Bereichen* wird so zur Leitlinie.[12] Sozialtheoretisch weitergedacht: »Es gibt heute eine Sphäre des Individuums, die nur ihm eignet, es gibt einen Kreis geistiger und sittlicher Betätigung des Menschen, vor dem der Staat haltmachen muß, die er anerkennt und respektiert. Unser religiöses und künstlerisches Empfinden, unser wissenschaftliches Forschen, unser wirtschaftliches Schaffen und Ringen, unser Familienleben werden vom Staate geschützt, aber nicht inhaltlich bestimmt« (SR II 44). Damit ist schon der *kommunitaristische Kontrapunkt gegen jede Art von Etatismus* gesetzt: Der Staatsgewalt sind die Bereiche von Religion, Kunst, Wissenschaft, Wirtschaft und Familie vorgeordnet; staatliche Aufgabe ist mehr Achtung und Hegung als Reglementierung oder gar Eliminierung.[13] Jellinek selbst spricht von »Bewahren, Ordnen, Unterstützen« (StL 253).

Das Naturrecht war so zwar wichtig zur Etablierung eines Gleichgewichts zwischen antiker und moderner Herrschaftsauffassung beziehungsweise zwischen sozialer Eingliederung und individueller Autonomie, aber in sei-

---

sich der schroffe Gegensatz der naturrechtlichen Staatslehre zur antiken«. Siehe auch SR II 40ff.

[9] Siehe auch StL 214ff.

[10] Man kann natürlich darüber streiten, wann genau diese beginnt, das hängt von einer genaueren Definition des Begriffs ab. Einen guten Zugang bietet das zunächst moralische, dann auch in Rechtslehre und Recht hervortretende Verständnis von allgemeiner Würde aller Menschen jenseits der unterschiedlichen Würdigkeiten und Ehren in feudalistisch oder ständisch oder inzwischen auch funktional gestuften Gesellschaftsordnungen. Siehe *Bielefeldt* 1998, S. 64f. und generell Kap. I 4, II und III; ferner *Menke/Pollmann* 2007, S. 132f.

[11] Siehe zu den drei Varianten von konservativem, liberalem und egalitär-universalistischem Kommunitarismus, alle aber im Rahmen dieser ethischen Moderne, *Brugger* 1999, § 11 III. Nur auf den ersten Blick anderer Ansicht ist StL 173, wo Kollektivismus anscheinend positiv konnotiert ist. Es geht Jellinek aber um die Gegenseitigkeit von Individuum als Kollektivsubjekt und ebensolchem Staatssubjekt. Dann kann man von »Einheit des Ganzen mit Selbständigkeit der Glieder« sprechen.

[12] Ausführlich zum Verhältnis von »integrity and integration« *Selznick* 1992, S. 7, 34–36, 70, 193, 322, 364f., 369: »What we prize in community is not unity of any sort, at any cost, but unity that preserves the integrity of persons, groups, and institutions. Thus understood, community is profoundly federalist in spirit and structure. It is a community of communities.«

[13] Siehe auch StL 95f., 251 und 263: »Nichtregulierte individuelle und genossenschaftliche Tat soll nur insoweit zurücktreten oder ausgeschlossen werden, sofern der Staat mit seinen Mitteln das betreffende Interesse in besserer Weise zu fördern vermag.«

ner Konstruktion eines Vorher im Naturzustand und eines Nachher im bürgerlichen Zustand nach Jellinek zu wenig ausdifferenziert. Wenn man von dieser These ausgeht: Auf welchem Wege sollen wir uns dann überzeugen »von Güte oder Unbrauchbarkeit einer sozialen Institution« (SR II 40)? Darauf gibt Jellinek vor allem in seinem »System der subjektiven öffentlichen Rechte«, in seiner »Allgemeinen Staatslehre« sowie in der »Lehre von den Staatenverbindungen« Antworten, die der Sache nach kommunitaristisch orientiert sind; seine Terminologie bewegt sich weitgehend im Rahmen der Begriffe »Gemeinschaft«, »Gesellschaft« und »Gesellschaftstheorie«.[14]

2. Handlung, Wille, Interesse, Ziel, Zweck, Wert, Gemeinschaft

Voraussetzung einer jeden rechtlichen Regelung ist für Jellinek zunächst, daß man das »Treiben der Welt kennt, in welche der praktische Mensch hineingestellt ist, eine Welt menschlicher Interessen und Leidenschaften, die in Schranken gebannt und in Harmonie gesetzt werden sollen« (S 16). Die im Menschen als Individuum wie dann auch in seinen Lebensformen verankerte Zweckkategorie ist es, die einzelne Handlungen einer natürlichen Person oder Organisation zurechenbar machen. So stellen sich »das Kind und der Greis […] in allen ihren Lebensschicksalen als eine Individualität kraft des ihnen innewohnenden Zweckmomentes dar. Selbst der Mensch, dessen Bewußtsein durch psychische Störungen jede Kontinuität verloren hat, bewahrt für unser Denken seine Individualität kraft des in ihm wirkenden organisierenden Zweckmomentes« (S 23).

Zweckverfolgung wiederum setzt Wertbejahung voraus: Nur durch Werte der individuellen oder kollektiven Lebensführung empfehlen sich bestimmte Aktivitäten oder Zwecke mehr oder weniger,[15] inklusive deren Abwägung und Prioritätensetzung im Falle der Kollision. Viele der menschlichen Ziele lassen sich nicht allein erreichen, sondern nur in Gemeinschaft,

---

[14] Die moderne »kommunitaristische« Sozialtheorie hat sich erst in den 1980er Jahren entwickelt und stellt in einigen Teilen eine Kritik der Vertragstheorie von *Rawls* 1971, dar. Dazu *Brugger* 1999, § 11 I. Die prominenten kommunitaristischen Autoren stammen weitgehend aus dem angloamerikanischen Kreis. Damit wird, wie dieser Beitrag exemplarisch zeigen soll, mancher einschlägige Autor aus dem deutschsprachigen Kreis zu Unrecht übersehen.

[15] Das geht bis zu Gewissensrufen, »Forderungen des Tages« (Max Weber) oder »Wertbindungen« (Hans Joas), denen man sich aufgrund der empfundenen Verbindlichkeit unterwirft. Siehe zu Weber *Brugger* 1980, S. 183, 191, 193, 206, 257, 270–272, 275 und *Joas* 1997, zusammenfassend in Kap. 10 zu »Werte und Normen« und S. 291–293 zum Kommunitarismus.

in Freundschaft, Ehe, Familie, beruflichem Zusammenwirken bis hin zu Organisationsschaffen jedweder inhaltlicher Ausrichtung (von der Firma über die Kirche bis hin zum Staat), in jedweder Organisationsform (von natürlicher bis hin zu rechtlicher, von informeller bis hin zu formeller Verbundenheit).

So werden »auch Menschenmehrheiten [...] für das praktische Denken durch einen sie verbindenden Zweck geeinigt. Die Gleichheit und Kontinuierlichkeit der bestimmten Zwecke lassen die einander ablösenden Funktionäre als eine Einheit erscheinen [...]. Die Firma erscheint Dritten gegenüber als eine Einheit, mag ihr Inhaber noch so oft wechseln [...]. Auf dieselbe Weise werden auch zeitlich koexistierende Individuen zu einer Einheit zusammengefaßt, [s]ofern gemeinsame Zwecke sie miteinander verbinden. Die Versammlung, die Familie, der Verein, die Körperschaft sind derartige [vorjuristische oder] juristische Zweckeinheiten. Je intensiver und je dauernder die einigenden Zwecke sind, desto stärker erscheint uns auch die Einheit ausgeprägt [...]. In diesem Sinne [leben wir] in einer Welt der Zwecke und Werte« (S 25).[16]

Das trifft auf separierte wie koordinierte Individuen zu, seien sie vorrechtlich durch Sitte oder Religion oder sonstige soziale Bindekräfte zusammengeschweißt oder in Recht und Staat anerkannt und verrechtlicht, womit sie von Lebens- zu Rechtsverhältnissen werden.[17]

Der Begriff der Gemeinschaft wird bei Jellinek einmal offener, »schwächer«, einmal strukturierter, »stärker« verwendet: Offen und weit ist »Gemeinschaft«, wenn man für sie »nur eine Mehrheit von Personen [voraussetzt], die Zwecke verfolgen, die durch den isolierten Willen des einzelnen nicht erreicht werden können« (S 312); je nachdem könnte man gegenseitige Austauschversprechen oder das entsprechende Analogon im Recht, einen Vertragsschluß, noch dem isolierten, da nur in Distanz koordinierten Han-

[16] Siehe auch StL 178f. und S 30: »Die Projizierung des Individualwillens auf eine geeinte Vielheit findet für unser praktisches Denken überall statt, wo wir eine organisierte Zweckeinheit menschlicher Individuen sehen. Sie ist daher ganz unabhängig von der Anerkennung durch die Rechtsordnung. Die organisierte Räuberbande, der verbotene Verein weisen dieselben Merkmale der Willensfähigkeit auf wie erlaubte Verbindungen.«

Die Hinzufügung von »außerrechtlich« im Haupttext widerspricht nicht Jellineks generellem Verständnis des Zweck- und Wertdenkens, wie die vorherigen Zitate deutlich machen sollten und auch S 88 demonstriert.

[17] Siehe neben S 45 S 41: »Das Leben der Menschen vollzieht sich in ununterbrochenen Beziehungen zu äußeren Dingen und anderen Menschen. Diese Beziehungen sind die Lebensverhältnisse. Werden diese von der Rechtsordnung anerkannt und geregelt, so werden sie zu Rechtsverhältnissen erhoben.«

deln zurechnen,[18] oder aber schon eine Vertragsgemeinschaft unterstellen. Damit wäre zweifellos die weitestgehende Form von »Gemeinschaft« angezielt. Soweit man sich überhaupt im Bereich gemeinschaftlicher Tätigkeit befindet, können die kommunitären Zwecke beschränkter, flüchtiger oder aber auch, mit vielen Übergangsstufen, umfassender und perennierender sein.[19] Letzteres wäre ein engerer, dichterer Gemeinschaftsbegriff, den Jellinek ebenfalls verwendet: »Eine stetige, notwendige, gemeinsame Zwecke einer Mehrheit von Personen fördernde Institution nennen wir eine Gemeinschaft« (S 312). Diesen Gemeinschaftsbegriff nennt man am besten »institutionell« oder aber »bereichs-« statt einzelaktivitätsorientiert,[20] insofern größere und dauernde Handlungsfelder koordiniert werden müssen. Damit wird das typische horizontale Austausch- oder Vertragsmodell gegenseitiger Abstimmung von Fall zu Fall und loser Koordination überschritten. Hinzu tritt die Zuschreibung und Anerkennung von bestimmten Autoritätsfiguren mit Entscheidungszuständigkeiten, denen sich die in diesem Bereich Lebenden in der Regel unterordnen. So sieht es auch Jellinek: »Eine Gemeinschaft ist aber nur möglich, wenn der Wille ihrer Teilnehmer den Gemeinzwecken gemäß bestimmt wird. Diese Bestimmbarkeit kann statthaben kraft des Gebotes einer höheren Autorität oder kraft Anerkennung der Notwendigkeit bestimmter Handlungen oder Unterlassungen im Gemeininteresse. Herrschergebot und Anerkennung sind die letzten formalen Quellen des Rechts, und da die Gültigkeit des Herrschergebotes in letzter Linie doch wieder auf Anerkennung beruht, so ist sie der gemeinsame Rechtsgrund, auf welchem die Verbindlichkeit aller Rechtsnormen beruht« (S 312).[21]

---

[18] So sieht es Jellinek, wie StV 59 deutlich macht.

[19] Siehe StV 59; StL 95.

[20] Die erstere Bezeichnung findet sich in dem Jellinek-Zitat selbst, die letztere nimmt Bezug auf den Begriff der »Bereichsgarantien« im Grundgesetz, die öffentlich-rechtliche Institutionen wie privatrechtliche Institute umfaßt. Hier wird der Begriff vorrechtlich wie rechtlich verwendet.

[21] Siehe auch *Nisbet* 1962, S. 47: »The two aspects, the social and the political, are inseparable. For, the allegiances and memberships of men, even the least significant, cannot be isolated from the larger systems of authority that prevail in a society or in any of its large social structures.«

3. Von Sozialordnung zu Rechtsordnung, von Gemeinschaft zu Gemeinwesen

Wie das Zitat deutlich macht, schließt Jellinek an dieser wie an vielen anderen Stellen seines Werks eine sozialtheoretische Konstruktion mit einem Beispiel aus Recht und Staat ab. Es ist aber nur ein Beispiel, das dem engen Zusammenhang vieler seiner Werke mit Recht und Staat geschuldet ist. Anlaß zu Mißverständnissen könnte trotzdem vorliegen, da »Staat« eng konnotiert, wenngleich bei weitem nicht hinreichend definiert ist über die Elemente von »Herrschaft«, »Zwang«, »Befehl« und das zu Jellineks Zeiten und zum Teil bis heute übliche Merkmal »Gewalt« wie in »Staatsgewalt«.[22] Trotz Benutzung dieser etatismusverdächtigen Begriffe an vielen Stellen wird dies Jellineks Konstruktion der menschlichen Ordnungswelt nicht gerecht.

Darauf weist schon die Verbindung von Bereichsgemeinschaft mit Autorität und Anerkennung hin, die an die Erfüllung der jeweiligen Gemeinschaftszwecke durch die einschlägigen Autoritätsfiguren gebunden ist. Autoritäten entwickeln sich in allen dauerhaften Lebensbereichen: Vater und Mutter in Familien, Priester in Religionsgemeinschaften, Führungsfiguren kraft Expertise zur Erledigung komplexer Aufgaben in unterschiedlichen Lebensbereichen, auch Autorität kraft Charisma oder Tradition.[23] Zum Teil handelt es sich um »natürliche« Autorität (der Eltern gegenüber ihren Kleinkindern), zum Teil um eine »geistige« Autorität (der religiösen Führer), zum Teil um eine »organisationelle« Autorität (auf Fachkompetenz beruhend). Auf jeden Fall können sich solche Autoritätsfiguren vor und außerhalb von Staatlichkeit entwickeln,[24] auch außerhalb entwickelter, gewaltenteiliger Rechtsordnungen, die wegen der Priorität solcher kommunitärer Ordnungsbildung gut daran tun, solche Autoritäten auch im Recht anzuerkennen, soweit eben schon eine entwickelte Rechtsordnung existiert.

Das sieht auch Jellinek so, der insoweit von einer »innere[n] Lebensordnung der Menscheneinheit« (S 30) oder von »nichtorganisierten« wie »organisierten Verbänden« (S 88) spricht. An einer Stelle spricht Jellinek, mit einem Anklang an Kant,[25] von einer »relativen Rechtsordnung«:

---

[22] Siehe die Kritik von *Häberle* 1998, S. 39, 77f., 622f.

[23] Siehe *Weber* 1973, Kap. IX: Die drei reinen Typen der legitimen Herrschaft.

[24] Siehe StL 91f., auch *Nisbet* 1962, S. 47f.

[25] Kant spricht statt von »relativem« von »provisorischem Recht« außerhalb des »öffentlichen Rechts«, der organisierten Staatsmacht. Siehe *Kant*, Metaphysik der Sitten, Der allgemeinen Rechtslehre Erster Theil: Das Privatrecht vom äußeren Mein und Dein überhaupt, § 9: Im Naturzustande kann doch ein wirkliches, aber nur provisorisches äußeres Mein und Dein statt haben, S. 256f.

Auch das [von der Rechtsordnung] nicht anerkannte Zwecksubjekt hat eine innere Ordnung, kraft welcher sein Wille gebildet und die Stellung seiner Mitglieder und der in seiner Gewalt befindlichen Objekte normiert wird. In Beziehung auf diese seine Ordnung ist es Rechtssubjekt, unabhängig von jeder äußeren Anerkennung, allerdings nur Subjekt einer relativen Rechtsordnung, indem jede von einem Kreis von Menschen anerkannte Norm ihres äußeren gegenseitigen Verhaltens das innere Recht dieses Kreises bildet und den einzelnen ähnlich als Regel und Befehl entgegentritt, wie die Regeln des rechtssetzenden Staates [...]. Die Hausordnung eines jeden größeren Hauses, einer Kuranstalt, eines Bades u.s.w. geben hievon Zeugnis. Ob diese Regeln auf irgend einem staatlich anerkannten Rechtsgrunde beruhen [...], ist für ihren Charakter als relative Rechtsordnung gleichgültig, sofern sie nur tatsächlich von dem Personenkreis, für welche sie zu gelten bestimmt sind, als Norm ihres Verhaltens anerkannt werden (S 255f.).[26]

Was Jellinek hier der Sache nach beschreibt, ohne dies explizit zu machen, ist das Übergangsstadium von sozialer zu rechtlicher Regel und Autorität. Das Entstehen von »Recht« überhaupt, als frühes Recht im dann entstehenden Kontrast zu »nur« sozialer Ordnung durch Gewohnheit und Sitte kann man dort ansetzen, wo schlichtes Befolgen einer Tradition, die schon immer so war, als bewußt verpflichtend eingestuft und so zum Gewohnheitsrecht wird.[27] Recht überhaupt entwickelt sich auch dort, wo einschlägige Autoritätsfiguren mit einer Befragung ihrer Autorität rechnen müssen, insbesondere in bezug auf die Frage nach ihrer Leistung zur Beförderung der jeweiligen Gemeinzwecke, auch danach, was diese überhaupt sind und wie sie verstanden werden sollten. Ab diesem Zeitpunkt liegt ansatzweise ein Überschreiten der sozialen »Primärregeln« durch Reflexion auf rechtliche »Sekundärregeln« der Autoritätsfindung in persönlicher und sachlicher Hinsicht vor:[28] Wer ist zur Definition welcher Gemeinschaftszwecke zuständig? Ab diesem Zeitpunkt kann man von »Recht überhaupt«[29] sprechen.

Solche Rechtsfragen setzen noch keine entwickelte Rechtsordnung mit staatlichem Gefüge und Garantiefunktion voraus, wie sie Jellinek meist vor Augen steht.[30] Für eine moderne staatliche Rechtsordnung stellt sich die Frage, ob und wie solche Sozialgemeinschaften im und durch das Recht anerkannt werden sollten – als juristische Personen etwa in Form der »Anstalt« oder »Körperschaft«.[31] Das kann offenbar nur anhand einer Überprü-

---

[26] Siehe auch die eindrucksvolle Rousseau-Stelle in StL 86f.

[27] Siehe *Unger* 1976, S. 49f. Siehe auch StL 81.

[28] Siehe *Hart* 1961, Kap. 5. Siehe auch StL 268f., 352, 355, und Kap. 9 und 11 in StL.

[29] Siehe hierzu neben *Hart* 1961 vor allem *Nonet/Selznick* 2001, Kap. I, S. 10f., mit der Unterscheidung von »weak definition« von Recht und anspruchsvollerem »strong concept« von Recht.

[30] Siehe StL 332ff., 337, 343.

[31] Siehe S 256f.

fung der dem Staat und seiner Rechtsordnung eigenen Gemeinwohlzwecke geschehen; eine »Räuberbande«[32] sollte keine Anerkennung erlangen.

Die Entscheidung über alle rechtlichen Anerkennungen der Gemeinschaften im weiteren wie im engeren Sinn obliegt nach Jellinek dem das Recht verkörpernden »Gemeinwesen«, der politischen Gemeinschaft. Das gilt jedenfalls seit dem Entstehen des modernen Territorialstaats mit originärer Herrschaftsgewalt, Souveränität, die sich alle vordem existierenden Herrschaftsrechte der unterschiedlichsten Verbandsorganisationen einverleibte und der so zur höchsten und umfassendsten Herrschaftsgewalt wurde. Jellinek kritisiert insoweit Otto von Gierkes anderslautende Genossenschaftstheorie.

Nach dieser Lehre übt nämlich jeder organisierte Verband kraft seiner unabänderlichen Natur eine Herrschaft über seine Mitglieder aus [...]. Mannigfach abgestuft und einander durchschneidend seien die Herrschaftskreise, die den einzelnen binden und zum Gliede einer vielverschlungenen Organisation erheben. Denn Herrschen sei kein Privilegium des Staates. Familie, Gemeinde, Kreis- und Provinzialverband, Kirche, öffentliche und private Genossenschaften der mannigfachsten Art gliedern sich unter und neben dem Staate die Individuen ein (S 284).

Jellinek weist auch auf frühere Verhältnisse hin, auf Zeiten, in denen »zweifellos eine selbständige, die ganze Persönlichkeit ergreifende Herrschaft nichtstaatlichen Charakters vorhanden war. Der römische pater familias, dem das ius vitae ac necis zustand, der Gläubiger, der den Schuldner trans Tiberim verkaufte, die mittelalterlichen Barone und Städte, die in der Fehde sich selbst ihr Recht erstritten, die Kirche, welche Fürsten ein- und absetzte, sie alle übten eine Herrschaft aus, welche nicht von der damals nur auf ein begrenztes Gebiet angewiesenen Staatsgewalt abgeleitet war. Allein diese Herrschaftsrechte sind, bis auf einige Rudimente, heute verschwunden, von dem Staate in seine Sphäre aufgesogen worden« (S 284).

Entscheidend war dafür historisch die Rolle des Königtums seit der Frühen Neuzeit, das als unentbehrlicher Faktor zur Etablierung moderner Staatlichkeit und Nationenbildung fungierte und so strukturelle Herrschaftsspaltungen samt ihrem erheblichen Konfliktpotential überwand.

Das Königtum ist getragen von dem weltgeschichtlichen Beruf, dem Staate Selbständigkeit zu erringen [...]. Kampf gegen die Herrschaftsansprüche der Kirche, gegen die Oberhoheit des Reiches nach außen, gegen die Selbständigkeit und den Partikularismus der Stände nach innen kennzeichnet die Geschichte des Königtums, wo immer es zu kraftvoller Herrschaft gelangt. Damit ist es das notwendige Ziel des Königtums, die alleinherrschende, die souveräne, die absolute Gewalt zu werden. Die Machtfülle, welche die mittelalterliche Theorie dem Papste und dem Kaiser zuschreibt, sucht das Kö-

[32] Siehe S 30.

nigtum zu erringen und erringt sie auch wirklich. Der königliche Absolutismus ist daher die erste Form, in der der moderne Staatsgedanke klar auftritt; an ihn knüpft die Geschichte der modernen Staatsidee an (SuR II 47).[33]

Dem Königtum ist »das wichtige Element der Einheit und Selbständigkeit, der Unabhängigkeit nach innen und außen« (SuR II 49) zu verdanken.[34] Der moderne Staat ist ein souveräner Staat, der Einheit statt Spaltung und Gleichheit statt Ungleichheit, wenngleich erst einmal nur in der gleichen Untertanenrolle,[35] hervorbringt.

Ist diese historische Rekonstruktion der Entstehung des monarchischen Absolutismus und dessen Einstufung als Eingangsstadium »moderner« Staatlichkeit normativ gleichzustellen mit dessen normativer Dignität als Gemeinwesen mit Selbstwert, dem gegenüber die Lebensinteressen des jeweiligen Volkes zweitrangig wären? Dem ist nicht so, wie sich aus mehreren Argumenten in Jellineks Werk ergibt. Vier Argumentationsstränge ragen heraus, die analytisch trennbar sind, aber lebenspraktisch zusammenhängen: das kommunitäre Gemeinschafts- und Gemeinwohlargument, das Jellinek auch für das Gemeinwesen Staat als verbindlich ansieht und das sich mit kantischen Subjekt- und Gegenseitigkeitsvorstellungen verbindet (4.); deren historische Ergänzung durch die dem monarchischen Absolutismus nachfolgende Verstärkung des Individualismus- und Autonomiegedankens über Status der Freiheit, der Mitwirkung und der Leistung für die Bürger (5.); deren analoge Ausdehnung von der staatlichen Ebene nach unten und oben im Bereich der Rechtsorganisation (6.) sowie schließlich deren Ausdehnung auf primär sozial geprägte Gemeinschaften (7.).

---

[33] Jellinek geht in SR II 17 ff. und 47 ff. auch auf einzelne Länder ein, die früher oder (wie im Falle Deutschlands) später diesen Einheitsstatus und eine Nationenbildung erreichten.

[34] Gleichsinnig *Nisbet* 1962, S. XX: »With all regard for the important social and psychological changes that have been induced by technological, economic and religious forces in modern society, I believe that the greatest single influence upon social organization in the modern West has been the developing concentration of function and power of the sovereign political State.«

[35] Siehe SR II 19.

4. Gemeinwohlorientierung, Rechtsbindung und Gegenseitigkeitsstruktur des Gemeinwesens »moderner Staat«

Jede größere Einheit von Menschen, die Ziele und Zwecke jenseits dessen verfolgt, was der Einzelne für sich verwirklichen kann, stellt nach Jellinek, wie dargelegt, eine Gemeinschaft im weiteren Sinne dar; in ihr werden die jeweiligen Gemeinwohlziele im Rahmen der einschlägigen Werte ausformuliert. Je dauerhafter und wichtiger diese Ziele und Zwecke für die Betroffenen sind, desto eher werden sich Autoritäten herausschälen und Herrschaftsverhältnisse etablieren, informelle in formelle Strukturen wandeln und soziale Regeln durch Rechtsregeln und staatliche Organe ergänzt werden. Staatliche Souveränität, im totalitären Extremfall, tut dies in Form der Ausschaltung, Unterordnung oder umfassenden Kontrolle der sozialen Ordnungen mit ihren jeweiligen internen Strukturen und Zielen. Jellinek sieht den souveränen Staat jedoch nur als »formell frei« an, nicht als »materiell frei«.

Von der *Form* her meint, daß im Entstehungsprozeß des souveränen Staates dieser keine gesellschaftliche, religiöse oder politische Herrschaft im Inland oder Ausland anerkennt, die ihm jenseits autonomer Eigenbindung qua Befehl und Zwang entgegentreten kann. Diese Superiorität ist für Jellinek eine unabweisbare Bedingung der territorialen Befriedung, Einheitsbildung und Nationenbildung. Ferner wird das staatliche Recht so zu einer separaten, »positiven« Normart, die sich durch einen eigenen Autor und spezifische Verfahren auszeichnet, eine spezielle Struktur und Organisation entwickelt und die Zwangsbefugnisse für sich monopolisiert. An dieser Stelle verknüpft sich das formelle mit dem rechtslogischen und rechtspositivistischen Moment der rein internen Sichtweise von Recht.[36] »Der sich selbst bestimmende, seine Ordnung formell frei normierende Staat ist höherer Macht nicht unterworfen« (S 9f.).

Material bleibt der souveräne Staat aber gebunden.[37] Er bleibt zunächst außerhalb der Rechtsdimension an traditionelle, moralische, religiöse oder gesellschaftsstrukturelle Vorgaben gebunden, die in der Bevölkerung fest verankert sind:[38] Insofern ist der Herrscher gut beraten, die dort herrschen-

---

[36] Siehe exemplarisch viele Stellen in Kap. III von S sowie Kap. I von StV. Zu neueren Sichtweisen dieser internen, genetischen Sicht des Rechts *Kirste* 2008, Abschnitt II; *Koller* 2008.

[37] Hier liegt eine Nähe zu *von Jhering* 1916, S. 249–264 und 339–362 vor, der die Charakteristika des Rechts mit (1) Norm, (2) Zwang und (3) Zweck/Interesse beschreibt.

[38] Siehe insbesondere StL Kap. 4 III mit der Zusammenfassung StL 124f.: »Darum

den Vorstellungen legitimer Herrschaft zu beachten.[39] Jedoch sind nach Jellinek auch Rechtsschranken zu berücksichtigen. Recht (sozusagen kleingeschrieben) im Sinne der Angewiesenheit auf Normen wird von Jellinek nicht nur als Herrschaftsinstrument faktischer Macht und Gewalt angesehen, sondern (quasi großgeschrieben) auch als gebunden an Rechtsverhältnisse von Rechtssubjekten im Sinne von Gegenseitigkeit von Berechtigung und Verpflichtung und der Einräumung von subjektiven Rechten für die Subjekte auf beiden Seiten.[40]

In Jellineks eigenen Worten: »Jedes subjektive Recht setzt voraus das Dasein einer Rechtsordnung, durch die es geschaffen sowie anerkannt und in größerem oder geringerem Maße geschützt wird« (S 8).[41] Es handelt sich um ein »logisches Prius« (S 9). Jellinek gesteht zu, daß es »historisch möglich [ist], daß durch das subjektive Recht das Dasein der es erzeugenden und beherrschenden Norm erst zum Bewußtsein kommt« (S 9). Das ist nicht nur eine Verbeugung in Richtung Gesellschaftsvertragstheorie, der es ja in den meisten Varianten um die Betonung natürlicher und damit vorstaatlicher Rechte geht, sondern auch ein Resultat seiner eigenen Forschungen über die Geschichte der Entwicklung der Menschenrechte, in der dieser Gedanke nun nicht mehr in Form eines naturrechtlichen Gedankenspiels,[42] sondern in Form einer Realgenese des Vorrangs bestimmter Rechte wie vor allem der Religionsfreiheit untersucht wurde.[43] Im Grunde wirken hier zwei Stränge, ein historischer und ein ethischer, zusammen, um einseitige, asymmetrische Macht-, Herrschafts- und Gewaltverhältnisse, die instrumentellen, positivrechtlichen Rechtscharakter haben, von jedenfalls dem Grundsatz nach symmetrischen Rechtsverhältnissen zu unterscheiden. Solche setzen auf beiden Seiten handelnde, zwecktätige Subjekte als Rechtspersonen voraus.

Der Ethiker Kant hat dies Ende des 18. Jahrhunderts mit seinen Prinzipien von Freiheit und Gleichheit der gegenseitigen Verpflichtungsmöglichkeiten im Rahmen seiner Rechtslehre als vernunftrechtliches Postulat für die

zeigt die Gesellschaftslehre die Grenze des staatlichen Könnens. Die fortschreitende Änderung, Entwicklung und Rückbildung der gesamten Gesellschaft kann der Staat seinen Absichten gemäß nur innerhalb enger Grenzen regeln.« Juristische Untermauerung dieser These in MR zur englischen, nordamerikanischen und germanischen Rechtsentwicklung.

[39] Das gilt selbst für die Souveränitätstheoretiker Bodin und Hobbes. Siehe *Brugger* 2004, S. 18, 24, 43f.

[40] Siehe S 79f., 193ff., 215f., 292, StV 301.

[41] Siehe auch S 229.

[42] Zu dessen kritischer Einstufung durch Jellinek schon oben Abschnitt I.

[43] Siehe *Brugger* 2011, S. 217–246.

Staatserrichtung beziehungsweise Staatsbeurteilung formuliert.[44] Jellinek übernimmt ein Jahrhundert später das Gegenseitigkeitstheorem in seiner Unterscheidung von formell unbeschränkter, potentiell tyrannischer Herrschaft, und letztendlich dann doch materiell durch Gegenseitigkeits- und Gemeinwohlinteressen beschränkte und im Rahmen der Verfassung gebändigte, ja letztlich demokratisch transformierte Staatsmacht. Dazu Jellinek:

> Alles Recht ist Beziehung von Rechtssubjekten [...]. Auch der Staat kann nur Rechte haben, wenn ihm Rechtspersönlichkeiten gegenüberstehen. Ein faktisches Herrschaftsverhältnis wird zum rechtlichen nur dann, wenn beide Glieder: Herrschender und Beherrschter als Träger gegenseitiger Rechte und Pflichten sich anerkennen [...]. Das objektive öffentliche Recht einerseits und das subjektive Recht des Staates andererseits sind bedingt durch die Tatsache, daß Herrscher und Beherrschter als solche Rechtsgenossen sind (S 10).[45]

Nur so kann man »den gleichen Wert der Ansprüche von herrschender und beherrschter Persönlichkeit garantieren« (S 10). Rechtsverhältnisse auch und gerade im Staat sind gegenseitige Anerkennungsverhältnisse – notwendige Anerkennungsverhältnisse zudem, denn eine »schützende, nach Rechtsnormen verfahrende, staatliche, also öffentlich-rechtliche Organisation [ist] zur Anerkennung, Fortbildung, Gewährung und Verwirklichung alles Rechtes notwendig« (S 10f.).

Worauf zielt dieses ethisch angereicherte Recht ab? Auf das Gemeinwohl der lebenden, aber auch der zukünftigen Generationen:

> Indem der Staat seine eigene Existenz als im Dienste des Gemeininteresses stehend anerkennt, setzt er sich die oberste Regel seines Handelns, in der Rechts- und Sittengebot zusammentreffen: Richte jeden Deiner Akte so ein, wie es dem Gemeininteresse am besten entspricht. Um dieser seiner höchsten Pflicht willen besitzt er alle seine Rechte: auf ihr gründet sich der sittliche Anspruch des Staates – der dem rechtlichen zugrunde liegt (S 200f.).
>
> Alles öffentliche Recht ist im Gemeininteresse da, welches identisch mit dem Staatsinteresse ist. Es ist jedoch nicht identisch mit der Summe der Interessen der Individuen, wenn auch vielfach das Gemeininteresse in das individuelle ausläuft. Das Gemeininteresse geht vor allem hinaus über das Interesse der momentan den Staat bildenden Menschen, es umfasst ebenso das Interesse der noch ungeborenen Generationen, es erstreckt sich in die fernste Zukunft (S 68f.).
>
> Der ethische und politische Inhalt des Willens des Staates ist ihm durch sein Volk, dessen Aufgaben und Ziele, durch den ganzen historisch gegebenen Zustand der Gesellschaft gesetzt. Diese Ziele zu verwirklichen ist ihm die juristische Freiheit inhärent, kraft deren allein er der historischen Entwickelung vorausgehen oder folgen kann. Die

[44] Siehe hierzu *Kants* Rechtslehre, Metaphysik der Sitten; Jellineks Zugeständnis oben bei Fn. 8 und *Brugger* 2004, S. 28–30.

[45] Siehe auch die eindrückliche Stelle S 194f. zu diesem ethisch angereicherten Subjekt- und Rechtsbegriff. Allgemein zu Rechtsverhältnislehren *Gröschner* 2008.

juristische Freiheit ist eben rein formaler Natur; die Art, wie der Staat sie anzuwenden hat, ist von Momenten bedingt, die gar nicht Gegenstand juristischer Erkenntnis sind (S 292).

Man sieht, daß Jellinek eine differenzierte, wenngleich nicht immer deutlich genug abgegrenzte Sichtweise von Formalismus/Rechtspositivismus, Naturrecht, Genossenschafts- und historischem Denken hat, die affirmative Übernahme wie partielle Kritik enthält: Den *Positivismus* braucht Jellinek, um den spezifischen Modus des Rechts als von Tradition, Sitte und Religion trennbare Sicherungs- und notfalls auch Zwangsordnung thematisieren zu können.[46] Den *genossenschaftlichen Gedanken* benutzt Jellinek, um den hilflosen und ausgelieferten »Untertan« vom »Genossen« als unentbehrliches Mit-Glied und selbständiges Subjekt des Ganzen unterscheiden zu können.[47] Den Gedanken *gegenseitiger Anerkennung* in Verhältnissen von Recht hat er der Gesellschaftsvertragstheorie im allgemeinen und der kantischen Reziprozität im besonderen entnommen.[48] Die *geschichtliche Schau der Dinge* wird in der kontingenten Verankerung der Organisationsform »Staat« deutlich, die in der modernen Entstehungsvariante zwar als höchste und umfassendste Macht sich alles einverleibte und vereinheitlichte, in der Realwelt und Realgeschichte aber, wie Jellineks Statuslehre exemplarisch zeigt, sich vom Umfang her beschränken, in der Einheit Vielheit zulassen sowie manches Einverleibte auch wieder »ausverleiben« mußte.

5. Die Statuslehre Jellineks auf staatlicher Ebene

Rein »formell« gesehen würde sich die Stellung des Menschen im absolutistischen Staat auf den *status subiectionis* reduzieren lassen.[49] Der Mensch ist in ihm nicht mehr Glied mehrerer sich überschneidender, aber in sich beschränkter Herrschaftskreise, sondern eines souveränen staatlichen Herrschaftskreises. Nicht mehr viele *états*, sondern nur noch ein *état*, dieser aber umfassend, hat auf ihn Zugriff. In diesem formellen Sinne könnte man auch Jellineks staatsrechtliche Definition des Staates über »Gebiet, Volk, Gewalt«[50] verstehen. Material dient ihm aber das Interesse- und Gemeinwohlelement zur Bindung dieser potentiell tyrannischen Herrschaft und der rein formell-

---

46 Siehe etwa S 41.
47 Siehe schon oben Abschnitt III zu S 284 und S 10; StL 406ff.
48 Siehe oben Abschnitt I, insbesondere bei Fn. 8.
49 Siehe schon oben nach Fn. 3 zu StL 176, 180, 429.
50 Siehe z.B. StL 71 und ausführlich StL Kap. 13.

positivistischen Sichtweise von Recht.[51] Denn auf dem Territorium »leben Menschen, die gemeinsame, bleibende, einheitliche, unter einander zusammenhängende, nur durch dauernde Institutionen zu versorgende Zwecke verfolgen« (S 26). In diesem Sinne ist die »Herrschaft des Staates über sein Gebiet [...] nicht Willkür, sondern gesetzliche Ordnung« (S 77), letztlich durch eine Verfassung konstituiert.[52] Soweit die konstanten Zwecke des Staates reichen, insbesondere in bezug auf die Friedenssicherung nach innen und außen und die Monopolisierung der Zwangsgewalt,[53] ist er eine unentbehrliche »teleologische Einheit« (S 26), aber eben sekundärer Art, auf den Basisinteressen der Menschen, deren primären Beziehungen und sozialen Verhältnissen als »innerer Ordnung« oder »relativem Recht«[54] aufbauend.

Wiederum ergänzend, fast im Sinne einer Kombinationstheorie von gemeinschaftsorientiertem, geschichtlichem und ethischem Denken, definiert, besser qualifiziert Jellinek die Relationen zwischen Staatsgewalt und Unterworfenen als solche gegenseitiger Berechtigung und Verpflichtung mit Subjekt-, Person- und Persönlichkeitscharakter auf beiden Seiten: »Der Staat besitzt Persönlichkeit. Persönlichkeit oder Person ist die Fähigkeit, Träger von Rechten sein zu können, mit anderen Worten die Rechtsfähigkeit« (S 28). Diese wäre für ihn in einem Sklavenstaat nicht existent: Dort würde der Sklave als Ding, Ware oder vielleicht noch als Mensch mit natürlicher Willensfähigkeit, aber nicht als Rechtsperson oder Rechtspersönlichkeit angesehen;[55] erst letzteres macht die Herrschaftsorganisation aber zu einer Zwang, Macht und Unterordnung übersteigenden Gegenseitigkeits-, Freiheits- und Gerechtigkeitsordnung.

Jellinek unterscheidet, wie gesehen, nicht immer zwischen Rechtsperson und Rechtspersönlichkeit. Er sieht an einigen Stellen auch keinen sinnvollen Anwendungsbereich für die strukturell außerhalb von oder historisch vor Recht und Staat angesiedelten Begriffe Person und Persönlichkeit,[56] obwohl sich das von einem kommunitaristischen Denken aus anbietet:[57] *Person* indi-

---

[51] Siehe S 79: Die »Zweckbeziehung des Rechts zu den menschlichen Interessen« ist es, »deren Betrachtung stets mäßigend auf den sonst ungezügelten Flug formalistischen Denkens wirken muß«, und schon oben Abschnitt II.

[52] Siehe StL, Kap. 15. Jellinek diskutiert auch schon frühe Formen von Verfassungsgerichtsbarkeit: S 96, 352ff.

[53] Siehe StL 255ff.

[54] Siehe schon oben bei Fn. 26.

[55] Siehe S 10, 28 und 82.

[56] Siehe S 28f., 82.

[57] In StL 327 benutzt Jellinek die hier vorgeschlagene Differenzierung: »das Individuum« als dem Staate gegenüber »selbstberechtigte und daher von ihm anzuerkennende sittliche und rechtliche Größe«. Siehe auch die weiter oben schon zitierte Stelle aus S 41:

ziert anthropologisch und moralisch und im Unterschied zum Tier die Anlage der Gattung Mensch wie aller einzelnen Menschen, zwecktätig und wertgebunden handeln sowie auf ihre Stellung und ihre Handlungen in der Welt reflektieren und diese bei Beschneidung von Interessen anderer auch rechtfertigen zu können; die Art und Weise, wie dies dann bei einzelnen Individuen geschieht, konstituiert ihre *Persönlichkeit* beziehungsweise umreißt im Handlungsakt und in Verfolgung eines Lebensplans ihre Persönlichkeitsentfaltung. Weitgehend parallel zu dieser Ebene kann man und sollte man, in Korrektur von Jellineks Einheitsformulierungen, Rechtsperson und Rechtspersönlichkeit unterscheiden: Zuzugeben ist ihm zunächst, daß »die Fähigkeit, Träger von Rechten sein zu können, mit einem Wort die Rechtsfähigkeit« (S 28), »eine Relation von einem Subjekt zu anderen und zur Rechtsordnung« (S 28) voraussetzt. »Sie ist stets vom Rechte verliehen, nicht von Natur aus gegeben« (S 28),[58] falls man nicht von vorrechtlichen, aber dann eben auch nicht von Rechtsorganen durchsetzbaren moralischen Rechten spricht. Aber gleich nach Abweisung des Naturrechtsarguments und der damit drohenden ethischen Lücke rekurriert Jellinek auf den geschichtlichen Entwicklungsgang als materiale Richtschnur zur ethisch sinnvollen Steuerung staatlicher Souveränität: »Es ist eine als Produkt jahrtausendelanger Entwicklung erkannte sittliche Forderung, den Menschen schlechthin als Rechtssubjekt anzuerkennen« (S 28). Und nicht nur das: Die Rechtsentwicklung führt auch zu einer immer größeren Einsicht in die Dringlichkeit der Anerkennung menschlicher Subjektivität und Individualität, der sich die modernen Rechtsordnungen mehr oder weniger, langsamer oder schneller öffnen: »Die [Rechts-]Persönlichkeit des Individuums ist daher keine stetige, sondern eine veränderliche Größe [...]. Alle sozialen und politischen Kämpfe der neueren Zeit hatten die Vergrößerung der Persönlichkeit zum Inhalt. Dem Sklaven und Leibeigenen wurde sie gegeben, die der Untertanen ist gewachsen, indem sie mit einer Summe von Fähigkeiten ausgestattet wurden, die ihnen bisher mangelten. Der Bürger des modernen Staates mit Wahlrecht, ungehinderter Erwerbs- und Besitzfähigkeit ist eine dem Umfang nach von dem an die Scholle gebundenen, von der Teilnahme am Staate ausgeschlossenen Angehörigen des feudalen und absoluten Staates verschiedene Persönlichkeit« (S 84).[59]

»Das Leben der Menschen vollzieht sich in ununterbrochenen Beziehungen zu äußeren Dingen und anderen Menschen. Diese Beziehungen sind die Lebensverhältnisse. Werden diese von der Rechtsordnung anerkannt und geregelt, so werden sie zu Rechtsverhältnissen.« Siehe ferner S 147: »physische Individualität der Persönlichkeit«.

[58] Siehe auch S 334f. und, mit positiverem Akzent gegenüber dem Naturrecht, S 94f.

[59] Siehe zur Tendenz immer mehr subjektiver Individualrechte auch S 71, 86, 201, 327, 336, 359.

In diesem Sinne sollte man die *Rechtsperson* als den grundlegenden Subjektstatus im Recht ansehen. In Hannah Arendts Worten: Hier geht es um das Recht, überhaupt Rechte haben zu können.[60] Zur Rechtsperson kann man auch bestimmte Minimalrechte rechnen; hier steht man am Übergang zur *Rechtspersönlichkeit*.[61] Diese besteht in dem kleineren oder größeren Umfang der einzelnen Berechtigungen und umgekehrt Verpflichtungen, in ihren einzelnen privatrechtlichen und öffentlichrechtlichen Ausformungen der Beschränkung, Anerkennung oder Erweiterung der natürlichen Freiheit durch Befehl, Machtversagen, Verbot, Strafe, Entzug, polizeilichen Zwang, die Verleihung, Präzisierung oder Erweiterung von Rechten oder Kompetenzen, Erlauben, Dürfen und Gewähren.[62] So sieht es auch Jellinek an vielen Stellen, sofern man seinen Termini Person und Persönlichkeit jeweils die entsprechende Qualifikation als Rechts-Person und Rechts-Persönlichkeit voranstellt: Unter »Person« versteht er die »Rechtsfähigkeit des Individuums« (S 56).

> Was man Persönlichkeit des einzelnen nennt, sind die zu einer Einheit zusammengefassten, verschiedenartigen, von der Rechtsordnung anerkannten und verliehenen Fähigkeiten, die alle in der Möglichkeit bestehen, den Staat, beziehungsweise die Normen seiner Rechtsordnung im individuellen Interesse in Bewegung zu setzen (S 56f.).

Im Überblick der geschichtlichen Entwicklung des modernen Staates ist der *status subiectionis* oder *passivus* so ergänzt worden durch die *status libertatis, positivus und activus*, zum Teil durch Entgegenkommen der etablierten Herrscher, zum größeren Teil aber durch politischen Kampf und Konstitutionalisierungsbewegungen.[63] So zeichnet sich der moderne Staat für Jellinek um die vorletzte Jahrhundertwende herum zunächst durch negative Abwehrrechte gegen den Staat zur Beschränkung von Souveränitätsanmaßungen vor allem im Bereich von Wirtschaft, Religion und Privatsphäre aus.[64] Er ist

---

[60] Siehe *Arendt* 1949, S. 754–770.

[61] Jellinek sagt das selbst: S 133 zu einer »rudimentären Form« der im Status positivus angesiedelten Ansprüche auf Rechtsschutz, Interessenbefriedigung und Interessenberücksichtigung. Grundgesetzlich gesprochen steht man hier am Übergang von Art. 1 Abs. 1 zu Art. 2 Abs. 1 GG; ein entsprechendes Defizit im Verwaltungsrecht wäre der Ermessensausfall, wenn ein Individualinteresse schon von vornherein nicht berücksichtigt wird.

[62] Siehe S 45ff., 52, 58f., 194.

[63] Siehe zur Statuslehre insbesondere das allgemeine Kap. VII in S (»Das System der öffentlichen Rechte des einzelnen«) sowie die Kap. VIII–X zu den drei berechtigenden Status. Der *status subiectionis* folgt dann in den Kap. XI ff., er wird aber in den vorausgehenden Kapiteln an diversen Stellen ebenfalls schon der Sache nach, wenngleich noch nicht in der Statusterminologie, diskutiert, insbesondere in Kap. III.

[64] Siehe SR II 51.

charakterisiert durch Leistungsrechte, angefangen vom Rechtsschutzanspruch bis hin zu sozialen Leistungen zur »Erhaltung und Förderung von Individuen« (S 115). Er gewährleistet schließlich immer weitergehende politische Mitwirkungsrechte bislang nichtbeteiligter Bevölkerungsschichten, die dann acht Jahre nach Jellineks Tod 1911, 1919, zur Republik und zum allgemeinen Wahlrecht, auch dem der Frauen, in der Weimarer Reichsverfassung führen.

In Jellineks eigenen Worten:

Einmal zieht der Staat eine Grenzlinie zwischen sich und der subjizierten Persönlichkeit, er erkennt eine staatsfreie, d. h. seiner Herrschaft prinzipiell entzogene Sphäre des Individuums an [...]. Er hat, zum positiven Handeln im individuellen Interesse sich bestimmend, dem einzelnen die rechtliche Fähigkeit anerschaffen, seine Tätigkeit in Anspruch zu nehmen [...]. Endlich gesteht der Staat, dessen Willen an dem menschlicher Individuen seine Substanz hat, einem kleineren oder größeren Kreise von Individuen die Fähigkeit zu, in seinem, des Staates Interesse tätig zu werden (S 85).

Durch die Zugehörigkeit zum Staate, durch die Gliedstellung, welche der Mensch in ihm empfängt, wird er [...] nach verschiedenen Richtungen qualifiziert. Die möglichen Beziehungen, in denen er zum Staate stehen kann, versetzen ihn in eine Reihe rechtlich relevanter Zustände. *Die Ansprüche, die sich aus diesen Zuständen ergeben, sind das, was man als subjektive öffentliche Rechte bezeichnet.* Sie bestehen [...] ausschließlich aus *Ansprüchen*, die sich unmittelbar auf rechtliche *Zustände* gründen (S 86).

Durch die die Basis aller staatlichen Wirksamkeit bildende Unterwerfung unter den Staat befindet sich der einzelne innerhalb der individuellen Pflichtsphäre, *im passiven Status*, im status subiectionis, in dem die Selbstbestimmung und daher die Persönlichkeit ausgeschlossen ist [...]. Zur Vollziehung bestimmter Zwecke berufen, ist [der Staat aber] durch die ihm sittlich notwendige Anerkennung der Persönlichkeit der ihm Eingegliederten in seiner Handlungsfähigkeit ebenfalls beschränkt; er erscheint durch die Rechtsordnung selbst rechtlich verpflichtet.[65] [...]. Die neuere Geschichte hat nicht zum geringsten die stetige Vergrößerung der Einzelpersönlichkeit und damit die Einschränkung des Staates zum Inhalt [...]. Die Herrschaft des Staates ist eine sachlich begrenzte, im Gemeininteresse ausgeübte Herrschaft. Sie ist eine Herrschaft über nicht allseitig Subjizierte, d. h. über Freie. Dem Staatsmitgliede kommt daher ein Status zu, in dem er Herr ist, eine staatsfreie, das Imperium verneinende Sphäre. Es ist die der individuellen Freiheitssphäre, des *negativen Status*, des status libertatis, in welcher die streng individuellen Zwecke durch die freie Tat des Individuums ihre Befriedigung finden [...]. Die gesamte Tätigkeit des Staates ist im Interesse der Beherrschten ausgeübt [...]. [So gewährt er] dem Individuum positive Ansprüche [...], erkennt er ihm den *positiven Status*, den status civitatis zu [...]. Die Tätigkeit des Staates ist nur durch individuelle Tat möglich. Indem der Staat dem Individuum die Fähigkeit zuerkennt, für den Staat tätig zu werden, versetzt er ihn in einen Zustand gesteigerter, qualifizierter, aktiver Zivität. Es ist der *aktive Status*, der Status aktiver Zivität, in welchem der sich befindet, der die s. g. politischen Rechte im engeren Sinne auszuüben berechtigt ist. In diesen vier Status: dem passiven, dem negativen, dem positiven, dem aktiven erschöpft sich die gliedliche Stellung des Individuums im Staat. Leistungen an den Staat, Freiheit vom Staat, Forde-

---

[65] Siehe auch S 197.

rungen an den Staat, Leistungen für den Staat sind die Gesichtspunkte, unter welchen die öffentliche Rechtsstellung des Individuums begriffen sein will. Diese vier Status bilden eine aufsteigende Linie, indem das Individuum zuvörderst dem Staate Gehorsam leistend der Persönlichkeit bar erscheint, hierauf ihm eine selbständige, staatsfreie Sphäre zuerkannt wird, sodann sich der Staat selbst sich zu Leistungen verpflichtet, bis schliesslich der individuelle Wille an der staatlichen Herrschaftsausübung teilnimmt oder sogar als Träger des staatlichen Imperiums anerkannt wird (S 86–88).

Entwickelte moderne Staatlichkeit konstitutionalisiert und transformiert so den souveränen Staat. Angetreten ist er als einheitschaffender, alle andere Herrschaftsregime sich einverleibender Leviathan,[66] der zum ersten Mal in der Geschichte auf einem Territorium ein einheitliches Staatsvolk sich schuf und einer zentralen Hoheitsmacht unterwarf, die keine gleichwertige Herrschaft neben sich duldete. Die hier sich andeutende Befreiung aus den vorherigen religiösen, feudalen oder ständischen Fesseln und die Etablierung einer separaten, positiven, Zwang monopolisierenden Staatsmacht kann in Richtung Tyrannei und Willkür tendieren. Die formale juristische Freiheit würde dies erlauben; nicht aber die materiale Gemeinwohlausrichtung der Staatsmacht sowie das in sie eingebaute Gegenseitigkeits- und Relationstheorem zwischen Staat und Bürger als gleichwertigen Rechtssubjekten. Letzteres kann man natur- und vernunftrechtlich etwa im Sinne von Kant konstruieren. Jellinek akzeptiert die philosophische Leistung dieser Konstruktion, deren Ungeschichtlichkeit mit ihrem Vorher-nachher-Denken mit dem fiktiven Zeitpunkt eines Vertragsschlusses führt ihn aber zu seiner eigenen geschichtlichen Rekonstruktion des Einbaus materialer Grenzen und Leitlinien in das reine, formelle, Recht und Moral stark trennende Modell von unbegrenzter Souveränität. Der *status negativus* schützt den Bürger vor zu viel Staatsmacht, vor bevormundender Reglementierung, vor Souveränitätsanmaßungen. Solche Abwehrrechte werden schnell oder langsam, jedenfalls auf Dauer unaufschiebbar von den »Untertanen« eingefordert, sobald die höchste und umfassende Staatsmacht ihre funktionale Leistung des Schutzes vor Chaos, Anarchie und Bürgerkriegen, etwa religiöser Art, erbracht hat und damit Leib und Leben wieder einigermaßen sicher sind. Das ist die erste Dimension der Freiheitsidee, wenn man das Vorgängerstadium des Lebensschutzes durch umfassende Souveränität als Vital- oder Basisvoraussetzung von Freiheitsentfaltung überhaupt ansieht.[67]

---

[66] Siehe SR II 8f. und StL 431: Staat als »der große Leviathan, der alle öffentliche Macht in sich verschlingt«. Kurz zuvor ist von »aufsaugen« die Rede.

[67] Das tut Jellinek auch, wie StL 226f. zeigt, womit auch für das erste Stadium moderner Staatlichkeit, die unbegrenzte Souveränität, eine funktionelle Begründung vorliegt. Siehe zu den Entwicklungsstadien der Freiheitsidee auch den zusammenfassenden Aufsatz »Die Entstehung der modernen Staatsidee« in SR II 45, 51ff.

Die Staatsmacht, obwohl damit auf Distanz gebracht zu privaten, gesellschaftlichen und wirtschaftlichen Gemeinschaften, bleibt damit aber immer noch eine fremde, eine heteronome Macht. Das ändert die erfolgreiche Erkämpfung des *status activus*, der Wahl- wie der sonstigen Mitwirkungsrechte am und im Staatsapparat: Damit wird die Hoheitsmacht zu einer eigenen des Volkes, zur kollektiven Selbstherrschaft in Ergänzung zur Privatherrschaft im gesellschaftlichen Bereich.[68]

Aber auch die demokratisierte und rechtsstaatlich beschränkte Staatsmacht hat noch einen Konstruktionsfehler: Demokratische Mehrheitsherrschaft schützt nicht vor Benachteiligung von oder Gleichgültigkeit gegenüber wechselnden Minderheiten im allgemeinen oder permanenten Minderheiten im besonderen.[69] Deshalb verwundert es nicht, daß im Laufe der Geschichte – Jellinek hat insbesondere die zweite Hälfte des 19. Jahrhunderts vor Augen – die sozial benachteiligten Arbeiterschichten sich soziale Rechte über den *status positivus* erkämpften. So wird aus dem gleichen Untertanenstatus in der unbeschränkten Souveränität zunächst die formale Gleichheit im gesellschaftlichen Bereich des abwehrrechtlich gezähmten Staates, dann aber, und nicht zuletzt durch gleiche politische Mitwirkungsrechte, das allgemeine Wahlrecht, eine soziale Chancengleichheit im gesellschaftlichen Wettbewerb. Der Entwicklung der Freiheitsidee läuft die Entwicklung der Gleichheitsidee parallel.

Zusammenfassend:

> Hier stehen wir mitten in der Bewegung unserer Zeit. Fürsorge für alle Klassen des Volkes, Befriedigung eines jeden gerechten Interesses, Herstellung des sozialen Friedens, das sind die Leitsterne der modernsten Politik, das ist das Ergebnis, aus dem die neueste Gestaltung der Staatsidee entspringt […]. Das monarchische, das liberale, das demokratische, das nationale und das soziale haben sich zusammengefügt, um den Staat der Gegenwart zu gestalten. Aufgabe der Politik ist es, das richtige Verhältnis dieser Elemente zu finden, die in jedem Staat vorhanden, in jedem aber anders gestaltet sind (SR II 61 f.).

---

[68] Siehe StL 329. Hier liegt eine Nähe zu Jürgen Habermas' These von der Gleichursprünglichkeit von privater und öffentlicher Autonomie vor: *Habermas* 1992, Kap. III–I.

[69] Diesem Thema hat Jellinek 1898 eine nach wie vor erhellende Abhandlung gewidmet: »Das Recht der Minoritäten«. Siehe insbesondere RM 27 ff. zu strukturellen Minderheiten. Die Abhandlung nimmt Diskussionen vorweg, die in der Gegenwart prominent in *Ely* 1980, und in der berühmten Fn. 4 in United States v. Carolene Products, 304 U.S. 144, 152 Fn. 4 (1938), diskutiert werden und die Rolle der Verfassungsgerichtsbarkeit für den Minderheitenschutz in den Blickpunkt rücken. Siehe die Analyse bei *Riecken* 2003, S. 40–52 und S. 506 mit einem Abdruck der Fußnote.

6. Rechtsstatus oberhalb und unterhalb der Staatsorganisation

Der Prozeß der Einverleibung aller Herrschaftsgewalten im absoluten Staat ist also nur das Anfangsstadium von moderner Staatlichkeit. Der Einverleibung schließen sich »Ausverleibungen« an: Zunächst wird durch den *status libertatis* das Individuum als solches wie in seinen Gemeinschaften anerkannt: Gewährleistung eines Pluralismus der Lebensformen.[70] Dann wird aus dem staatlichen Fremdleib – am besten in Hobbes' realem Souverän ausgedrückt[71] – ein Eigenleib, das demokratisierte Gemeinwesen, allerdings in juristisch abstrahierter Form der juristischen Person des öffentlichen Rechts mit gewaltenteiligen Organen, in die über demokratische Prozeduren die jeweils gewählten Volksvertreter als Repräsentanten einrücken: Der Staat sind wir! Leiblichkeit wird schließlich ernst genommen, zunächst über die Berücksichtigung der vitalen Bedürfnisse der darbenden Volksmassen im sich industrialisierenden Deutschland, späterhin über weitergehende Konzepte von körperlicher und geistiger Integrität als Schutzgüter moderner Staatlichkeit.

Aus alldem könnte man schließen, daß die Statuslehre nicht nur den Höhepunkt, sondern auch den Abschluß moderner Rechtsorganisation bildet, und daß sie exklusiv an den Einheitsstaat, vielleicht sogar in Form des isolierten Zentralstaates gebunden sei. Das ist bei Jellinek jedoch nur insoweit der Fall, als die direkte Verschränkung und gegenseitige Verstrebung der vier Status nur in einem Einheitsgebilde, dem modernen Nationalstaat mit entsprechend ausgerichteter Verfassung, stattfinden kann oder jedenfalls stattgefunden hat. Das schließt jedoch keineswegs aus, daß unterhalb der Zentralstaatsebene und auch transnational die vier Status *analog* zur Geltung kommen könnten und sollten. Grund dafür ist, in moderner Terminologie, ein *Homogenitätserfordernis:* Die Koordination politischer Herrschaft und die Erledigung der Gemeinwohlaufgaben auf den unterschiedlichsten Ebenen kann nur dann effektiv gelingen, wenn trotz Akzeptanz der Unterschiede etwa lokaler oder völkerrechtlicher Organisationen im Verhältnis zur staatlichen Zentralmacht erstere ähnlich oder jedenfalls kompatibel strukturiert sind wie die staatliche Ebene, von der aus sie auch anerkannt oder per Kreationsakt ins Werk gesetzt werden.[72] Jellinek verwendet große Teile seines

---

[70] Siehe StL 95 mit einer Liste von Vergemeinschaftungen und schon oben Fn. 5 zu Nisbet.

[71] Siehe StL 209 und SR II 21 mit der Unterscheidung von kleiner/realer Herrscherperson und großer/juristisch abstrahierter Herrschaftsorganisation.

[72] Hier wird im Anschluß an Art. 28 Abs. 1 GG das juristische Verständnis von Homogenität verwendet, das gerade nicht Uniformität verlangt. Im sozialwissenschaftlichen Diskurs wird Homogenität oft in einem engeren Sinne, assimilativ, verstanden.

»System[s] der subjektiven öffentlichen Rechte«, um die Realität solcher analoger Statusverhältnisse zu analysieren.[73]

Genereller Ansatzpunkt in all diesen Bereichen ist die durch Gemeinschaft und Organisation sowie rechtliche Anerkennung beziehungsweise Einrichtung einsetzende mitgliedschaftliche Stellung der Individuen:

Jeder Verband, am meisten aber der kraft beständiger, einheitlichen Willen zu ihrer Realisierung heischender Zwecke zur Persönlichkeit erhobene, qualifiziert notwendig seine Mitglieder. In jedem ist eine Verbandsgewalt vorhanden, der die Verbandsmitglieder innerhalb der Zuständigkeit des Verbandes unterworfen sind; jedem Mitgliede ist unausgesprochen eine verbandsfreie Sphäre gegeben, die mit Rücksicht auf die eng begrenzten Zwecke des Verbandes eine viel weitere ist, als die staatsfreie der Staatsglieder. Aus der Mitgliedschaft am Verbande ergibt sich die rechtliche Fähigkeit, den Verband für die von ihm zu versorgenden individuellen Zwecke in Anspruch zu nehmen, die den wesentlichsten Inhalt der Vereinsmitgliedschaft für den Berechtigten bildet. Endlich qualifiziert der Verein seine Mitglieder als Teilnehmer oder Träger seiner Willensbildung (S 90f.).

Dieses privatrechtliche Beispiel, etwa in Form des eingetragenen Vereins, unterscheidet sich im Bezug auf die Statusstrukturierung als solche nicht von öffentlichrechtlichen Beispielen unterhalb oder neben dem Staat:

Was von jedem einfachen Vereine gilt, hat selbstverständlich und womöglich noch in ausgeprägterer Form seine Geltung für die Kirche,[74] die Gemeinde,[75] den höheren Kommunalverband [...]. Die vier Arten rechtlicher Zustände der Mitglieder dieser Verbände ergeben sich mit Notwendigkeit aus dem Charakter dieser Institutionen. In ihnen ist der staatsähnliche Typus dieser Beziehungen in noch höherem Maße ausgeprägt als bei den nur beschränkte Zwecke verfolgenden gewillkürten Verbänden (S 91).

Auch im Völkerrecht lassen sich Analogien zu den vier Status aufweisen.[76] Die Gegenseitigkeit der Rechtssubjektstellung überhaupt wird zunächst durch den Grundsatz der Staatengleichheit und Staatensouveränität gesichert: Kein Staat steht rechtlich über dem anderen, keiner kann den anderen einseitig verpflichten. »Damit ist die Möglichkeit der Einordnung des souveränen Staates unter eine höhere mit selbständigem Willen begabte Organisa-

---

[73] Siehe insbesondere S Kap. XVI ff. Ein Beispiel aus dem Grundgesetz ist die »Homogenität«, die Art. 21 zwischen der staatlichen und der Parteiendemokratie voraussetzt.

[74] Siehe S 272ff. mit einer nach wie vor erhellenden Typologie von Staat-Kirche-Verhältnissen: Trennungsmodell, Staatskirchentum, Selbständigkeit mir partieller Privilegierung. Im 1. Modell gilt dann privates Assoziationsrecht, im 2. das vorrangige staatliche Recht, im 3. geht es um partielle Privilegierung anhand der Status, wie im Grundgesetz bei den öffentlich-rechtlich verfaßten Religionsgesellschaften in Art. 140 GG i. V. m. Art. 137 Abs. 5 WRV.

[75] Siehe S 275ff., Kap. XVII. S 288ff., 293f. thematisiert die vier Status der Gemeinden.

[76] Siehe S 310ff., Kap. XIV.

tion ausgeschlossen« (S 311),[77] außer sie ist gewollt und wird rechtlich, über den Status der aktiven Mitwirkung und Einwilligung, hergestellt.[78] Jellinek steht jedoch auch hier auf dem Standpunkt der geschichtlichen Entwicklung von Staatlichkeit, die seit langem keine isolierte ist, sondern sich über Staatenverbindungen, völkerrechtliche Bindungen, koordiniert, aus Gründen der Effektivierung der Aufgabenerledigung durch Gemeinschaftsbildung:

> Die zivilisierten Staaten jedoch stehen kraft ihrer nicht durch die Mittel des Einzelstaates allein lösbaren Aufgaben, sodann kraft historisch wirkender Kräfte, vor allem kraft der gemeinsamen an den Staatsgrenzen nicht ihr Ende findenden Kultur in einer sozialen, in ununterbrochenem Verkehr sich äussernden Gemeinschaft. Auf dem Grund gemeinsamer Kultur und gemeinsamer Interessen erhebt sich die Staatengemeinschaft [...]. Sie ist für die Kulturstaaten eine gegebene Tatsache (S 311 f.).

Die gegenseitige Anerkennung der Staaten und ihre beidseitige oder vielseitige Bindung kann explizit, vertraglich, oder gewohnheitsrechtlich vor sich gehen. Im Akt der Bindung unterwerfen sich die Staaten dem völkerrechtlichen Regime; so weit reicht der *status subiectionis*,[79] der aber nur im *status activus*, der selbstgewählten Unterwerfung sowie weiterer mit ihr beschlossener Mitwirkungsrechte bis hin zu eventuellen Auflösungsrechten über Kündigung, wirksam werden kann. Was nicht koordiniert ist, verbleibt im *status libertatis;*[80] hier herrscht der völkerrechtliche Grundsatz der Nichteinmischung. In dem Bereich der koordinierten, gemeinschaftlichen Tätigkeit geht es dann um den *status positivus*, den Leistungsbereich, den das völkerrechtliche Regime zu erledigen hat. In diesem Sinne unterfällt die Staatengemeinschaft nicht nur dem engeren Gemeinschaftsbegriff von Jellinek, sondern illustriert auch analog zu den die Staatengemeinschaft tragenden Einzelstaaten die vier Status der von der Staatsebene aus hinauswirkenden Strukturen. Ein Gemeinwesen ist die Staatengemeinschaft freilich für Jellinek nicht. Das könnte sie nur im Grenzfall der Verselbständigung der transnational delegierten Macht hin zu einer supranationalen Macht, einem Bundesstaat, werden.[81]

---

[77] Siehe auch S 319 sowie S 315: »Ein Recht ist nur möglich unter Rechtssubjekten. Jeder Staat hat daher notwendig gegen jeden anderen den Anspruch auf Anerkennung als Rechtssubjekt, d. h. als Persönlichkeit«. Deutlich wird die Parallelität der Argumentation zwischen Individuum – Staat und Staat – Staat.

[78] Dazu näher StV 91 ff., 172 ff., 253 ff.

[79] Siehe S 318: »Nicht die staatliche Freiheit, sondern deren Beschränkung ist in erster Linie völkerrechtlich von Bedeutung.«

[80] Siehe S 316.

[81] Daß eine solche Konstruktion mit Jellinekschen Argumenten möglich wäre, zeigen die oben Fn. 76 ff. genannten Stellen sowie die Einleitung von *Walter Pauly* zu StV. Jellinek diskutiert diesen Fall vor allem anhand des Unterschieds von Staatenbund und

7. Kommunitaristische Verallgemeinerung der Statuslehre im Bereich der Sozialverhältnisse

Die Statuslehre kommt nicht nur im Einheitsstaat der Moderne und seinen Untergliederungen wie etwa Gemeinden oder Übergliederungen wie völkerrechtlichen Gemeinschaften zur Geltung, sondern auch in privaten, gesellschaftlichen Verhältnissen. Das ergibt sich aus dem *status libertatis*, der grundsätzlich jede Art von außerstaatlicher Persönlichkeitsentfaltung freisetzt, so weit er denn reicht. In der Konstitutionalisierungsbewegung richtete er sich vor allem auf die Freisetzung von privater und gesellschaftlicher Autonomie, Wirtschaft und Religion, umfaßte dann aber auch Bereiche wie Wissenschaft und Kunst.[82] Damit war die Unterscheidung von »Staat« und »Gesellschaft« faktisch und rechtlich gesetzt,[83] die freilich in Gefahr steht, das vielfältige Spektrum von Lebens- und Organisationsformen auf eine antagonistische Zweierbeziehung zu verkürzen. Wann immer das Tätigwerden Einzelner sich nicht in der Eigensphäre oder im rechtlich Irrelevanten erschöpft, sondern in Kontrakt-, Gemeinschafts-, insbesondere Organisationsform abspielt, erhebliche Auswirkungen auf Mitglieder wie Außenstehende hat, wird ein moderner Staat eine Mißbrauchskontrolle gegen zu viel Subjektion unter den Privatsubjekten[84] vornehmen. Weitergehend kann er eine Form der Integration – nicht Assimilation – der Sozialordnung in die Rechtsordnung hinein anstreben. Das hat noch nichts mit Bevormundung zu tun. Vielmehr soll die soziale Lebensform so in die Rechtsordnung inte-

---

Bundesstaat. Zu Jellineks Zeit war das Völkerrecht weitgehend ein exklusives Rechtsregime der Staaten als Völkerrechtssubjekte, Individuen wurden noch nicht als Rechtssubjekte anerkannt, höchstens als Objekte staatlicher oder völkerrechtlicher Sorge. Jellinek diskutiert aber schon mögliche Ausweitungen dieses Ansatzes in S 327.

[82] Siehe schon oben nach Fn. 12. Auf die Auseinandersetzung darüber, was denn das erste oder wichtigste Grund- und Menschenrecht war – Habeas-Corpus-Rechte, Religionsfreiheit, ökonomische Entfaltung –, ist hier nicht einzugehen. Dazu einige Bemerkungen im Anschluß an die These von Jellinek und Troeltsch über die Religionsfreiheit als »Durchreißrecht« bei *Brugger* 2011.

[83] Siehe StL 88ff.

[84] Siehe als ein neueres Beispiel den Bürgschaftsfall des BVerfG: E 89, 214. Der Leitsatz formuliert: »Die Zivilgerichte müssen […] die grundrechtliche Gewährleistung der Privatautonomie i.S.d. Art. 2 Abs. 1 GG beachten. Daraus ergibt sich ihre Pflicht zur Inhaltskontrolle von Verträgen, die einen der beiden Vertragspartner ungewöhnlich stark belasten und das Ergebnis strukturell ungleicher Verhandlungsstärke sind.« Fortgeführt in BVerfGE 115, 51 (53): Pflicht der Zivilgerichte, »bei der Auslegung und Anwendung von Generalklauseln darauf zu achten, daß Verträge nicht als Mittel der Fremdbestimmung« dienen.

griert werden, daß die »innere Ordnung«,[85] die »idée directrice«[86], das »master ideal«[87] oder der »Code«[88] der Lebensform geachtet und umhegt wird, allerdings auch Respekt erwartet und abgesichert wird für die Status des modernen Staates, über die diese alle Gemeinschaften übergreifende Organisationsform sich vor sich selbst, den Individuen wie den Sozialformen legitimiert.

Jellinek illustriert dies anhand der Ehe und Familie. Mitglied in einer Gemeinschaft und nicht nur distanzierter Vertragspartner zu sein qualifiziert die Individualität, fügt ihr ein zusätzliches »Sein« hinzu, einen »Zustand«, den der isolierte Einzelne nicht leben kann. »Die Ehe qualifiziert die Individualität der Ehegatten in ihrem gegenseitigen Verhältnis [...]. Sie gewährt ihnen [...] unlösbar mit ihrer Person verknüpfte rechtliche Fähigkeiten. Ebenso ist es mit dem Verhältnis von Eltern und Kindern. Ehemann, Ehefrau, Vater, Mutter, Sohn, Tochter sind Beziehungen der Persönlichkeit, welche diese selbst in bestimmten Richtungen ergreifen und für die Dauer der Beziehung deren Glieder unverzichtbar und unübertragbar qualifizieren. Auch diese Beziehungen haben ein Sein, nicht ein Haben zu ihrem Inhalt« (S 88); und zwar ein sozial, im Laufe der Geschichte geprägtes Sein, das seit der Ablösung des Familienverständnisses als auch herrschaftliche Organisation[89] sich in Kontrast zur Staatsgewalt entwickelt hat und von diesem zu hegen und zu pflegen, aber nicht im inneren Lebenskreis zu reglementieren ist.[90] Das schließt nach Jellinek nicht aus, daß im Versagensfall der Staat Krisenkompetenzen hat, etwa im Pflegschaftswesen für Kinder, für die keine Familie mehr sorgt,[91] oder im Bereich von Scheidung. Der Staat kann, wenn er für mehr Nachwuchs im Eigeninteresse sorgen will, etwa um die Rentenkassen zu füllen, auch von außen Anreize setzen, aber das wären eben keine inneren verbindlichen Reglementierungen von Ehe und Familie. Trotz dieser Respektierung der Eigensphäre dieser Lebensform sieht Jellinek eine Kompetenz des Staates zur Strukturierung dieses Innenbereiches auf eine Art und Weise, die dem Grundsatz nach eine Respektierung und Ausgleichung der vier modernen Staatsstatus umfaßt: »Aus der Gliedstellung der Familie ergeben sich wie im Staate eine Zahl rechtlicher Zustände der Mitglieder. Es sind in ihr ein Zustand der Unterwerfung unter die Fami-

---

[85] Siehe schon oben Fn. 25 zu S 30.

[86] Siehe *Hauriou* 1965, S. 34–40.

[87] Siehe *Selznick* 1992, S. 19f., 38, 192, 324 u. ö.

[88] Siehe *Luhmann* 1993, Kap. 4: Codierung und Programmierung.

[89] Jellinek weist S 89f. auf diese Periode hin. Siehe auch StL 103f.

[90] Siehe schon die Stellen oben bei Fn. 6 und nach Fn. 13.

[91] Siehe S 89.

liengewalt vorhanden, eine gewaltfreie Sphäre, Ansprüche an den Gewaltinhaber, eine Fähigkeit zur Teilnahme an der Ausübung oder zur Trägerschaft der Familiengewalt« (S 90).

Die Formulierung ist ethisch einnehmend und irritierend zugleich. Irritierend ist die permanente Benutzung des Terminus »Gewalt«, nicht nur in diesem Zitat. Das hängt mit Jellineks Tendenz zusammen, selbst an Stellen, an denen es nicht um staatlichen Zwang geht, sondern um rechtlich vorgesehene Anordnungsbefugnisse oder um Autorität nichtrechtlicher Art, die zu seiner Zeit gebräuchliche Terminologie für staatliche Hoheitsbefugnisse, eben (Staats-)Gewalt, zu benutzen.[92] Man braucht diese Terminologie aber nicht überall und sollte statt dessen die genannten Ausdifferenzierungen benutzen. In diesem Sinne haben Eltern natürliche Autorität gegenüber ihren Kindern, wenn sie denn ihre Aufgabe der Kindererziehung richtig angehen. Da solche Autorität auch mißbraucht werden kann, zudem besonders wehrlose Menschen betrifft, ist es recht und billig, wenn familiäre Verhältnisse nicht nur über Sitte und Religion, sondern auch rechtlich – über ein »Familienrecht« – geregelt werden und wenn die Verfassung, wie etwa in Art. 6 GG, die einschlägigen Maßstäbe auch nennt. Das Recht verleiht insoweit eigenständige Kompetenzen, Anordnungsbefugnisse, die man besser nicht mehr »elterliche Gewalt« nennen sollte und die das Bürgerliche Gesetzbuch seit 1980 in § 1616 Abs. 1 BGB »elterliche Sorge« nennt.[93] Sie verleihen analog zu, also nicht identisch mit, Staatskompetenzen etwa bei Polizei und Militär gemäß der andersartigen Erziehungsaufgabe »Subjektionsbefugnisse«. Diese sind aber beschränkt durch den *status libertatis* der Kinder, die nicht

---

[92] Siehe etwa SR II 353 sowie S 216f. zum »verwaltungsrechtlichen Gewaltverhältnis«, das in der deutschen Rechtswissenschaft lange gebraucht hat, um zum »verwaltungsrechtlichen Sonderverhältnis« zu werden: *Maurer* 2009, § 6 Rn. 24–30 und § 8 Rn. 27–32.

[93] Die Ursprungsfassung des § 1626 BGB von 1900 lautete: »Das Kind steht, solange es minderjährig ist, unter elterlicher Gewalt«, was damals noch die väterliche Gewalt war. Durch das Gleichberechtigungsgesetz von 1957 wurde die elterliche Gewalt auf Vater und Mutter ausgedehnt. Durch das Sorgerechtsgesetz, das zum 1.1.1980 in Kraft trat, wurde der Gewaltbegriff durch »elterliche Sorge« ersetzt. Literaturnachweise zur Analyse dieses Übergangs bei *Rauscher* 2008, vor Rn. 952, S. 826f. Nunmehr formuliert § 1626 Abs. 1: »Die Eltern haben die Pflicht und das Recht, für das minderjährige Kind zu sorgen (elterliche Sorge)«. Abs. 2: »Bei der Pflege und Erziehung berücksichtigen die Eltern die wachsende Fähigkeit und das wachsende Bedürfnis des Kindes zu selbständigem verantwortungsbewußtem Handeln«. Der Bezug zu den *status positivus* und *activus* wird ganz deutlich. Der *status negativus* wird in § 1631 Abs. 2 präzisiert. »Kinder haben ein Recht auf gewaltfreie Erziehung. Körperliche Bestrafungen, seelische Verletzungen und andere entwürdigende Maßnahmen sind unzulässig«. Kommunitaristisch formuliert: Integritätswahrung trotz Integration (Fn. 12).

physisch oder psychisch überwältigt werden sollten, sondern denen im Laufe ihrer Entwicklung ein Freiheitsbewußtsein vermittelt werden sollte. Dafür und für die vielen körperlichen und sonstigen Bedürfnisse der Kinder haben die Eltern auch im Rahmen des *status positivus* einzustehen. Schließlich ist Mitwirkung aller, im *status activus*, ein wichtiges Element auch des Familienlebens, nicht im Sinne eines Wahlrechts für Minderjährige, aber im Sinne der Förderung der Beteiligung am Familienleben und dessen Ausgestaltung im Sinne des Wohls aller Mitglieder. Der Gewaltterminologie entkleidet, ergibt sich so ein attraktives Erziehungs- und Familienverständnis, das sowohl das Partikularverständnis dieser Lebensform wie die Allgemeinvoraussetzungen der ethischen Moderne und des modernen Staates verknüpft.

8. Rekonstruktion des liberalen Kommunitarismus bei Jellinek

Die vielen, unübersichtlichen, sich ergänzenden oder auch überlappenden und konkurrierenden Herrschaftsbereiche des Mittelalters und der Frühen Neuzeit sind durch den neuzeitlichen souveränen Staat vereinheitlicht, einverleibt worden. Der damit dominierende *status subiectionis* wurde aber, sobald die Aufgabe der Lebens- und Friedenssicherung sowie der territorialen Einheits- und Nationenbildung erfüllt war, eingeschränkt und transformiert durch die Erkämpfung der *status libertatis, activus* und *positivus*. Damit war im Zentrum politischer Herrschaft, im Staat, eine Ausbalancierung von privater, gesellschaftlicher und politischer Macht möglich. Damit konnte die politische Herrschaft von einer fremden in eine eigene transformiert werden. Damit konnten die Freiheitsentfaltung und die Gleichheitsansprüche aller ausgeglichen werden. Damit wurde zum ersten Mal auf einheitlicher Grundlage eine Ordnung installiert, die gleichzeitig die Freiheit und Gleichheit aller vorheriger Untertanen als Individuen, Bürger und Rechtssubjekte in inhaltlich komplexer und rechtlich verbürgter Form absicherte. Wegen dieser Verstrebung und gegenseitigen Ausbalancierung stellt der entwickelte Staat ein Legitimitäts- und Effektivitätszentrum der ethischen Moderne dar.

Diese Maßstäbe verfolgt der moderne Staat auch, wenn er Befugnisse nach oben und unten delegiert. Das zeigt sich in den verfassungsrechtlichen Homogenitätsklauseln der Art. 23 und 28 GG, die die Europäische Union, die Länder und die Kommunen an mit dem deutschen Gemeinwesen kompatible, aber nicht uniforme Rechtsmaßstäbe binden. Der moderne Staat setzt seine Statuslegitimität aber auch als Rahmenordnung durch, soweit vor- oder außerrechtliche Sozialformen das Leben ihrer Mitglieder oder

Außenstehender erheblich beeinflussen. Rahmenordnung meint, daß der Staat die Eigenstruktur von Ehe, Familie, Wirtschaft, Wissenschaft, Kunst und Religion achtet: Die dort wirksamen Leitideen und Erfüllungsgestalten sind nicht und sollten nicht staatsdominiert sein. Ihre innere Lebensordnung, ihr spezifisches Gemeinwohl soll sich grundsätzlich in Eigenregie entwickeln; das Leben verbürgt die Primärerfahrung, die rechtliche Ordnung, gar mit staatlichem Zwang daherkommend, ist eine wenngleich unverzichtbare, so doch dahinter positionierte Sekundärinstitution.[94] Eine Uniformisierung aller Bereichsethiken hin zu einer jedes Detail dominierenden Staatsethik ist ausgeschlossen; das garantiert der *status libertatis*. Trotzdem müssen die privaten und gesellschaftlichen Institutionen Basispfeiler der ethischen Moderne beachten. Nur so kann trotz der Vielheit und Vielfalt sozialer Lebensformen eine einheitliche Grundlage friedlichen und produktiven Zusammenlebens zustande kommen. Nur so kann der Staat samt seinen Unter- und Übergliederungen eine Heimstatt für alle Individuen und Lebensformen bilden.

Deshalb ist trotz Akzeptanz unterschiedlichster Autoritäten in den diversen Gemeinschaften überzogene Subjektion auch von Mitgliedern in vorrechtlich geprägten Gemeinschaften ausgeschlossen. Überall ist ein Freiraum einzuräumen, etwa durch Eintritts- und Austrittsoptionen, das Basiserfordernis von liberaler Freiheitssicherung.[95] Überall ist auf Sorge für die Mitglieder zu achten. Diese dürfen in keinem Bereich auf den *status passivus* reduziert werden. Was »überzogen« ist im Hinblick auf Autorität oder Anordnungsbefugnisse, läßt sich nicht ein für allemal festlegen, das ist geschichtlich kontingent. Trotzdem bewegt man sich insoweit in der Regel nicht in einem Bereich flüchtiger Zeitgeisturteile.[96] Für die Gegenwart heißt das etwa: Kinder dürfen in Familien nicht mißhandelt werden. Für ihre Bedürfnisse muß gesorgt werden. Sie sollen altersgemäß mitwirken können und zum Selbst-Stand gebracht werden. Für Religionsgemeinschaften heißt

---

[94] Siehe StL 258ff. und schon oben Fn. 13 zu S 263: »Nichtregulierte individuelle und genossenschaftliche Tat soll nur insoweit zurücktreten oder ausgeschlossen werden, sofern der Staat mit seinen Mitteln das betreffende Interesse in besserer Weise zu fördern vermag«, oder, wie in Jellineks Geist hinzuzufügen ist: soweit Schaden droht in bezug auf die Einhaltung von allgemeiner Ordnung und Friedenssicherung, wie das die vier Status signalisieren.

[95] Siehe *Brugger* 1999, S. 217. Auch dieses gilt aber in direkter Anwendung nur, soweit die Primärwelt dies gestattet. Für die Geburt in eine Familie kommt die Enter-Option nicht in Betracht und die Exit-Option nur beschränkt. Gerade deshalb ist es wichtig, daß über status- und gemeinschaftsgemäßes Familienrecht eine Kompensation geschaffen wird.

[96] Siehe generell StL 374f.

dies, daß totale Unterwerfungen rechtlich ausgeschlossen werden sollten und daß ein Religionswechsel möglich sein muß, jedenfalls sind für solche Konversionen Gewaltmaßnahmen auszuschließen. Für Privatrechtsorganisationen, etwa Wirtschaftsunternehmen, heißt dies etwa, daß die Subjektion eine Grenze findet an Bespitzelungen, daß der *status positivus* ein Mindestmaß an Sorge für die Arbeitnehmer im Falle der Insolvenz von Betrieben enthalten muß (soweit nicht der Staat diese Aufgabe vollständig übernimmt) sowie daß im Rahmen des *status activus* Mitwirkungsrechte geboten sind, mindestens Anhörungsrechte, maximal Mitentscheidungsrechte.

Jellineks Statuslehre bietet also eine höchst komplexe Analyse und Legitimationssystematik von sozialen wie staatlichen Organisationen. Das Denken in der Alternative von *status subiectionis* und *status libertatis* ist zwar logisch nicht falsch, wie Jellinek selbst betont.[97] Es ist auch wichtig für die Entwicklung von Freiheitsbewußtsein und Subjektivität überhaupt. Differenzierung ist trotzdem geboten, wenn man die komplexen Verhältnisse in der Moderne analysieren und in ihrem Legitimationspotential verstehen will. Das gilt zunächst für die Positionierung des Individuums in loseren und dichteren Gemeinschaften mit der Umgreifung durch ein politisches Gemeinwesen. Es gilt als nächstes für Ordnungsmodelle von sozialer Autorität, rechtlicher Kompetenz und staatlichem Zwang, dann für Freiheitsmodelle von Abwehr über Mitwirkung bis zu Leistung samt damit verbundener Ausgliederung von Gleichheit im Untertanenstatus, in formaler Abwehrgleichheit bis zu politischer Gleichheit und sozialer Chancengleichheit. Diese Systematik kann sich ohne weiteres mit heute prominenteren Positionen und Prämissen wie etwa Ronald Dworkins Legitimationsmaxime »equal concern and respect«[98] oder der Auseinandersetzung zwischen John Rawls und Ronald Dworkin über das Verhältnis von Freiheit und Gleichheit[99] messen.

Wenn diese Feingliedrigkeit der Jellinekschen Analysen nicht immer erkannt wird, dann liegt das zum Teil an ihm selbst, weil er manchmal zu schnell oder auch unnötigerweise von der sozialtheoretischen Ebene auf spezifisch staatliche Dimensionen überwechselt und dann als im Herrschafts-, Zwangs- und Gewaltdiskurs befangen erscheinen mag. Es entsteht auch gelegentlich der Eindruck, daß gerade seine ungeheure Belesenheit in mehreren Gebieten – der Ethik, der Geschichte, des Staatsrechts, des Völkerrechts, der Politikwissenschaft und der Soziologie – dazu führt, die Grenzen nicht so deutlich zu ziehen, etwa zwischen der primären Sozialebene und der se-

[97] Siehe S 86: »Die Relation von Staat und Einzelpersönlichkeit ist derart, dass beide als einander ergänzende Größen erscheinen.«

[98] Siehe *Dworkin* 1978, S. 180–183, 272–278, 292.

[99] Siehe *Dworkin* 1978, Kap. 6.

kundären Rechts- und insbesondere Staatsebene. Das erklärt sich aber zum Teil jedenfalls dadurch, daß »Recht überhaupt« schon früh in der Sozialentwicklung einsetzt[100] und daß dann über die Existenz von »Organisation« auch Staatlichkeit weit in die Vormoderne zurückreicht.[101] Nichtsdestotrotz bietet sein Werk auch ein Jahrhundert nach seinem Tod ein eindrucksvolles und erhellendes Instrumentarium zum Verständnis nicht nur des 20. Jahrhunderts, sondern auch wichtiger Eckpunkte der sozialen und politischen Ordnung des 21. Jahrhunderts.

Literatur

Arendt, Hannah (1949): Es gibt nur ein einziges Menschenrecht. In: Die Wandlung 4, S. 754–770.

Bielefeldt, Heiner (1998): Philosophie der Menschenrechte. Darmstadt.

Brugger, Winfried (1980): Menschenrechtsethos und Verantwortungspolitik. Freiburg i. Br.

Ders. (1999): Liberalismus, Pluralismus, Kommunitarismus. Baden-Baden.

Ders. (2004): Freiheit und Sicherheit. Baden-Baden.

Ders. (2010): Existenz, Freiheit und Ordnung. Von Werner Maihofer zu Georg Jellinek und zurück. In: Kirste, Stephan/Sprenger, Gerhard (Hrsg.): Menschliche Existenz und Würde im Rechtsstaat. Ergebnisse eines Kolloquium für und mit Werner Maihofer aus Anlass seines 90. Geburtstages. Berlin, S. 152–169.

Ders. (2011): Historismus und Pragmatismus in Georg Jellineks »Erklärung der Menschen- und Bürgerrechte«. In: Hollstein, Bettina (Hrsg.): Handlung und Erfahrung. Das Erbe von Historismus und Pragmatismus und die Zukunft der Sozialtheorie. Frankfurt a. M., S. 217–246.

Dworkin, Ronald (1978): Taking Rights Seriously. Cambridge, Mass.

Ely, John Hart (1980): Democracy and Distrust. Cambridge, Mass.

Gröschner, Rolf (2008): Dialogik der Rechtsverhältnisse. In: Brugger, Winfried u. a. (Hrsg.): Rechtsphilosophie im 21. Jahrhundert. Framkfurt a. M., S. 90–110.

Häberle, Peter (1998): Verfassungslehre als Kulturwissenschaft. 2. Aufl. Berlin.

Habermas, Jürgen (1992): Faktizität und Geltung. 2. Aufl. Frankfurt a. M.

Hart, H. L. A. (1961): The Concept of Law. Oxford.

Hauriou, Maurice (1965): Die Theorie der Institution und zwei andere Aufsätze. Hrsg. von Roman Schnur. Berlin.

S: *Jellinek, Georg* (1905): System der subjektiven öffentlichen Rechte. 2. Aufl. Tübingen.

SR I und II: *Ders.* (1911): Ausgewählte Schriften und Reden. Bd. I und II. Berlin.

MR: *Ders.* (1964): Die Erklärung der Menschen- und Bürgerrechte, sowie: Replik auf Emile Boutmy. In: Schnur, Roman (Hrsg.): Zur Geschichte der Erklärung der Menschenrechte. Darmstadt.

RUS: *Ders.* (1967): Die sozialethische Bedeutung von Recht, Unrecht und Strafe. Nachdruck der Ausgabe Wien 1878. Hildesheim.

---

[100] Siehe oben Abschnitt III und StV 94.

[101] Siehe StL 365: »Eine jede organisierte weltliche Gemeinschaft aber, die keinen Verband über sich hat, ist Staat.«

StL: *Ders.* (1976): Allgemeine Staatslehre. Nachdruck des 5. Neudrucks der 3. Aufl. Kronberg/Ts.
RM: *Ders.* (1996): Das Recht der Minoritäten. Hrsg. von Walter Pauly. Nachdruck der Ausgabe Wien 1898. Goldbach.
StV: *Ders.* (1996): Die Lehre von den Staatenverbindungen. Hrsg. von Walter Pauly. Nachdruck der Ausgabe Wien 1882. Goldbach.
Jhering, Rudolf von (1916): Der Zweck im Recht. 1. Bd. 5. Aufl. Leipzig.
Joas, Hans (1997): Die Entstehung der Werte. Frankfurt a. M.
Kant, Immanuel: Metaphysik der Sitten. Akademie-Ausgabe Bd. VI. Berlin 1968.
Kirste, Stephan (2008): Recht als Transformation. In: Brugger, Winfried u. a. (Hrsg.): Rechtsphilosophie im 21. Jahrhundert. Frankfurt a. M., S. 143–150.
Koller, Peter (2008): Der Begriff des Rechts und seine Konzeptionen. In: Brugger, Winfried u. a. (Hrsg.): Rechtsphilosophie im 21. Jahrhundert. Framkfurt a. M., S. 134–156.
Luhmann, Niklas (1993): Das Recht der Gesellschaft. Frankfurt a. M.
Maurer, Hartmut (2009): Allgemeines Verwaltungsrecht. 17. Aufl. München.
Menke, Christoph/Pollmann, Arnd (2007): Philosophie der Menschenrechte. Hamburg.
Nisbet, Robert (1962): Community and Power. New York u. a.
Nonet, Philippe/Selznick, Philip (2001): Law and Society in Transition. Toward Responsive Law. 2. Aufl. New Brunswick.
Rauscher, Thomas (2008): Familienrecht. 2. Aufl. Heidelberg.
Rawls, John (1971): A Theory of Justice. Cambridge, Mass.
Riecken, Jörg (2003): Verfassungsgerichtsbarkeit in der Demokratie. Berlin.
Selznick, Philip (1992): The Moral Commonwealth. Social Theory and the Promise of Community. Berkeley, CA.
Unger, Roberto M. (1976): Law in Modern Society. New York/London.
Weber, Max (1973): Gesammelte Aufsätze zur Wissenschaftslehre. 4. Aufl. Tübingen.

Anhang: Schaubilder zur Illustration

Georg Jellineks Entwicklungsreihe von Gemeinschaftsverhältnissen

Individuum:	*Gemeinschaft i. w. S.:*	*Gemeinschaft i. e. S.:*	*Politisches Gemeinwesen, souveräner Staat:*	*Staaten-gemeinschaft:*	*Supra-nationales Gemein-wesen:*
separat, eigenständig, seit Moderne	Koordi-nierung, Assoziierung	Organi-sation, Autorität, Herrschaft	Kompetenz-Kompetenz	Koordi-nierung, Assoziierung von Staaten durch Völkerrecht	soweit Kompetenz-Kompetenz abgetreten

Statuslehre eng und weit

Anwendungsbereich	*Staatsbezogen, mit analogen Ausgliederungen nach oben und unten*	*Sozialformenbezogen, primäre Lebensverhältnisse, nicht oder nicht vorrangig rechtserzeugt*
Status subiectionis	Kompetenz, Herrschaft	Autorität
Status libertatis	Abwehrrechte gegen Souveränitätsanmaßungen	Gegen Überwältigung, Integration und Integrität
Status positivus	Leistungsrechte, materiell und prozedural	Sorge um Wohlergehen aller Mitglieder
Status activus	Wahlrechte und Mitwirkungsrechte im Staatsverband	Lebensformgemäße Teilnahme und Mitwirkung am Gemeinschaftsleben
Generelle Voraussetzung 1	Ethische Moderne: Achtung von Rechtsperson und Rechtspersönlichkeit, im Recht verankert	Ethische Moderne: Achtung von Person und Persönlichkeit in Gemeinschaft, in Ethik verankert
Generelle Voraussetzung 2	Materiale Ausrichtung an spezifischen Staatszwecken	Materiale Ausrichtung an Erfüllungsgestalten der jeweiligen Gemeinschaftsform
Verwirklichungsmodus	Subjektive öffentliche Rechte gegen beziehungsweise auf staatliche Kompetenzen	Primär Ethos des jeweiligen Bereichs, sekundär Rechtskontrolle oder tertiär Staatsgewalt

Max Weber auf den Spuren Georg Jellineks

Andreas Anter

In einem Brief an Georg Jellinek vom 19. August 1909 schreibt Max Weber voller Bewunderung, die Staatsrechtslehre sei eben doch »ein verdammt viel ›produktiveres‹ Fach« als die Disziplin, in der er gelandet sei.[1] Weber lobte in diesem Brief die aussichtsreichen Drittmittelaktivitäten des Heidelberger Freundes, der dabei war, beträchtliche Geldmittel einer amerikanischen Stiftung für die Gründung einer Akademie für Internationales Recht an Land zu ziehen. Jellinek war zu jener Zeit der führende Vertreter der deutschen Staatsrechtslehre. Sein Hauptwerk, die »Allgemeine Staatslehre«, war auch in den Augen seiner Kritiker das Werk des »angesehensten und einflußreichsten Staatsrechtslehrers«,[2] ja das »wissenschaftlich vollkommenste« Werk der ganzen Disziplin.[3] Es ist daher nicht überraschend, daß Weber sich an diesem Meister orientierte, wenn er auf dem Gebiet der Staatstheorie zur Feder griff. Nach Jellineks frühem Tod bekannte Weber in seiner Gedenkrede, er habe »wesentlichste Anregungen« aus den »großen Arbeiten« des Freundes erhalten, und nannte insbesondere »die Prägung des Begriffs der ›sozialen‹ Staatslehre für die Klärung der verschwimmenden Aufgaben der Soziologie«.[4] Nicht zufällig wandte sich Jellineks Witwe Camilla ein halbes Jahr später mit der Bitte an ihn, eine Neuauflage der »Allgemeinen Staatslehre« herauszugeben. Weber konnte ihrer Bitte zwar nicht nachkommen, machte ihr aber den Vorschlag, doch ihren Sohn Walter mit der Herausgabe des Werks zu beauftragen,[5] was sie auch tat.

---

[1] Weber, Brief an Georg Jellinek, 19. August 1909, in: *ders.* 1994, S. 226. – Der Abdruck dieses Beitrags erfolgt im Einverständnis mit dem Verlag aus: *Andreas Anter:* Max Weber und die Staatsrechtslehre. Tübingen: Mohr Siebeck 2016, S. 41–59. Eine frühere Fassung erschien in *Paulson/Schulte* 2000, S. 67–86.

[2] *Nelson* 1949, S. 6.

[3] *Kelsen* 1928, S. 115.

[4] *Weber* 1963, S. 15. – In seinem Kondolenzbrief an Camilla Jellinek vom 14. Januar 1911 schreibt Weber, er sei dem Freund im Laufe der Jahre »immer näher gekommen« (*Weber* 1988, S. 37). Vgl. *Kempter* 1998, S. 154 ff., 235 ff. u. 261 ff.

[5] Weber, Brief an Camilla Jellinek vom 27. September 1911, in: *ders.* 1998, S. 278.

Seit langem wird in der Literatur betont, wie wichtig die Untersuchung der wissenschaftlichen Bedeutung Jellineks für Weber sei.[6] Bisher hielt kaum jemand ein solches Unterfangen für obsolet.[7] Ein genauerer Vergleich der Schriften vermag zu zeigen, wie stark Jellineks Einfluß war. Mit Recht betont Duncan Kelly Jellineks »profound impact on Weber's concept of the state«,[8] wobei dieser Einfluß, wie im folgenden deutlich wird, sich weit über den Staatsbegriff hinaus erstreckt.

1. Das Werturteilsproblem bei Weber und Jellinek

Das Verhältnis von rechtlichen und politischen Gesichtspunkten gehörte in Jellineks Zeit zu den bewegenden Fragen der Staatslehre. Die rechtspositivistische Richtung hatte die Frage nach der politischen Dimension des Fachs mehr oder weniger erfolgreich umgangen, indem sie sie entweder ignorierte oder nach Palmströmschem Muster – weil nicht sein kann, was nicht sein darf – leugnete. Um so emphatischer begrüßte Weber im Jahr 1906 Jellineks »vortreffliche Abhandlung« »Verfassungsänderung und Verfassungswandlung«, da hier endlich »einmal eine wirkliche ›Kernfrage‹ in Angriff genommen« werde, nämlich die »sorgsame *Scheidung* und die Feststellung der gegenseitigen Beziehungen von ›rechtlicher‹ und ›politischer‹ Betrachtung«.[9]

Daß die Beziehung von politischer und rechtlicher Betrachtung in Jellineks Studie geklärt würde, kann man indes nicht behaupten, da er die Frage nur en passant im Vorwort streift. Gleichwohl hebt Weber einen wichtigen Punkt hervor, denn Jellinek hatte sich in rechtspositivistischer Tradition zuvor stets für die strikte Trennung von rechtlichen und politischen Gesichtspunkten ausgesprochen. Wenn er jetzt die »wissenschaftliche Verbindung« dieser Gesichtspunkte sowie die Notwendigkeit forcierter »politischer Forschung« als »unentbehrliches Mittel zum Verständnis der staatsrechtlichen Probleme« betonte,[10] dann handelte es sich um eine Kurskorrektur. Gleichwohl wollte er die Staatslehre von der wissenschaftlichen Politik weiterhin

---

[6] Vgl. *Kelly* 2008, S. 97ff.; *Breuer* 2006b; *Joas* 2005; *Marra* 2006, S. 50ff.; *Breuer* 2004; *Ouédraogo* 2004; *Ferraresi* 2003, S. 333ff.; *Anter* 1998; *Hübinger* 1988, S. 148f., 157f. u. 160f.

[7] Allein Wilhelm Hennis meint, Webers »Anerkennung der wissenschaftlichen Leistung Jellineks« habe sich in Grenzen gehalten (*Hennis* 1996, S. 61).

[8] *Kelly* 2008, S. 9.

[9] Weber, Brief an Georg Jellinek vom 27. August 1906, in: *ders.* 1990, S. 149 [Kursivierungen hier und im folgenden im Original].

[10] *Jellinek* 1906, S. V und 31. Voller Bewunderung blickt er auf die »reiche politische Literatur des Auslandes, namentlich die der westlichen Völker« (S. V).

streng geschieden wissen, da die Staatslehre »Erkenntnisurteile« liefere, während die Politik »Werturteile« formuliere.[11] So waren denn auch alle »politischen Urteile« für Jellinek *eo ipso* »Werturteile«.[12] Jeder Blick in die politische Literatur zeige, daß die Weltanschauung, wie Jellinek nicht ohne Ironie sagt, bewußt oder unbewußt »den Gang eines sehr großen Teiles der politischen Forschungen« bestimme.[13]

Bereits in der frühen Studie über »Die sozialethische Bedeutung von Recht, Unrecht und Strafe« hatte Jellinek klargestellt, jedes Untersuchungsergebnis hänge vom Wertstandpunkt des Betrachtenden ab: »Je nach dem Ausgangspunkte, den Einer nimmt, und seinen persönlichen Ansichten, wird dann das Resultat seiner Arbeiten ausfallen, und so stehen sich zuletzt unzählige Behauptungen mit derselben subjectiven Berechtigung und derselben objectiven Unbrauchbarkeit gegenüber.«[14] Da dies zu fruchtlosen Diskussionen führe, müsse der Wissenschaftler stets seinen eigenen Wertstandpunkt angeben, wobei für Jellinek »nur relative politische Untersuchungen wissenschaftlichen Wert« haben,[15] also jene, die ihre Wertgebundenheit reflektieren.

Jellinek stimmte hier mit zentralen Axiomen der Werturteilslehre Webers überein. Auch für Weber war Wissenschaft notwendig wertgebunden: So wie jedes Handeln »eine *Parteinahme* zugunsten bestimmter Werte« bedeute, liegen auch jeder wissenschaftlichen Arbeit persönliche Weltanschauungen zugrunde, die zwangsläufig die »wissenschaftliche Argumentation« prägen – und diese leider auch »immer wieder trüben«.[16] Weber stellte unmißverständlich klar, es gebe »*keine* schlechthin ›objektive‹ wissenschaftliche Analyse des Kulturlebens«. Die Kulturwissenschaft sei vielmehr »insofern an ›subjektive‹ Voraussetzungen *gebunden*, als sie sich nur um diejenigen Bestandteile der Wirklichkeit kümmert, [...] denen wir Kultur*bedeutung* beilegen«.[17] Da man aber gleichwohl ein Höchstmaß an Intersubjektivität anstreben solle – eine »korrekte wissenschaftliche Beweisführung« müsse

---

[11] *Jellinek* 1922, S. 13. Er definiert die Politik als die »Lehre von der Erreichung bestimmter staatlicher Zwecke und daher die Betrachtung staatlicher Erscheinungen unter bestimmten teleologischen Gesichtspunkten, die zugleich den kritischen Maßstab für die Beurteilung der staatlichen Zustände und Verhältnisse liefern« (*Jellinek* 1922, S. 13).

[12] *Jellinek* 1922, S. 237.

[13] *Jellinek* 1922, S. 14. Dazu *Anter* 2004, S. 38 ff.; *ders.* 1998, S. 504 ff.

[14] *Jellinek* 1878, S. 6.

[15] *Jellinek* 1922, S. 14.

[16] *Weber* 1985d, S. 150 f. – Zu Webers Ansatz siehe *Anter* 2014, S. 117 ff.; *Kaesler* 2014, S. 248 ff.; *McFalls* 2007; *Bruun* 2007; *Eliaeson* 2002; *Ringer* 2000; *Hennis* 1996, S. 152 ff.

[17] *Weber* 1985d, S. 170 u. 182. Man kann Webers Lehre daher kaum zu einer Theorie machen, die die Werturteile aus der Wissenschaft verbannen wolle.

»auch von einem Chinesen als richtig anerkannt werden« –,[18] ist Webers allzu oft mißverstandene Forderung nach »Objektivität« als eine Art regulativer Idee zu verstehen. Die Einsicht, daß jede Wissenschaft wertgebunden ist, führte ihn zu der Forderung, daß der Wissenschaftler bekennen müsse, »*welches* die Maßstäbe sind, an denen die Wirklichkeit gemessen und aus denen das Werturteil abgeleitet wird«.[19]

Weber und Jellinek teilten also gemeinsame methodische und wissenschaftstheoretische Prämissen. Beide waren davon überzeugt, die Kulturwissenschaft und insbesondere die Politik seien wertbestimmte Disziplinen; beide verteidigten daher die Legitimität der wertenden politischen Betrachtung, insoweit sie als solche kenntlich gemacht ist; beide verabscheuten aber die verbreitete Praxis, die Wissenschaft als Bühne politischer Propaganda zu instrumentalisieren. Die Wissenschaftsgeschichte ist reich an Beispielen hierfür.

Allerdings stellte sich die Werturteilsfrage für Weber und Jellinek auf ganz verschiedene Weise. Als politischer und werturteilsfreudiger Denker mischte Weber sich seit Beginn seiner akademischen Karriere in politische Debatten ein – oft in ziemlich schneidender Form. So bekannte er als junger Professor der Nationalökonomie in seiner Freiburger Antrittsrede, »nationalistische Werturteile« zu vertreten, auf die er gleich das ganze Fach verpflichten wollte, da der »Wertmaßstab des deutschen volkswirtschaftlichen Theoretikers« ein nationaler sein müsse.[20] Später hat er die Antrittsrede zwar als Jugendsünde relativiert, aber an seiner nationalen Werthaltung hat sich nichts mehr geändert. Mit gleicher Schärfe, wenn auch unter anderen Vorzeichen, attackierte er im Ersten Weltkrieg die deutsche Kriegspolitik, speziell das »persönliche Regiment« des Kaisers. Webers exponiertes politisches Engagement fand seinen Höhepunkt in den verfassungspolitisch-publizistischen Aktivitäten der Jahre 1918/19. Nicht von ungefähr rekurrierte die Werturteilslehre, die er in den beiden großen methodologischen Aufsätzen entwarf, an zentralen Punkten auf seine eigenen politischen Werthaltungen.

Georg Jellinek hingegen kann man nicht als werturteilsfreudig bezeichnen. Im Werk des Staatsrechtlers, der ohnehin ein moderater, verbindlicher, auf Konsens bedachter Denker war, findet man dezidierte politische Werturteile nur selten. In politischen Fragen beschränkte er sich auf zarte Andeutungen und feine Ironie. Er stichelte gelegentlich gegen die Konservativen, auch über die Sozialdemokratie schrieb er mit mildem Spott, aber er blieb

[18] *Weber* 1985d, S. 155.
[19] *Weber* 1985d, S. 156.
[20] *Weber* 1993, S. 560.

stets im juristischen Diskurs. So war die Werturteilsfrage für ihn keine existentielle Herausforderung, die sich in seinem Werk niedergeschlagen hätte. Entsprechend spärlich blieben seine Reflexionen zu dieser Frage. Es hat sogar den Anschein, als ob Weber an Jellineks politischem Urteilsvermögen zweifelte. So schreibt er – anläßlich eines Artikels Jellineks zur Kontroverse um die Parlamentarisierung – im Mai 1907 an seinen Bruder Alfred: Der Artikel, »gut gemeint, wie er ist, ist typisch für die Art, wie *Juristen politische* Dinge behandeln. Je geistreicher sie sind, desto mehr werden sie vom Formalismus mit Blindheit geschlagen.«[21]

Diese briefliche Äußerung läßt jedoch nicht unbedingt auf eine wissenschaftliche Geringschätzung Jellineks schließen.[22] Weber pflichtet hier – *right or wrong* – seinem Bruder Alfred bei, der eine energische Parlamentarisierung des Reiches forderte.[23] Daraufhin hatte Jellinek repliziert, eine Parlamentarisierung sei aufgrund der Parteienzersplitterung wie auch der föderalen Struktur des Deutschen Reichs sowie der Stellung des Bundesrates unmöglich.[24] Jellinek war sicherlich nicht »mit Blindheit geschlagen«, sondern vielmehr ein aufmerksamer Beobachter und Kommentator der Tagespolitik. So hielt er etwa im Zuge der *Daily-Telegraph*-Affäre eine Rede über »Kaiser und Reichsverfassung« auf einer Parteiversammlung der Nationalliberalen; er veröffentlichte einen Artikel zur »Verantwortlichkeit des Reichskanzlers« und erarbeitete einen Gesetzesentwurf, der die Möglichkeit des Reichstags vorsah, dem Reichskanzler mit Zweidrittelmehrheit das Vertrauen zu entziehen.[25]

Jellinek engagierte sich politisch bei weitem nicht so stark wie Weber, aber er teilte viele seiner Positionen, so auch die Aversion gegen die politische Lethargie des Spätwilhelminismus: »Wir sind heute«, schrieb er 1906, »ein sattes Volk, dem es Unbehagen verursacht, den großen Problemen des Staatslebens auf den Grund zu blicken, und wir begnügen uns damit, die politischen Tagesaufgaben in alltäglicher Weise zu behandeln«.[26] Mit ähnlichen Worten wandte Weber sich gegen die politische Saturiertheit.[27] Jelli-

---

[21] Weber, Brief an Alfred Weber vom 22. Mai 1907, in: *ders.* 1990, S. 311.

[22] So jedoch *Hennis* 1996, S. 61.

[23] Vgl. *A. Weber* 1907.

[24] *Jellinek* 1911a. Dazu *Koop* 2004; *Kempter* 1998, S. 344 ff.; *Schönberger* 1997, S. 259 f.

[25] Dazu *Schönberger* 1997, S. 268 ff. Der Gesetzesentwurf konnte sich jedoch nicht durchsetzen.

[26] *Jellinek* 1906, S. VI.

[27] Etwa in der Freiburger Antrittsrede: »Und nachdem so die Einheit der Nation errungen war und ihre politische ›Sättigung‹ feststand, kam über das […] Geschlecht des deutschen Bürgertums ein eigenartig ›unhistorischer‹ und unpolitischer Geist. Die deutsche Geschichte schien zu Ende« (*Weber* 1993, S. 568).

nek blieb allerdings gegenüber politischem Engagement zurückhaltend. Er versuchte, politische Fragen in juristische Kategorien zu überführen, und betrachtete die Werturteilsfrage aus staatsrechtlicher Binnenperspektive, einer naturgemäß distanzierten Perspektive, da er die Werturteile ja für die Politikwissenschaft reservierte. Vor allem in der Bewertung des Parlamentarismus zeigt sich ein großer Unterschied: Während Weber sich für die praktischen Fragen der Parlamentarisierung interessierte, stellte Jellinek lediglich die kühle Diagnose, daß eine Parlamentarisierung aufgrund der »gegebenen politischen Verhältnisse« ausgeschlossen sei.[28]

Für die scholastisch-begriffliche Frage, was das Politische eigentlich sei, waren Weber und Jellinek bemerkenswert unempfänglich. Sie verzichteten auf detailliertere Erörterungen und blieben zudem ganz im Rahmen zeitgenössischer Vorstellungen. Die verbreitete Ansicht, das Politische sei etwas Staatliches, wurde bei Jellinek auf die Spitze getrieben, da er »politisch« und »staatlich« kurzerhand gleichsetzte.[29] Weber umging zwar eine solche Gleichsetzung, fixierte aber die Politik in gleicher Weise auf den Staat. Er definierte Politik bekanntlich als das »Streben nach Machtanteil oder nach Beeinflussung der Machtverteilung, sei es zwischen Staaten, sei es innerhalb eines Staates«.[30] Dies war ihm so selbstverständlich, daß er nur lakonisch auf den »Sprachgebrauch« verwies.

Wenn Weber die Politik als staatliche Angelegenheit und zugleich als Machtstreben verstand, knüpfte er ein weiteres Mal an Jellinek an. Dabei ist jedoch zu berücksichtigen, daß die Sicht der Politik als Machtstreben in jener Zeit absolut vorherrschend war. Gleichwohl ist die Affinität signifikant. Jellinek argumentierte in seiner »Allgemeinen Staatslehre« im Grunde herrschaftssoziologisch: Da zur Interessendurchsetzung Macht erforderlich sei, müsse jede Interessengruppe zwangsläufig »nach Machterwerb und Machtbehauptung« streben. Und da es das Ziel der mächtigsten Interessenten sei, »Macht über den Staat« zu gewinnen, entstehe ein ständiger Kampf um die Macht.[31]

Weber und Jellinek unterscheiden sich jedoch in ihrer Haltung gegenüber der Politikwissenschaft. Während Jellinek sich dezidiert mit den Aufgaben dieser Disziplin beschäftigte, hat Weber sich für sie nicht näher interessiert,

---

[28] *Jellinek* 1922, S. 706.

[29] »›Politisch‹ heißt ›staatlich‹; im Begriff des Politischen hat man bereits den Begriff des Staates gedacht.« (*Jellinek* 1922, S. 180) Zu zeitgenössischen Konzepten vgl. *Schäffle* 1897; *Palonen* 1985.

[30] *Weber* 1992, S. 159. Zu Webers Begriff des Politischen siehe *Anter* 2014, S. 52ff.; zu Jellinek vgl. *Anter* 2001, S. 23ff.

[31] *Jellinek* 1922, S. 17.

obwohl weite Teile seines Werks zweifellos zur Politikwissenschaft gehören und viele seiner Schriften wie etwa »Politik als Beruf« zu ihren kanonischen Texten wurden.[32] Es wäre müßig, den ressortpatriotischen Streit fortzuführen, welchem Fach Weber zuzurechnen sei. Für unseren Zusammenhang reicht der Befund, daß er staatliche Phänomene »unter bestimmten teleologischen Gesichtspunkten« betrachtete, welche »zugleich den kritischen Maßstab für die Beurteilung der staatlichen Zustände und Verhältnisse liefern«[33] – nichts anderes besagt Jellineks Definition der »Wissenschaftlichen Politik«. Sie entspricht auch Webers Perspektive.

2. Hat der Staat einen Zweck?

Zu den »politischen« Urteilen gehörten für Jellinek vor allem diejenigen über die Staatszwecke.[34] Während viele zeitgenössische Staatsrechtslehrer die Staatszweckfrage rigoros aus der Staatslehre verbannten,[35] rückte Jellinek sie in den Mittelpunkt der Disziplin. Die Staatszwecklehre war für ihn sogar das Fundament der gesamten Disziplin, da das Wesen des Staates durch seine »Zweckhaftigkeit« bestimmt sei und man erst durch die Erkenntnis des Staatszwecks »Einsicht in das Wesen des Staates« erhalte.[36] Entsprechend lehnte er kategorisch einen Staatsbegriff ab, der den Zweckaspekt ausklammern würde: »Eine rein formale Staatsdefinition, die ganz vom Staatszweck absieht, kann niemals ein vollkommenes Bild vom Staate und damit ein sicheres Merkmal abgeben, das den Staat von anderen Bildungen unterscheidet.«[37]

---

[32] Wie groß Webers Interesse an der praktischen Seite der Politikwissenschaft war, zeigt seine Begeisterung für Jellineks Projekt einer »Hochschule für Politik«. Nachdem Jellinek ihn im Sommer 1909 in die Pläne eingeweiht und zur Mitarbeit aufgefordert hatte, schickte Weber ihm postwendend konzeptionelle Vorschläge: »Machen Sie doch ein ›Institute for comparative politics‹ (and comparative sociology, *wenn* Sie wollen!)«; er riet ihm, den Lehrplan »auf die *Sozial*lehre und *Soziologie* des *Staates* und der *Politik* zu *beschränken*«, und sicherte seine Mitarbeit zu. Durch Jellineks frühen Tod scheiterte das Projekt. Vgl. Weber, Brief an Georg Jellinek vom 16. Juli 1909, in: *ders.* 1994, S. 189; ders., Brief an Georg Jellinek vom 19. August 1909, in: *ders.* 1994, S. 226f.

[33] *Jellinek* 1992, S. 13.

[34] *Jellinek* 1992, S. 237. Dazu *Wischmeyer* 2015, S. 95ff.; *Kersten* 2000, S. 335ff.; *Korioth* 2000; *Anter* 1998, S. 509ff.

[35] Zur Begründung vgl. nur *Kelsen* 1925, S. 39.

[36] *Jellinek* 1887, S. 191. Zu diesen Zwecken zählt er die »Schirmung der socialen Existenzbedingungen der Gemeinschaft, des *Rechtes* und [...] der *Cultur*« (*Jellinek* 1887, S. 191).

[37] *Jellinek* 1922, S. 235.

Das war in erster Linie gegen Hugo Preuß gesagt, der den Zweck als »völlig unbrauchbares« Element des Staatsbegriffs verabschieden wollte.[38] Zugleich aber unterschied sich Jellinek hier fundamental von Weber, der es nicht für möglich hielt, den Staat durch einen Staatszweck zu definieren, da es von der Nahrungsfürsorge bis zur Kunstprotektion, von der Sicherheit bis zur Rechtsprechung keinen Staatszweck gegeben habe, den alle Staaten verfolgt hätten.[39] Die Staatszwecke waren für Weber sogar »begrifflich gleichgültig«, da sie vom Raubstaat zum Wohlfahrtsstaat oder Rechtsstaat »unendlich verschieden« seien.[40] Er zog daraus die Konsequenz, den Staat »unter Abstraktion von [...] wandelbaren inhaltlichen Zwecken« zu definieren, da diese sich ständig änderten, während das Mittel, die Gewaltsamkeit, immer konstant bleibe.[41]

Sicherlich sprechen gute Gründe dafür, den Staat formal zu definieren. Gleichwohl ist Webers Argumentation letztlich nicht plausibel. Denn die Staatszwecke mögen zwar in der Tat »unendlich verschieden« sein, aber es gibt ohne Zweifel einige Zwecke, die von *allen* staatlichen Formationen verfolgt werden, vor allem die Gewährleistung von Sicherheit: Sie ist ein zentrales Merkmal aller Herrschaftsverbände, die nach Webers Definition Staaten sind.[42]

Erstaunlicherweise deckt sich Webers formale Argumentation wiederum exakt mit Jellineks Plädoyer für eine *»rein formal«* definierte Kategorie der Souveränität:

> Aus dem Souveränitätsbegriff, der rein formaler Natur ist, folgt an sich gar nichts für den Inhalt der Staatsgewalt. Die Zuständigkeit des Staates ist eine geschichtlich wechselnde. Aller positive Inhalt der Staatsgewalt kann nur durch historische Forschung für eine bestimmte Epoche und einen bestimmten Staat festgelegt werden.[43]

Hier finden wir bereits exakt jene Begründung, die Weber später für seinen formalen Staatsbegriff heranzog. Er griff dabei auf ein Jellinekscbes Argument zurück: Da die Staatstätigkeit historischen Wandlungen unterliege, könne sie immer nur für konkrete Staaten benannt werden und sei daher als allgemeines Kriterium untauglich. Webers Staatsbegriff würde sich zudem auch zur Definition der Souveränität eignen. Beide Kategorien sind – auch begriffsgeschichtlich – eng verflochten, so daß die Übergänge zwischen ih-

---

38 *Preuß* 1889, S. 80.
39 *Weber* 2013, S. 213.
40 *Weber* 2001, S. 205.
41 *Weber* 2013, S. 214. Dazu *Anter* 2014, S. 25 ff. u. 36 ff.
42 Zur Staatsaufgabe Sicherheit vgl. *Anter* 2012; *Stoll* 2003; grundlegend: *Isensee* 1983.
43 *Jellinek* 1922, S. 482, 485.

nen fließend sind. Jellinek stellte sich sogar die Frage, ob Staat und Souveränität nicht »identische Begriffe seien«.[44]

Der einflußreichste Versuch, den Staat formal zu definieren, ist zweifellos derjenige Max Webers, und so haben sich die Staatszweckagnostiker des 20. Jahrhunderts vorzugsweise auf Weber berufen, um die Frage nach Sinn und Zweck des Staates als anachronistisch und obsolet zu entlarven. Sie forderten die Abwendung von »unentscheidbaren, höheren Problemlagen« als Bedingung »moderner« Wissenschaft und blickten abschätzig auf diejenigen, »die noch nach Sinn und Zweck fragen«.[45] In den 1960er und 1970er Jahren war es in der Tat »modern«, die Staatszweckfrage nicht mehr zu stellen; sie trat bestenfalls noch als dogmengeschichtlicher Gegenstand in Erscheinung.[46] »Modern« zu sein bedeutete jedoch, auf Positionen des frühen 19. Jahrhunderts zurückzufallen, waren es doch die Theoretiker der Restauration, die das Dogma vertraten, der Staat habe »gar keinen« Zweck.[47] Entsprechend kompromißlos zog Jellinek gegen sie zu Felde.[48]

Max Weber war gewiß alles andere als ein Staatszwecktheoretiker. Aber er wurde unter falschen Voraussetzungen als Kronzeuge einer zweckfreien »modernen« Wissenschaft in Anspruch genommen. Denn er wollte ja die Zweckfrage nicht als unbeantwortbar verabschieden oder die Existenz von Staatszwecken bestreiten, sondern nur ihre Geschichtlichkeit herausstellen. Er hielt Schutz und Sicherheit zweifellos für elementare »Zwecke« des Staates. Überdies gehörte für ihn auch die Gewährleistung von »Ordnung« zu den primären Staatszwecken, wie seine Staatsdefinition erkennen läßt.[49] Gleichwohl hat man ihm von antipositivistischer Seite hartnäckig vorgehalten, Staatszwecke zu leugnen. Es ist verblüffend, auf welch geringer Textevidenz die Anti-Weber-Polemiken von Rudolf Smend[50] und Hermann Heller,[51] Leo Strauss und Eric Voegelin beruhten. Liest man ihre theoriegeschichtlich gleichwohl einflußreichen Positionen heute noch einmal neu, so kann man sich des Eindrucks nicht erwehren, daß sie von Webers Positionen nur eine flüchtige Vorstellung hatten.[52]

---

[44] *Jellinek* 1922, S. 486. – Beantwortet wird die Frage jedoch nicht.

[45] *Jonas* 1966, S. 31 f.

[46] In jener Zeit paradigmatisch die Studie von *Hespe* 1964. Dort heißt es lakonisch, die Staatszweckfrage liege »außerhalb der wissenschaftlichen Diskussion« (S. 9). – Heute steht sie längst wieder auf der Tagesordnung der Staatslehre.

[47] *Von Haller* 1820, S. 470; vgl. *Müller* 1809, S. 66 f.

[48] *Jellinek* 1922, S. 239 ff. Er hält die Staatszweckfeindschaft für reaktionäre Ideologie.

[49] *Weber* 2013, S. 214. Dazu *Anter* 2014, S. 26 ff.

[50] *Smend* 1928, S. 123, 184 u. 222. – Dazu *Anter* 2005.

[51] *Heller* 1934, S. 230. – Dazu *Anter* 2010.

[52] Vgl. die klare Darstellung bei *Hübinger/Osterhammel/Welz* 1990, S. 187 ff.

In seiner historischen Orientierung folgte Weber den Spuren Jellineks, war es doch dessen Anliegen, die historische Entwicklung und den Wandel der Staatszwecke bewußt zu machen. Da Jellinek sich einer empirischen Wissenschaft verschrieben hatte, gehörten »metaphysische« Staatszwecke für ihn ins »Reich willkürlicher und haltloser Einfälle«.[53] So beschränkte er sich auf die Betrachtung empirischer Zwecke, »die aus den historisch wandelbaren Vorstellungen von den Staatsaufgaben und den konkreten staatlichen Verhältnissen« gewonnen werden. Jellinek stellte hier sechs Aufgaben heraus: Selbstbehauptung, Sicherheit, Machtentfaltung, Rechtsetzung, Rechtsschutz und Kulturförderung.[54] Nicht von ungefähr entsprechen sie genau denjenigen, die auch Weber als die »Grundfunktionen des Staats« nannte: »die Setzung des Rechts (Legislative), den Schutz der persönlichen Sicherheit und öffentlichen Ordnung (Polizei), den Schutz der erworbenen Rechte (Justiz), die Pflege von hygienischen, pädagogischen, sozialpolitischen und anderen Kulturinteressen (die verschiedenen Zweige der Verwaltung), endlich und namentlich auch den organisierten gewaltsamen Schutz nach außen (Militärverwaltung)«.[55]

Es ist signifikant, daß Weber hier von »Grundfunktionen« spricht, denn mit dieser Wortwahl folgte er auch terminologisch der Entscheidung Jellineks, Zwecke als Funktionen zu begreifen.[56] Er bereitete damit den Weg für eine pragmatische Sicht, die in den letzten Jahrzehnten zunehmend an Einfluß gewonnen und nicht zuletzt zu einer Wiederbelebung der Staatszweckfrage beigetragen hat.[57]

3. Der Idealtypus – ein Mißverständnis?

Max Weber war ein leidenschaftlicher Typisierer. Schon in den methodischen Ausführungen zur Landarbeiter-Enquete bemühte er sich, wie er be-

[53] *Jellinek* 1922, S. 230 f. Er unterscheidet in seiner Typologie zwischen einerseits »objektiven« und »universellen« Zwecken (die er in den Bereich der metaphysischen Spekulation verweist) und andererseits »subjektiven«, »relativ-konkreten« Zwecken. Dazu *Kersten* 2000, S. 309 ff.; *Korioth* 2000, S. 119 ff.; *Albert* 1988, S. 126 ff. – Zur zeitgenössischen Rezeption der Typologie vgl. *von Frisch* 1912, S. 47; *Menzel* 1929, S. 65.

[54] *Jellinek* 1922, S. 242 u. 263.

[55] *Weber* 2001, S. 209.

[56] *Jellinek* 1922, S. 230 ff. u. 595 ff.

[57] Vgl. *Schöbener/Knauff* 2016, S. 139 ff.; *Wischmeyer* 2015, S. 179 ff.; *Benz* 2008, S. 122 ff. u. 216 ff.; *Isensee* 2006; *Gramm* 2001, S. 50 ff.; *Sommermann* 1997, S. 199 ff.; *Hebeisen* 1996; *Grimm* 1996.

tonte, in erster Linie um die »Gewinnung möglichst typischer Angaben«.[58] Seine großen Typologien der Herrschaft, der Städte, des Handelns und des Rechtsdenkens zählen zu prominenten Teilen seines Werks. Nicht weniger prominent ist seine Methode des Idealtypus. Der Prozeß der Begriffs- und Typenbildung war für Weber prinzipiell unabschließbar, da der »ewig fortschreitende Fluß der Kultur« unvermeidlich zu immer neuen idealtypischen Konstruktionen führe, wie es im Objektivitäts-Aufsatz emphatisch heißt.[59] Es wäre interessant, einmal genauer die Flußmetapher bei Weber zu untersuchen. Er verwendete sie nachgerade inflationär – stets betonte er, daß die Verhältnisse »im Fluß«[60] oder die Übergänge zwischen einzelnen Typen »flüssig« seien.[61] Die Liebe zu dieser Metapher teilte er mit Georg Jellinek, der den Staat »in fortwährendem Flusse begriffen« sah, weshalb auch sein Typus »in den Fluß des historischen Geschehens gestellt« sei.[62] In dieser Hinsicht hielten es Weber und Jellinek nicht nur mit Heraklit, sondern auch mit Nietzsche: Endgültig »definierbar ist nur das, was keine Geschichte hat«.[63]

Wie jeder Idealtypus entsteht auch der Staatsbegriff in einem empirischen Verfahren, indem man konstante Elemente aus dem heterogenen Material destilliert.[64] Daß Weber die Methode speziell am »kompliziertesten und interessantesten Fall« – nämlich dem des Staatsbegriffs – demonstrierte,[65] lag insofern nahe, als sie ein Kind der Staatsrechtslehre war: Jellineks Methode der Typenbildung bestand darin, konstante Elemente aus disparaten staatlichen Formationen zu filtern, um einen Typus bilden zu können; isoliere man die Erscheinungen, »so springen auch bei ihnen allgemeine, in allen wiederkehrende Elemente ins Auge«.[66] Er unterschied dabei zwei Kategorien, den »idealen Typus« und den »empirischen Typus«. In der politischen Philosophie mündete die Suche nach dem »idealen Typus« stets in die Suche nach dem »besten Staat«; sie hat seit der Antike das politische Denken beschäftigt und oft genug mit utopischer, revolutionärer Kraft die Geschichte

---

[58] *Weber* 1984a, S. 886.

[59] *Weber* 1985d, S. 206.

[60] *Weber* 1984b, S. 529.

[61] Etwa in *Weber* 1985a, S. 2, 16, 18, 32, 38, 123, 198, 200, 217, 420, 424f., 524, 638, 662, 774 – um nur einige Beispiele zu nennen.

[62] *Jellinek* 1922, S. 287 u. 39. – Die Metapher ist in der politischen Literatur verbreitet. Auch für Friedrich Christoph Dahlmann war »die Erklärung, was der Staat bedeute, in den Fluß der Zeit hineingestellt« (*Dahlmann* 1835, S. 8).

[63] *Nietzsche* 1982, S. 820.

[64] *Weber* 1985d, S. 191ff. – Vgl. *Bruun* 2007, S. 207ff.; *Albert* 2007; *Quensel* 2007, S. 129ff.; *Eliaeson* 2002, S. 46ff.; *Ringer* 2000, S. 110ff.; *Schluchter* 1988, S. 52–63; *Mommsen* 1982, S. 223ff.

[65] *Weber* 1985d, S. 200.

[66] *Jellinek* 1922, S. 33.

vorangetrieben. Jellinek meinte sogar eine anthropologische Dimension zu erkennen, wenn er das »Suchen und Finden idealer Typen« auf ein tiefes »Bedürfnis der menschlichen Natur« zurückführte.[67]

Der »empirische Typus« hingegen werde durch eine vergleichend-historische Untersuchung gewonnen, indem man aus der »Mannigfaltigkeit der Erscheinungen« das »Gemeinsame in ihnen logisch heraushebt«.[68] Jellinek ging es im Grunde allein um diesen Typus. Er räumte ihm eine zentrale Bedeutung ein, wenn er es als Aufgabe der Staatslehre sah, die »empirischen Typen staatlicher Verhältnisse zu finden«. Der Forscher steht somit vor einer permanenten Aufgabe, da der Staat und sein empirischer Typus sich ja ständig wandeln. Wie alle Institutionen sei auch der Staat »dynamischer Natur, d. h. sein Wesen ist nicht ein für alle Zeiten festes«.[69]

Es ist nicht übersehen worden, daß Webers »Idealtypus« unverkennbar an Jellineks »empirischen Typus« angelehnt ist. Hermann Heller meinte hier gar ein Plagiat zu erkennen.[70] Daß Weber diese Anlehnung nicht ausgewiesen hat, entspricht dem freizügigen Gebrauch, den man sich in jener Zeit bei Konzepten fremder Federn machte, und ist insofern nicht ungewöhnlich. In einem Brief an Heinrich Rickert erwähnte Weber jedoch beiläufig, er habe seinen Begriff nach Jellineks »Idealtypus« benannt.[71] Diese Briefstelle könnte allerdings darauf schließen lassen, daß Weber womöglich versehentlich die Begriffe vertauschte, da sein Idealtypus ja das Gegenteil von Jellineks Begriff bezeichnet.[72] Seine Begriffswahl erwies sich zudem als unvorteilhaft, denn sie führte in der Rezeption zu endlosen Mißverständnissen: Der »Idealtypus« wurde nämlich oft im wörtlichen Sinn als »idealer« Typus mißverstanden und seine Bedeutung somit in ihr Gegenteil verkehrt. Weber selbst sah sich genötigt, ausdrücklich klarzustellen, sein Idealtypus habe nichts mit einer »wertenden Beurteilung« oder irgendeiner idealen »Vollkommenheit« zu tun.[73] Seine Klarstellungen blieben jedoch gänzlich fruchtlos.

---

[67] *Jellinek* 1922, S. 35.

[68] *Jellinek* 1922, S. 36.

[69] *Jellinek* 1922, S. 37 f.

[70] *Heller* 1983, S. 77 f. – Zum Typenbegriff vgl. nur *Kersten* 2000, S. 102 ff. – Zu Webers Adaption vgl. S. 131 ff.

[71] Weber, Brief an Heinrich Rickert vom 14. Juni 1904, in: *ders.* 2015, S. 230.

[72] Weber selbst betonte in seinem Brief an Rickert, sein Idealtypus sei, anders als bei Jellinek, »nur im *logischen* Sinn perfekt gedacht«, »nicht als *Vorbild*« (*Weber* 2015, S. 230). Jellinek selbst sah sich in der 2. Auflage der »Allgemeinen Staatslehre« veranlaßt, auf die Unterschiede zu Weber hinzuweisen (*Jellinek* Allgemeine Staatslehre, 2. Aufl. Berlin 1905, S. 38; gleichlautend in der 3. Auflage, nach der weiterhin im folgenden zitiert wird, *Jellinek* 1922, S. 40).

[73] *Weber* 1985d, S. 200.

4. Der Staat als »Synthese«

Schon ein flüchtiger Vergleich der Staatsbegriffe der letzten zweihundert Jahre läßt es als zweifelhaft scheinen, ob hier von demselben Gegenstand die Rede ist – man denke nur an die Staatsdefinitionen bei Kant, Hegel, Marx, Weber oder Luhmann. Die bunte Vielfalt beruht nicht nur auf der methodischen Vielfalt der verschiedenen Disziplinen, sondern auch auf der abstrakten Natur des Gegenstandes selbst, von dem man sich im allgemeinen nur eine schemenhafte Vorstellung macht. Weber und Jellinek kamen in der Reflexion dieser Tatsache zu überraschend ähnlichen Ergebnissen. Bei Jellinek spiegelt sich die komplexe Natur des Gegenstandes bereits in der Syntax der langen, gewundenen Sätze, mit denen er ihn umkreist:

> Nicht wahrnehmbar, nur in seinen Institutionen und Aktionen sicht- und fühlbar vorhanden, bedarf es eingehender wissenschaftlicher Analyse und Synthese, um sich eine klare Vorstellung zu bilden von dem Seienden, welches hinter all den Thatsachen steht, die unser praktisches Denken mit zwingender Nothwendigkeit zu dem Schlusse führen, dass Etwas vorhanden sein müsse, in dem die Erscheinungen des politischen Lebens ihren Grund und ihre Einheit finden.[74]

Inwiefern aber soll die Synthese zu einer »klaren Vorstellung« des Staates führen? Jellinek präzisiert dies in seiner »Allgemeinen Staatslehre« mit wenigen Strichen:

> Aus der ungeheuren, unabsehbaren Zahl der menschlichen gesellschaftlichen Handlungen wird ein Teil ausgeschieden und auf Grund bestimmter, eine Synthese fordernder Erscheinungen zu einer Einheit in dem Bewußtsein sowohl des staatlich Handelnden als auch des Forschers und Beurteilers zusammengefaßt.

Die wissenschaftliche Erkenntnis des Staates könne daher nur eine »subjektive« sein.[75] Die Argumentation ist neukantianisch: Der Staat sei immer nur die Vorstellung vom Staat. Er existiere nur im Kopf des Betrachters als eine »unserem Bewußtsein notwendige Form der Synthese«.[76] Im Prozeß der Erkenntnis werden die wahrgenommenen empirischen Sinneseindrücke durch das menschliche Bewußtsein zur Synthese »Staat« verarbeitet.

Damit formulierte Jellinek ein anspruchsvolles Programm. Bis heute ist kein staatsrechtliches Werk auch nur annähernd so stark durch seine Methodologie geprägt worden.[77] Weber ließ sich davon erkennbar beeindrucken,

---

[74] *Jellinek* 1887, S. 189f.

[75] *Jellinek* 1922, S. 137.

[76] *Jellinek* 1922, S. 170. Dazu *Anter* 1998, S. 512ff.

[77] Dazu *Kersten* 2000 , S. 93ff. u. passim. – Michael Stolleis resümiert: Jellineks Methode »deckt sich mit der des ›südwestdeutschen Neukantianismus‹, unterscheidet also Sein und Sollen, normative und empirische Seite des Staates, verknüpft sie aber dadurch,

denn er lehnte sich sichtbar an Jellinek an, wenn er im Objektivitäts-Aufsatz eine kurze Staatserkenntnistheorie skizzierte:

> Wenn wir fragen, was in der empirischen Wirklichkeit dem Gedanken ›Staat‹ entspricht, so finden wir eine Unendlichkeit diffuser und diskreter menschlicher Handlungen und Duldungen, faktischer und rechtlich geordneter Beziehungen [...], zusammengehalten durch eine Idee, den Glauben an tatsächlich geltende oder gelten sollende Normen und Herrschaftsverhältnisse von Menschen über Menschen. Dieser Glaube ist teils gedanklich entwickelter geistiger Besitz, teils dunkel empfunden, teils passiv hingenommen und auf das mannigfaltigste abschattiert in den Köpfen der Einzelnen vorhanden [...]. Der wissenschaftliche Staatsbegriff, wie immer er formuliert werde, ist [...] stets eine Synthese, die *wir* zu bestimmten Erkenntniszwecken vornehmen. Aber er ist andererseits auch abstrahiert aus den unklaren Synthesen, welche in den Köpfen der historischen Menschen vorgefunden werden. [...] Und ferner unterliegt es nicht dem mindesten Zweifel, daß die Art, wie jene Synthesen [...] von den Zeitgenossen vollzogen werden, der ›Ideen‹, die *sie* sich vom Staat machen, [...] von eminenter praktischer Bedeutung ist.[78]

Demnach ist der Staat nur etwas Vorgestelltes: eine »Synthese« im Auge des Betrachters. Dieser Ansatz, der in der zeitgenössischen Staatsrechtslehre meist auf Kopfschütteln stieß,[79] korrespondierte bei Weber und Jellinek mit einer dezidiert antisubstanzialistischen Haltung. Für Jellinek war der Staat lediglich ein Ensemble »sozialer Beziehungen zwischen Menschen«, weshalb er sich von der herrschenden Anschauung abgrenzte, der Staat sei etwas Substanzhaftes, »ein neben oder über den Menschen stehendes natürliches Gebilde«.[80]

In dieser Ansicht fand er in Weber einen Gleichgesinnten. Beide setzten in ihrer Kritik gleichermaßen bei der Sprache an. So wie Jellinek vor der Macht der Substantive warnte,[81] beklagte auch Weber, es liege in der Natur unserer Sprache und unseres Denkens, Institutionen als dinghafte Phänomene zu begreifen, und bekämpfte um so leidenschaftlicher jene Verdinglichung.[82] Dabei grenzte er sich, wie schon erwähnt, strikt von der juristischen Betrachtungsweise ab, die »den ›Staat‹ ebenso als ›Rechtspersönlichkeit‹ wie einen Einzelmenschen« behandele, während der Staat für die Soziologie nur »ein Ablauf von menschlichem Handeln besonderer Art« sei.[83] Ein Jurist könne nicht umhin, Institutionen wie den Staat als »Person«

daß beide als Phänomene des menschlichen Bewußtseins verstanden werden« (*Stolleis* 1992, S. 451).

[78] *Weber* 1985d, S. 200f.

[79] Vor allem bei Rudolf Smend, Hermann Heller und Edgar Loening. – Dazu *Anter* 2005; *ders.* 2010.

[80] *Jellinek* 1922, S. 174f.

[81] *Jellinek* 1922, S. 175.

[82] *Weber* 1985c, S. 439.

[83] *Weber* 1985c, S. 439f.

zu behandeln. »Für die verstehende Deutung des Handelns durch die Soziologie sind dagegen diese Gebilde lediglich Abläufe und Zusammenhänge spezifischen Handelns *einzelner* Menschen, da diese allein für uns verständliche Träger von sinnhaft orientiertem Handeln sind.«[84] Weber resümiert in den »Soziologischen Grundbegriffen«, der Staat bestehe »ausschließlich und lediglich in der Chance, daß ein seinem Sinngehalt nach in angebbarer Art aufeinander eingestelltes Handeln stattfand, stattfindet und stattfinden wird. Dies ist immer festzuhalten, um eine ›substanzielle‹ Auffassung [...] zu vermeiden.«[85] Hier ist Webers Affinität zu Jellinek besonders deutlich spürbar, wobei er ausgerechnet einem Juristen im Kampf gegen die »substanzielle« Auffassung folgte.

Wie Jellinek hat Weber zwar keine Erkenntnistheorie des Staates ausgearbeitet, aber die Grundsteine zu einer sozialwissenschaftlich informierten Staatstheorie gelegt, die vielen bis heute tradierten Sichtweisen überlegen ist. Beide vertraten eine methodisch pluralistische Haltung. Sie lehnten es ab, eine »einzige richtige Erklärungsart des Staates« anzuerkennen, sei es die soziologische, historische oder juristische.[86] Dieser Pluralismus zog bei Jellinek eine weitere Konsequenz nach sich. Da er sich als Jurist zwangsläufig der juristischen Betrachtungsweise zu bedienen hatte, zugleich aber die Staatslehre sozialwissenschaftlich fundieren wollte, griff er zu der salomonischen Strategie, eine »Zwei-Seiten-Lehre« zu entwickeln.[87] Da der Staat ein gesellschaftliches wie auch rechtliches Gebilde sei, teilte er auch seine »Allgemeine Staatslehre« in eine »soziale Staatslehre« und eine Staatsrechtslehre.[88] In Analogie dazu formulierte er auch zwei verschiedene Staatsbegriffe: den »sozialen« und den »juristischen«.[89] Diese salomonische Strategie entsprach zugleich der neukantianischen Maxime, die Wahl der Methode bestimme auch die Erkenntnis des Gegenstandes.[90]

---

[84] *Weber* 2013, S. 161.

[85] *Weber* 2013, S. 177.

[86] *Jellinek* 1922, S. 13.

[87] Dazu und zum folgenden *Lepsius* 2004, S. 63–88; *ders.* 2000, S. 329 ff.; *Anter* 1998, S. 515 ff.; *Kersten* 2000, S. 145 ff.; *Kettler* 1995, S. 96 ff.; *Albert* 1988, S. 66 ff.

[88] *Jellinek* 1922, S. 11.

[89] Der soziale Staatsbegriff: Der Staat ist »die mit ursprünglicher Herrschermacht ausgerüstete Verbandseinheit seßhafter Menschen« (*Jellinek* 1922, S. 180 f.). Der juristische Begriff: Der Staat ist »die mit ursprünglicher Herrschermacht ausgerüstete Körperschaft eines seßhaften Volkes« (*Jellinek* 1922, S. 183).

[90] »Je nach dem Gesichtspunkte, unter dem es betrachtet wird, ist auch die Erkenntnis eines Objekts eine andere. Und es ist ein schwerer methodologischer Fehler, die Betrachtungsweise eines Erkenntnisgebietes den Forschungen auf einem ganz anderen zugrunde zu legen« (*Jellinek* 1905, S. 13 f.).

Weber jedoch kam gar nicht erst in Versuchung, zwei verschiedene Staatsbegriffe aufzustellen. Selbst wenn er glaubte, die Rechtswissenschaft spreche in einem »gänzlich anderen Sinn« vom Staat als die Soziologie,[91] entschied er sich pragmatisch für einen einheitlichen Staatsbegriff.

Jellineks Zwei-Seiten-Lehre polarisierte noch Jahrzehnte die staatsrechtliche Literatur. Daß eine Duplizierung des Staatsbegriffs wenig sinnvoll ist, ist oft genug gesagt worden.[92] In der Tat würde man die Methodologie verabsolutieren, wenn man glaubte, verschiedene Methoden würden auch verschiedene Untersuchungsgegenstände erzeugen. Insofern unterlag Jellinek jener Überschätzung der Methodologie, vor der Eduard Meyer die Historiker warnte.[93] Hier war Weber zweifellos der nüchternere Methodologe.

5. Die normative Kraft des Faktischen

Weber und Jellinek lehnten programmatisch die »substanzialistische« Staatsanschauung ab, aber sie bedienten sich selbst unbekümmert einer reichlich substanzialistischen Sichtweise. So wie Weber den Staat als »*Herrschafts*verhältnis von Menschen über Menschen« sah,[94] definierte Jellinek den Staat als »die mit ursprünglicher Herrschermacht ausgerüstete Verbandseinheit seßhafter Menschen« und hob die Herrschaftsausübung als das »wesentliche Merkmal« des Staates hervor.[95] Von »Synthese« oder »Handeln« ist hier gar nicht die Rede. Vielmehr bestimmen Befehl und Gehorsam das Bild. »Herrschen« hieß für Jellinek »unbedingte Befehle ertheilen, die ihren Grund und ihre Schranke nur in der freien Entschliessung des Befehlenden finden«.[96] Dies war für ihn auch der Kern der Staatlichkeit: »Menschen, die befehlen, und solche, die diesen Befehlen Gehorsam zollen, bilden das Substrat des Staates.«[97] Diese Herrschaftslizenz war für Jellinek nicht nur die Essenz,

[91] *Weber* 2013, S. 161. – Vgl. auch die entsprechende Passage im Kategorienaufsatz (*Weber* 1985c, S. 439 f.)

[92] *Kantorowicz* 1962, S. 69; *Heller* 1926, S. 296 f.; *Thoma* 1948, S. 77; *Scheuner* 1962, S. 248.

[93] *Meyer* 1902, S. 2 ff. – Weber ging noch einem Schritt weiter: »methodologische Erwägungen« seien »noch niemals« an der »Lösung sachlicher Probleme« »entscheidend beteiligt gewesen« (*Weber* 1985b, S. 217).

[94] *Weber* 1992, S. 160.

[95] *Jellinek* 1922, S. 180 f. Dazu *Anter* 2004, S. 44 ff.; *ders.* 1998, S. 518 ff.

[96] *Jellinek* 1887, S. 190. – »Im Laufe der Diskussion des Staatsbegriffes kommt Jellinek nun dazu, den Staat, den er eingangs nur als Funktion und massenpsychologisches Phänomen verstanden wissen wollte, dem außerhalb des menschlichen Bewußtseins, in der Realität nichts gleiches entsprechen solle, nun doch als Substanzeinheit zu behandeln« (*Albert* 1988, S. 58 f.).

[97] *Jellinek* 1922, S. 176.

sondern auch das Monopol des Staates: »Die Macht des unbedingten Gebietens hat nur der Staat. Nur er kann herrschen und alle Herrschaft im Staate kann nur von ihm ausgehen.«[98]

Damit stattete Jellinek den Staat mit einer absoluten, scheinbar keiner normativen Schranke unterworfenen Herrschermacht aus. Diese war für ihn zudem die *conditio sine qua non* des Staates, denn Herrschaft sei »dem Staate derart notwendig, daß ohne Herrschaftsverhältnisse ein Staat nicht gedacht werden kann. Der Staat hat Herrschergewalt. Herrschen heißt aber die Fähigkeit haben, seinen Willen [...] gegen andern Willen unbedingt durchsetzen zu können. Diese Macht unbedingter Durchsetzung des eigenen Willens gegen anderen Willen hat nur der Staat.«[99]

Mit redundanten Formeln wie diesen bekräftigte Jellinek die herrschende Meinung der wilhelminischen Staatsrechtslehre, die im Herrschen den Kern der staatlichen Existenz erblickte. Bei Paul Laband und Carl Friedrich von Gerber finden sich nahezu identische Formeln.[100] Nur sehr wenige Dissidenten wie Hugo Preuß und Otto von Gierke wandten sich gegen die allgemeine Herrschaftsfixiertheit.[101] Allerdings war die staatliche Herrschaft auch für Jellinek keineswegs unbeschränkt, sondern vielmehr zwangsläufig limitiert, da sie ja auf soziale, rechtliche und kulturelle Zwecke gerichtet sei. Die Schranken können also gar nicht »nur in der freien Entschliessung des Befehlenden« liegen,[102] denn die Staatsgewalt dürfe nur »innerhalb rechtlicher Schranken« ausgeübt werden. Jellinek sah die »gesetzliche Selbstbeschränkung des Staates gegenüber dem einzelnen« sogar als das Wesensmerkmal des modernen Staates.[103] Die Limitierung kommt besonders klar in seiner Statuslehre zum Ausdruck, wo das Verhältnis von Staat und Individuum als Rechtsbeziehung gefaßt wird.[104]

Da Weber den Staat als ein »*Herrschafts*verhältnis von Menschen über Menschen« sah und »Herrschaft« wiederum als die Chance verstand, »für einen Befehl bestimmten Inhalts bei angebbaren Personen Gehorsam zu finden«,[105] stimmte er prinzipiell mit Jellinek überein. Für beide beruhte der Staat auf Befehl und Gehorsam.

---

[98] *Jellinek* 1887, S. 191.
[99] *Jellinek* 1922, S. 180.
[100] Vgl. *von Gerber* 1869, S. 3; *Laband* 1888, Bd. 1, S. 64f.
[101] *Von Gierke* 1915, S. 119f.; *Preuß* 1889, S. 174ff.
[102] *Jellinek* 1887, S. 190.
[103] *Jellinek* 1922, S. 387 u. 326.
[104] *Jellinek* 1922, S. 416ff. Dazu *Brugger* 2011; *Möllers* 2011, S. 23ff.; *Pauly/Siebinger* 2004; *Alexy* 2000; *Pauly* 2000; *Kersten* 2000, S. 409ff.
[105] *Weber* 2013, S. 210.

> Wenngleich Weber nicht einfach von Herrschaft schlechthin spricht, sondern von *legitimer* Herrschaft, [...] so dürfte doch der Akzent, den Jellinek in begrifflicher Hinsicht auf den Monismus der staatlichen Herrschaft [...] gelegt hat, seine Wirkung auf ihn nicht verfehlt haben.[106]

Weber adaptierte auch in der Herrschaftstheorie die Terminologie des Heidelberger Freundes. Dessen Formel, »Herrschen« bedeute, seinen Willen »gegen andern Willen unbedingt durchsetzen zu können«,[107] finden wir fast wörtlich in Webers »Soziologischen Grundbegriffen« wieder, allerdings unter dem Stichwort »Macht«. Diese wird dort bekanntlich als die Chance definiert, »den eigenen Willen auch gegen Widerstreben durchzusetzen«.[108]

Trotz dieser weitreichenden Affinitäten rückt Weber an zwei wichtigen Punkten von der herrschenden Meinung der Staatsrechtslehre ab. Zum einen sind für ihn »alle Gebiete des Gemeinschaftshandelns« durch Herrschaft geprägt.[109] Da Herrschaft für ihn also ein universales »Phänomen alles Sozialen« ist,[110] in jeder Institution präsent, kann sie für ihn folglich kein Staatsmonopol sein. Zum anderen ist Herrschaft bei Weber keineswegs auf »Befehl und Gehorsam« beschränkt; er interessiert sich vielmehr dafür, wie Herrschaft überhaupt entsteht und wie sie sich behaupten kann.

Hier folgt Weber jedoch einmal mehr der Theorie Jellineks. Für diesen ist Herrschaft zunächst eine Frage der Gewöhnung. Wenn Befehle nur oft genug und kollektiv befolgt werden, halten die Beobachtenden den Befehl schließlich für »eine schlechthin zu befolgende, also sittliche Norm«.[111] Er bezeichnet dieses Phänomen mit seiner prägnanten Wendung als die »normative Kraft des Faktischen«. Eine Ordnung beruht demnach auf Gewöhnung und Überzeugung. Wenn die Überzeugung schwindet oder ausbleibt, dann könne die Ordnung »nur durch äußere Machtmittel aufrechterhalten werden, was auf die Dauer unmöglich ist; entweder tritt schließlich doch Gewöhnung an sie ein, oder die rein äußerliche Ordnung selbst bricht in Stücke«; wenn sie aber einmal anerkannt sei, würden selbst die »noch so unbillig dünkenden Zustände als rechtmäßig empfunden«.[112]

Diese Diagnose enthält in nuce bereits Webers Legitimitätstheorie, wonach Herrschaft nur so lange existieren könne, wie sie für legitim gehalten werde. Herrschaft ohne Legitimität hatte für Weber keine Chance einer

[106] *Breuer* 1993, S. 210.
[107] *Jellinek* 1922, S. 180.
[108] *Weber* 2013, S. 210.
[109] *Weber* 2013, S. 127.
[110] *Weber* 2001, S. 270.
[111] *Jellinek* 1922, S. 339.
[112] *Jellinek* 1922, S. 342. Dazu ausführlich *Kersten* 2000, S. 367 ff.; *Landau* 2000, S. 302 ff.; *Anter* 1998, S. 520 ff.

dauerhaften Existenz.[113] Insofern stimmte er hier einmal mehr mit Jellinek überein. Den Begriff der Legitimität sucht man bei Jellinek zwar vergebens,[114] aber er nahm bereits entscheidende Momente der Weberschen Konzeption vorweg. Heißt es bei Weber, ein »bestimmtes Minimum an Gehorchen*wollen*« gehöre zu jeder Herrschaft,[115] so heißt es bei Jellinek, eine Gesellschaft verlange von ihren Mitgliedern nicht nur »die äussere Aufrechterhaltung der Ordnung«, »sondern auch ein inneres Wollen der Ordnung«.[116] Mit bloßem Zwang, darauf kam es ihm an, könne sich eine Ordnung jedenfalls nicht dauerhaft behaupten, und auch eine Rechtsordnung könne nicht dauerhaft mit reinen Machtmitteln durchgesetzt werden. Vielmehr müsse das Recht »auf dem Wege der Motivation« wirken, denn dort, »wo eine tiefverwurzelte soziale oder gar religiöse Sitte in Widerstreit mit der Rechtsordnung« stehe, sei »der Rechtszwang ohnmächtig«.[117]

Bei Weber indes rückte der Zwang ganz im Vordergrund des Rechtsbegriffs. Er verstand das Recht als eine Ordnung, die »äußerlich garantiert ist durch die Chance des (physischen oder psychischen) *Zwanges* durch ein auf Erzwingung der Innehaltung oder Ahndung der Verletzung gerichtetes Handeln eines *eigens* darauf eingestellten *Stabes* von Menschen«.[118] Unter »garantiertem objektiven Recht« verstand er den Fall, »daß die Garantie in dem Bestehen eines ›Zwangsapparats‹ [...] besteht«.[119] Das macht Weber aber noch nicht zu einem Vertreter der Zwangstheorie. Denn nach seinem Verständnis ist der Glaube an die Rechtmäßigkeit und Legitimität für die Geltung einer Rechtsordnung ausschlaggebend. Bloßer Zwang kann nach Weber keine Rechtsgeltung durchsetzen, so wie bloße Gewalt keine Ordnung aufrechterhalten kann. Auch wenn er das Zwangsmoment weitaus stärker als Jellinek akzentuiert, ist er dessen Rechtsauffassung verpflichtet, das Recht beruhe »auf der *Überzeugung* von seiner Gültigkeit«. Für Weber wie für Jellinek gilt eine Norm nur dann, wenn sie auch befolgt wird.[120]

---

[113] *Weber* 2013, S. 451 f. Dazu *Anter* 2014, S. 65 ff.; *Breuer* 2011, passim; *ders.* 2006a; *Hermes* 2003, S. 74 ff.

[114] Jellinek streift nur in einer Fußnote die traditionelle »Legitimitätstheorie« (*Jellinek* 1922, S. 344). Zum zeitgenössischen Legitimitätsverständnis siehe *von Held* 1868, S. 215 ff.

[115] *Weber* 2013, S. 449.

[116] *Jellinek* 1878, S. 53.

[117] *Jellinek* 1922, S. 335 f. Er stellte sich damit gegen Rudolf von Jherings Theorie, der *Zwang* sei die Garantie und das Kriterium des Rechts (*Jhering* 1904, Bd. 1, S. 181 u. 240).

[118] *Weber* 2013, S. 186.

[119] *Weber* 2013, S. 195.

[120] *Jellinek* 1922, S. 336 u. 333 f.

Weber hat in der Tat »wesentlichste Anregungen« von Jellinek erhalten. Sie reichen weit über die Staatslehre hinaus und umfassen epistemologische, herrschafts- und rechtstheoretische Konzepte. Auf Schritt und Tritt zeigt sich: Jellinek hat Webers Staats- und Rechtsdenken mehr als irgendein anderer Denker beeinflußt. Daher ist die wissenschaftliche Beziehung der beiden von großer Bedeutung für ein genealogisches Weberverständnis. Die Rezeption erfolgte zum Teil in Form der Übernahme von Positionen, meist jedoch in Form einer Modifikation und Weiterentwicklung. Weber war also keineswegs nur ein bloßer Adept Jellinekscher Konzepte.

Literatur

Albert, Gert (2007): Idealtypen und das Ziel der Soziologie. In: Berliner Journal für Soziologie 17, S. 51–75.

Albert, Hans-Peter (1988): Der Staat als »Handlungssubjekt«. Interpretation und Kritik der Staatslehre Georg Jellineks. Diss. phil. Heidelberg.

Alexy, Robert (2000): Grundrechte und Status. In: Paulson, Stanley L./Schulte, Martin (Hrsg.): Georg Jellinek. Beiträge zu Leben und Werk. Tübingen, S. 209–225.

Anter, Andreas (1998): Georg Jellineks wissenschaftliche Politik. Positionen, Kontexte, Wirkungslinien. In: Politische Vierteljahresschrift 39, S. 503–526.

Ders. (2001): Politik und Herrschaft: Georg Jellinek. In: Lietzmann, Hans J. (Hrsg.): Moderne Politik. Politikverständnisse im 20. Jahrhundert. Opladen, S. 23–36.

Ders. (2004): Modernität und Ambivalenz in Georg Jellineks Staatsdenken. In: ders. (Hrsg.): Die normative Kraft des Faktischen. Das Staatsverständnis Georg Jellineks, Baden-Baden, S. 39–59.

Ders. (2005): Hermeneutische Staats- und Verfassungslehre. Rudolf Smend, Max Weber und die soziologische Wirklichkeit des Staates. In: Lhotta, Roland (Hrsg.): Die Integration des modernen Staates. Zur Aktualität der Integrationslehre von Rudolf Smend. Baden-Baden, S. 71–89.

Ders. (2010): Hermann Heller und Max Weber. Normativität und Wirklichkeit des Staates. In: Llanque, Marcus (Hrsg.): Souveräne Demokratie und soziale Homogenität. Das politische Denken Hermann Hellers. Baden-Baden, S. 119–136.

Ders. (2012): Die politische Idee der Sicherheit. Theoriegeschichte und Staatspraxis eines modernen Konzepts. In: Jahrbuch Öffentliche Sicherheit. Sonderband 6.1, S. 13–28.

Ders. (2014): Max Webers Theorie des modernen Staates. Herkunft, Struktur und Bedeutung. 3. Aufl. Berlin.

Ders. (2016): Max Weber und die Staatsrechtslehre. Tübingen.

Breuer, Stefan (1993): Max Webers Staatssoziologie. In: Kölner Zeitschrift für Soziologie und Sozialpsychologie 45, S. 199–219.

Ders. (2004): Von der sozialen Staatslehre zur Staatssoziologie: Georg Jellinek und Max Weber. In: Anter, Andreas (Hrsg.): Die normative Kraft des Faktischen. Das Staatsverständnis Georg Jellineks. Baden-Baden, S. 89–112.

Ders. (2006a): Legitime Herrschaft. In: ders.: Max Webers tragische Soziologie. Tübingen, S. 63–79.

Ders. (2006b): Fachmenschenfreundschaft II: Max Weber und Georg Jellinek. In: ders.: Max Webers tragische Soziologie. Tübingen, S. 294–325.

Ders. (2011): »Herrschaft« in der Soziologie Max Webers. Wiesbaden.

Brugger, Winfried (2011): Georg Jellineks Statuslehre: national und international. In: Archiv des öffentlichen Rechts 136, S. 1–43.

Bruun, Hans Henrik (2007): Science, Values and Politics in Max Weber's Methodology. 2. Aufl. Aldershot.

Dahlmann, Friedrich Christoph (1835): Die Politik, auf den Grund und das Maaß der gegebenen Zustände zurückgeführt. Göttingen.

Eliaeson, Sven (2002): Max Weber's Methodologies: Interpretation and Critique. Cambridge.

Ferraresi, Furio (2003): Il fantasma della comunità. Concetti politici e scienza sociale in Max Weber. Milano.

Frisch, Hans von (1912): Die Aufgaben des Staates in geschichtlicher Entwickelung. In: Handbuch der Politik. Bd. 1: Die Grundlagen der Politik. Berlin/Leipzig, S. 46–65.

Gerber, Carl Friedrich von (1869): Grundzüge eines Systems des deutschen Staatsrechts. 2. Aufl. Leipzig.

Gierke, Otto von (1915): Die Grundbegriffe des Staatsrechts und die neuesten Staatsrechtstheorien (1874). Neudruck. Tübingen.

Gramm, Christof (2001): Privatisierung und notwendige Staatsaufgaben. Berlin.

Grimm, Dieter (1996) (Hrsg.): Staatsaufgaben. Frankfurt a. M.

Haller, Carl Ludwig von (1820): Restauration der Staatswissenschaft. Bd. 1. Winterthur.

Held, Joseph von (1868): Grundzüge des Allgemeinen Staatsrechts oder Institutionen des öffentlichen Rechts. Leipzig.

Heller, Hermann (1926): Die Krisis der Staatslehre. In: Archiv für Sozialwissenschaft und Sozialpolitik 55, S. 289–316.

Ders. (1983): Staatslehre (1934). Hrsg. von Gerhart Niemeyer. 6. Aufl. Tübingen.

Hennis, Wilhelm (1996): Max Webers Wissenschaft vom Menschen. Tübingen.

Hermes, Siegfried (2003): Soziales Handeln und Struktur der Herrschaft. Berlin.

Hespe, Klaus (1964): Zur Entwicklung der Staatszwecklehre in der deutschen Staatsrechtswissenschaft des 19. Jahrhunderts. Köln/Berlin.

Hübinger, Gangolf/Osterhammel, Jürgen/Welz, Wolfgang (1990): Max Weber und die Wissenschaftliche Politik nach 1945. Aspekte einer theoriegeschichtlichen Nicht-Rezeption. In: Zeitschrift für Politik 37, S. 181–204.

Isensee, Josef (1983): Das Grundrecht auf Sicherheit. Zu den Schutzpflichten des freiheitlichen Verfassungsstaates. Berlin/New York.

Jellinek, Camilla (1911): Georg Jellinek. Ein Lebensbild. In: Jellinek, Georg: Ausgewählte Schriften und Reden. Bd. 1. Hrsg. von Walter Jellinek. Berlin, S. 5*–140*.

Jellinek, Georg (1878): Die sozialethische Bedeutung von Recht, Unrecht und Strafe. Wien.

Ders. (1887): Gesetz und Verordnung. Staatsrechtliche Untersuchungen auf rechtsgeschichtlicher und rechtsvergleichender Grundlage. Freiburg.

Ders. (1905): System der subjektiven öffentlichen Rechte. 2. Aufl. Tübingen.

Ders. (1906): Verfassungsänderung und Verfassungswandlung. Eine staatsrechtlich-politische Abhandlung. Berlin.

Ders. (1911a): Bundesstaat und parlamentarische Regierung (1907). In: ders.: Ausgewählte Schriften und Reden. Bd. 2. Hrsg. von Walter Jellinek. Berlin, S. 439–447.

Ders. (1911b): Bundesstaat und parlamentarische Regierung (1907). In: ders.: Ausgewählte Schriften und Reden. Bd. 2. Hrsg. von Walter Jellinek. Berlin, S. 439–447.

Ders. (1922): Allgemeine Staatslehre (1900). 3. Aufl. Berlin.

Jhering, Rudolf von (1904): Der Zweck im Recht. Bd. 1 (1877). 4. Aufl. Leipzig.

Joas, Hans (2005): Max Weber and the Origin of Human Rights. In: Camic, Charles u. a. (Hrsg.): Max Weber's *Economy and Society*. Stanford, S. 366–382.

Jonas, Friedrich (1966): Die Institutionenlehre Arnold Gehlens. Tübingen.

Kaesler, Dirk (2014): Max Weber. Eine Einführung in Leben, Werk und Wirkung. 4. Aufl. Frankfurt/New York.

Kantorowicz, Hermann (1962): Staatsauffassungen (1925). In: ders.: Rechtswissenschaft und Soziologie. Hrsg. von Thomas Würtenberger. Karlsruhe, S. 69–81.

Kelly, Duncan (2008): The State of the Political: Conceptions of Politics and the State in the Thought of Max Weber, Carl Schmitt and Franz Neumann. 2. Aufl. Oxford.

Kelsen, Hans (1925): Allgemeine Staatslehre. Berlin.

Ders. (1928): Der soziologische und der juristische Staatsbegriff. 2. Aufl. Tübingen.

Kempter, Klaus (1998): Die Jellineks 1820–1955. Eine familienbiographische Studie zum deutschjüdischen Bildungsbürgertum. Düsseldorf.

Kersten, Jens (2000): Georg Jellinek und die klassische Staatslehre. Tübingen.

Kettler, Dietmar (1995): Die Drei-Elemente-Lehre. Ein Beitrag zu Jellineks Staatsbegriff, seiner Fortführung und Kritik. Diss. jur. Münster.

Koop, Dieter (2004): Jellineks Parlamentarismus- und Parteienanalyse »auf der Grenzlinie von Staatsrecht und Politik«. In: Anter, Andreas (Hrsg.): Die normative Kraft des Faktischen. Baden-Baden, S. 113–132.

Korioth, Stefan (2000): Die Staatszwecklehre Georg Jellineks. In: Paulson, Stanley L./ Schulte, Martin (Hrsg.): Georg Jellinek. Beiträge zu Leben und Werk. Tübingen, S. 117–132.

Laband, Paul (1888): Das Staatsrecht des Deutschen Reiches. Bd. 1. 2. Aufl. Freiburg.

Landau, Peter (2000): Rechtsgeltung bei Georg Jellinek. In: Paulson, Stanley L./Schulte, Martin (Hrsg.): Georg Jellinek. Beiträge zu Leben und Werk. Tübingen, S. 299–307.

Lepsius, Oliver (2000): Georg Jellineks Methodenlehre im Spiegel der zeitgenössischen Erkenntnistheorie. In: Paulson, Stanley L./Schulte, Martin (Hrsg.): Georg Jellinek. Tübingen, S. 309–343.

Ders. (2004): Die Zwei-Seiten-Lehre des Staates. In: Anter, Andreas (Hrsg.): Die normative Kraft des Faktischen. Baden-Baden, S. 63–88.

Marra, Realino (2006): La religione dei diritti. Durkheim – Jellinek – Weber. Torino.

McFalls, Laurence (2007) (Hrsg.): Max Weber's »Objectivity« Reconsidered. Toronto.

Menzel, Adolf (1929): Beiträge zur Geschichte der Staatslehre. Wien/Leipzig.

Meyer, Eduard (1902): Zur Theorie und Methodik der Geschichte. Geschichtsphilosophische Untersuchungen. Halle.

Möllers, Christoph (2011): Staat als Argument. 2. Aufl. Tübingen.

Mommsen, Wolfgang J. (1982): »Verstehen« und »Idealtypus«. In: ders.: Max Weber. Gesellschaft, Politik und Geschichte. Frankfurt a. M, S. 208–232.

Müller, Adam (1809): Die Elemente der Staatskunst. Bd. 1. Berlin.

Nelson, Leonard (1949): Die Rechtswissenschaft ohne Recht (1917). 2. Aufl. Hamburg.

Nietzsche, Friedrich (1982): Zur Genealogie der Moral (1887). In: ders.: Werke in drei Bänden. Hrsg. von Karl Schlechta. Bd. II. 9. Aufl. München, S. 761–900.

Ouédraogo, Jean Martin (2004): Georg Jellinek, Max Weber, le politique et la tâche de la sociologie des religions. In: Archives de sciences sociales des religions 127, S. 105–137.

Palonen, Kari (1985): Politik als Handlungsbegriff. Horizontwandel des Politikbegriffs in Deutschland 1890–1933. Helsinki.
Paulson, Stanley L./Schulte, Martin (2000) (Hrsg.): Georg Jellinek. Beiträge zu Leben und Werk. Tübingen.
Pauly, Walter (2000): Georg Jellineks »System der subjektiven öffentlichen Rechte«. In: Paulson, Stanley L./Schulte, Martin (Hrsg.): Georg Jellinek. Beiträge zu Leben und Werk. Tübingen, S. 227–244.
Pauly, Walter/Siebinger, Martin (2004): Staat und Individuum. Georg Jellineks Statuslehre. In: Anter, Andreas (Hrsg.): Die normative Kraft des Faktischen. Baden-Baden, S. 135–151.
Preuß, Hugo (1889): Gemeinde, Staat, Reich als Gebietskörperschaften. Berlin.
Quensel, Bernhard K. (2007): Max Webers Konstruktionslogik. Baden-Baden.
Ringer, Fritz (2000): Max Weber's Methodology. 2. Aufl. Cambridge.
Schäffle, Albert (1897): Über den wissenschaftlichen Begriff der Politik. In: Zeitschrift für die gesamte Staatswissenschaft 53, S. 579–600
Scheuner, Ulrich (1962): Das Wesen des Staates und der Begriff des Politischen in der neueren Staatslehre. In: Hesse, Konrad u. a. (Hrsg.): Staatsverfassung und Kirchenordnung. Festgabe für Rudolf Smend. Tübingen, S. 225–260.
Schluchter, Wolfgang (1988): Religion und Lebensführung. Bd. 1. Frankfurt a. M.
Schöbener, Burkhard/Knauff, Matthias (2016): Allgemeine Staatslehre. 3. Aufl. München.
Schönberger, Christoph (1997): Das Parlament im Anstaltsstaat. Zur Theorie parlamentarischer Repräsentation in der Staatslehre des Kaiserreichs (1871–1918). Frankfurt a. M.
Smend, Rudolf (1994): Verfassung und Verfassungsrecht (1928). In: ders.: Staatsrechtliche Abhandlungen. 3. Aufl. Berlin.
Sommermann, Karl-Peter (1997): Staatsziele und Staatszielbestimmungen. Tübingen.
Stoll, Peter-Tobias (2003): Sicherheit als Aufgabe von Staat und Gesellschaft. Tübingen.
Stolleis, Michael (1992): Geschichte des öffentlichen Rechts in Deutschland. Bd. 2: Staatsrechtslehre und Verwaltungswissenschaft 1800–1914. München.
Thoma, Richard (1948): Grundriß der Allgemeinen Staatslehre. Bonn.
Weber, Alfred (1927): Konstitutionelle oder parlamentarische Regierung in Deutschland? In: ders.: Ideen zur Staats- und Kultursoziologie. Karlsruhe, S. 57–65.
Weber, Max (1963): Gedenkrede auf Georg Jellinek bei der Hochzeit von dessen Tochter Frau Dr. Dora Busch am 21.3.1911. In: König, René/Winckelmann, Johannes (Hrsg.): Max Weber zum Gedächtnis. Köln/Opladen, S. 13–17.
Ders. (1984a): Die Lage der Landarbeiter im ostelbischen Deutschland 1892. MWG I/3. Hrsg. von Martin Riesebrodt. Tübingen.
Ders. (1984b): Parlament und Regierung im neugeordneten Deutschland (1918). In: ders.: Zur Politik im Weltkrieg. MWG I/15. Hrsg. von Wolfgang J. Mommsen in Zusammenarbeit mit Gangolf Hübinger. Tübingen, S. 432–596.
Ders. (1985a): Wirtschaft und Gesellschaft. Grundriß der verstehenden Soziologie. Hrsg. von Johannes Winckelmann. 5. Aufl. Tübingen.
Ders. (1985b): Kritische Studien auf dem Gebiet der kulturwissenschaftlichen Logik (1906). In: ders.: Gesammelte Aufsätze zur Wissenschaftslehre. Hrsg. von Johannes Winckelmann. 6. Aufl. Tübingen, S. 215–290.
Ders. (1985c): Ueber einige Kategorien der verstehenden Soziologie (1913). In: ders.: Gesammelte Aufsätze zur Wissenschaftslehre. Hrsg. von Johannes Winckelmann. 6. Aufl. Tübingen, S. 427–474.

Ders. (1985d): Die »Objektivität« sozialwissenschaftlicher und sozialpolitischer Erkenntnis (1904). In: ders.: Gesammelte Aufsätze zur Wissenschaftslehre. Hrsg. von Johannes Winckelmann. 6. Aufl. Tübingen, S. 146–214.
Ders. (1990): Briefe 1906–1908. MWG II/5. Hrsg. von M. Rainer Lepsius und Wolfgang J. Mommsen in Zusammenarbeit mit Birgit Rudhard und Manfred Schön. Tübingen.
Ders. (1992): Politik als Beruf (1919). In: ders.: Politik als Beruf/Wissenschaft als Beruf. MWG I/17. Hrsg. von Wolfgang J. Mommsen und Wolfgang Schluchter in Zusammenarbeit mit Birgitt Morgenbrod. Tübingen, S. 157–252.
Ders. (1993): Der Nationalstaat und die Volkswirtschaftspolitik (1895). In: *ders.: Landarbeiterfrage, Nationalstaat und Volkswirtschaftspolitik.* MWG I/4. Hrsg. von Wolfgang J. Mommsen in Zusammenarbeit mit Rita Aldenhoff-Hübinger. Tübingen, S. 543–574.
Ders. (1994): Briefe 1909–1910. MWG II/6. Hrsg. von M. Rainer Lepsius und Wolfgang J. Mommsen in Zusammenarbeit mit Birgit Rudhard und Manfred Schön. Tübingen.
Ders. (1998): Briefe 1911–1912. MWG II/7. Hrsg. von M. Rainer Lepsius und Wolfgang J. Mommsen in Zusammenarbeit mit Birgit Rudhard und Manfred Schön. Tübingen.
Ders. (2001): Wirtschaft und Gesellschaft. Gemeinschaften. MWG I/22-1. Hrsg. von Wolfgang J. Mommsen in Zusammenarbeit mit Michael Meyer. Tübingen.
Ders. (2003): Briefe 1913–1914. MWG II/8. Hrsg. von M. Rainer Lepsius und Wolfgang J. Mommsen in Zusammenarbeit mit Birgit Rudhard und Manfred Schön. Tübingen.
Ders. (2008): Briefe 1915–1917. MWG II/9. Hrsg. von Gerd Krumeich und M. Rainer Lepsius in Zusammenarbeit mit Birgit Rudhard und Manfred Schön. Tübingen.
Ders. (2009): Allgemeine Staatslehre und Politik (Staatssoziologie). MWG III/7. Hrsg. von Gangolf Hübinger in Zusammenarbeit mit Andreas Terwey. Tübingen.
Ders. (2012): Briefe 1918–1920. MWG II/10. Hrsg. von Gerd Krumeich und M. Rainer Lepsius in Zusammenarbeit mit Uta Hinz, Sybille Oßwald-Bargende und Manfred Schön. Tübingen.
Ders. (2013): Wirtschaft und Gesellschaft. Soziologie. MWG I/23. Hrsg. von Knut Borchardt, Edith Hanke und Wolfgang Schluchter. Tübingen.
Ders. (2015): Briefe 1903–1905. MWG II/4. Hrsg. von Gangolf Hübinger und M. Rainer Lepsius in Zusammenarbeit mit Thomas Gerhards und Sybille Oßwald-Bargende. Tübingen.
Wischmeyer, Thomas (2015): Zwecke im Recht des Verfassungsstaates. Tübingen.

»Das mag in der Praxis richtig sein, taugt aber nicht für die Theorie«

Zum Verhältnis zwischen Faktizität und Normativität bei Jellinek und Kelsen

Oliver W. Lembcke und Bart van Klink

1. Eigenständigkeit der Jurisprudenz

Georg Jellinek und Hans Kelsen sind die Hauptfiguren des deutschen Rechtspositivismus. Ihre Positionen stehen exemplarisch für die rechtspositivistische Grundauffassung, daß Recht positives Recht ist und hinsichtlich seiner Geltung keiner externen moralischen Richtigkeitsverbürgung bedarf.[1] Ihre Positionen bieten darüber hinaus jedoch Material zur Binnendifferenzierung des Rechtspositivismus – und in dieser Weise wird das Verhältnis der beiden von der Literatur auch hauptsächlich rezipiert, nämlich als Gegenspieler in den grundsätzlichen Fragen des positiven Rechts und des Staates gegenüber dem Recht. An dieser kontradiktorischen Darstellung haben die Meister (und ihnen folgend auch ihre Schüler) selbst maßgeblichen Anteil: Jellinek eher in passiver Weise durch Abwendung, Kelsen in aktivem Maße durch Ablehnung. Seinen Ausdruck findet diese Abgrenzung zwischen beiden Denkern nicht zuletzt auf dem Feld des Wissenschaftsverständnisses gegenüber der eigenen Disziplin: Während Kelsen das Leitbild einer auf die (Form-) Analyse des Rechts und der Rechtstruktur beschränkten Rechtswissenschaft zu etablieren sucht mit der durchaus erwünschten Folge einer möglichst umfassenden Externalisierung aller außerrechtlichen Einflüsse sowie einer ebenso konsequenten Auslagerung der Analyse dieser Einflüsse in die Nachbarwissenschaften der Rechtswissenschaft, hält Jellinek an der Einheit des Untersuchungsgegenstandes Staat als Ausgangs- und Zielpunkt der Rechtsordnung fest und versucht, auf wissenschaftliche kontrollierte

[1] Zur Einordnung von Jellinek und Kelsen im Kontext der unterschiedlichen Varianten des Rechtspositivismus: *Ott* 1992, S. 45 ff., 67 ff. Eine Übersicht über die Diskussion der Trennung von Recht und Moral und der Kritik an dieser Auffassung: *Alexy* 1992, S. 39 ff.

Weise die notwendige Interdisziplinarität im Umgang mit den außerrechtlichen, aber gleichwohl rechtsrelevanten Faktoren in die Staats(rechts)lehre zu integrieren.

Diese Differenz ist insofern für das Selbstverständnis beider Positionen aufschlußreich, weil sie aus einer gemeinsamen Kritik hervorgegangen ist, an den Unzulänglichkeiten des staatsrechtlichen Gesetzespositivismus, der das Rechtsdenken im Kaiserreich bestimmt hat.[2] Dessen Credo bestand darin, den Geltungsgrund des Rechts aus dem Begriff des Rechts und damit aus der rechtswissenschaftlichen Betrachtung auszublenden – mit der Folge, daß die Positivität selbst zum Geltungsgrund der Gesetze wurde. In den Augen der Kritiker offenbarte sich in dieser Exklusion eine fragwürdige Methode und für die Erkenntniszwecke der Rechtswissenschaft ungenügende Methode, weil die Gründe für den Ausschluß des Geltungsgrundes nicht rechtswissenschaftlicher, sondern politischer Art waren.[3] So drohte unter der Hand gerade die Methode zur Immunisierung der Rechtswissenschaft gegenüber externen Einflüssen vor allem seitens der Politik, zu einer »Methode als Machtfaktor«[4] zu werden, mit der sich politische Herrschaftsansprüche vermittels der vermeintlichen Wissenschaftlichkeit des Rechts abstützen lassen – letztlich auf Kosten der Rechtswissenschaft. Diese Auffassung wurde von Jellinek und Kelsen maßgeblich geteilt;[5] und beide haben unabhängig voneinander einen ganz ähnlichen Schluß gezogen, nämlich die Eigenständigkeit der Jurisprudenz als Wissenschaft zu festigen, wobei diese Aufgabe in einer intradisziplinären Arbeitsteilung – auch darin besteht Einigkeit zwischen Jellinek und Kelsen – in erster Linie der Staatsrechtslehre zufallen solle.

In diesem Aufsatz wird der Frage nachgegangen, ob Jellinek und Kelsen ihren eigenen, in Abgrenzung zum überkommenen Gesetzespositivismus formulierten Anspruch durchgehalten haben. Zu diesem Zweck werden die beiden Positionen hier miteinander verglichen, und zwar nicht nur in Hinsicht auf die nationale Rechtsordnung, sondern auch unter Ausgriff auf das internationale Recht. Ein besonderes Augenmerk liegt dabei erstens auf der Frage nach dem Vorrang im Verhältnis zwischen Staat und Recht, das von

---

[2] Ausführlicher hierzu u.a. *Friedrich* 1997, S. 222ff., 235ff., 256ff.; *Pauly* 1993, S. 209–245; *Stolleis* 1992, S. 331ff., 341ff.

[3] Zu den politischen Dimensionen dieser Neutralisierungsstrategie siehe *Ogorek* 1986.

[4] *Grimm* 1987.

[5] Zur Kritik Jellineks ausführlich *Kersten* 2000, S. 31–68; zu jener Kelsens u.a. *Dreier* 1990, S. 104ff.

beiden Denkern in gegensätzlicher Weise konzipiert wird.[6] Eng hängt damit zusammen zweitens das Verhältnis von Genesis und Geltung der Rechtsordnung sowie der Rechtsnormen, ein Bereich, in dem sich die Positionen wiederum als Gegenpole zum jeweils anderen begreifen lassen. Im Sinne der Leitfrage bildet die Rekonstruktion der methodischen und theoretischen Grundlagen, mit denen die Wissenschaftlichkeit der eigenen Disziplin verbürgt werden soll, sowie der Antwortkompetenz, die Jellinek und Kelsen der Rechtswissenschaft zusprechen, einen verbindenden Querschnitt zwischen den Einzeldarstellungen (2. und 3.). Auf dessen Grundlage erfolgt im Fazit eine Gegenüberstellung und Diskussion der Ergebnisse in vergleichender Perspektive (4.).

2. Jellineks »Allgemeine Staatslehre«

Das bestimmende Architekturprinzip der »Allgemeinen Staatslehre«, mit dem der titelgebende, umfassende Anspruch ins Werk gesetzt werden soll, ist die sogenannte Zwei-Seiten-Lehre. Sie bietet eine Doppelperspektive auf den Staat an: Die erste Perspektive der »allgemeinen Soziallehre« richtet sich auf den Staat als organisierten Zustand *(status)* der Gesellschaft,[7] die zweite Perspektive der »allgemeinen Staatsrechtslehre« auf den Staat als Institution des Rechts.[8] Beide Perspektiven haben ihre Berechtigung, weil sie die maßgeblichen Erscheinungsformen des Staates zu erfassen vermögen – jedoch nur unter der Voraussetzung, daß die Analyse innerhalb der jeweiligen methodischen Vorgaben bleibt.

2.1 Zwei-Seiten-Lehre

Für Jellinek verlangt die Komplexität des Staates als Gegenstand des Erkenntnisinteresses einer allgemeinen Staatslehre geradezu nach einer »ge-

---

[6] Die Wirkmächtigkeit dieser Gegensätzlichkeit spiegelt sich nicht zuletzt in kräftigen Formeln der Kritik wider; so etwa dem Vorwurf einer »Staatslehre ohne Staat« – so *Hermann Heller* 1926, S. 308 f., 289 gegen Kelsen gerichtet – oder dem Befund, eine »Rechtslehre ohne Recht« betreiben zu wollen – so die titelgebende Formulierung bei *Leonard Nelson* 1917, der sich vor allem im ersten Kapitel (*Nelson* 1917, S. 6–50) mit Jellinek auseinandersetzt und ihm im Kern vorhält, das Recht zu einem psychologischen Phänomen zu degradieren, während es doch eine gegenüber allem Faktischen unabhängige eigene Sphäre des Normativen sei. Vgl. dazu *Kersten* 2000, S. 352 ff. Zu Hellers Position und der Kontroverse siehe u. a. *Lehnert* 1998 und *Henkel* 2011, S. 54 ff.

[7] *Jellinek* 1966, S. 129–379 (II, Kap. 5–11).

[8] *Jellinek* 1966, S. 383–795 (III, Kap. 12–22).

genstandsadäquaten« Betrachtungsweise.[9] Diese Kunst der Perspektivierung hat den Einsichten einer aufgeklärten Methodenreflexion, wie etwa der Differenz zwischen Soll-Sätzen und Ist-Sätzen, Rechnung zu tragen, sie ist gleichwohl nicht genuin neukantianischer Art – wie etwa bei Hans Kelsen (siehe unter 3.1).[10] Grundaxiom des Neukantianismus ist die gegenstandskonstituierende Methode, die sich nach dem subjektiven Erkenntnisinteresse des Betrachters richtet. Jellinek hingegen geht von der objektiven Existenz des Gegenstands aus, der typischerweise eine Vielfalt von Perspektiven eröffnet, die vom Betrachter zu bewältigen sind.[11]

Auf diese Weise angeleitet und konkret auf den Staat bezogen, destilliert Jellinek zwei Funktionen, welche die Ordnungsleistung des Staates ausmachen – und die trotz wechselseitiger Abhängigkeit voneinander füreinander inkommensurabel bleiben: nämlich die gesellschaftliche Ordnung und die rechtliche Ordnung.[12] Die Relevanz der Perspektivierung im Denken Jellineks zeigt sich hier im Methodendualismus der Zwei-Seiten-Lehre, wonach der Staat nicht unvermittelt als Einheit dieser Funktionen begriffen werden kann. Die Gefahr einer Perspektivenvermischung – als Folge einer unvermittelten Auffassung vom Staat – ist Jellinek zufolge um jeden Preis zu vermeiden, weil dadurch die Eigenarten dieser Bereiche relativiert, letztlich sogar negiert werden würden:

> Die Verkennung und Verwischung des hier dargelegten Unterschieds ist die Ursache der verhängnisvollsten Irrtümer bis auf die Gegenwart herab geworden. Die juristische Natur des Staates und seiner Institutionen wird fortwährend mit seiner sozialen Realität vermischt. Ja, daß es mehrere Erkenntnisweisen des Staates gebe, ist überhaupt noch nicht zu klarem Bewußtsein durchgedrungen.[13]

Die Einheit des Staates ergibt sich mithin für Jellinek nicht unmittelbar aus der Sache. Weder existiert ein direkter Zugriff auf das Phänomen Staat noch

---

[9] *Jellinek* 1966, S. 74.

[10] Zum zeitgenössischen Neukantianismus und seine Bedeutung für die Entfaltung und Binnendifferenzierung der Geisteswissenschaft vgl. u. a. *Hübinger* 1988; speziell zu Jellinek: *Lepsius* 2000, S. 329 ff.; *ders.* 2004, S. 78 ff.

[11] *Kersten* 2011, S. 25: »Der Erkenntnisgegenstand gibt die Erkenntnisperspektiven vor, das Erkenntnisbewusstsein geht mit ihnen um.« Zur subjektiven (»psychischen«) Integrationsleistung vgl. zudem *Stolleis* 1992, S. 452, auf den auch Kersten verweist.

[12] Vgl. die Hinweise zum Ordnungsbegriff Jellineks bei *Anter* 2004a, S. 46. In einer systemtheoretischen Wendung könnte man davon sprechen, daß der Staat die Einheit der Differenz dieser beiden Bereiche »ist«, nicht aber deren Einheit. Zum Versuch einer systemtheoretischen Reformulierung der Zwei-Seiten-Lehre siehe *Schulte* 2000, S. 367 und *Brodocz* 2004.

[13] *Jellinek* 1966, S. 138 f., 74 (»gedankenlose Konfusion«). Bereits zuvor hat sich Jellinek entsprechend in seiner Schrift »System der subjektiven öffentlichen Rechte« (1892) geäußert: »schwerer methodologischer Fehler« (hier zitiert nach *Jellinek* 2011, S. 14).

ist der Erkenntnisgegenstand einheitlich strukturiert, sei es als empirische Größe oder als ideelles Gebilde. Vielmehr geht es darum, den »inneren Zusammenhang[ ] beider die gesamte Staatslehre darstellenden Disziplinen« zu erkennen und dabei dem »folgenschweren Irrtum vorzubeugen«, daß eine der beiden Seiten der Staatslehre die Komplexität des Staates ohne die jeweils andere Seite in den Griff bekäme.[14] Aus dieser Sichtweise folgt, daß die Einheit des Staates selbst komplex ist – eine Art *complexio oppositorum* (wie einst Carl Schmitt bezogen auf die katholische Kirche formuliert hatte) –, und zwar auch deswegen, weil die Einheitsvorstellung eine (praktisch zu lösende) Reaktion auf die (theoretisch zu erfassende) Komplexität des Staates darstellt: Sie ist Ausdruck für jene Ordnung, welche die Handlungsfähigkeit ermöglicht, die den Staat vor allen anderen sozialen Gebilden auszeichnet.[15] Wie hat man sich dann aber die Einheit des Staates vorzustellen? Welchen Beitrag kann dazu eine Allgemeine Staatslehre leisten? Und welchen Stellenwert besitzt die allgemeine Soziallehre gegenüber der Staatsrechtslehre in diesem Zusammenhang?

Daß der Staat selbst einen ordnungsstiftenden Charakter hat, der sich in seiner allgemeinen Verbindlichkeit von anderen gesellschaftlichen Institutionen unterscheidet, ist das zentrale Thema der Allgemeinen Staatslehre – handelt es sich hierbei doch um ein »allgemeines« Thema, das Relevanz weit über moderne, funktional differenzierte Gesellschaften hinaus besitzt.[16] Das Charakteristikum der allgemeinen Verbindlichkeit ist darüber hinaus der Grund für das Primat der Staatsrechtslehre innerhalb der Staatslehre.[17] Denn tatsächlich stellt sich ja das Problem der Einheit des Staates zunächst als juristische Herausforderung dar, und zwar bereits im Alltagsbetrieb des »arbeitenden Staates« (Lorenz von Stein) aufgrund des Anspruchs der allgemeinverbindlichen Entscheidungen (in Gesetzesform), auf deren Grundlage die autorisierten Rechtsakte der Organe und Behörden beruhen. Dieser in die Rechtsform gekleidete Herrschaftsanspruch verlangt nach einem Staatsbegriff, mit dem sich die unterschiedlichen Handlungsformen und Handlungsnormen widerspruchsfrei – geordnet durch systematisierende Dogmatik – begreifen lassen;[18] und dies ist die Herausforderung und spezifische

---

[14] *Jellinek* 1966, S. 12.

[15] *Jellinek* 1996a, S. 266: »Das wesentlichste Moment im Begriff des Staates ist, daß er Ordnung ist […].«

[16] *Breuer* 1999.

[17] Sie ist verschiedentlich in der Literatur thematisiert worden, so etwa von *Anter* 2004a, S. 39 (»Lufthoheit«); ähnlich *Möllers* 2000, S. 33 f. und *Lepsius* 2004, S. 71. *Friedrich* 1997, S. 288 f. interpretiert den internen Verweisungszusammenhang zwischen den beiden Seiten zugunsten der Sozialwissenschaft.

[18] *Lepsius* 2004, S. 67 f.

Leistung des Rechts, dessen Ordnungsstruktur in einer Allgemeinen Staatslehre grundgelegt wird.

Aber das Primat der Staatsrechtslehre steht in einem eigentümlichen Spannungsverhältnis zum Primat des Staates selbst;[19] ein Umstand, auf den Kelsen durch seinen Hinweis auf Jellineks inkonsistente Geltungstheorie aufmerksam macht.[20] Für Kelsen kann am Grunde der Rechtsordnung (das heißt als Grund ihrer Geltung) kein Staatswille liegen – weder in Gestalt der Herrschaftsmacht noch getragen von einem Gemeinschaftsbewußtsein namens Volksgeist. Für Jellinek hingegen ist die Rechtsgeltung nicht voraussetzungslos, sondern kontextgebunden; sie setzt immer schon eine vorgegebene Ordnung voraus, auf die sie sich bezieht. Jellinek schreibt in diesem Zusammenhang in seiner frühen Schrift über »Die Lehre von den Staatenverbindungen«:

> Die Verfassung eines neuentstandenen Staates ist daher ebenso ein Factisches wie der Staat selbst. So wenig als dieser, läßt sie sich juristisch construiren. Sie gehört mit zu dem Gegebenen, von dem der Jurist auszugehen hat: erst mit der Existenz des Staates und damit seiner ursprünglichen Ordnung ist das Feld für seine Thätigkeit geschaffen.[21]

Gleichwohl bedarf dieses Primat des Staates, das Jellinek hier am Beispiel der Verfassung veranschaulicht, aus staatsrechtlicher Perspektive der Qualifizierung. Andernfalls führte diese Auffassung auf mehr oder minder direktem Wege zu einer Machtstaatstheorie, von der sich Jellinek abzusetzen sucht. Die Differenz besteht in dem Ort des Rechts; Jellinek zufolge hat es, »wie alle sozialen Erscheinungen, in uns, nicht außer uns seinen Sitz«.[22]

Jellinek teilt die Auffassung der »Etatisten« unter den Rechtspositivisten, daß sich das Recht als zwangsbewehrte Regelung auf das äußere Handeln der Menschen bezieht. Allein der Staat ist aufgrund seiner Herrschaftsmacht die Quelle der Rechtsetzung; und nur der Staat verfügt über die Fähigkeit, »seine« gesetzlichen Regelungen als (heteronome) Imperative auch de facto durchzusetzen. Aber nach Jellineks Auffassung können weder die formalen Prozesse der Autorisierung zur Rechtsetzung noch die Herrschaftsmittel zur Rechtsdurchsetzung die Verbindlichkeit des Rechts sicherstellen. Recht beruht letztlich nicht auf Zwang, sondern auf Anerkennung.[23] Zur heteronomen Grundierung des Rechtsbegriffs muß daher für Jellinek noch ein auto-

---

[19] An der Priorität des Staates vor dem Recht läßt Jellinek keinen Zweifel: »In dem so entwickelten Sinne hat es daher niemals ein Recht vor dem Staate gegeben« (*Jellinek* 1966, S. 365).

[20] *Kelsen* 1960, S. 220 ff.

[21] *Jellinek* 1996a, 266.

[22] *Jellinek* 1966, S. 343, 334.

[23] *Jellinek* 1966, S. 333 ff.

nomes Moment hinzutreten, nämlich die Überzeugung der Rechtsadressaten, die darüber entscheidet, ob der mit dem staatlichen Befehl erhobene Geltungsanspruch auch auf einen entsprechenden Legalitätsglauben trifft.[24] »Die Umwandlung der zunächst überall rein faktischen Macht des Staates in rechtliche erfolgt stets durch die hinzutretende Vorstellung, daß dieses Faktische normativer Art sei, daß es so sein solle, wie es ist.«[25] Dieser Geltungsvorbehalt erinnert an Spinozas Diktum, daß der Gehorsam den Herrscher zum Herrscher mache (»Oboedientia facit imperantem«) [26] – eine Einsicht, die geeignet ist, sowohl die Interdependenz zwischen Staat und Gesellschaft sowie die aus dieser Interdependenz resultierenden Kontextualität des Rechts zu verdeutlichen, die sich bei Jellinek wie ein roter Faden durch die Schriften zieht.[27] Herrschaft läßt sich nicht ohne weiteres in Rechtsherrschaft übersetzen, so die Botschaft, weil der Staat die Wirksamkeit des Rechts kaum selbständig garantieren kann. Der Staat bringt sich durch Recht »in Form« – und ermöglicht dadurch zugleich eine interne Gliederung seiner Macht in rechtsstaatlicher Absicht; ein Prozeß, den Jellinek exemplarisch am Beispiel des Verhältnisses Individuum/Staat vermittels seiner Statuslehre vorgeführt hat.[28] Für die gesellschaftliche Verankerung des Rechts ist seine Form und Formalität jedoch ebensowenig ausreichend wie die Sanktionsdrohung. Die Rechtsform vermag nur den Unterschied zu anderen Normenordnungen zu indizieren;[29] und die Sanktionsdrohung wie der Zwang selbst ist »kraftlos«, sofern das Recht nicht von der Bevölkerung getragen wird. Die »Positivität des Rechtes« aber, das heißt dessen »Gültigkeit« beruht daher auf Anerkennung, verstärkt und verfestigt durch »sozialpsychologische Mächte«,[30] die aus der Gesellschaft selbst stammen – Jellinek nennt unter anderem das Beispiel der Tradition: »[A]lle Tradition, so mächtig sie sein mag, so sehr alles soziale Geschehen von ihr durchdrungen ist, wirkt nicht als von außen kommende Macht, sondern kraft der inneren Neuschöpfung, die sie in jeder Generation erfährt.«[31] Für Jellinek ist Gesell-

---

[24] Der Begriff der Überzeugung bezieht sich auf den »Durchschnitt« eines Volkes; vgl. *Jellinek* 1966, S. 334, Anm. 1.

[25] *Jellinek* 1966, S. 342.

[26] Siehe den Beitrag »Jellinek und Spinoza – eine übersehene Verbindung« von Manfred Walther in diesem Band.

[27] In sozialtheoretischer Perspektive grundlegend aufgearbeitet von *Brugger* 2010.

[28] Eine umfassende Aktualisierung der Statuslehre findet sich bei *Brugger* 2011. Zur rechtstheoretischen und rechtsdogmatischen Bedeutung siehe *Alexy* 2000; *Pauly/Siebinger* 2004.

[29] *Jellinek* 1966, S. 333.

[30] *Jellinek* 1966, S. 334f.

[31] *Jellinek* 1966, S. 176.

schaft ein andauernder »Bildungsprozeß«, der zwar größtenteils ungesteuert, aber nicht unbewußt verläuft; ein emergentes Produkt mehr oder minder reflektierter Erfahrungsverarbeitung, das nicht nur sich selbst »bildet«, sondern auch in maßgeblicher Weise auf den Staat einwirkt. Denn dieser hat Jellinek zufolge keine von der Gesellschaft losgelöste »Natur«, sondern stellt, wie bereits ausgeführt, eine Ordnungsfunktion der Gesellschaft dar.[32]

Wird das staatliche Ordnungsinstrument Recht vom »Durchschnitt« der Bevölkerung anerkannt, so kann der Jurist sein Tagwerk verrichten. In diesem Fall befinden sich Geltung, hier verstanden als formal gesatztes Recht einschließlich des damit verbundenen Regelungsanspruchs, im Einklang mit der Gültigkeit, das heißt mit der generalisierten Vorstellung, daß es so sein solle, wie es ist. Allgemeine philosophische oder historische Erwägungen sind in der allgemeinen Soziallehre von nachgeordneter Bedeutung.[33] Deren Relevanz im Rahmen der »Allgemeinen Staatslehre« erhellt sich mit Blick auf das Verhältnis zwischen Geltung und Gültigkeit des Rechts, so etwa wenn nachhaltige Differenzen zwischen der Struktur und Kultur der politischen Ordnung auftreten, die sich auf den Geltungsanspruch des Rechts auswirken. Jellinek nennt unter anderem das folgende Beispiel, das zugleich den Begriff des »Durchschnittes eines Volkes« veranschaulicht:

> Die Opfer der spanischen Inquisition haben die Normen, auf deren Grund sie verurteilt wurden, schwerlich als Recht empfunden. Daß es unrecht sei, seinen von dem der herrschenden Kirche abweichenden Glauben frei zu bekennen, war die Überzeugung der Unterdrückenden, nicht der Unterdrückten, die die Strafe als brutale Gewalt, nicht als Recht zu erkennen vermochten. Daraus ergibt sich die für eine *soziale* Betrachtung von Staat und Recht höchst bedeutsame Möglichkeit eines Widerstreites in den Anschauungen über die Rechtsqualität bestimmter Teile der staatlichen Ordnung, der auf den Lebensprozeß der Rechtsordnung tiefen Einfluß zu üben vermag.[34]

Am Beispiel des religiösen Konflikts wird die Aufgabe einer »sozialen« (besser: sozialwissenschaftlichen oder politikwissenschaftlichen) Perspektive deutlich: Sie hat die politische Relevanz gesellschaftlicher Konflikte zu erfassen, zumal dann, wenn diese Konflikte durch das Recht ausgelöst oder doch zumindest verschärft werden. Juristisch hingegen wird diese Frage erst dann relevant, wenn das Recht – und sei es nur in spezifischen Fällen – nicht mehr auf eine generalisierte Akzeptanz zählen kann. Sobald sich reproduzierbare Muster einer Dissonanz zwischen Geltung und Gültigkeit ausbilden, wird auch für Juristen die »Frage aufgeworfen werden müssen, ob nicht

---

[32] *Jellinek* 1966, S. 175f.
[33] *Lepsius* 2004, S. 71.
[34] *Jellinek* 1966, S. 334, Anm. 1.

derogatorisches Gewohnheitsrecht die bekämpfte Norm auch formell beseitigt hat«.[35]

Am Beispiel der Tradition läßt sich zudem Jellineks sozialwissenschaftliche Perspektive auf den Staat nachvollziehen: Dieser entsteht (wie jeder andere Verband auch) aus Willensübereinstimmungen, aus der Vorstellung von und Zustimmung zu der spezifischen Ordnungsleistung. Im Falle des Staates bezieht sich diese Willensübereinstimmung (im Unterschied zu allen anderen Verbänden) auf die für die Gesamtgesellschaft verbindliche Herrschaftsordnung, wobei Jellinek unter Herrschaft die Fähigkeit versteht, den eigenen Willen gegen jede andere gesellschaftliche Organisationsform auch vorbehaltlos durchsetzen zu können.[36] Staat ist mithin institutionalisierte Macht, die ihren souveränen Charakter in der Fähigkeit zur hierarchischen Strukturierung der Gesellschaft beweist.[37] Definitorisch wird diese Seite des Staates wie folgt zusammengefaßt: »Der Staat ist die mit ursprünglicher Herrschermacht ausgerüstete Verbandseinheit sesshafter Menschen.«[38] Diesem Staatsbegriff stellt Jellinek den juristischen gegenüber: »Als Rechtsbegriff ist der Staat [...] die mit ursprünglicher Herrschermacht ausgerüstete Körperschaft eines seßhaften Volkes«.[39]

Was ist der Unterschied? Die für die subjektive Dimension der Willensübereinstimmung maßgeblichen Elemente (Verbandseinheit, Menschen) werden gegen die für die objektive Dimension der rechtlichen Zurechnung erforderlichen Elemente (Körperschaft, Volk) ausgetauscht. Empirische Größen der Wirkung, vor allem mit Blick auf Voraussetzung und Folgen, verwandeln sich in begriffliche Kategorien der rechtlichen Geltung im Wechselspiel zwischen Tatbestand und Rechtsfolgen. Eine Entscheidung »im Namen des Volkes« hat in der Regel mit dem empirischen Volk nichts zu schaffen, ist aber vom Volk als Zurechnungsobjekt auf vermittelte Weise legitimiert, soziale Konflikte nach dem Maßstab des Rechts verbindlich zu entscheiden – und dem Prozeßverlierer bleibt vom Urteil nichts weiter als die Begründung, die Berufung oder die Befolgung; kein Zweifel, daß die

---

[35] *Jellinek* 1966, S. 334, Anm. 1.

[36] Zur Herrschaft als Konstitutionsmerkmal des Staates, auf das sich der Staat gleichwohl, so Jellinek explizit, nicht reduzieren läßt: *Jellinek* 1966, S. 180: »Diese Macht unbedingter Durchsetzung des eigenen Willens gegen anderen Willen hat nur der Staat. Er ist der einzige kraft ihm innewohnender ursprünglicher, rechtlich von keiner anderen Macht abgeleiteter Macht herrschende Verband.«

[37] Zur »Verwandtschaft« zwischen den Macht- und Herrschaftsbegriffen von Jellinek und Weber siehe *Anter* 2000.

[38] *Jellinek* 1966, S. 180f.

[39] Ergänzt um den Zusatz: »[...] die mit ursprünglicher Herrschermacht ausgestattete Gebietskörperschaft«; *Jellinek* 1966, S. 183.

wenigsten von ihnen sich zur Auffassung durchringen können, daß die gerichtliche Entscheidung so sein solle, wie sie ist. Und doch halten sie typischerweise an der Überzeugung fest, daß Gerichte im allgemeinen nach Recht und Gesetz entscheiden und daß man daher den Urteilen auch Folge zu leisten habe. Es sind diese Überzeugungen, die der juristische Staatsbegriff – und mit ihm das Recht – im wesentlichen voraussetzen muß und auf die die rechtliche Geltung in basaler Weise angewiesen bleibt: »[...] das Recht muß stets von realen Tatbeständen ausgehen, weil es, wie immer es beschaffen sein mag, stets den Zweck hat, auf reale Tatbestände angewendet zu werden.«[40] Auf diese Weise schafft das Recht überhaupt erst die interne Verbindung zwischen dem sozialen und dem juristischen Staatsbegriff. Es ist, wenn man so will, die »dritte Seite« in einem Dreieck, in dem sich die beiden Seiten des Staates, ausgehend von der jeweiligen Perspektive der Faktizität und Normativität, gegenüberstehen und doch – nämlich über das Recht – miteinander verbunden sind.[41] Das Recht ist der konkrete Ausdruck des Verweisungszusammenhangs zwischen Faktizität und Normativität, der nach Jellinek den Staat – genauer: dessen komplexe Erscheinungsform – kennzeichnet. Aus diesem Grunde wird auch der Rechtsbegriff in der »Allgemeinen Staatslehre« am Ende der sozialwissenschaftlichen Perspektive auf den Staat traktiert. Auf »reines« Sollen beschränkt, so das Argument, lassen sich Rechtssätze nicht angemessen erfassen: »Ihr Bestand, ihre Wirkung und konkrete Gestalt beruhen auf Ursachen, die sich nicht der normativen Sphäre allein zurechnen lassen.«[42]

2.2 Normative Kraft des Faktischen

Als Produkt menschlichen Willens bleibt das Recht von der Überzeugung, daß es sich um Recht handelt, abhängig. Wie aber entsteht eine solche Überzeugung? Jellinek hat die Antwort auf diese für seine Rechtstheorie grundlegende Frage in dem Abschnitt über die »normative Kraft des Faktischen« ausgearbeitet.[43]

Genitivus subjectivus oder *objectivus*? Aufgrund des Genetivs ist Jellineks Formulierung mehrdeutig, die unterschiedliche Rezeptionsmöglichkeiten

[40] *Jellinek* 1966, S. 162.

[41] Zur systematischen Verbindung zwischen den beiden Staatsbegriffen im Kontext des Rechts: *Kersten* 2000, S. 266–301.

[42] *Lepsius* 2004, S. 73.

[43] *Jellinek* 1966, S. 337–344. Siehe zu diesem für die Soziallehre des Staates grundlegenden Theorem *Anter* 1998, S. 520–523; *Kersten* 2000, S. 364–375; *Landau* 2000.

zuläßt:[44] Ist es die Kraft der Faktizität, Recht zu setzen? Oder verfügt das Normative über die Kraft, Fakten zu schaffen? Jellinek widmet sich beiden Varianten, allerdings in einer vermittelnden Entwicklungsperspektive des Rechts. Die normative Kraft des Faktischen ist daher weniger als eine Aussage über die Geltung des Rechts zu verstehen, sondern als eine über dessen Genese,[45] die gleichwohl auch Einfluß auf Geltung besitzt. Jellinek hat eine Verbindung von Macht- und Legitimitätsprozessen im Sinn.[46] Politische Macht beeinflußt stets auch die Ausgestaltung der Rechtsverhältnisse, die mitunter nur eine schlechte Fassade der vermachteten Strukturen darstellen.[47] Die Figur der normativen Kraft des Faktischen wird von Jellinek jedoch nicht eingeführt, um die Setzung und Durchsetzung von Machtinteressen zu offenbaren, sondern um längerfristige Prozesse zu erfassen, in denen sich eine Normativitätsvorstellung bezogen auf faktische Verhältnisse (und deren Normgemäßheit) erst entwickelt. Die Wirkungslogik, die hier prätendiert wird, weist Parallelen zur Entstehung eines Gewohnheitsrechts, bei dem zum Gebrauch *(usus)* auch das Für-Recht-Halten *(opinio iuris)* hinzutreten muß, die sich unter den Rechtsgenossen typischerweise jedoch erst in längerer, reproduzierter und stabilisierter Übung herausbildet.[48] An den Gedanken der Gewohnheit knüpft Jellinek an, da er in ihr das transformative Potential sieht, die »Tendenz, das Faktische zum Normalen zu erheben«.[49] Die sprichwörtliche »Macht der Gewohnheit« wirkt im Alltag des Menschen und erzeugt in seinem Bewußtsein, die Verwandlung von Normalität in Normativität, indem das Normale zur Norm, mithin zum Beurteilungsmaßstab wird.[50]

---

[44] Dazu *Sattler* 2000, S. 356.

[45] *Landau* 2000, S. 302.

[46] *Jellinek* 1966, 344: »Er liegt nämlich als richtiger Kern in der Legitimitätstheorie verborgen, die im letzten Grunde das Recht stets aus der durch lange Zeiträume geübten Anerkennung faktischer Verhältnisse ableitet. Aber auch die Theorie, welche den Staat nur als Machtverhältnis auffaßt, als brutale Tatsache, hat ein Element des öffentlichen Rechtes erkannt. Beide Lehren irren, indem sie Macht und Recht als absolute Gegensätze auffassen.«

[47] *Jellinek* 1966, S. 341, Anm. 2 verweist in diesem Zusammenhang auf Lassalles Vorträge »Über Verfassungswesen« und »Was nun?« (*Jellinek* 1966, S. 97), in dem die Staatsverfassung als Ausdruck der Machtverhältnisse analysiert wird.

[48] Eine knappe, aber gelungene Zusammenfassung der Elemente findet sich u. a. in BVerfGE 22, 114 [121].

[49] *Jellinek* 1966, S. 338 – mit Hinweisen auf die Kindesentwicklung und das Phänomen der Mode; zum Gewohnheitsrecht selbst: *Jellinek* 1966, S. 339.

[50] »Daher kann die einer späteren Zeit noch so unbillig scheinende Machtverteilung in einem Gemeinwesen, die Ausbeutung abhängiger Klassen durch die herrschenden in vollem Maße Rechtscharakter gewinnen nicht nur in dem Sinne, daß sie von der Macht

Recht ist, was in den jeweiligen gesellschaftlichen Kontexten als angemessen erscheint; und diese Herausbildung einer »Logik der Angemessenheit« vollzieht sich – um es in der Sprache der modernen Sozialwissenschaft zu sagen – als Prozeß der Institutionalisierung, als Verfestigung und Stabilisierung von unterschiedlichen kulturellen Mustern, Ideen oder Templates.[51] Es handelt sich um emergente Prozesse, deren Produktionsprozeß sich vornehmlich als ein soziales Geschehen des Alltags entwickelt, an dem zwar viele Produzenten mitwirken, deren Zusammenwirken sich jedoch kaum als intendierte Steuerung, sondern eher als »Rückwärtsstabilisierung«[52] begreifen und in diesem Sinne rationalisieren läßt.[53]

> Den Grund der normativen Kraft des Faktischen in seiner bewußten oder unbewußten Vernünftigkeit zu suchen, wäre ganz verkehrt. Das Tatsächliche kann später rationalisiert werden, seine normative Bedeutung liegt aber in der weiter nicht ableitbaren Eigenschaft unserer Natur, kraft welcher das bereits Geübte physiologisch und psychologisch leichter reproduzierbar ist als das Neue.[54]

Weder Richtigkeit noch Rationalität machen das Moment der Normativität des Rechts aus, sondern es ist umgekehrt der langwierige Prozeß der Umbildung des Normalen ins Normgemäße, in dem die normative Kraft des Faktischen wirkt und im Ergebnis Richtigkeit und Rationalität als Folge der Normativität bestimmt. Die Dauer des Prozesses verbürgt dabei in gewisser Weise auch die Dauerhaftigkeit rechtlicher Geltung sowie die dauernde Wandelbarkeit des Rechts unterhalb großer Brüche. Wie aber passen die Rupturen des Rechts in dieses Bild? Kann Jellinek mit seinem Ansatz die *shocks* erklären, etwa in Form der Freiheitsrevolutionen Ende des 18. Jahrhunderts, die durch ihre Innovationen – vor allem in Form der Rechteerklärungen – das moderne Recht maßgeblich geprägt haben?[55]

Der Verweisungszusammenhang zwischen Genesis und Geltung, aus der sich die normative Kraft des Faktischen speist, kennt auch die Verkehrung,

---

geboten, sondern auch dadurch, daß sie von dem Unterworfenen anerkannt wird« (*Jellinek* 1966, S. 343).

[51] Siehe hierzu v. a. Kap. 2 (»Rules and the Internalization of Action«) des neoinstitutionalistischen Standardwerks »Rediscovering Institutions« (1989) von *March* und *Olson*, zu deren Perspektive sich bei Jellinek eine Reihe ähnlicher Positionen finden läßt.

[52] *Gehlen* 2004, S. 251.

[53] Dabei beschränkt sich dieser Prozeß nicht auf einzelne Rechtsbereiche, sondern umfaßt grundsätzlich die gesamte Rechtsordnung; *Jellinek* 1966, S. 340.

[54] *Jellinek* 1966, S. 338. Ähnlich *Marquard* 2003, S. 78: »Die Beweislast hat der Veränderer«.

[55] Siehe dazu Jellineks Studien »Die Erklärung der Menschen- und Bürgerrechte« (*Jellinek* 1895; dazu *Stolleis* 2000) sowie »Verfassungsänderung und Verfassungswandel« (*Jellinek* 1906; siehe auch *Wolff* 2000).

das heißt eine »faktische Kraft des Normativen«.[56] Sie äußert sich Jellinek zufolge in der Vorstellung der Rechtsadressaten, daß eine über dem positiven Recht stehende – naturrechtliche – Normativität existiert, die auf das positive Recht in kritischer Weise einwirkt.[57] Daß das, was ist, auch sein solle, ist der langwierige Prozeß, der sich analog zum Gewohnheitsrecht vollzieht und für Stabilität der Ordnung sorgt. Demgegenüber hat jeder Mensch auch die Fähigkeit zu imaginieren, wie die politische Ordnung, rechtlich verfaßt sein sollte – und es ist die Leistung des Naturrechts, eine Tradition ausgebildet zu haben, die ein reiches Reservoir an Prinzipien für Ordnungsentwürfe *de lege ferenda* bereithält.[58] Die faktische Kraft des Normativen hat typischerweise eine gänzlich andere Geltungs- und Zeitstruktur als ihr Pendant. Ihr Geltungsanspruch ist überzeitlich und kontextloser Art; dafür bricht sie um so direkter in die Geschichte ein. Jellineks Beispiel »jener denkwürdigen königlichen Sitzung vom 23. Juni 1789«, die Selbstausrufung der Vertreter des Dritten Standes zur Nationalversammlung in Versailles, mit der die Französische Revolution ihren Ausgang nimmt, mag zur Veranschaulichung dienen:

> Indem der dritte Stand dem Befehl des Königs den Gehorsam weigert und sich, seine wenige Tage vorher gefaßten Beschlüsse wiederholend, als die mit dem pouvoir constituant ausgerüstete Nationalversammlung erklärt, glaubt er auf dem Boden des Rechtes zu stehen. Die Männer, welche diese tiefeinschneidende Wandlung vollziehen, sind der Überzeugung, daß der altmonarchische Staat in Wahrheit auf dem Prinzip der Volkssouveränität ruhe, und der König nichts anderes sei als der Beamte des Gemeinwillens. Dieser Glaube wird aber durch die revolutionäre, keinem ernsten Widerstand begegnende Tat des dritten Standes zur Rechtswirklichkeit.[59]

Der revolutionäre Bruch zwischen Geltung und Gültigkeit des positiven Rechts eröffnet der Legitimitätsidee den direkten Weg, zur Legalitätsüberzeugung zu werden. Es ist der historisch seltene Fall, in dem die Geltung die Genese strukturiert, die ihrerseits dann im spezifischen kulturellen Kontext die Chance eröffnet, die hehren Prinzipien in kleinteiliger Interpretationsarbeit zu spezifizieren und auf Dauer zu stellen – ein Prozeß, so ließe sich hinzufügen, in dem Revolutionäre (und mit ihnen die Revolutionen selbst) schnell ins Straucheln geraten können; auch dafür bietet die Französische Revolution Anschauung.

Anerkanntes Recht ist gültiges Recht; es ist für Jellinek zugleich die Grundlage für eine funktionsfähige staatliche Ordnung. Der Staat ermög-

---

[56] *Kersten* 2000, S. 372.
[57] *Jellinek* 1966, S. 344 ff.
[58] *Landau* 2000, S. 303.
[59] *Jellinek* 1966, S. 337.

licht gesellschaftliche Pluralität, indem er diese durch Rechtsetzung und Rechtsdurchsetzung normativ stützt. Er selbst bleibt jedoch darauf angewiesen, seine Zwangsmittel möglichst sparsam und schonend einzusetzen; und die Voraussetzung dafür ist, daß die Rechtsordnung nicht nur befolgt, sondern auch bejaht wird. An dieser Herausforderung kann der Staat entscheidend mitwirken, indem er seinen umfassenden Herrschaftsanspruch selbständig limitiert und dadurch eine rationalisierte (arbeitsteilige) Form der Rechtstaatlichkeit befördert. In der Moderne gehört diese Art staatlicher Selbstbindung zu den »Zeichen der Zeit«, wie Jellinek selbst hervorhebt: »Nur das eine kann mit Sicherheit behauptet werden, daß im modernen Staate die Überzeugung von der Bindung des Staates durch sein Recht in stetig wachsendem Maße hervortritt.«[60] Die Liberalisierung des Staates ist aber nicht nur ein von Jellinek erwünschtes politisches Programm;[61] sie betrifft zudem die Funktionsfähigkeit des Staates selbst, der darauf angewiesen ist, daß »sein« Recht anerkannt wird und bleibt.

2.3 Ethisches Minimum

Das Verhältnis von Staat und Gesellschaft ist wesentlich eine Frage der Integration. Sie schließt das Recht als Instrument staatlicher Ordnung ein. Bereits aus diesem Grund, so der Tenor der »Allgemeinen Staatslehre«, kann sich das Recht nicht auf bare Befolgung – modern: auf Compliance – beschränken. Jellinek bringt diesen Gedanken mit der Formel Recht als »ethisches Minimum« zum Ausdruck.

> Wenn wir nun bei einem historisch bestimmten Gesellschaftszustand nach den Normen fragen, deren Befolgung die fortdauernde Existenz eines solchen Zustandes möglich macht, so erhalten wir das Recht dieser Gesellschaft. Das Recht ist nichts anderes als das ethische Minimum. Objektiv sind es die Erhaltungsbedingungen der Gesellschaft, soweit sie vom menschlichen Willen abhängig sind, also das Existenzminimum ethischer Normen, subjektiv ist es das Minimum sittlicher Lebensbetätigung und Gesinnung, welches von den Gesellschaftsgliedern gefordert wird.[62]

Das Recht ist Produzent und Produkt sozialer Integration. Seine objektive Dimension dient der normativen Stabilisierung gesellschaftlicher Verhältnisse. Gerade weil diese im Fluß sind, fällt dem Recht die Aufgabe zu, einen bestimmten Integrationszustand nicht zu unterschreiten, und zu diesem sozialen Zweck gegebenenfalls auch die auf das äußere Handeln ausgerichte-

---

[60] *Jellinek* 1966, S. 371 f.

[61] Dazu eingehend *Schönberger* 2000.

[62] *Jellinek* 1908, S. 45, 42 f., 56, 58 sowie *ders.* 1966, S. 428 (»ethisches Moment«); *ders.* 1968, S. 37, 54, 57 ff.

ten Normen qua Herrschaftsmacht durchzusetzen. Neben dieser Ordnungsleistung, die sich auf Bestandssicherung der Gesellschaft erstreckt, besitzt das Recht aber auch eine symbolische Dimension (mit appellativem Orientierungscharakter): In dieser Hinsicht ist die Rechtsordnung Ausdruck eines gesellschaftlichen Selbstverständnisses,[63] das sich an die innere Haltung der Bürger richtet. Sie lebt von deren Anerkennung, fordert diese aber auch zugleich ein. Recht als ethisches Minimum versucht diese Dialektik auf den Begriff zu bringen. Es geht nicht allein um den Integrationszustand, sondern stets auch um den Integrationsprozeß, an den das Recht angeschlossen ist und den es selbst mitgestaltet: Die Rechtsbefolgung ist das Minimum, das das Recht vom Einzelnen erwarten kann. Daß sich eine Gesellschaft zumindest auf bestehende Rechtsnormen im alltäglichen Interessenkampf einigen kann, ist wiederum das Minimum, das jede Gesellschaft von sich selbst erwarten können muß. Eine ethisch stabile Grundierung resultiert aus diesen beiden »Minima« allerdings erst durch jene Verschränkung, in der die individuelle Rechtsbefolgung von konkreter Gesinnungspflicht durch eine im Hintergrund wirkende, generalisierte Anerkennung ethisch entlastet wird.[64]

Wie stark der Staat in der Lage ist, die Ordnungsleistung des Rechts in eine symbolische Dimension der Orientierungsfunktion einzubetten, hängt maßgeblich von seiner Fähigkeit ab, sich an sein eigenes Recht zu binden. Und: Mehr als Compliance kann ebenfalls nur diejenige politische Ordnung verlangen, die selbst Grenzen ihrer Machtfülle anerkennt und damit die Voraussetzung schafft, sich vom Machtstaat zum Rechtsstaat zu wandeln. Ausgangspunkt für Jellineks Selbstbindungslehre bleibt gleichwohl der ungebundene Staatswille, der sich aus dem Primat des Staates ergibt. Nur »aus freiem Entschlusse« kann sich der »Träger der Staatsgewalt dem Gesetz [unterwerfen], das er selbst aufgestellt hat«.[65]

2.4 Selbstbindung des Staates – national und international

Die Unterwerfung als souveräner Akt? Das ist an sich ein zumutungsreicher, weil paradoxer Gedanke,[66] der die schwierige Frage aufwirft, wie aus Souveränität Normativität entstehen kann. Jellinek nimmt für die Antwort drei Anläufe:[67]

---

[63] *Kersten* 2000, S. 328: Recht einer Gesellschaft als »normativ gewendete Sozialethik«.

[64] *Jellinek* 1908, S. 53.

[65] *Jellinek* 1968, S. 19. Vgl. dazu auch *Pauly* 1996, S. IX–XI.

[66] *Kersten* 2000, S. 411.

[67] Zur werkgeschichtlichen Rekonstruktion siehe *Kersten* 2000, S. 409–444.

(1) *Formelle Freiheit und materielle Bindung:*[68] Das konstitutive Merkmal des Staates ist seine Herrschaftsmacht; alle anderen sozialen Verbände werden dieser Macht untergeordnet, der Einzelne steht gegenüber dem Staat zunächst »nur« in einem Unterwerfungsverhältnis *(status subjectionis)*.[69] Der Staat bildet keine organische Einheit mit der Gesellschaft; er selbst hat weder eine natürliche Existenz noch ist er Ausdruck einer natürlichen Gemeinschaft. Als Herrschaftsstruktur ist der Staat von der Gesellschaft unterschieden (aber nicht abgetrennt!) – und prägt diese durch seinen Willen. Aus der Warte des Rechts hat allein dieser Wille rechtserzeugende Kraft, daher rührt der Primat des Staates gegenüber dem Recht. Er ist die Quelle des Rechts; nur sein Wille kann daher Urheber von Schranken sein, die mithin Selbstbeschränkungen sind. Zur rechtsrelevanten Selbst*bindung* werden diese Schranken dann, so Jellinek, wenn der Nachweis eines »reflexiven Moments« innerhalb des souveränen Willens gelingt.[70] Der Weg, den es dafür zu beschreiten gilt, ist jener der Form: Aus der Perspektive des Staatsrechts kann der Staatswille nicht formlos sein.

> Trotz der Fähigkeit des Staates, alles Recht zu ändern, gibt es doch keinen formell unbeschränkten Staatswillen, denn selbst die verfassungsmässigen Formen für die Aenderung des Staatswillens können nur aufgehoben werden, wenn neue an ihre Stelle treten, so daß in keinem Momente des Staatslebens ein formell freier Staatswille vorhanden ist.[71]

Einmal in Form gebracht, kann der Staat seinen Willen sowie die Willensänderungen nur noch qua Rechtsform bekanntgeben. Die einzelnen konkreten Selbstbeschränkungen mögen nicht von Dauer sein,[72] die Selbstbindung durch das Recht als formale Anforderung staatlichen Handelns ist es hingegen sehr wohl.[73] Die Freiheit des staatlichen Willens ist mithin eine Freiheit der Formenwahl – eine Formfreiheit, keine Formlosigkeit.

---

[68] Dieser Zugang findet sich vor allem in den frühen Schriften bei Jellinek; siehe dazu insbesondere »Die rechtliche Natur der Staatenverträge« (1880, *Jellinek* 1968) sowie »Die Lehre von den Staatenverbindungen« (1882, *Jellinek* 1996a). Die zweite Phase der Entwicklung des Selbstbindungskonzepts bezieht sich vor allem auf Jellineks »System der subjektiven öffentlichen Rechte«, die dritte auf die »Allgemeine Staatslehre«.

[69] *Jellinek* 1968, S. 6f.

[70] *Jellinek* 1968, S. 20.

[71] *Jellinek* 1996a, S. 33; vgl. auch *ders.* 1968, S. 23.

[72] Ungeachtet dessen hat sich Jellinek selbst an dem Programm der Liberalisierung des Staates durch Limitierung seiner Staatsgewalt beteiligt; siehe dazu vor allem seine Schriften zum Minderheitenschutz (1898, *Jellinek* 1996b; dazu *Kersten* 2001) sowie zum Verfassungsgerichtshof (1885; dazu *Noll* 2000; *Wyduckel* 2000).

[73] *Jellinek* 1887, S. 199.

Daß der Staat selbst keiner anderen Herrschaft unterliegt, speist die voluntaristische Auffassung staatlicher Souveränität, die ihre adäquate Ausdrucksform im ungebundenen Staatswillen findet. Aber »ungebunden« heißt eben nicht willkürlich; andernfalls wäre der Staat nicht in der Lage, rational zu handeln, Zwecke zu setzen und diese zu verfolgen. Formelle Ungebundenheit und materiale Zweckhaftigkeit des Staates sind daher für Jellinek kein Widerspruch. Der Staat existiert um der Gesellschaft willen, weshalb Zweck und Gültigkeit des Rechts letztlich gesellschaftlich verankert sind. Die Verbindung von formeller Ungebundenheit und materialer Zweckhaftigkeit sind im Grunde eine Variation zum Jellinekschen Verweisungszusammenhang der beiden Seiten des Staates: Die eine bindet sich selbst an die Form des Rechts, die andere sorgt für die Kontinuität des Staatswillens. Liegt die primäre Aufgabe des Staates darin, die Rechtsordnung zu sichern, weil diese wiederum das »Existenzminimum« der gesellschaftlichen Ordnung darstellt, wäre die Formlosigkeit des Staatswillens ein performativer Widerspruch, ein staatlicher Wille zur Anarchie.

(2) *Sittlichkeit als reflektierter Staatswille:* Impulse zur Überarbeitung und Ergänzung des Konzepts haben vor allem zwei Kritiken geliefert, die beide Jellineks Konzeption des Staatswillens betreffen: Zum einen die Kritik von Paul Laband, der Jellinek im Kern vorhält, daß die Selbstbindung Ausdruck eines staatlichen Klugheitskalküls, nicht aber einer rechtsverbindlichen Limitierung der eigenen Staatsgewalt sei;[74] zum anderen die Kritik Rudolf von Jherings, die nur mittelbar die Selbstbindungslehre betrifft, dafür aber grundsätzlich das Willensparadigma in Frage stellt und statt dessen im »Zweck« beziehungsweise im »Interesse« das Proprium des Rechts sieht.[75] Beide Kritiken wiegen schwer für Jellinek, soll doch die Selbstbindungslehre dazu dienen, die Rechtspersönlichkeit des Staates zu festigen und diesen damit aus der Warte des Öffentlichen Rechts für die Prozesse der Konstitutionalisierung und Internationalisierung (weiter) zu öffnen.[76] Jellinek hält daher an dem Postulat staatlicher Willensmacht fest, ohne die seiner Überzeugung nach eine Verrechtlichung der politischen Ordnung nicht möglich ist. Im »System der subjektiven öffentlichen Rechte« wird die Transformati-

---

[74] *Laband* 1887, S. 158f.; ausführlicher zu Labands Kritik mit weiteren Nachweisen *Kersten* 2000, S. 421ff. Eine ausführliche und kritische Diskussion der Selbstbindungslehre Jellineks liefert *Schönberger* 1997, S. 231ff., für den der Gedanke der Selbstverpflichtung des Staates »aus dem Geist des deutschen Konstitutionalismus« stammt (S. 234).

[75] Programmatisch *v. Jhering* 1877; zuvor bereits *ders.* 1865, v.a. S. 327ff. Zur grundlegenden Kritik am Zweckbegriff: *Luhmann* 1968.

[76] *Kersten* 2000, S. 409f.

on der Herrschaftsverhältnisse in Rechtsverhältnisse an einen Inklusionsprozeß gekoppelt, in dem die Anerkennung des Einzelnen – in den fortschreitenden Status: vom Rechtsunterworfenen zum Rechtssubjekt, vom Gesellschaftsmitglied zum politischen Bürger – durch den Staat für diesen selbst Ausdruck seiner Rechtspersönlichkeit ist.[77] Auf diese Weise (und in Reaktion auf von Jherings Kritik)[78] soll das Willenskonzept durch den Begriff des Gemeinwohlinteresses spezifiziert werden. Zugleich erhält der Staatswille eine innere, reflexive Struktur, indem die Sittlichkeit des Allgemeinwohls durch den Willen zum Recht verbürgt wird – ein Wille, der in Jellineks Augen dem »Wesen« des Staates entspricht.[79] In bewußter Analogie zum kategorischen Imperativ soll die Sittlichkeit aus der Selbstaufklärung des Willens über sich selbst und seinen Inhalt aus der Konfrontation mit der Allgemeinheit erfolgen. Aber dazu kommt es nicht, denn die Koordinaten sind fehlerhaft justiert: Der Staatswille ist seiner Natur nach einsam (darin bestand bereits Labands Kritik), kennt keine Gleichen und damit auch keine Idee der Allgemeinheit; ohne diese bleibt jedoch auch die Autonomie selbstbezüglich und wird egozentrisch; und für deren Sittlichkeit muß das Allgemeininteresse schon vorab vom Staat (qua »Wesen«) in Anspruch genommen werden, was in Kants Lösung erst aus der reflektierten Übereinstimmung zwischen dem autonomen Willen und dem allgemeinen Gesetz folgt.[80]

(3) *Selbstbindung als kulturelle Errungenschaft:* Die brüchige Analogie zu Kants Konzept des sittlich-autonomen Willens wird in der »Allgemeinen Staatslehre« zwar nicht vollends verabschiedet, aber doch grundlegend überholt.[81] Die Selbstbindung des Staates erscheint nun als ein Produkt der politischen Kultur, das seinerseits die Voraussetzungen dafür schafft, daß der Herrschaftsanspruch des Staates auf einem ethischen Minimum ruht und von diesem zehren kann.[82] Diese Perspektive betont die Prozeßhaftigkeit

---

[77] Zum grundsätzlichen Gedanken bereits *Jellinek* 1887, S. 199. Daß es sich dennoch um ein obrigkeitsstaatliches Konzept handelt, wird von *Kersten* 2000, S. 254, 425 ff. und *Schönberger* 1997, S. 237 ff. herausgearbeitet: »Der Staat erkennt seine Bürger an, indem er sie mit subjektiven öffentlichen Rechten ausstattet« (*Schönberger* 1997, S. 238).

[78] *Jellinek* 2011, S. 42 f.: »Man kann nicht schlechthin wollen, sondern immer nur etwas wollen. [...] Ihm [v. Jhering] gebührt das Verdienst, das Unzulängliche der reinen Willenstheorie dargetan zu haben.«

[79] *Jellinek* 1968, S. 37; vgl. auch *Kersten* 2000, S. 416 mit zahlreichen weiteren Belegen.

[80] *Kersten* 2000, S. 432.

[81] *Jellinek* 1966, S. 480: Bedeutung Kants S. 477: rechtliche Bedeutung der Selbstbindung »des Staates an sein Recht«.

[82] *Jellinek* 1966, S. 370: Die Bindung ans Recht »ist eine nicht zu umgehende Bedingung stetiger Kulturentwicklung, da sie allein das soziale Vertrauen schafft, ohne welches der Verkehr zwischen Menschen sich kaum über niedrige Anfänge zu erheben vermag«.

der Bindung ans Recht – und weniger den Entscheidungscharakter. Sie ist Teil einer evolutionären Entwicklung, in der sich fundamentale Rechtsüberzeugungen über Gestalt und Qualität der politischen Ordnung herausbilden, deren gesellschaftliche Verankerung über Spielräume und Grenzlinien staatlichen Handelns entscheidet. Staatliche Souveränität ist in diesem Sinne nicht Allmacht als Allgewalt, sondern Letztentscheidungsmacht einer rechtlich verfaßten politischen Einheit.[83]

> Unsere ganze moderne Kultur beruht mit auf der Überzeugung, daß die Staatsgewalt Grenzen habe, daß wir nicht einer schrankenlosen Allmacht unterworfene Staatssklaven sind. Eine rein formal-juristische Betrachtung des Staates kann niemals zur Erkenntnis materieller Schranken der Staatstätigkeit gelangen, sie vermag keine anderen Schranken anzuerkennen als die, welche der Staat sich selber setzt, ist aber außerstande, den Inhalt dieser schrankensetzenden Tätigkeit irgendwie zu bestimmen. Die Existenz solcher Schranken ist erst durch die fortschreitende Erkenntnis der Gebundenheit des Staates durch seine Zwecke nachgewiesen worden. Das großartigste Beispiel hierfür bietet die heutige Stellung des Staates zur Religion.[84]

Ein solcher Staat lebt davon, die Lebensverhältnisse in Rechtsverhältnisse zu überführen. Darin besteht seine eigentliche Beschränkung: Ohne Gesellschaft ist der Staat nichts; er hat kein Eigenleben – und »kulturlos« wäre es, aus dem Primat, das in der Rechtsetzung seinen vornehmsten Ausdruck findet, ein »Recht« gegen die Gesellschaft ableiten zu wollen.

Unter Souveränität versteht Jellinek mithin nicht nur den Ausschluß von externer Willensmacht, sondern die Fähigkeit zur selbständigen Verpflichtung. Zu dem negativen Moment der Unabhängigkeit tritt das positive Moment der Freiwilligkeit hinzu.[85] Souveränität wird dadurch zum »wichtigsten der Grundbegriffe des Öffentlichen Rechts«,[86] denn die Verrechtlichung staatlicher Herrschaft muß dann nicht als Minus an Macht angesehen werden, sondern kann als Einheit von rechtlicher Form und rationaler Zwecksetzung begriffen werden. Dieser Zusammenhang ist für Jellinek gerade auch im Völkerrecht von entscheidender Bedeutung. Auch hier kann es seiner Auffassung nach keinen Zweifel am Vorrang des Staates gegenüber dem Recht geben, schließlich spielt die basale Ordnungsleistung der Existenzsicherung, die der Staat gegenüber »seiner« Gesellschaft zu erbringen hat, im internationalen Raum eine noch größere Rolle.[87] Daraus folgt, daß

---

[83] Vgl. *Kersten* 2000, S. 441 ff.

[84] *Jellinek* 1966, S. 238 f.

[85] »Souveränität ist eben das Recht, nur durch eigenen Willen verpflichtbar und verpflichtet zu sein« (*Jellinek* 1996a, S. 55).

[86] *Jellinek* 1996a, S. 19.

[87] Deswegen steht das Völkerrecht unter dem Vorbehalt des Staates und seiner basalen Sicherheitsinteressen; vgl. z. B. *Jellinek* 1966, S. 377.

»alle völkerrechtlichen Beschränkungen des Staatswillens für ihn nur gelten, insoferne und weil er sie gewollt hat«[88] – er, der Staatswille, ist »formeller Geltungsgrund des Völkerrechts«.[89]

Für Jellinek führt mithin das Primat des Staates gegenüber dem Recht auf mehr oder minder direktem Wege zu einem staatsrechtlichen Monismus,[90] der im Primat der nationalen Rechtsordnung gegenüber dem internationalen Recht seinen Ausdruck findet. Aber dieses Verhältnis ist nicht statisch, sondern dynamisch und gestaltungsoffen – inklusive der Möglichkeit, hoheitliche Kompetenzen an internationale Organisationen zu übertragen.[91] Dem steht Jellineks Souveränitätsverständnis nicht im Wege, vielmehr ist es Ausdruck eben jener Freiwilligkeit, die zusammen mit der Unabhängigkeit souveräne Selbstbestimmung ausmacht. Damit wird der Spieß im Kontext der Internationalisierung von Nationalstaaten gewissermaßen umgekehrt: Durch die Fähigkeit rechtlich verfaßter Staaten zur Kooperation wird alles das, »was bis jetzt nur trotz der Souveränität und gegen die Souveränität behauptet werden konnte, [...] nun durch die Souveränität und aus der Souveränität erklärt werden«.[92] Sie wird qua Selbstbindung zur Basis der völkerrechtlichen Verpflichtung.

Wie weit eine solche Verpflichtung reicht, hängt dabei – wie im nationalen Maßstab – von den Rechtsüberzeugungen in den jeweiligen Gesellschaften ab. Sie sind für Jellinek letztlich Grund und Grenze für jene Formen der Institutionalisierung, die aus den Prozessen der Transnationalisierung und Globalisierung erwachsen.[93] Aus heutiger Warte ließe sich hinzufügen, daß solche Rechtsüberzeugungen selbst nachhaltigen Wandlungsprozessen unterliegen (Akzeptanz supranationaler Ordnungsgefüge), in deren Folge sich die Koordinaten für die Zuordnung von nationaler Rechtsordnung zur internationalen Ebene verschieben und dadurch die Unterscheidung zwischen der Einheit des Rechtsraums (Monismus) oder Eigenständigkeit der Rechtsordnung (Dualismus) zugunsten komplexer Mehrebenensysteme (geradezu hegelisch) »aufheben« können. Wie läßt sich

---

[88] *Jellinek* 1996a, S. 23.

[89] *Pauly* 1996, S. XI.

[90] Unter »Monismus« wird im Kontext des Völkerrechts diejenige Auffassung verstanden, die nationales und internationales Recht als Bestandteile eines einheitlichen Rechtssystems ansieht. Die Gegenposition vertritt der »Dualismus«, der geltungstheoretisch von der Eigenständigkeit der jeweiligen Rechtsordnungen ausgeht.

[91] *Jellinek* 1996a, S. 52 f.; *ders.* 1966, S. 484.

[92] *Jellinek* 1996a, S. 36.

[93] Vgl. hierzu *Pauly* 1996, S. XI, der auf Jellineks Hinweis aufmerksam macht, daß völkerrechtliche Verträge ihrerseits im Grunde nach Normen zur Regulierung des Völkervertragsrechts verlangen.

aber dann noch sinnvoll von einem Primat des Staatsrechts – und von einem Primat des Staates sprechen?

3. Kelsens »Reine Rechtslehre«

Jellineks Selbstbindungslehre enthält in nuce alles, was die »Reine Rechtslehre« ablehnt. Entsprechend hart ist die Kritik Kelsens ausgefallen. Sie läßt sich in drei Punkten zusammenfassen: Falsch sei Kelsen zufolge erstens bereits die Annahme eines einheitlichen Erkenntnisgegenstandes Staat, der sich angeblich in zwei Seiten unterscheiden lasse. Tatsächlich zeige doch die Nähe der beiden Staatsbegriffe, daß es sich aus rechtlicher Perspektive um ein und denselben Gegenstand handele. Der Versuch, zwei unvermittelbare »Seiten« miteinander vermitteln zu wollen, vergrößere nur die Konfusion, die Jellinek mit seiner Zwei-Seiten-Lehre angerichtet habe. Zweitens sei die Unterscheidung zwischen Staat und Recht irrig und lasse sich schon gar nicht durch die Vorstellung eines Primats des Staates ausschlachten, der über die Fähigkeit verfüge, sich qua Selbstbindung selbst normativ zu rechtfertigen. Rechtliche Normativität lasse sich nur durch eine Norm erzeugen, weshalb es eine rechtlich verfasste Staatlichkeit nicht vor dem Recht geben könne, mithin auch kein Primat des Staates. Drittens schließlich diene die Vorstellung eines ungebundenen Staatswillens nur zu einer extralegalen Rechtfertigungsstrategie, die politisch in hohem Maße fragwürdig sei – und der eine aufgeklärte Rechtswissenschaft nicht die Hand reichen sollte.

3.1 Sein des Sollens

Wollte man das Gegenprogramm der »Reinen Rechtslehre« in einem Satz zum Ausdruck bringen, so ließe sich sagen: die Idealität des Rechts findet in der Positivität des Rechts ihre Grenze, die Positivität aber in der Idealität ihren Grund. Im Hintergrund dieser Theoriearchitektur steht ein Schlüsselgedanke, der sich durch Kelsens gesamtes Werk zieht: die Sein-Sollen-Differenz. Die mit den Begriffen »Sein« und »Sollen« bezeichneten Bereiche sind laut Kelsen inkommensurabel, weil sie sich in keiner vernünftigen Weise aufeinander beziehen lassen: »Das Sollen ist wie das Sein eine letzte nicht weiter ableitbare Kategorie.«[94]

---

[94] *Kelsen* 1960, S. 70. Siehe *Morschner* 1974 für eine Übersicht über die zahlreichen Probleme, die sich im Zuge der Sein-Sollen-Unterscheidung stellen.

Wenn das Recht dem Bereich des Sollens zugeordnet wird, dann ist damit in Kelsens Auffassung zugleich gesagt, daß es »von vornherein überhaupt nichts Wirkliches« ist.[95] Recht existiert nicht wie ein »Ding« in der Objektwelt, es unterliegt mithin auch nicht der Natur und ihrem Gesetz der Kausalität, das den Gang alles Irdischen bestimmt. Vielmehr bezieht sich das Recht aufs Leben und verwandelt dessen Umstände in Gegenstände der Rechtswelt. Ein Beispiel: Ob etwas verspätet geschieht (»Verzug«), ist rechtlich betrachtet keine Frage des Datums oder der Uhrzeit, sondern eine des »schuldhaften Zögerns«. Es ist die Perspektive, die den Unterschied zwischen einer Seinsordnung und einer Sollensordnung ausmacht; und als Sollensordnung verstanden, funktioniert das Recht Kelsen zufolge wie ein »Deutungsschema«,[96] in dem das, was ist, sich in eine Sicht darauf verwandelt, was sein soll. Diese Sollensperspektive ist das erste Moment der Idealität des Rechts.

Hinzu tritt ein zweites Moment, das die Geltungsdimension betrifft: Warum soll – die grundlegende Frage der Rechtsgeltung – Recht überhaupt befolgt werden? Als Antwort darauf ist im Lichte der von Kelsen hervorgehobenen Bedeutung der Sein-Sollen-Dichotomie allein ein Grund akzeptabel, der selbst aus dem Bereich des Sollens stammt. Ausgeschlossen ist hingegen (bei Strafe eines Kategorienfehlers) ein Rückgriff auf Faktizitäten, etwa auf Befehl (Wille) oder Gehorsam (Gewohnheit, Akzeptanz, Anerkennung). Für all diese Ansätze gilt: »Die Faktizität sagt juristisch eben gar nichts.«[97]

Auf der Ebene einzelner Rechtsnormen bereitet diese Anforderung an eine sollensadäquate Begründung rechtlicher Verbindlichkeit im Rahmen der Rechtsordnung kaum Probleme. Sie ergibt sich in der Regel problemlos durch Verweis auf die autorisierende Kraft der jeweils höheren Rechtsnorm. Das Handeln eines Gerichtsvollziehers unterscheidet sich von räuberischer Erpressung vor allem dadurch, daß es auf einem »Titel«, das heißt auf einer gerichtlichen Anordnung beruht. Als anspruchsvoller (in rechtstheoretischer Hinsicht) erweist sich jedoch die Frage nach dem Geltungsgrund, sofern die Grundlagen der Rechtsordnung oder die Verfassung selbst in Frage stehen. Seit der Französischen Revolution wird diese Frage typischerweise unter Rekurs auf die Volkssouveränität beantwortet.[98] Kelsen duldet jedoch auch an dieser Stelle kein Abrücken von der Idealität des Rechts: Keine rechts-

---

[95] *Kelsen* 1968b, S. 1238.

[96] *Kelsen* 1976, S. 3; *ders.* 1925, S. 269.

[97] *Kelsen* 1928, S. 71.

[98] Unter den Zeitgenossen Hans Kelsens lassen sich als einflußreiche Beispiele dafür anführen: die »Verfassungslehre« von Carl Schmitt (1928, *Schmitt* 1993) – mit Schwer-

fremde Macht kann rechtlich rechtfertigen.[99] Ein Wille als Geltungsgrund der Rechtsordnung – sei es in monarchischer oder in volkssouveräner Gestalt – wird von ihm abgelehnt: Ein Wille kann nur den Inhalt, nicht aber die Form rechtlicher Normativität bestimmen (siehe dazu unter 3.2). Begründungsversuche, die das übersehen, laufen auf den naturalistischen Fehlschluß hinaus, aus dem Sein rechtlicher Normen deren Sollen zu folgern; ein Kategorienfehler, der überdies eine naive, weil undifferenzierte Wissenschaftsauffassung verrät, die den methodischen und erkenntnistheoretischen Unterschieden zwischen Natur- und Kulturwissenschaften nicht gerecht wird.[100]

Mit der Konturierung der Eigenart des Rechts als Gegenstand der Rechtswissenschaft, die durch das Moment der Idealität verbürgt werden soll, ist es jedoch nicht getan. Um die Geltung der Rechtsordnung angemessen zu fassen, hat das zweite Moment der »Reinen Rechtslehre«, das der Positivität, die Eigenständigkeit des Rechts gegenüber anderen Sollensordnungen zu gewährleisten. So wenig Kelsen bereit ist, die Geltung der Rechtsordnung an der Spitze höchster Verfassungsnormen »faktisch« abzubrechen, soll diese ebensowenig durch Ausgriff ins Naturrecht mit dessen kulturübergreifenden oder zeitlosen (»ewigen«) Rechtsprinzipien begründet werden. Die Wissenschaftlichkeit der Jurisprudenz kann sich für Kelsen nur dann bewähren, wenn sie sich auf eine konkrete (das heißt empirische) Ordnung beschränkt,[101] indem sie deren rechtlichen Geltungsanspruch als Grundlage einer systematisierenden Beschreibung der Rechtsnormen nimmt. Dadurch soll die Frage nach dem »richtigen« Recht systematisch ausgeblendet werden. Ein Begriff des Rechts, der den Standards der Wissenschaftlichkeit entspricht, hat auf jedwede externe Elemente zu verzichten. Darunter fällt für Kelsen auch und insbesondere die Moral: Gerechtigkeit sollte kein Thema des Rechts sein – die Rechtswissenschaft hat sich von solchen Themen, so Kelsen, fernzuhalten. Ihr Begriff des Rechts setzt sich aus den beiden Momenten der Idealität und der Positivität zusammen, der keinen Raum für eine moralische (Minimal-)Begründung des Rechts läßt.[102]

Eingedenk der Eigenart des Rechts besteht die Aufgabe der Rechtswissenschaft nach Auffassung Kelsens ausschließlich darin, das *Sein* des Sollens zu erfassen. Im wissenschaftlichen Umgang mit dem Recht geht es nicht

punkt auf der Souveränität – und der »Staatslehre« von Hermann Heller (1934, *Heller* 1983) – mit Schwerpunkt auf dem Volk.

[99] *Kelsen* 1925, S. 75.

[100] Ausführlicher dazu *Kelsen* 1968a.

[101] *Kelsen* 1959, S. 5.

[102] Zu Kelsens Rechtsbegriff vgl. *Alexy* 1992, S. 155 ff.

mehr darum, was Recht sein soll – eine Frage der (Rechts-)Politik –, sondern nur noch darum, was rechtlich gesollt ist. Die Reinheit der »Reinen Rechtslehre« lebt geradezu von der Enthaltsamkeit des Juristen, keine ethischen oder politischen Wünschbarkeiten den Beschreibungen des Rechts beizumengen, und zwar weder in der Aussage über den Sinn einzelner Rechtsnormen noch beim Erfassen der normativen Grundlagen, auf denen die Rechtsordnung insgesamt beruht.

3.2 Theorie der Grundnorm

Idealität als Grund des gesatzten Rechts, Positivität als Grenze gesollten Rechts – stehen beide Momente nicht in einer unaufhebbaren Spannung zueinander? Und verhindert diese Spannung nicht eine überzeugende Begründung der Verbindlichkeit der Rechtsordnung? Für beide Herausforderungen soll die Theorie der Grundnorm eine Lösung bieten; eine Herkulesaufgabe, wenn man sich vor Augen führt, daß sie eine doppelte Transformationsleistung zu bewältigen hat. Denn die Grundnorm hat nicht nur den Geltungsgrund für die Rechtsordnung zu liefern, sondern darüber hinaus auch zu veranschaulichen, wie man sich die Umbildung des ursprünglich allein als Idee zu fassenden Gebildes Recht zu einem Gegenstand der Tatsachenwelt vorzustellen hat.[103]

Kelsens Konzeption der Grundnorm verbindet die beiden Aufgaben miteinander und präsentiert die Lösung für die Aufgabe der doppelten Transformation in verblüffender Schlichtheit. Um das Ergebnis vorwegzunehmen: Der Geltungsgrund der Rechtsordnung liegt im Recht selbst, das heißt in der Erkenntnis des Sollenscharakters des Rechts. Wer das Recht als rechtliches Sollen versteht, macht sich eben diejenige normative Perspektive zu eigen, die eine »Selbstbegründung des Rechts« ermöglicht.[104] Das klingt nach Tautologie – und manche Formulierungsschwäche auf Seiten Kelsens mag zu Unklarheiten über Funktionsweise und Status der Grundnorm beigetragen haben. Klar ist jedoch zunächst die Charakterisierung der Grundnorm als inhaltslos, die gerade aufgrund ihrer Inhaltsleere die Integrationsfunktion erfüllen kann, jeden beliebigen Inhalt zu einem Gegenstand des Rechts zu machen.[105] Auch die weiteren Wirkungsweisen der Grundnorm sind hinreichend eindeutig bestimmt: Sie soll erstens eine vorhandene effektive Zwangsordnung (Staatsgewalt) in eine Rechtsordnung verwandeln;

---

[103] *Otaka* 1983, S. 112.
[104] *Kelsen* 1968d, S. 1452.
[105] *Kelsen* 1976, S. 199f., 224.

darin liegt die »normativitätsstiftende« Wirkung,[106] die sich an dem Moment des Rechts als Sollensordnung ausrichtet. Zweitens hat sie die Einheit und Reichweite dieser Rechtsordnung zu konstituieren, indem sich sämtliche Akte und Anordnungen als autorisierte Entscheidungen auf Rechtsnormen, letztlich auf die historisch erste geltende Verfassung zurückbeziehen lassen; die Grundnorm fungiert hier als »Einheitskonstituante«[107] des positiven Rechts.

Ihrem Anspruch nach dient die Theorie der Grundnorm maßgeblich dazu, die Gleichsetzung des Gesetzespositivismus à la Gerber, Laband und Anschütz zwischen Staatsgewalt und Rechtsverbindlichkeit zu durchbrechen. Die Zwangsgewalt des Staates ist für Kelsen zunächst einmal nur ein Datum der Faktizität (»Sein«). Wird dieses Datum seitens der Rechtswissenschaft ohne Rekurs auf eine durch die Grundnorm bewirkte Normativitätsstiftung als ein Faktum der Positivität (»Sein des Sollens«) behandelt, so resultiert daraus nichts anderes als ein Sollen des Seins, dessen Setzung zum Geschäft der Politik, aber nicht der Jurisprudenz gehört. Wie aber hat man sich die Operation der Grundnorm vorzustellen? Wie läßt sich der Unterschied im (wissenschaftlichen) Umgang zwischen dem Kardinalfehler des Gesetzespositivismus und der Kunstfertigkeit der »Reinen Rechtslehre« veranschaulichen? Zunächst: Die Grundnorm ist keine Metanorm, die verbindliche Vorgaben für die Rechtsordnung enthält. Sie ist daher keine »Norm der Norm«, eher schon eine »Form der Norm«, die beide Momente – die der Rechts*ordnung* und der *Rechts*ordnung – umfaßt.[108] Kelsens Terminologie zur Beschreibung des Status der Grundnorm ist schwankend – und hat selbst in manchen Fällen zur Verdunkelung der Sache beigetragen.[109] Sachlich weiterführend sind die Kennzeichnung des Status als »Hypothese«[110] oder – in ähnlicher Absicht – als »Annahme«,[111] und zwar eine Annahme, die die wissenschaftliche Beschreibung des Rechts in Rechtssätze ermöglicht. Beide Begriffe zielen auf die Eigenart des Rechts, aus der die Grundnorm ihre transformative Kraft bezieht, Wirkliches in Gesolltes zu überset-

[106] Dazu *Dreier* 1990, S. 29 und 43.

[107] *Kelsen* 1976, S. 212, 239.

[108] Dieser Gedanke lehnt sich an eine Formulierung von *Dreier* 1990, S. 47, Fn. 96 an, mit der die doppelte Wirkungsweise der Grundnorm treffend zum Ausdruck gebracht wird.

[109] Weitere (wenig überzeugende) Alternativen der Bezeichnung sind u. a. die »transzendental-logische Voraussetzung« (*Kelsen* 1976, S. 204, 207 f.) oder auch die Bezeichnung der Grundnorm als »Fiktion« (*Kelsen* 1979, S. 206 f.).

[110] *Kelsen* 1976, S. 47; *ders.* 1925, S. 104; *ders.* 1928, S. 97.

[111] *Dreier* 1990, S. 45: »Charakter einer unterstellten Annahme«. Ähnlich *Pawlik* 1992, S. 152 ff.

zen. Dessen Verbindlichkeit erwächst dabei – paradoxerweise – aus dem Mangel an Wirklichkeit: Die Dinge sind nicht (mehr), wie sie sind, sie sollen (nur noch) sein.

Um den Perspektivenwechsel, der mit der Grundnorm verbunden ist, zu illustrieren, mag folgende Heuristik in Anlehnung an Wittgensteins Sprachspielkonzept hilfreich sein: Wer in das »Sprachspiel« des Rechts einsteigen will, hat die Regeln rechtlicher Normativität zu akzeptieren. Die Intention des »Spielers« trifft auf das vorgegebene Regelwerk (Positivität), dessen Geltung (Idealität) er unterstellen muß, um spielen zu können. Indem der Spieler am Spiel teilnimmt, unterwirft er sich den Spielregeln, deren Sollen ihm dann als verbindlich gegenübertritt, während die Regeln für ihn zuvor als Außenstehender nur ein Faktum ohne normativen Appell gewesen sein mögen. Ausschlaggebend für die Verbindlichkeit des Regelwerks ist die Teilnahme am Spiel, mithin die Differenz im Modus Spielen/Nichtspielen – und die Grundnorm läßt sich vor diesem Hintergrund als Konsequenz dieser modalen Differenz begreifen: Sie ist der Modus des Rechts, der immer schon zu unterstellen ist, wenn ein Teilnehmer des Rechtssystems beabsichtigt – oder auch nur den Anspruch erhebt –, rechtlich relevant zu handeln.[112]

Begreift man die Grundnorm als eine »Annahme« oder »Hypothese« und präzisiert ihre Funktion in diesem Sinne als einen Modus des Rechts, ist der entscheidende Schritt zum Verständnis der für die »Reine Rechtslehre« programmatischen Verbindung von Idealität und Positivität getan. Mit der Positivität kommt jedoch zudem der Sozialbezug des Rechts in den Blick – damit die Frage, wie Kelsen die sozialen (und politischen) Voraussetzungen und Folgen des Rechts (und der Rechtsetzung) in seine Rechtstheorie zu integrieren versteht. Diese Frage stellt sich in grundsätzlicher Weise gleich zweimal: zum einen hinsichtlich der die Wirksamkeit des Rechts garantie-

[112] Tatsächlich liegt es im Auge des Betrachters, ob er die Perspektive des Rechts einnehmen möchte; niemand kann ihn dazu zwingen: *Kelsen* 1976, S. 224. Laut *Dreier* 1990, S. 49 »verleiht die Grundnorm keine originäre Normativität im Sinne einer allgemein verbindlichen Pflichtenbegründung, stattdessen unterstellt sie diese nur«. In diesem Sinne richtet sich der Begriff des Modus an dem theorieimmanenten Bestreben einer Selbstbegründung des Rechts aus, die nach der Wahl (Annahme der rechtlichen Perspektive) keine mehr läßt. Es handelt sich demnach um eine Art »Mephisto-Theorie« der Grundnorm (»Das Erste steht uns frei, beim Zweiten sind wir Knechte«). Diese Lesart findet sich u. a. auch bei *Bucher* 1982, S. 45: »Erste Voraussetzung ist das Vorliegen eines Rechtsmaterials, einer Summe sich als ›Recht‹ gerierender subjektiver Willensakte. Dieses Material ist dann zweitens als normativ verbindlich zu interpretieren, d. h.: der subjektive Sinn der Willensakte wird als ihr objektiver Sinn gedeutet. [...] Ist dieser zweite Schritt, der wegen der wertrelativistischen Prämisse lediglich zu einer Normativität ›als-ob‹ führen kann, getan, dann muß zwangsläufig und denknotwendig eine Grundnorm unterstellt werden.«

renden Ordnungsleistungen des Staates, zum anderen bezogen auf die Entscheidungstätigkeit staatlicher Institutionen im Rahmen der verfassungsrechtlichen Kompetenzordnung.

3.3 Geltung und Wirksamkeit der Rechtsordnung

Ein zentrales Theorem der »Reinen Rechtslehre« ist der sogenannte Stufenbau der Rechtsordnung – von Adolf Merkl erfunden, von Hans Kelsen popularisiert.[113] Es besagt im Kern, daß sich die Rechtsordnung »stufenweise« aus der Grundnorm konkretisiert. Ausgehend von dem – für Kelsen gleichermaßen logischen wie rechtstheoretischen – Vorrang des Allgemeinen vor dem Individuellen ergibt sich durch den Prozeß der Konkretisierung eine Hierarchie an Normen, in der erstens die Geltung der unteren Normen von jener der jeweils höheren abhängt und die zweitens durch normative Vorgabe den (inhaltlichen) Konkretisierungsprozeß top down anleitet. Da es sich jedoch, wie gesehen, bei der Grundnorm nicht um eine »Supernorm«, sondern um einen Modus der Perspektive (und damit um eine methodologische Voraussetzung der Deutung des Rechts als Recht) handelt, bleibt zunächst offen, an welchem Punkt der Konkretisierungsprozeß seinen Ausgang nehmen kann und soll. Anders gewendet und zugespitzt gefragt: In welchem Verhältnis stehen Grundnorm und Verfassung zueinander?

Kelsen zufolge ist die eine die Voraussetzung der anderen und vice versa: Will man den rechtlichen Anspruch politischer Herrschaft erfassen, so hat man laut Kelsen die Annahme einer Grundnorm vorauszusetzen, »die den historisch ersten Verfassungsgeber ermächtigt, Normen zu setzen«[114] – Grundnorm als Voraussetzung der Verfassung. Und doch bleibt die Grundnorm von der Verfassung abhängig, weil sie andernfalls keinen Bezug zu einem Rechtsinhalt hat – die Grundnorm bliebe dann »rechtlos«.[115] Vereinfacht gesagt resultiert die wechselseitige Abhängigkeit aus dem Zusammenhang zwischen Form und Inhalt, der den Grundgedanken der »Reinen Rechtslehre«, nämlich das Verhältnis zwischen Idealität (Grundnorm) und Positivität (Verfassung) des Rechts widerspiegelt. Vor diesem Hintergrund lassen sich zwei weitere Schlüsseltheoreme der Kelsenschen Rechtstheorie diskutieren, die sich in systematischer Hinsicht ergänzen (auch wenn sie

---

[113] Zur rechtlichen Bedeutung des Stufenbautheorems siehe *Koller* 2005. Eine Würdigung der Pionierleistung Adolf Merkls findet sich bei *Borowski* 2005.

[114] *Kelsen* 1968c, S. 1423. Vgl. auch *ders.* 1976, S. 204; *ders.* 1979, S. 203 ff.

[115] *Kelsen* 1965, S. 1142; *ders.* 1959, S. 24.

üblicherweise nicht auf diese unmittelbare Art miteinander in Beziehung gesetzt werden).

(1) *Identität zwischen Staat und Recht:* Bereits in der Gegenüberstellung der Staatsrechtslehren von Kelsen und Jellinek ist die Kritik an der Zwei-Seiten-Lehre des Staates angesprochen worden. Kelsen Identitätsthese ist der Gegenentwurf zu Jellinek, indem sie die Unabhängigkeit der juristischen Konzeptionen gegenüber einer wie auch immer gearteten sozialen Wirklichkeit postuliert und darüber hinaus die Reifizierungen begrifflicher Konstruktionen, die außerhalb rechtlicher Zurechnungen keine Realität besitzen, als haltlos zu verabschieden trachtet.[116] Hellers Satz von einer »Staatslehre ohne Staat«, der eingangs bereits kurz Erwähnung gefunden hat, trifft hier den Nagel im Grunde auf den Kopf, nur daß der Vorwurf in Kelsens Augen keiner ist. In der »Staatsleere« der Staatslehre (als Staatsrechtslehre!) besteht für ihn gerade der Fortschritt und zugleich das entscheidende Ergebnis des Aufklärungsprogramms der »Reinen Rechtslehre«, die darauf abzielt, daß es keinen Unterschied zwischen Staat und Rechtsordnung – jedenfalls aus Sicht der Rechtswissenschaft – geben kann. Im Grunde liegen die Dinge ganz einfach: Was immer auch vor dem Recht existieren mag – und sei es der Staat selbst –, es kann laut Kelsen keine eigene rechtliche Existenz außerhalb des positiven Rechts beanspruchen.[117] Rechtliche Legitimität staatlichen Handelns gibt es nur im Rahmen der Rechtsordnung, weshalb die staatliche Ordnung ohne rechtliches Fundament namens Verfassung undenkbar ist – diese wiederum kann jedoch nur dann ihre Normativität zur Regelung des Politischen entfalten, so die Grundnormthese Kelsens, wenn sie in einem normativen Sinne auch begriffen wird.

(2) *Staat als Voraussetzung der Rechtsordnung:* Diese rigorose Abtrennung des Rechtlichen vom Faktischen ergibt sich gleichwohl nur aus normativer Betrachtung. Die Positivität des Rechts verlangt hingegen nicht nur nach Wirksamkeit, sie setzt sie voraus, und zwar in doppelter Hinsicht: Erstens bedarf es eines Verwaltungsstabes, dessen Anordnungen den Anspruch erheben, Recht zu sein, und der in der Lage ist, dieses Recht effektiv zu setzen und durchzusetzen. Zweitens müssen diese Anordnungen auf ein hinreichendes Ausmaß an Akzeptanz seitens der Bevölkerung stoßen; totes Recht

---

[116] Ein Beispiel dafür ist der Begriff der Souveränität: Diese wird von Kelsen als eine Konstruktion des Rechts behandelt, die (nur) insoweit notwendig ist, als dadurch die Einheit der Rechtsordnung zum Ausdruck gebracht wird, der es aber nach Kelsens Überzeugung an einem Pendent in der politischen Realität aufgrund der Komplexität sozialer Interkationen (auch im Modus der Hierarchie) mangelt (siehe unter 4.).

[117] Zu Kelsens programmatischen »Entzauberung des Staates« *Ooyen* 2008.

ist auch für Kelsen kein Recht.[118] Diese Wirksamkeitsvoraussetzungen bedeuten hinsichtlich des Verhältnisses von Staat und Recht eine weitere Wendung in Kelsens Theorie. Nicht nur ihre eigene Inhaltsleere verweist die Grundnorm auf die Verfassung, aus deren »Stoff« dann die Rechtsordnung entsteht. Die Ordnung selbst muß in ihrer gefestigten Machtverteilung bereits vorhanden sein, nämlich als effektive Zwangsordnung, weil es andernfalls an jener der Grundnorm vorausliegenden Unterscheidung von Befehl und Gehorsam mangeln würde, die in der Legalitätsperspektive den Rechtsstab, der zur Setzung und Durchsetzung des Rechts berufen ist, von den Rechtsunterworfenen trennt, die dem Rechtsbefehl Folge zu leisten haben.[119] Diese auf der Grundlage faktischer Machtverhältnisse erwachsene Unterscheidung leistet die Grundnorm gerade nicht. Ihre Transformationskraft beschränkt sich darauf (wie ausgeführt), die Staatsmacht in Rechtsmacht und den Herrschaftsbefehl in einen Rechtsbefehl zu verwandeln. Hat die politische Ordnung (als Herrschaft) aus Sicht der Idealität des Rechts kein »Eigenleben«, so wird in der Perspektive der Positivität des Rechts die Effektivität der Herrschaft geradezu zur Voraussetzung der Geltung des Rechts.[120] Wie paßt das zusammen? Die Spannung läßt sich theoretisch nicht auflösen, sondern nur praktisch aushalten – so die Botschaft der »Reinen Rechtslehre«, die sich nicht zuletzt in der angemessenen Beschreibung dieses Spannungsverhältnis als »realistische Rechtslehre«[121] präsentiert. Eine Pointe der Theorie hält Kelsen in diesem Zusammenhang gleichwohl parat: Die Wirksamkeit ist zwar Bedingung der Geltung, aber als solche nur deren Voraussetzung, nicht selbst Moment der Geltung: Eine Ordnung ist Rechtsordnung, wenn und nicht weil sie wirksam ist.[122] Der Grund des Rechts bleibt für Kelsen das Recht selbst – in Form der Grundnorm.

Rechtstheoretisch betrachtet, so ließe sich zusammenfassen, verlangt die Selbstbegründung des Rechts nach der Identität zwischen Recht und Staat,

---

[118] Zur Wirksamkeit *Kelsen* 1968e, S. 941 und *ders.* 1976, S. 219; hinsichtlich der Wirksamkeit einzelner Normen *ders.* 1976, S. 11.

[119] Dieser Aspekt erhellt sich insbesondere im Kontext der Aufwertung des Willensmoments, die in der »General Theory of Law and State« sichtbar wird. Dazu *Dreier* 1990, S. 198: »Nachdem Kelsen nun aber die Geltung des Rechts von der Annahme einer nicht-realen Grundnorm abhängig macht und dem Zwangselement weiterhin einen prominenten Platz in der Rechtssatzkonstruktion zuweist, tut das ›Eingeständnis‹, daß der Vorgang der Rechtssetzung seinem inneren Sinn nach auf Gebote und Befehle zielt, dem Ansatz insgesamt keinen Abbruch.«

[120] *Kelsen* 1976, S. 220.

[121] Titelgebend für *Kelsen* 1959.

[122] Es handelt sich um eine *conditio per quam* und nicht um eine *conditio sine qua non*. Vgl. auch *Dreier* 1990, S. 122.

weil auf diese Weise die Autonomie des Rechts als Sollensordnung gewahrt bleibt. Allerdings hat eine solche Konstruktion Folgen für die Normativität des Rechts: Neben dem kategorialen Ausschluß der Frage nach dem »richtigen Recht« und der Abgrenzung gegenüber Moral als Fundierung des Rechts (Trennungsthese) tragen sowohl die Verschmelzung von Staat und Recht (Identitätsthese) als auch die Dialektik von Geltung und Wirksamkeit dazu bei, daß das ursprünglich kritische Potential der Idealität des Rechts gegenüber der nackten Faktizität politischer Herrschaftsverhältnisse unter Schwindsucht leidet. Das Recht ist qua Rechtsetzung und Rechtsauslegung in der Hand des »Rechts«-Staates; und der Rechtswissenschaft bleibt nur die kritische Sicht darauf, ob die Kreation der Rechtsnormen der internen Kohärenz des Rechtssystems entspricht. Im Ergebnis hat die »Reine Rechtslehre« ähnliche Schwierigkeiten wie die Etatisten des »orthodoxen« Rechtspositivismus, nämlich die Differenz von Macht und Recht sichtbar werden zu lassen.

Das Programm der disziplinären Selbstbeschränkung zum Zwecke des Kriteriums der wissenschaftlichen Objektivität beschränkt sich nicht auf den Entstehungsprozeß der Rechtsordnung, es umfaßt ebenso die Routinen des Alltags – auch hier muß sich der Unterschied zwischen Wissenschaft und Praxis erweisen. Und Kelsen hat versucht, dieser Differenz durch zwei Theoriebausteine Rechnung zu tragen: zum einen in der Abgrenzung des Rechtssatzes von der Rechtsnorm, zum anderen durch seine Interpretationslehre. In beiden Fällen geht es neuerlich um Variationen des Verhältnisses zwischen Macht und Recht, die alte Frage der Rechtsphilosophie, zu deren Lösung die Reine Rechtslehre angetreten ist.

Der Gehalt einer Rechtsnorm, so hat Kelsen vor allem in seinen späteren Schriften klargestellt,[123] läßt sich in zweifacher Weise betrachten – präskriptiv und deskriptiv:[124] In präskriptiver Sicht zeigen sich der Urheber der Norm und dessen Wille, der ihr vorausgeht und der für den Inhalt des Sollens (nicht für dessen Geltung) erst die Voraussetzungen schafft. In deskriptiver Betrachtung handelt es sich zwar immer noch um ein Sollen, aber nicht mehr um ein (eigenes) gewolltes Sollen. Es wird zur Referenz,[125] auf die sich die Beschreibung richtet und »hypothetische Urteile« über die Normen und ihre Rechtsfolgen fällt.[126] Wer vorschreiben will, strebt danach, seine Vorstellungen, Interessen, letztlich Werte durchzusetzen. Rechtsetzung aber ist für Kelsen Wertverwirklichung, die per se nicht mehr vom Anspruch der

123 *Dreier* 1990, S. 197.

124 *Kelsen* 1979, S. 445.

125 *Kelsen* 1945, S. 114, 136.

126 *Kelsen* 1976, S. 73.

Wissenschaftlichkeit gedeckt sein kann. Die Unterscheidung zwischen Rechtssätzen und Rechtsnormen versucht, diese Differenz in Handlung und Zielsetzung zum Ausdruck zu bringen: Die Aussagen der Rechtswissenschaft über die Rechtsnormen sind Erkenntnisse namens Rechtssätze, während der Begriff der Rechtsnorm für den (politischen) Willen zur Wertverwirklichung durch Sollenssätze reserviert bleibt.

In der Literatur ist die starke Akzentuierung des Willens als Quelle der Rechtsnorm verschiedentlich als »Bruch« in Kelsens Werk wahrgenommen worden.[127] Der Voluntarismus, so das Kernargument, ebne letztlich die strikte Trennung von Sein und Sollen und in der Folge auch die zentrale Differenz zwischen Genesis und Geltung der Rechtsnorm ein. Dieses Argument ist nicht aus der Luft gegriffen, es übersieht jedoch – oder unterschätzt zumindest – das »realistische« Selbstverständnis der »Reinen Rechtslehre«: Kelsen entwirft sein Programm gerade vor dem Hintergrund der stets latenten Spannungen zwischen Faktizität und Normativität. Dieser Spannung ist das Recht eben nicht nur in seinem Ursprung, gewissermaßen »am Grunde« der Grundnorm, ausgesetzt, sondern auch innerhalb der Rechtsordnung. Kelsen hat diesen Ursprung des Rechts aus juristischer Sicht einmal als »Mysterium« der Herrschermacht bezeichnet;[128] eine treffende Feststellung, die jedoch zugleich suggeriert, daß sich dieses Problem mit einer funktionsfähigen Rechtsordnung erledigt habe. Tatsächlich aber zieht es sich wie ein roter Faden durch den Stufenbau des Rechts und taucht sowohl in den Prozessen der Rechtsetzung als auch in jenen der Rechtsanwendung stets aufs neue wieder auf. Eine Pointe der Normenpyramide besteht eben darin, Setzung und Anwendung des Rechts als Momente der Konkretisierung zu begreifen, die sich in der funktionalen Arbeitsteilung zwischen Gesetzgeber und Gerichten (und anderen Instanzen der Normanwendung) zwar unterscheiden lassen, deren Differenz aber rechtstheoretisch betrachtet nicht mehr kategorialer, sondern gradueller Art ist, und zwar nach Maßgabe des Allgemeinheitsgrades der jeweiligen »Stufe«.

In der Konsequenz dieser Idee vom Stufenbau des Rechts liegt mithin die Relativierung der Unterscheidung zwischen Rechtsetzung und Rechtsanwendung, die ihr soziologisches Pendent durch die Einsicht erhält, daß jeder Akt der Konkretisierung der Interpretation bedürftig ist – und diese wiederum der Kreativität des Interpreten bedarf, die ihrerseits durch die rechtlichen Vorgaben weder vorgegeben noch geregelt werden kann. Mit der Interpretationsfreiheit tritt zugleich auch die Machtproblematik jeder Rechts-

[127] Vgl. *Dreier* 1990, S. 115, 197 f. mit weiteren Nachweisen.

[128] *Kelsen* 1960, S. 334, 411.

anwendung auf den Plan: Während die Rechtsetzungsmacht durch eine »gestufte« Kompetenzordnung selbst als rechtlich eingehegt erscheint, kann die Deutungsmacht infolge der Interpretationsspielräume nicht zum Verschwinden gebracht werden. Es bleibt, wie Kelsen selbst ausdrücklich feststellt, ein Rest an Dezision.[129]

Mit dieser Auffassung vollzieht Kelsen eine klare Abkehr gegenüber dem von ihm als überkommen angesehenen Gesetzespositivismus. Dessen Vorstellung der Rechtsanwendung nimmt ihren Ausgang bei der Prämisse einer lückenlosen Rechtsordnung, in welcher der Gesetzgeber alle erforderlichen normativen Vorentscheidungen getroffen und seinen Willen eindeutig in Form der Rechtsnormen zum Ausdruck gebracht habe. Auf dieser Grundlage stellt sich die Rechtspraxis der Normapplikation als ein syllogistisches Verfahren dar, in dem die Ergebnisse aus den gesetzgeberischen Vorgaben deduziert werden. Bei Kelsen hingegen verdrängt die Dezision die Deduktion, weshalb die Rechtspraktiker – der Richter ebenso wie der Verwaltungsbeamte – im Prozeß der »authentischen Interpretation«[130] des Rechts immer auch an der Rechtsetzung und Rechtsgewinnung (in einem kleineren oder größeren Umfang) mitwirken; hingegen nicht die Rechtswissenschaft, so Kelsens Credo. Sie darf sich an dieser »Praxis«, wie gesagt, nicht beteiligen.

Die Einsicht der »Reinen Rechtslehre« in die strukturelle Offenheit der Rechtsnormen und der daraus resultierenden Interpretationsbedürftigkeit des Rechts, und zwar auf allen Ebenen des Stufenbaus, korrespondiert nicht mit einer Rationalisierungsaufgabe seitens der Wissenschaft. Die Konkretion des Rechts läßt sich Kelsen zufolge nicht durch Kognition kontrollieren, weil hinter jeder Entscheidung Wertüberzeugungen stehen, die keiner allgemeingültigen Begründung und Rechtfertigung zugänglich sind. Vielmehr resultieren aus dem Relativismus der Werte und dem Pluralismus der Wertüberzeugungen in der Moderne immer wieder neue Konkurrenzen und Konflikte, die auch und gerade in der Rechtspraxis ihren Niederschlag finden. Diese grundlegende Konfliktivität, von der alle Sollensordnungen affiziert sind, kann Kelsen zufolge von der Wissenschaft nicht aufgelöst werden. Die Rechtswissenschaft stellt keine Ausnahme dar. In diesem Befund erweist sich (neuerlich) der »disziplinierende« Impetus der »Reinen Rechtslehre« gegenüber der eigenen Disziplin. Allerdings wird nicht nur der Bedeutungsverlust der Rechtswissenschaft für die Rechtspraxis anschaulich,

---

[129] *Kelsen* 1970: »Dezisionselement« (S. 15, 22), »Element der Machtausübung« (S. 15); vgl. auch *ders.* 1976, S. 240 und 1979, S. 186f.

[130] *Kelsen* 1976, S. 351.

der aus Gründen des Skeptizismus und Relativismus die »domestizierende Kraft wissenschaftlicher Normexplikation«[131] abgesprochen wird. Es wird zudem die Rigorosität seines Theorieunterfangens sichtbar, wenn Kelsen die potentielle (graduelle) Rationalisierungsleistung der Wissenschaft zum präventiven Schutz der Wissenschaftlichkeit (kategorial) ausschließt. Diese Reinheit ist nur zum Preis einer weitgehenden Immunisierung gegenüber der Rechtspraxis zu haben.

3.4 Souveränität des Rechts

Kelsen richtet sein Bestreben darauf, die Staatslehre von der klassischen Staatsfixierung zu befreien. Aus der Warte der Rechtswissenschaft gebührt nicht dem Staat, sondern dem Recht der Vorrang, denn nur das Recht kann eine rechtliche Verpflichtung (das Sollen) begründen, nicht aber eine noch so gewaltige Macht – und sei es auch der Staat selbst. Bei den zahlreichen Versuchen, den Staat vom Recht abzuheben und als Ursprung allen Rechts darzustellen, spielt der Souveränitätsbegriff in Kelsens Augen eine besonders unrühmliche Rolle: Er ist die »tragische Maske«,[132] hinter der sich ganz unterschiedliche ideologische Absichten verstecken, vereint jedoch in dem Ziel, dem souveränen Staat rechtsfreie Reservate einzuräumen, oftmals veredelt durch ein »Recht«, den Ausnahmezustand herbeizuführen, der jedoch typischerweise nur der Durchsetzung eigener Interessen dient. Souveränitätskritik ist für Kelsen vor allem ein Geschäft der Ideologiekritik – und doch kann auch Kelsen nicht ganz von dem Begriff lassen.[133] Aus dem Vokabular des Staatsrechts ein für allemal streichen will er »nur« die Staatssouveränität, mithin jene angedichteten Eigenschaften des Staates, die im Namen der Allmacht oder Autarkie dessen Primat begründen sollen. Dagegen stellt Kelsen das Verständnis der Souveränität, die nicht nur rechtskompatibel ist, sondern zum Attribut des geltenden Rechts wird, und zwar unter explizitem Einschluß des Völkerrechts. In diesem Sinne ist die Rechtsordnung souverän, sofern sie eine Einheit mit exklusiver Geltung darstellt.[134]

Die eigentliche Pointe dieser Lesart der Souveränität erhellt sich (wiederum) erst mit Blick auf das Völkerrecht: Die vom Dualismus behauptete Eigenständigkeit der nationalen und internationalen Rechtsordnung hätte ein Nebeneinander von geltenden Normordnungen zur Folge, die hinsichtlich

---

131 *Dreier* 1990, S. 150.

132 *Kelsen* 1970, S. 167.

133 Anders als etwa *Hugo Preuss* 1889, S. 92, 135, der den Souveränitätsbegriff gänzlich für überholt hielt.

134 *Kelsen* 1928, S. 86.

ihres Geltungsanspruchs miteinander konkurrieren würden[135] und deshalb ihre Souveränitätsansprüche wechselseitig in Frage stellen müßten; ein Unding, das laut Kelsen zwingend zur Einsicht führt, das nationale Recht und das Völkerrecht als Einheit zu begreifen.[136] Wie Jellinek vertritt auch er einen monistischen Standpunkt. Seine Sympathie gehört jedoch nicht der staatsrechtlichen, sondern der völkerrechtlichen Variante: Denn wer Frieden will, so Kelsen, muß sich für das Primat des Internationalen Rechts aussprechen – das aber ist für ihn eine persönliche und politische Entscheidung.[137] Hier steht das Völkerrecht nicht unter dem Anerkennungsvorbehalt der Staaten; vielmehr müssen diese sich am völkerrechtlichen Effektivitätsprinzip messen lassen und der Minimalanforderung entsprechen, die eigene Rechtsordnung effektiv durchsetzen zu können.

Für Kelsen offenbart sich die Schwäche des überkommenen Souveränitätsdenkens in dem Umstand, daß der staatsrechtliche Monismus das Völkerrecht aufgrund des Anerkennungsvorbehalts nur als »äußeres Staatsrecht« zu begreifen vermag. Vom Staat aus gedacht, kann sich der einheitliche Rechtsraum daher gerade nicht auf die plurale Staatenwelt erstrecken, sondern bleibt an den nationalen Grenzen hängen. So besteht aber nicht nur das Problem fort, daß die Geltung des Rechts von einer außerrechtlichen Konstitutionskraft abhängt – in Kelsens Augen emblematisch für das Denken, das vom Primat des Staates ausgeht. Zusätzlich taucht jenes Problem auf, das im Zusammenhang mit der Kritik am Dualismus angesprochen worden ist: der konkurrierende Geltungsanspruch unterschiedlicher Rechtsordnungen, der letztlich »zu einer Negation des Rechts überhaupt und sohin der Rechtserkenntnis, der Rechtswissenschaft führen« müsse.[138] Aufgrund dieser Mängel plädiert Kelsen für die völkerrechtliche Variante des Monismus, die er in seinen frühen Stellungnahmen zu diesem Themenkomplex überdies mit einer streng hierarchischen Lesart versieht, wonach staatliche Rechtsakte als nichtig anzusehen sind, sofern sie dem Völkerrecht widersprechen.[139] Diese radikale Form des völkerrechtlichen Monismus hat Kelsen jedoch nicht durchgehalten:[140]

Erstens sind von ihm die Folgen der Rechtskonflikte zwischen nationalem und internationalem Recht herabgestuft worden. An die Stelle der Nichtigkeit tritt die Vernichtbarkeit des Rechtsaktes, der dadurch für die Staatsor-

---

135 *Kelsen* 1925, S. 130.

136 Eingehend dazu *Kelsen* 1958.

137 *Kelsen* 1976, S. 343–345.

138 *Kelsen* 1925, S. 132, 123.

139 *Kelsen* 1925, S. 125; *ders.* 1928, S. 113.

140 Vgl. dazu *Öhlinger* 2005, S. 163ff. mit weiteren Nachweisen.

gane verbindlich bleibt, bis dessen Gültigkeit durch einen anderen Rechtsakt aufgehoben wird.[141]

Zweitens scheint sich für Kelsen auch das Problem der konkurrierenden Geltungsansprüche unterschiedlicher staatlicher Rechtsordnungen entschärft zu haben.[142] Zwar bleibt die »erkenntnismäßige Einheit allen geltenden Rechts« die notwendige Grundlage einer rechtswissenschaftlichen Betrachtungsweise.[143] Aber das muß eine heterarchische Verbindung unterschiedlicher Normordnungen nicht ausschließen, solange sich die Geltungszusammenhänge und -ansprüche rekonstruieren lassen.[144] Zumal in einem differenzierten Verständnis des Monismus Rechtskonflikte ihre eigene Berechtigung erhalten und auf rechtlichem Wege einer Lösung zugeführt werden können.

Kelsens »Kehre« (oder Bekehrung) zu einer differenzierten Form des Monismus wirft die Frage auf, worin eigentlich die Differenz zum Dualismus noch besteht;[145] offenbar in wenig mehr als dem Grundgedanken der Einheit der Rechtsordnung. Es bleibt mithin »lediglich, daß, wenn man Völkerrecht als Recht begreift, dieses mit dem staatlichen Recht eine Einheit bildet – eine Einheit, die freilich nur auf der ganz abstrakten Ebene der Geltungsbegründung von Recht besteht und keinerlei inhaltliche Aussagen über das geltende Recht impliziert.«[146] Dieses Urteil über Kelsens Monismus trifft aber in ähnlicher Weise auch auf Jellineks Position zu. Das Primat des Staates ist die abstrakte Form der Rechtsgeltungssuprematie, deren Rückkopplung an gesellschaftliche Überzeugungen einerseits sowie die (möglicherweise daraus resultierende) institutionelle Gestaltungsdynamik andererseits im Ergebnis ebenso eine erhebliche Annäherung an eine dualistische Konzeption zur Folge haben können.

Man hat verschiedentlich die Entwicklung der Europäischen Union als Bestätigung der »Reinen Rechtslehre« zu deuten versucht.[147] Und in der Tat scheint Kelsens Ansatz in besonderer Weise prädestiniert zu sein, das Neuartige dieser Organisationsform zu erfassen – stichwortartig: Grundnorm statt Souveränität, Verfassung statt Staat, Primat des Völkerrechts. Darüber hinaus hat Kelsen wie kaum ein zweiter Rechtsdenker die systembildende

---

[141] *Kelsen* 1976, S. 330. Zur »Kehre« Kelsens u. a. *Öhlinger* 2005, S. 166.

[142] Konzise und knapp *Pauly* 1996, S. XIII, XV.

[143] *Kelsen* 1968f, S. 2279.

[144] Vgl. dazu den Hinweis auf die Perspektivität bei *Kelsen* 1979, S. 169.

[145] Zumal verschiedentlich der Sinn dieser Strukturunterscheidung bereits in Abrede gestellt worden ist: vgl. pointiert *Fitzmaurice* 1957, S. 71: »[T]he entire monist-dualist controversy is unreal, artificial and strictly beside the point«.

[146] *Öhlinger* 2005, S. 167.

[147] Hinweise bei *Öhlinger* 2005, S. 168 f.

Kraft des modernen Rechts antizipiert, dessen vermeintliche politische Steuerung aufgrund der systemischen Eigenlogik des Rechts in erheblichem Maße zu einer Selbststeuerung geworden ist. Gleichwohl läßt sich der Integrationsprozeß infolge dieser »Entkopplung« des Rechts kaum angemessen durch Rekurs auf die Kriterien der Einheit der Rechtsordnung und der Hierarchie des Stufenbaus erfassen. Vielmehr ist die »Integration durch Recht«[148] eine vielschichtige Entwicklung, die in hohem Maße durch transnationale Akteure induziert und judiziell vollzogen wird, nicht selten durch Akte der Selbstermächtigung (auf Kosten autorisierter Verfahren).[149] Wie aber soll die Grundnormtheorie diese heterarchisch-pluralistische Strukturen einer solchen Rechtsordnung angemessen integrieren können? Dessen »hybrider« Charakter verhindert bis auf weiteres klare Zuordnungen und hält das Mehrebenensystem EU in einem geltungstheoretischen Schwebezustand.

4. Faktizität und Geltung

Zwei österreichische Vertreter des Rechtspositivismus, zwei gegensätzliche Auffassungen zum Staatsrecht? Auf den ersten (und zweiten) Blick liegen die Dinge klar zutage: Während der eine den Staat als Ausgangspunkt wählt, beginnt der andere beim Recht: Beide wollen zwar die Eigenständigkeit der Rechtswissenschaft gegenüber der Politik sichern, Kelsen greift hierfür jedoch zu einer Art Immunisierungsstrategie mit dem Ziel, die soziale Welt des »Seins« aus der der Rechtswissenschaft auszuschließen, während Jellinek in der Realität die notwendige Referenz des Rechts sieht, der sich die Staatslehre nicht entziehen kann. Die nachfolgende Tabelle bietet eine Übersicht über die maßgeblichen Theoriebausteine, die in beiden Einzeldarstellungen skizziert worden sind und die hier zum Zwecke eines abschließenden Vergleichs noch einmal gegenübergestellt werden sollen.

---

148 Grundlegend: *Weiler* 1991.

149 Siehe dazu beispielhaft die von Alec Stone Sweet angestoßene Diskussion im *German Yearbook of International Law* über den (vermeintlichen) Coup d'État in der Europarechtsprechung; *Stone Sweet* 2007.

Die Staatslehren Jellineks und Kelsens im Vergleich

	Jellinek	*Kelsen*
Gegenstand der Allgemeinen Staatslehre	Staat(srecht)	»Rechtsstaat«
Wissenschaftliche Methode	Eine der Komplexität des Gegenstandes (Staat) angemessene Methode (gegenstandsadäquat): zwei Seiten des Staates	Eine den Gegenstand (Staat) aus der Perspektive der Rechtswissenschaft konstituierende Methode (gegenstandskonstituierend): Identität von Staat und Recht
Herausforderung für die Rechtswissenschaft	Vermittlung zwischen Normativität und Faktizität	(Ideologiekritische) Trennung von Sein und Sollen
Rechtsbegriff	Positiv gesatzte Rechtsnormen	Positiv gesatzte Rechtsnormen
Geltungsgrund des Rechts	Überzeugung von der Gesolltheit des Rechts (normative Kraft des Faktischen)	Grundnorm (die der jeweiligen Verfassung als Geltungshypothese zugrunde liegt)
Einheit der Rechtsordnung	Souveränität: Selbstbindung des Staates	Souveränität: Stufenbau der Normen
Herausforderung für die Rechtspraxis	Recht als ethisches Minimum der Gesellschaft	Interpretations(spiel)raum im Rahmen des Deutungsschemas der Rechtsnormen
Funktion des Staates	Ordnungs- und Orientierungsfunktion für Gesellschaft	Ordnungsfunktion (effektive Zwangsordnung)

(1) Auf dieser Grundlage lassen sich die *Gemeinsamkeiten* schnell rekapitulieren: Sowohl für Jellinek als auch für Kelsen besteht die Rechtsordnung aus positiv gesatzten Rechtsnormen; naturrechtliche Begründungen (der Geltung) des Rechts werden von beiden abgewiesen, eine grundsätzliche Trennung zwischen Recht und Moral hingegen verteidigt. Um die Wissenschaftsfähigkeit einer solchen Position zu stärken, sind beide zudem bestrebt, eine strenge(re) methodologische Grundlage für die Rechtswissenschaft zu finden, in Reaktion auf und Abgrenzung zum Gesetzespositivismus und der Herausforderung durch die naturwissenschaftlichen Methoden. Beide Autoren sind sich darüber einig, daß das Recht primär ein Ordnungsinstrument der Gesellschaft ist, das mit Hilfe von Zwang(sdrohung) einen maß-

geblichen Beitrag zum Frieden innerhalb einer Ordnung leistet, dieser Friede gleichwohl im Zwang allein keine ausreichende Basis hat.

(2) Wie dargelegt führt der Staatsbegriff zu den *Differenzen* zwischen beiden Ansätzen: Der Staat ist zwar in beiden Fällen eine zentrale Kategorie; sein Verhältnis zum Recht, festgemacht am Souveränitätsverständnis, macht jedoch den Unterschied aus: Nach Jellinek liegt dem Recht eine souveräne politische Organisationsgewalt zugrunde, die sich ihre eigenen rechtlichen Grundlagen schafft. Der Staat hat folglich das Primat – und aufgrund seiner Souveränität kann auch nur er selbst sich an das Recht binden. Diese Konstruktion ist für Kelsen in hohem Maße unbefriedigend: zum einen weil die Vorstellung einer ungebundenen Bindung keine Kategorie des Rechts sein könne, zum anderen – und grundlegender – weil das vermeintliche Primat des Staates gegenüber dem Recht aus der Warte der Rechtswissenschaft die für die eigene Disziplin fundamentale Sein-Sollen-Differenz mißachtet, womit letztlich der Unterschied zwischen Normativität und Faktizität eingeebnet werde. Rechtswissenschaftlich konsequent gedacht kann daher der Staat, so Kelsen, nichts anderes als ein autologisches Normengebilde sein, in dem das Recht souverän »Ich« zu sich selbst sagt.[150] Geht man dem Gegensatz dieser Positionen auf den Grund, erweist sich der Geltungsbegriff als entscheidend: Bei Jellinek ist die Geltung des Rechts eine Frage der (psychologischen) Anerkennung, das heißt der individuellen Überzeugung, daß die Normen *Rechts*normen sind – eine Überzeugung, die überdies bei der Bevölkerung im Durchschnitt verankert sein müsse. Im Selbstverständnis für die Rechtswissenschaft folgt daraus, daß diese *intra*disziplinär einen Ort für diese Art der (staats-)rechtsrelevanten soziologischen Beobachtung angeben können müsse – und (nicht nur) Kelsens Kritik an Jellinek bezweifelt, daß die Zwei-Seiten-Lehre diese Leistung vollbracht habe. Allerdings kommt Kelsen, genauer betrachtet, der Position Jellineks nahe: Denn der Stufenbau der Rechtsordnung, wonach die jeweils höhere Rechtsnorm über die Geltung der unteren entscheidet, mündet in die Annahme einer Grundnorm. Wie gesehen ist diese ihrerseits von zwei faktischen Voraussetzungen abhängig: *subjektiv* von der individuellen Entscheidung des Rechtsinterpreten, *objektiv* von der Existenz einer effektiven Zwangsordnung. Auf einen Nenner nach Kelsen gebracht: Das Recht gilt, *weil* es gilt – aber faktisch wirksam wird es nur, *wenn* es gilt, das heißt anerkannt und wirksam ist. Durch diese Unterscheidung wird deutlich, daß Kelsen die Positivität des Rechts, die Jellinek als Produkt staatlicher Souveränität versteht, voraussetzt. Auf diese Weise wird die Geltung des Rechts von dem Rekurs auf die

---

[150] *Luhmann* 1990, S. 187.

Faktizität der Ordnungsleistung entlastet – und der Sein-Sollen-Differenz Rechnung getragen. Woher aber, so ließe sich im Sinne Jellineks an die Adresse der »Reinen Rechtslehre« zurückfragen, soll dann die Kompetenz der Rechtswissenschaft stammen, eben diese Grenze zwischen Normativität und Faktizität methodisch zu kontrollieren, wenn diese das Sein nur als »Sein des Sollens« zur Kenntnis nehme, ansonsten aber strukturell ausblende. Als Antwort genügt der Hinweis auf die zeitgemäße Vorstellung einer *inter*disziplinären Arbeitsteilung nicht aus,[151] weil die von Kelsen geforderte Selbstbeschränkung der Rechtswissenschaft dann auch nach einer Ergänzung verlangt, wie und nach welchen Regeln ein solcher Austausch – oder auch nur Import – externer Befunden funktionieren könnte.[152]

(3) Ungeachtet der kategorialen Unterschiede stehen Jellinek und Kelsen vor *ähnlichen* Herausforderungen: Sie halten beide an der Einheit der Rechtsordnung fest und wählen zur Konstruktion dieser Einheit jeweils einen festen Ausgangspunkt ihrer Ordnungsvorstellung – Staat versus Recht. Aber sowohl das Primat des einen als auch jenes des anderen führt zu den benannten Problemlagen, die (je nach Perspektive) am Beginn oder am Ende der Konstruktion auftreten und für die jeweilige Theorie eine Bürde darstellen: im Falle Jellineks die Selbstbindung, im Falle Kelsens die Grundnorm. In Kombination mit den spezifischen Monismuskonzeptionen im Übergang von der nationalen zur internationalen respektive transnationalen Rechtsordnung werden diese Probleme dann offenbar, wie das Beispiel der EU zeigt. Warum? Weil die positivistische Grundierung der Ansätze auf die eindeutige Zuordnung des Verhältnisses von Sein und Sollen angewiesen ist: Bei Jellinek ist es der Staat, der letztlich die dynamische Vermittlung zwischen Faktizität und Normativität steuert oder doch zumindest kontrolliert; und diese Kontrolle verliert sich im Pluralismus der Staaten und der Emergenz einer supranationalen Ebene. Mutatis mutandis gilt das auch für Kelsen. Sein Ansatz inkorporiert zwar die der internationalen Ebene inhärente Pluralität, ohne Kunstgriffe innerhalb der eigenen Theoriearchitektur vornehmen zu müssen, wofür emblematisch die Figur der Souveränität des Rechts steht. Aber diese Figur verdeutlicht zugleich die Bedeutung der Hierarchie innerhalb des Ordnungsdenkens von Kelsen. Die Stufenordnung ist keine Mehrebenenorganisation, in der die politische Koordination des-

---

151 Siehe hierzu den Sammelband von *Ehs* 2009; speziell *Lepsius* 2009, S. 84f.

152 Im Sinne des Gödelschen Unvollständigkeitssatzes ließe sich auch hier argumentieren, daß sich ein System nicht vom Standpunkt innerhalb des Systems schließen läßt. Siehe dazu *Hofstadter* 1982. Bleibt aber die »Reine Rechtslehre« den Nachweis der Importfähigkeit schuldig, dann wäre es richtiger, von *Multi*disziplinarität und nicht von *Inter*disziplinarität zu sprechen.

wegen eine so anspruchsvolle Aufgabe darstellt, weil sie nicht (nur) im Modus der Hierarchie vollzogen werden kann. Kelsen liefert hierfür ein Modell, das sich zur *Re*konstruktion erreichter Entwicklungsstadien eignet.[153] Die Beschreibung der Dynamik dieser Entwicklung – der Konstruktion – bleibt jedoch schwer für die »Reine Rechtslehre« und deren Fixierung auf die Einheit der Rechtsordnung zu fassen. Ungeachtet des klassischen Vokabulars (Staat, Souveränität, Staatswille etc.) beweist gerade an dieser Stelle Jellineks Doppelperspektive ihre Leistungsfähigkeit: Durch die Rückkopplung an die gesellschaftlichen Überzeugungen, deren Bedeutung für das Recht prominent im Theorem der normativen Kraft des Faktischen ausgedrückt wird, eröffnet sich ein evolutorischer Zugang zum Verhältnis zwischen der Struktur rechtlich verfaßter Ordnungen einerseits und der (politischen) Kultur dieser Ordnungen andererseits.

Daß sich solche Entwicklungsprozesse heutzutage nicht mehr angemessen intradisziplinär im Rahmen der Staatslehre beobachten und beschreiben lassen, sondern wirklicher Interdisziplinarität bedürfen, liegt auf der Hand. Die »Reine Rechtslehre« hat sich hierfür als fruchtbarer Stichwortgeber erwiesen, weil sie die strukturbildende Eigenlogik des Rechts antizipiert hat. Maßgebliche interdisziplinäre Forschungsperspektiven lassen sich dem Programm der Zwei-Seiten-Theorie entnehmen: Dabei fiele der staatsrechtlichen Perspektive primär die Aufgabe zu, aus dem institutionell gefestigten Verhältnis zwischen der Struktur der rechtlich verfaßten Ordnung und deren politischer Kultur herauszufiltern, was als positives Recht gilt. Die sozialwissenschaftliche Perspektive richtet hingegen ihren Blick vor allem auf die Dynamiken des gesellschaftlichen Wandels, der die Veränderungen innerhalb der Gesellschaft und ihre Auswirkungen auf das Institutionengefüge ebenso umfaßt wie auch die Rückwirkung der Ordnungsstruktur und deren Veränderungen auf die Gesellschaft. Jellinek hat diesen Zusammenhang als relevant für das Recht, insbesondere das Staatsrecht, erkannt und mit den Figuren der normativen Kraft des Faktischen als auch mit der die faktischen Kraft des Normativen Brückenbegriffe für eine interdisziplinäre Verständigung geschaffen. Ihre Leistungsfähigkeit ist sein Verdienst: Kontextsensibilität für die kulturelle und politische Lage, in der die jeweilige Ordnung qua Recht ihren Geltungsanspruch erhebt.

---

153 Oder – aufgrund des kritischen Grundimpulses der »Reinen Rechtslehre« gegenüber der Positivität einer Rechtsordnung und der sie tragenden Dogmatik – gegebenenfalls auch zur normlogisch *De*konstruktion.

Literatur

Alexy, Robert (1992): Begriff und Geltung des Rechts. Freiburg i. Br./München.

Ders. (2000): Grundrecht und Status. In: Paulsen, Stanley L./Schulte, Martin (Hrsg.): Georg Jellinek. Tübingen, S. 209–225.

Anter, Andreas (1998): Georg Jellineks wissenschaftliche Politik. Positionen, Kontexte, Wirkungslinien. In: PVS 39, S. 503–526.

Ders. (2000): Max Weber und Georg Jellinek. Wissenschaftliche Beziehung, Affinitäten und Divergenzen. In: Paulsen, Stanley L./Schulte, Martin (Hrsg.): Georg Jellinek. Tübingen, S. 67–86.

Ders. (2004a): Modernität und Ambivalenz in Georg Jellineks Staatsdenken. In: ders. (Hrsg.): Die normative Kraft des Faktischen. Baden-Baden, S. 37–59.

Ders. (Hrsg.) (2004b): Die normative Kraft des Faktischen. Das Staatsverständnis Georg Jellineks. Baden-Baden.

Borowski, Martin (2005): Die Lehre vom Stufenbau des Rechts nach Adolf Julius Merkl. In: Paulsen, Stanley L./Stolleis, Michael (Hrsg.): Hans Kelsen. Tübingen, S. 122–159.

Breuer, Stefan (1999): Georg Jellinek und Max Weber: Von der sozialen zur soziologischen Staatslehre. Baden-Baden.

Brodocz, André (2004): Georg Jellinek und die zwei Seiten der Verfassung. In: Anter, Andreas (Hrsg.): Die normative Kraft des Faktischen. Baden-Baden, S. 153–174.

Brugger, Winfried (2010): Jellinek als Sozialtheoretiker und Kommunitarist. In: Der Staat 49 (3), S. 405–434.

Ders. (2011): Georg Jellineks Statuslehre: national und international. Eine Würdigung und Aktualisierung anläßlich seines 100. Todestages im Jahr 2011. In: AöR 136 (1), S. 1–43.

Bucher, Eugen (1982): Zur Kritik an Kelsens Theorie von der hypothetischen Grundnorm. In: Die Reine Rechtslehre in wissenschaftlicher Diskussion. Wien, S. 47–57.

Dreier, Horst (1990): Rechtslehre, Staatsoziologie und Demokratietheorie bei Hans Kelsen. 2. Aufl. Baden-Baden.

Ehs, Tamara (Hrsg.) (2009): Hans Kelsen. Eine politikwissenschaftliche Einführung. Baden-Baden.

Fitzmaurice, Gerald (1957): The General Principles of International Law. In: Recueil des Cours 92, S. 1–227.

Friedrich, Manfred (1997): Geschichte der deutschen Staatsrechtswissenschaft. Berlin.

Gehlen, Arnold (2004): Urmensch und Spätkultur. Philosophische Ergebnisse und Aussagen. Hrsg. von Karl-Siegbert Rehberg. 6. Aufl. Frankfurt a. M.

Grimm, Dieter (1987): Methode als Machtfaktor. In: ders. (Hrsg.): Recht und Staat der bürgerlichen Gesellschaft. Frankfurt a. M., S. 347–372.

Heller, Hermann (1926): Die Krisis der Staatslehre. In: Archiv für Sozialwissenschaft und Sozialpolitik 55, S. 289–316.

Ders. (1983): Staatslehre (1934). 6. Aufl. Tübingen.

Henkel, Michael (2011): Hermann Hellers Theorie der Politik und des Staates. Die Geburt der Politikwissenschaft aus dem Geiste der Soziologie. Tübingen.

Hofstadter, Douglas R. (1982): Analogies and Metaphors to Explain Gödel's Theorem. In: The College Mathematics Journal 13 (2), S. 98–119.

Hübinger, Gangolf (1988): Staatstheorie und Politik als Wissenschaft im Kaiserreich: Georg Jellinek, Otto Hintze, Max Weber. In: Maier, Hans u. a. (Hrsg.): Politik, Philosophie, Praxis. Festschrift für Wilhelm Hennis. Stuttgart, S. 143–161.

Jellinek, Georg (1885): Ein Verfassungsgerichtshof für Österreich, Wien.
Ders. (1887): Gesetz und Verordnung. Staatsrechtliche Untersuchungen auf rechtsgeschichtlicher und rechtsvergleichender Grundlage. Freiburg.
Ders. (1895): Die Erklärung der Menschen- und Bürgerrechte. Ein Beitrag zur modernen Verfassungsgeschichte, Leipzig.
Ders. (1906): Verfassungsänderung und Verfassungswandel. Eine staatsrechtliche Abhandlung. Berlin.
Ders. (1908): Die sozialethische Bedeutung von Recht, Unrecht und Strafe. 2. Aufl. Berlin.
Ders. (1966): Allgemeine Staatslehre (1914). 3. Aufl. Bad Homburg u. a.
Ders. (1968): Die rechtliche Natur der Staatenverträge. Ein Beitrag zur juristischen Construktion des Völkerrechts (1880). Frankfurt a. M.
Ders. (1996a): Die Lehre von den Staatenverbindungen (1882). Hrsg. von Walter Pauly. Goldbach.
Ders. (1996b): Das Recht der Minoritäten (1898). Hrsg. von Walter Pauly, Goldbach.
Ders. (2011): System der subjektiven öffentlichen Rechte (1905). Nachdruck der 2. Aufl. Hrsg. von Jens Kersten. Tübingen.
Jhering, Rudolf von (1865): Geist des römischen Rechts au den verschiedenen Stufen seiner Entwicklung. 3. Teil. 1. Abteilung. Leipzig.
Ders. (1877): Der Zweck im Recht. Leipzig.
Kelsen, Hans (1925): Allgemeine Staatslehre. Berlin.
Ders. (1928): Das Problem der Souveränität und die Theorie des Völkerrechts. 2. Aufl. Tübingen.
Ders. (1931): Wer soll der Hüter der Verfassung sein? Berlin.
Ders. (1945): General Theory of Law and State. Cambridge, Mass.
Ders. (1958): Die Einheit von Völkerrecht und staatlichem Recht. In: Zeitschrift für ausländisches öffentliches Recht und Völkerecht 19, S. 234–248.
Ders. (1959): Eine »Realistische« und die Reine Rechtslehre. In: Österreichische Zeitschrift für öffentliches Recht 10, S. 1–25.
Ders. (1960): Hauptprobleme der Staatsrechtslehre, entwickelt aus der Lehre vom Rechtssatze (1923). 2. Aufl. (Neudruck). Aalen.
Ders. (1965): Professor Stone and the Pure Theory of Law. In: Stanford Law Review 17, S. 1128–1157.
Ders. (1968a): Die Rechtswissenschaft als Norm- oder als Kulturwissenschaft (1916). In: Klecatsky, Hans/Marcic, René/Schambeck, Herbert (Hrsg.): Die Wiener Rechtstheoretische Schule. Bd. 1. Wien u. a., S. 37–93.
Ders. (1968b): Zur Theorie der juristischen Fiktionen (1919). In: Klecatsky, Hans/Marcic, René/Schambeck, Herbert (Hrsg.): Die Wiener Rechtstheoretische Schule. Bd. 1. Wien u. a., S. 1215–1241.
Ders. (1968c): Vom Geltungsgrund des Rechts (1960). In: Klecatsky, Hans/Marcic, René/Schambeck, Herbert (Hrsg.): Die Wiener Rechtstheoretische Schule. Bd. 2. Wien u. a., S. 1417–1427.
Ders. (1968d): Die Selbstbestimmung des Rechts (1963). In: Klecatsky, Hans/Marcic, René/Schambeck; Herbert (Hrsg.): Die Wiener Rechtstheoretische Schule. Bd. 2. Wien u. a., S. 1445–1453.
Ders. (1968e): Was ist Juristischer Positivismus? (1965) In: Klecatsky, Hans/Marcic, René/Schambeck, Herbert (Hrsg.): Die Wiener Rechtstheoretische Schule. Bd. 1. Wien u. a., S. 941–953.

Ders. (1968f): Souveränität. In: Klecatsky, Hans/Marcic, René/Schambeck, Herbert (Hrsg.): Die Wiener Rechtstheoretische Schule. Bd. 2. Wien u. a., S. 2269–2282.

Ders. (1970): Der Wandel des Souveränitätsbegriffs (1931). In: Kurz, Hanns (Hrsg.): Volkssouveränität und Staatssouveränität. Darmstadt, S. 164–178.

Ders. (1976): Reine Rechtslehre. Mit einem Anhang: Das Problem der Gerechtigkeit. 2. Aufl. (Nachdruck). Wien.

Ders. (1979): Allgemeine Theorie der Normen. Hrsg. von Kurt Ringhofer und Robert Walter. Wien.

Kersten, Jens (2000): Georg Jellinek und die klassische Staatslehre. Tübingen.

Ders. (2001): Mehrheit und Minderheit im Minoritätenstaat. Georg Jellineks rechtspolitische Schriften 1885 bis 1906 als Beitrag zum Verhältnis von Staatsrechtslehre und Politik im Spätkonstitutionalismus und darüber hinaus. In: Der Staat 40, S. 221–242.

Ders. (2011): Georg Jellineks System. Eine Einleitung, in: Georg Jellinek: System der subjektiven öffentlichen Rechte. Nachdruck der 2. Aufl. von 1905. Hrsg. von Jens Kersten. Tübingen, S. 7–52.

Klecatsky, Hans/Marcic, René/Schambeck, Herbert (Hrsg.) (1968): Die Wiener Rechtstheoretische Schule. Ausgewählte Schriften von Hans Kelsen, Adolf Julius Merkl und Alfred Verdross. 2 Bde. Wien u. a.

Koller, Peter (2005): Zur Theorie des rechtlichen Stufenbaus. In: Paulsen, Stanley L./Stolleis, Michael (Hrsg.): Hans Kelsen. Tübingen, S. 106–121.

Laband, Paul (1887): Rezension: O. Mayer, Theorie des französischen Verwaltungsrechts. In: AöR 2, S. 149–162.

Landau, Peter (2000). Rechtsgeltung bei Georg Jellinek. In: Paulsen, Stanley L./Schulte, Martin (Hrsg.): Georg Jellinek. Tübingen, S. 299–307.

Lehnert, Detlef (1998): »Staatslehre ohne Staat«? Zum kritischen Auftrag der rechts- und demokratietheoretischen Konzeption von Hans Kelsen gegenüber deutschen Staatsvorstellungen. Neubiberg.

Lepsius, Oliver (2000): Georg Jellineks Methodenlehre im Spiegel der zeitgenössischen Erkenntnistheorie. In: Paulsen, Stanley L./Schulte, Martin (Hrsg.): Georg Jellinek. Tübingen, S. 309–343.

Ders. (2004): Die Zwei-Seiten-Lehre des Staates. In: Anter, Andreas (Hrsg.): Die normative Kraft des Faktischen. Baden-Baden, S. 63–88.

Ders. (2009): Kelsens Demokratietheorie. In: Ehs, Tamara (Hrsg.): Hans Kelsen. Eine politikwissenschaftliche Einführung. Baden-Baden, S. 67–89.

Luhmann, Niklas (1968): Zweckbegriff und Systemrationalität. Über die Funktion von Zwecken in sozialen Systemen. Tübingen.

Ders. (1990): Verfassung als evolutionäre Errungenschaft. In: Rechtshistorisches Journal 9, S. 176–220.

March, James G./Olsen, Johan P. (1989): Rediscovering Institutions. The Organizational Basis of Politics. New York, London.

Marquard, Odo (2003): Zukunft braucht Herkunft. Stuttgart.

Möllers, Christoph (2000): Staat als Argument. München.

Morschner, Edgar (1974): Das Sein-Sollen-Problem logisch betrachtet. Eine Übersicht über den gegenwärtigen Stand der Diskussion. In: Conceptus 8 (25), S. 5–29.

Nelson, Leonard (1917): Die Rechtswissenschaft ohne Recht. Kritische Betrachtungen über die Grenzen des Staats- und Völkerrechts insbesondere über die Lehre von der Souveränität. Göttingen.

Noll, Alfred J. (2000): Georg Jellinek's Forderung nach einem Verfassungsgerichtshof für Österreich. In: Paulsen, Stanley L./Schulte, Martin (Hrsg.): Georg Jellinek. Tübingen, S. 261–276.

Ogorek, Regina (1986): Richterkönig oder Subsumtionsautomat? Zur Justiztheorie im 19. Jahrhundert. Frankfurt a. M.

Öhlinger, Theo (2005): Die Einheit des Rechts. Völkerrecht, Europarecht und staatliches Recht als einheitliches Rechtssystem? In: Paulsen, Stanley L./Stolleis, Michael (Hrsg.): Hans Kelsen. Tübingen, S. 160–173.

Ooyen, Robert Chr. van (2008): Die Entzauberung des Staates in demokratischer Absicht: Hans Kelsens Bedeutung für eine moderne Regierungs- und Verfassungslehre. In: Brunkhorst, Hauke/Voigt, Rüdiger (Hrsg.): Rechts-Staat. Baden-Baden, S. 39–71.

Otaka, Tomoo (1983): Künftige Aufgaben der Reinen Rechtslehre (1931). In: Gesellschaft, Staat und Recht. Untersuchungen zur Reinen Rechtslehre. Festschrift. Hans Kelsen zum 50. Geburtstage gewidmet. Hrsg. von Alfred Verdross (Nachdruck). Liechtenstein, S. 106–135.

Ott, Walter (1992): Der Rechtspositivismus. Kritische Würdigung auf der Grundlage eines juristischen Pragmatismus. 2. Aufl. Berlin.

Pauly, Walter (1993): Der Methodenwandel im deutschen Spätkonstitutionalismus: Ein Beitrag zu Entwicklung und Gestalt der Wissenschaft vom Öffentlichen Recht im 19. Jahrhundert. Tübingen.

Ders. (1996): Souveräner Staat und Staatenverbindungen. In: Georg Jellinek: Die Lehre von den Staatenverbindungen. Hrsg. von Walter Pauly. Goldbach, S. VII–XLV.

Pauly, Walter/Siebinger, Martin (2004): Staat und Individuum. Georg Jellineks Statuslehre. In: Anter, Andreas (Hrsg.): Die normative Kraft des Faktischen. Baden-Baden, S. 135–151.

Pawlik, Michael (1992): Die Reine Rechtslehre und die Rechtstheorie H. L. A. Harts. Ein kritischer Vergleich. Berlin.

Preuss, Hugo (1964): Gemeinde, Staat, Reich als Gebietskörperschaften (1889). Versuch einer deutschen Staatskonstruktion auf der Grundlage der Genossenschaftstheorie (Neudruck). Aalen.

Sattler, Martin (2000): Jellinek als Positivist? Überlegung zur wissenschaftstheoretischen Einordnung seines Denkens. In: Paulsen, Stanley L./Schulte, Martin (Hrsg.): Georg Jellinek. Tübingen, S. 345–357.

Schmitt, Carl (1993): Verfassungslehre (1928). 8. Aufl. Berlin.

Schönberger, Christoph (1997): Das Parlament im Anstaltsstaat. Zur Theorie parlamentarischer Repräsentation in der Staatsrechtslehre des Kaiserreichs (1871–1918). Frankfurt a. M.

Ders. (2000): Ein Liberaler zwischen Staatswille und Volkswille: Georg Jellinek und die Krise des staatsrechtlichen Positivismus um die Jahrhundertwende. In: Paulsen, Stanley L./Schulte, Martin (Hrsg.): Georg Jellinek. Tübingen, S. 3–30.

Schulte, Martin (2000): Georg Jellineks »Funktionenordnung« von Rechts- und Staatswissenschaft sowie ihrer Nachbarwissenschaften – ein mehrperspektivischer Zugang zum Recht? In: Paulsen, Stanley L./Schulte, Martin (Hrsg.): Georg Jellinek. Tübingen, S. 359–369.

Stolleis, Michael (1992): Geschichte des öffentlichen Rechts in Deutschland. Bd. 2: Staatsrechtslehre und Verwaltungswissenschaft 1800–1914. München.

Ders. (2000): Georg Jellineks Beitrag zur Entwicklung der Menschen- und Bürgerrechte. In: Paulsen, Stanley L./Schulte, Martin (Hrsg.): Georg Jellinek. Tübingen, S. 103–116.

Stone Sweet, Alec (2007): The Juridical Coup d'État and the Problem of Authority. In: German Law Journal 8 (10), S. 915–927.

Weiler, Joseph H. H. (1991): The Transformation of Europe. In: Yale Law Journal 100, S. 2405–2483.

Wolff, Heinrich Amadeus (2000): Verfassungswandel und ungeschriebenes Verfassungsrecht im Werke Georg Jellineks. In: Paulsen, Stanley L./Schulte, Martin (Hrsg.): Georg Jellinek. Tübingen, S. 133–153.

Wyduckel, Dieter (2000): Georg Jellineks Beitrag zur Entwicklung der Verfassungsgerichtsbarkeit. In: Paulsen, Stanley L./Schulte, Martin (Hrsg.): Georg Jellinek. Tübingen, S. 277–295.

Die Freiheit des status subiectionis

Zur Geburt der Grundrechtsdogmatik aus dem Geist des Rechtsverhältnisses in Georg Jellineks »System der subjektiven öffentlichen Rechte«

Christoph Enders

1. Von den Staatswissenschaften zur Grundrechtsdogmatik

Die deutsche Privatrechtswissenschaft des 19. Jahrhunderts, so heißt es, sei eine »Maschine zur Herstellung von Rechtssicherheit jenseits von Gesetz und Urteil« gewesen (Rainer Maria Kiesow).[1] Ihr Anliegen war es nicht, das Recht der teils gänzlich fehlenden, teils als mangelhaft kritisierten Gesetzbücher zu ordnen, zu deuten, handhabbar zu machen. Sie bestritt ihrer Zeit überhaupt den Beruf zur Gesetzgebung[2] und wollte statt dessen das Recht auf das sichere Fundament der Wissenschaft gebaut sehen[3]. Daß dieses Unterfangen der gesetzesüberholenden und gesetzesvertretenden »Besserwisserei«[4] zweckmäßig sei und zum Erfolg führen könne, daß die Jurisprudenz als Wissenschaft irgendeinen Wert haben könne, wurde schon von den Zeitgenossen vehement bestritten:

Je mehr ein Gesetzbuch die Wahrheit erreiche, »um so mehr ist es der Inhalt der Wissenschaft selbst, gefaßt in die präziseste Form, also dasselbe, was die Wissenschaft nur geben kann [...]. Ist so in dem wahren Teil jedes positiven Gesetzes für die Wissenschaft nichts zu tun, so bleibt für sie nur das Unwahre, und mit Gier und Eifer ist sie zu allen Zeiten darüber hergefallen [...]. Die Juristen sind durch das positive Gesetz zu Würmern geworden, die nur von dem faulen Holz leben [...]. Indem die Wissenschaft das Zufällige zu ihrem Gegenstand macht, wird sie selbst zur Zufälligkeit; drei berichtigende Worte des Gesetzgebers und ganze Bibliotheken werden zu Makulatur«.[5]

---

1 *Kiesow* 2010, S. 588.
2 *Savigny* 1997, S. 49, 161.
3 *Savigny* 1997, S. 153, 161.
4 *Kiesow* 2010, S. 587.
5 *Kirchmann* 1988, S. 28, 29.

Wie immer man diese Einschätzung beurteilt: Mit der Kodifizierung des bürgerlichen Rechts in dem zum 1. Januar 1900 in Kraft tretenden Bürgerlichen Gesetzbuch war jedenfalls für einen Selbststand der Rechtswissenschaft neben und über dem positiven Gesetz kein rechter Platz mehr. Der Begriff Rechtswissenschaft blieb gewohnheitsmäßig bestehen. Aber die hohe Wissenschaft im eigentlichen Sinne wanderte seit 1900 in Grundlagengebiete ab: in die Rechtsphilosophie, Rechtssoziologie, Rechtsgeschichte ... Und aus der Wissenschaft vom Recht wurde eine Rechtsanwendungslehre,[6] die Rechtsdogmatik, die den Umgang mit dem allgemeinverbindlichen positiven Gesetzesrecht zu pflegen und dieses – insoweit machte sich immerhin die wissenschaftliche Tradition geltend – systematisch zu erschließen hatte.[7]

Die Lehre vom öffentlichen Recht hat in Deutschland eine in mancher Hinsicht vergleichbare Entwicklung genommen. Bis hinein in die zweite Hälfte des 19. Jahrhunderts wurde sie als »Staatswissenschaft« betrieben,[8] gleichgültig ob in mehr liberal-demokratischer Wendung gegen den Polizeistaat des 18. Jahrhunderts und seine Restauration oder eher affirmativ im Sinne eines natürlich-historisch vorgegebenen »monarchischen Prinzips« der Herrschaftsorganisation.[9] Auch die staatsbürgerlichen Rechte der Freiheit und Gleichheit, als welche die *Grundrechte* von den deutschen Verfassungen des 19. Jahrhunderts verfassungsmäßig verbrieft wurden, wurden mehr rechtsgrundsätzlich und gesamthaft aufgefaßt[10] – sowohl in ihrer *positiven Funktion* allgemeiner (nicht iustitiabler) Direktiven für eine künftige Gesetzgebung[11] als auch in ihrer *negativ* die Staatsgewalt hemmenden Wirkung. Denn auch in dieser zweiten Richtung wurden die – oftmals als »sogenannte« Grund- oder Volksrechte geschmähten[12] – Freiheitsverbürgungen all-

[6] *Kiesow* 2010, S. 589; eine etwas andere Einschätzung bei *Schönberger* 2000, S. 11 f.

[7] *Vesting* 2015, Rn. 22.

[8] Exemplarisch *Rotteck* 1829, 1830, 1834, 1835.

[9] Dafür steht die im Auftrag von Metternich von *Friedrich von Gentz* 1819 verfaßte staatswissenschaftliche Denkschrift »Über den Unterschied zwischen den landständischen und Repräsentativ-Verfassungen«, die sich gegen die revolutionäre Legitimationsbasis der Volkssouveränität wendet, vgl. *Frotscher/Pieroth* 2015, Rn. 261. Das in der französischen Charte Constitutionelle vom 4. Juni 1814 formulierte monarchische Prinzip wurde dann mit Art. 57 der Wiener Schlußakte vom 15. Mai 1820 für die Mitglieder des Deutschen Bundes verbindlich gemacht: »Da der deutsche Bund, mit Ausnahme der freien Städte, aus souverainen Fürsten besteht, so muß [...] die gesammte Staatsgewalt in dem Oberhaupte des Staats vereinigt bleiben, und der Souverain kann durch eine landständische Verfassung nur in der Ausübung bestimmter Rechte an die Mitwirkung der Stände gebunden werden«.

[10] *Malmendier* 2003, S. 157 ff.

[11] *Jellinek* 1905, S. 96 f.

[12] So bei *Gerber* 1852, S. 76.

gemein nicht als ein Katalog von Individual-Anspruchsnormen wahrgenommen.[13] Sie markierten »Grenzen der Wirksamkeit des Staates«,[14] dabei zunächst nur einen verfassungsgarantierten Vorbehaltsbereich zentraler Interessen der bürgerlichen Gesellschaft (des privaten Eigentums, einer maßvollen Besteuerung etc.), in dem die Ständeversammlung hindernden Einfluß auf die Gesetzgebung des monarchischen Staates nehmen konnte. Solange nämlich den Kammern ein positiv gestaltendes Gesetzesinitiativrecht verwehrt blieb und sie statt dessen auf den Weg der Petition zum Monarchen verwiesen waren,[15] beschränkte sich ihre verfassungsmäßig verbriefte Rechtsmacht (auch) im Gesetzgebungsverfahren darauf, Übergriffe der Krone abzuwehren.[16] Die aus diesem Prozeß hervorgehenden, die bürgerliche Freiheit sichernden Gesetze wurden ihrerseits – nach dem Grundsatz vom »Vorrang des Gesetzes« – wieder nur als äußere, objektiv-rechtliche Beschränkung der Staatsgewalt aufgefaßt,[17] ohne daß aus diesem Zusammenhang von Verfassungsgarantie und Gesetz eine subjektive Rechtsposition des Einzelnen abgeleitet worden wäre. Obwohl also die Verfassungen Freiheitsrechte der Staatsbürger normierten, konnte es angesichts der Ver-

---

[13] Zum folgenden *Enders* 1997, S. 268 ff.; *Malmendier* 2003, S. 165 ff.; auch *Enders* 2014, S. 130 ff.

[14] *Humboldt* 1851; *Gerber* 1852, S. 78. Zu diesem und der Lehre von der objektivrechtlichen Bedeutung der Freiheitsrechte *Jellinek* 1905, S. 101 f.

[15] Ein Beispiel gibt, dem Vorbild der französischen Charte Constitutionelle vom 4. Juni 1814 (Art. 16, 19) auch hierin folgend, § 172 der Verfassungsurkunde für das Königreich Württemberg vom 25. September 1819 (»Gesetzes-Entwürfe können nur von dem Könige an die Stände, nicht von den Ständen an den König gebracht werden. Den Ständen ist aber unbenommen, im Wege der Petition auf neue Gesetze [...] anzutragen«).

[16] Zum Gegensatz der konstitutionellen zur parlamentarischen Monarchie *Gerber* 1852, S. 84: »Das Recht der Ständeversammlung ist in der wahren Monarchie [...] kein Recht der ‚parlamentarischen Regierung‹, sondern das Recht der *Beschränkung* des Monarchen in der Ausübung seiner Herrschaftsrechte«. Diesem Zweck diente auch die nach manchen Verfassungsurkunden den Ständen eingeräumte Möglichkeit wegen Verfassungsüberschreitungen der monarchischen Exekutive vor einem Staatsgerichtshof zu klagen, der dann Sanktionen (Verweise, Geldstrafen, Suspendierung) verhängen konnte; vgl. §§ 195, 199 der Verfassungsurkunde für das Königreich Württemberg (Fn. 15). Dazu *Mohl* 1840, S. 536, 537, der klarstellt: »Der Grundsatz bleibt immer, daß in der Einherrschaft mit Volksvertretung dem Könige die gesammte Staatsgewalt und ihre Anwendung im einzelnen Falle bleibt, und daß die Volksvertreter nur zur Verhinderung von verfassungswidrigen Mißbräuchen und zu Vorstellungen befähigt sind«, S. 534. Darauf beschränkt sich, wie häufig – etwa von *Siep* 2011, S. 19; *Honneth* 2011, S. 138, 146 f.; *Luf* 2014, S. 148 ff. – verkannt wird, die nicht etwa jeweils dem Individuum kraft seiner verfassungsmäßigen Rechtsstellung zukommende, sondern vollständig und ausschließlich der Volksvertretung anvertraute Verteidigung der »Volksrechte«, als die die Grundrechte verstanden werden.

[17] *Enders* 1996, S. 372.

fassungswirklichkeit um individuelle, subjektive Rechte im Sinne von Rechtsansprüchen, die einer rechtsdogmatischen Aufbereitung bedurft hätten und zugänglich gewesen wären, in der literarischen Auseinandersetzung schlechterdings noch nicht gehen.[18]

Die in der zweiten Hälfte des 19. Jahrhunderts auf dem Gebiet des Öffentlichen Rechts eintretende Änderung verdankte sich – anders als im Privatrecht – nicht umfassender Kodifikation, sondern dem Umstand, daß die deutschen Staaten eine Verwaltungsrechtspflege unter der Obhut von Verwaltungsgerichten[19] einführten (beginnend mit Baden im Jahr 1863).[20] Mit deren Rechtsprechung setzte die juristische Dogmatisierung rechtlicher Freiheit im Verhältnis zum Staat ein, die die Gesetze über die Verwaltungsorganisation und Verwaltungsrechtspflege in die Form individueller Abwehransprüche gegen gesetzesverletzende Hoheitsakte gebracht hatten.[21] Und wenn für das Öffentliche Recht der Jahrhundertwende eine Belebung der Grundlagendiskussion vermerkt wird, so mag man das als Ausdruck einer allgemeinen »geisteswissenschaftlichen Erneuerung«[22] deuten. Auch hier war aber wohl ein Abwanderungsprozeß theoriefundierter, jedoch dogmatikferner Zugriffskonzepte zu beobachten.

Georg Jellinek indessen verknüpfte in seinem Werk die beiden Standpunkte, den der staatswissenschaftlichen Theorie und der praxisorientierten Rechtsdogmatik. Jellinek, der in der Philosophie promovierte Rechtswissenschaftler, war und blieb dem Fragen nach den Grundlagen des Rechts verpflichtet. Gleichzeitig bildet Jellineks 1892 erstmals publiziertes »System der subjektiven öffentlichen Rechte« mit seiner Statuslehre den unverrückbaren Referenzpunkt einer dogmatisch durchgearbeiteten Deutung der Grundrechte[23] – der Einsicht folgend, daß eine »juristische Theorie [...] die

---

[18] Vgl. *Malmendier* 2003, S. 162f.; Ansätze rechtsdogmatischer Verarbeitung bei *Gerber* 1852, S. 98f., dazu *Enders* 1997, S. 282.

[19] *Thoma* 1932a, S. 229; *Enders* 1996, S. 374 m. Fn. 120; *Malmendier* 2003, S. 166 m. Fn. 675.

[20] Hierzu *Fleiner* 1928, S. 242ff.; *Menger* 1963, S. 726–729.

[21] Näher *Enders* 2002, S. 173–176.

[22] *Schönberger* 2000, S. 11.

[23] Das gilt nicht nur für die Weimarer Zeit, deren Grundrechtsauffassung noch maßgeblich von der Staatsrechtstradition des Spätkonstitutionalismus geprägt war, vgl. *Thoma* 1932b, S. 609 in Fn. 9, S. 618ff. Es gilt auch für die Grundrechtslehren unter dem Grundgesetz, die sich ungeachtet veränderter Rahmenbedingungen in ihrem Ausgangspunkt vielfach auf Jellineks Statuslehre berufen, etwa *Hufen* 2014, § 5, Rn. 1; *Papier/Krönke* 2015, Rn. 31ff.; *Pieroth/Schlink/Kingreen/Poscher* 2015, Rn. 80ff.; *Kloepfer* 2010, § 48, Rn. 2ff.; *Voßkuhle/Kaiser* 2011, S. 411. Diesen »Klassikerstatus« bestätigen *Pauly/Siebinger* 2004, S. 138; ebenso *Brugger* 2011, S. 3f.

Erscheinungen des Rechtslebens erklären können muß«.[24] Ohne die Wirklichkeit staatlicher Herrschaft aus dem Blick zu verlieren, dabei im Bewußtsein ihrer geistesgeschichtlichen Grundlagen, hat Jellinek so in analytisch-systematisierender Perspektive maßgeblich die nach wie vor gültige Lehre von den Grundrechten als staatsgerichteten, subjektiven öffentlichen Abwehrrechten[25] begründet:

> Sind aber alle diese Freiheiten nur innerhalb der gesetzlichen Schranken anerkannt und läßt sich für diese Gesetze ein allgemeines Prinzip nicht aufstellen, so müssen sie mit zwingender Notwendigkeit zurückgeführt werden auf die eine allumfassende Formel: Das Individuum soll vom Staate zu keiner gesetzwidrigen Leistung herangezogen werden und hat demnach einen auf Anerkennung seiner Freiheit beruhenden Anspruch auf Unterlassung und Aufhebung der diese Norm überschreitenden obrigkeitlichen Befehle.[26]

2. Grundrechtsdogmatik um den Preis der Freiheit?

Aber ist das nicht eine Grundrechtsdogmatik, die die Freiheit an die Notwendigkeit verrät? So ist – einmal abgesehen von dem Einwand, daß Jellineks Konstrukt ganz lebensfern auf eine unwirkliche, allgemeine und abstrakte Freiheit abhebe – vielleicht der Kern des Vorwurfs zu fassen, der gegen Jellineks Auffassung immer wieder vorgetragen wird:[27] Der Zustand der Freiheit *(status negativus)*, in dem die Abwehrrechte nach der zitierten Formel wurzeln, sei bei Jellinek ja nur ein »rein formaler, sekundärer« und gegenüber der primären staatsbürgerlichen Unterwerfung im *status subiectionis* nachrangiger. Der Einzelne verdanke in Jellineks etatistischer Perspektive rechtlich seine Existenz völlig dem Staat. Er werde nämlich auf die juristische Persönlichkeit reduziert, auf die Fähigkeit, Träger von Rechten und Pflichten zu sein, die ihm nur im staatlichen Zustand der Subjektion, kraft staatlicher Anerkennung also zukomme. Mit anderen Worten soll Jellinek nicht über Gerbers 1852 vorgetragenen Standpunkt hinausgekommen sein: »Die staatsrechtliche Stellung eines Unterthanen ist die eines *staatlich Beherrschten* und mit diesem Begriffe vollständig bezeichnet«.[28]

---

[24] *Jellinek* 1905, S. 34; deutlich auch zum unerläßlichen Wirklichkeitsbezug tragfähiger Erklärungsmodelle *Jellinek* 1919, S. 75 f. Vgl. *Schönberger* 2000, S. 19.

[25] Die abwehrrechtliche Funktion bildet heute noch die Kernfunktion der Grundrechte, vgl. BVerfGE 7, 198 (204 f.); 50, 290 (337).

[26] *Jellinek* 1905, S. 103.

[27] Exemplarisch für solche Kritik *Hesse* 1999, Rn. 281.

[28] *Gerber* 1852, S. 76; vgl. *Grimm* 1987, S. 332.

Richtig an diesen Einwänden ist, daß Jellineks Lehre von der rechtlichen Freiheit des Einzelnen in der Tat den Ausgang ihrer Begründung vom *status subiectionis* nimmt: Die »Unterwerfung unter den Staat« bildet danach »die Basis aller staatlichen Wirksamkeit«.[29] Insofern ist die Selbstbestimmung, die Persönlichkeit ausgeschlossen, weil absolute (in keiner Hinsicht verpflichtete) Persönlichkeit mit dem Wesen des Staates unvereinbar ist. Der Staat »schafft [...] die Persönlichkeit«,[30] weil und soweit es ohne ihn und seine Zwangsgewalt durchsetzbare Rechte schlechterdings nicht geben kann. Tatsächlich ist also bei Jellinek, der das Recht als staatliches Recht betrachtet, konstruktiv »das Verhältnis der Subjektion das Primäre. Nur dadurch, daß das Ganze den einzelnen dauernd bindet, wird er zu einem Gliede desselben«.[31] Indessen ist nicht nur die rechtliche Stellung des Einzelnen im Staat mit dem Subjektionsverhältnis keineswegs erschöpfend beschrieben. Vor allem wird die Funktion des *status subiectionis* erst deutlich im Gesamtzusammenhang der Jellinekschen Statuslehre.

3. Rekonstruktion der Statuslehre mit Rücksicht auf den status subiectionis

Diese Statuslehre geht von vier rechtlich relevanten Status – Statusverhältnissen – aus, in die der Einzelne »durch seine Zugehörigkeit zum Staate« versetzt ist:[32] dem passiven Status – *status subiectionis* – der Herrschaftsunterwerfung und damit der pflichtmäßigen »Leistungen an den Staat«; dem negativen Status – *status libertatis* – der staatsfreien, »das Imperium verneinende[n]« individuellen Freiheitssphäre der »Freiheit vom Staat«; dem positiven Status – *status civitatis* – der »Forderungen an den Staat«, in welchem dem Einzelnen durch die Rechtsordnung die Rechtsmacht verliehen ist, den Staat mit seinen Einrichtungen und Bewirkungsmöglichkeiten für sich in Anspruch zu nehmen und in Bewegung zu setzen;[33] schließlich dem

[29] *Jellinek* 1905, S. 86.

[30] *Jellinek* 1905, S. 82.

[31] *Jellinek* 1905, S. 118f., vgl. S. 193f.; *Schönberger* 2000, S. 21.

[32] *Jellinek* 1905, S. 86f. In den neueren Bezugnahmen auf Jellineks Statuslehre wird der *status subiectionis* (oder *passivus*) meist ignoriert, *Hufen* 2014, § 5, Rn. 1; *Kloepfer* 2010, § 48, Rn. 2ff.; *Pieroth/Schlink/Kingreen/Poscher* 2015, Rn. 80ff., jedenfalls aber für unzeitgemäß erklärt: *Papier/Krönke* 2015, Rn. 56, meinen, der *status passivus* finde im heutigen Grundrechtsverständnis »keine Entsprechung«; *Voßkuhle/Kaiser* 2011, S. 411 sprechen vom »heute nicht mehr fruchtbar gemachten« *status passivus*.

[33] Das – auch mit Blick auf moderne europarechtliche Herausforderungen zentrale – Kriterium der »Rechtsmacht«, *Enders* 2002, S. 177f., 193, taucht in aktuellen Definitio-

aktiven Status – Status aktiver Zivität – der »Leistungen für den Staat« und damit der politischen Teilnahme an der staatlichen Herrschaftsausübung. Aus diesen vier rechtlich relevanten Zuständen ergeben sich nach Jellinek die Ansprüche, die man als subjektive öffentliche Rechte bezeichnet.[34]

Wie wird das individuelle Freiheitsrecht als subjektives öffentliches Abwehrrecht konstruiert und welche Rolle spielt dabei der *status subiectionis*? Der Zusammenhang, in dem der individuelle Rechtsanspruch gegen den Staat auf Respektierung der Freiheitssphäre mit den verfassungsrechtlichen Grundrechtsgarantien steht, ist ein – historisch wie systematisch – notwendiger und doch nur mittelbarer. Denn der individuelle Freiheitsrechtsanspruch wird von Jellinek – wie die bereits zitierte Formel belegt – nicht unmittelbar aus den einzelnen Grundrechtsgarantien abgeleitet. Diese erscheinen »nicht nach einem bestimmten System geordnet, sondern durch den Kontrast mit der früheren Staatsordnung hervorgerufen«.[35] Sie wurden als historisch bedingte Negationen konkret erfahrener obrigkeitsstaatlicher Beschränkungen proklamiert. Aus ihnen folgen (sofern nicht wie heute mit Art. 1 Abs. 3 GG ausdrücklich angeordnet)[36] keine Rechte gegenüber dem Gesetzgeber, was *communis opinio* der Staatsrechtslehre des Spätkonstitutionalismus war und sich allgemein daraus erklärt, daß der Gesetzgeber ausschließlich im Gemeininteresse agiert.[37]

Vor allem aber lassen sich aus den Grundrechten auch keine unmittelbaren Ansprüche »der einzelnen an Gericht und Verwaltung« ableiten.[38] Sie stimmen zwar in ihrem gegen den Obrigkeitsstaat gerichteten, negatorischen Impetus überein. Mit Blick auf ihre meist lapidare, zudem historisch zufällige Formulierung verlangen sie aber nach einer gesetzlichen Regelung ihrer Ausübung, weil eine »Freiheit schlechthin« nicht unmittelbar die Basis von

---

nen des subjektiven öffentlichen Rechts nur noch vereinzelt auf, etwa BVerwGE 107, 215 (220); überwiegend scheint man es für verzichtbar zu halten, vgl. *Bachof* 1955, S. 294, 299 ff., 303 und das Resümee von *Krüper* 2009, S. 112 f., 127. Das Kriterium entstammt der zivilrechtlichen Dogmatik, an der sich die Wissenschaft vom öffentlichen Recht (auch hier) orientierte: Das subjektive Recht einer Person wurde dort über die Anerkennung einer Eigenrechtssphäre bestimmt als »die der einzelnen Person zustehende Macht: ein Gebiet worin ihr Wille herrscht, und mit unserer Einstimmung herrscht«, *Savigny* 1840a, S. 7, auch S. 333.

[34] *Jellinek* 1905, S. 86.

[35] *Jellinek* 1905, S. 95. Insofern übereinstimmend *Hesse* 1999, Rn. 300; vgl. auch BVerfGE 50, 290 (337).

[36] Vgl. *Jellinek* 1905, S. 97, 101.

[37] Etwa *Thoma* 1932b, S. 609: »gegen den Staat als jeweils höchststufig gesetzgebende Körperschaft, also gegen den normierenden Staat [kann es] keine subjektiven Rechte geben (außer solchen, die in überstaatlichen Normen wurzeln)«.

[38] *Jellinek* 1905, S. 97.

(begrenzten) Rechtsansprüchen bilden kann. Dieselbe Freiheit kann demgemäß – wie die Rechtsvergleichung erweist – in verschiedenen Staaten durchaus unterschiedliche gesetzliche Gestalt annehmen.[39] So erklärt sich, daß die grundrechtlich garantierten Freiheiten »nur innerhalb der gesetzlichen Schranken anerkannt« sind und daß sie – mangels eines vorgelagerten, die gesetzlichen Schrankenregelungen systematisch verbindenden Prinzips – einfach in die formale *Freiheit von gesetzwidrigem Zwang* münden und diese gesetzlich bestimmte Freiheit wiederum auf einen Anspruch auf Unterlassung und Aufhebung oder Beseitigung jedes »nicht gesetzlich begründeten Befehles oder Zwanges«[40] hinausläuft.

Der subjektiv-rechtliche Schutz des *status negativus* wird also in sich stimmig konstruiert – nur das *Verhältnis von Störungsunterlassung und Störungsbeseitigung* bleibt auf den ersten Blick unklar.[41] Zum Recht und damit erst wirklich rechtlich anerkannt, wird nämlich die Abwesenheit staatlicher Einmischung im *status negativus* erst durch den *status positivus* des Individuums,[42] in dem diesem die Fähigkeit verliehen wird, sein Nichtstörungsinteresse gegen den Staat durchzusetzen. Das geschieht vornehmlich durch den Rechtsschutzanspruch[43], im Wege der »Verwaltungsbeschwerde« (vgl. das Widerspruchsverfahren nach §§ 68 ff. VwGO) und vor allem der »Verwaltungsklage« (im Verwaltungsprozeß vor der Verwaltungsgerichtsbarkeit) also. Der Rechtsschutzanspruch erweist sich als die eigentliche »Gewähr der Anerkennung der ganzen vom Staatsgebiete freien Privatsphäre und des gesamten Privatrechts«.[44] Wenn indessen der *status negativus* nur ein rechtlicher *Zustand* ist, aus dem Rechte lediglich *folgen*,[45] die Ansprüche des *status positivus* aber die rechtlich geschützte Fähigkeit des Einzelnen bedeuten, »positive [!] Leistungen vom Staate zu verlangen«,[46] scheint ein (negativer!) Anspruch

---

[39] *Jellinek* 1905, S. 103.

[40] *Jellinek* 1905, S. 103, 105; vgl. *Thoma* 1932a, S. 228 ff.

[41] *Alexy* 1986, S. 238 ff.

[42] *Jellinek* 1905, S. 105, 114 ff., 121, 128. Näher ist der *status positivus* bestimmt durch drei Ansprüche: den Rechtsschutz-, den Interessenbefriedigungs- und den Interessenberücksichtigungsanspruch, S. 132. Vgl. *Pauly/Siebinger* 2004, S. 140, 146 f.

[43] *Jellinek* 1905, S. 124, 127.

[44] *Jellinek* 1905, S. 128.

[45] *Jellinek* 1905, S. 58, 86.

[46] *Jellinek* 1905, S. 121. Bereits bei Richard Thoma erscheint Jellineks Statuslehre in modifizierter Form. Hier heißt es: »Zum status negativus des deutschen Staatsbürgers gehören alle Befugnisse [!], kraft deren er verlangen kann, daß staatliche Eingriffe in seine Rechts- und Freiheitssphäre unterbleiben oder rückgängig gemacht werden«; und in der Folge: »Als formellrechtlichen Bestandteil des status positivus kann man diejenigen subjektiven öffentlichen Rechte bezeichnen, mittels deren der Bürger Entscheidungs- und Vollstreckungsbehörden in Bewegung setzen kann zum Schutze seiner ma-

auf Unterlassen (»auf Nichthindern«)[47] keinen Platz im System der subjektiven öffentlichen Rechte zu haben[48] – oder er müßte als originäres Recht »auf« Freiheitsentfaltung unmittelbar auf der Ebene des *status negativus* angesiedelt sein. Beides wäre systemwidrig.

Bei näherem Hinsehen bedarf es gleichwohl keiner Nachbesserung des Jellinekschen Systems:[49] Der Unterlassungsanspruch ist lediglich ein unselbständiges Begründungselement des positiven Rechtsanspruchs auf Wahrung der staatsfreien Sphäre. In der Rede vom Unterlassungsanspruch wird die Vorstellung von der staatsfreien Sphäre versubjektiviert. Der Unterlassungsanspruch gewinnt rechtliche Wirklichkeit aber – auch heute noch – erst in den sekundären publizistischen *Reaktionsansprüchen* auf Wiederherstellung der Rechtssphäre (durch Aufhebung, Rechtswidrigkeits-, Nichtigerklärung, Folgenbeseitigung), mit denen das Gesetz den *status negativus* im Verwaltungs- und mittlerweile (unter dem Grundgesetz) auch im Verfassungsprozeßrecht bewehrt.[50] Selbst die – im öffentlichen Recht ohnehin eher seltenen – Unterlassungsansprüche im eigentlichen (vorbeugenden) Sinne *reagieren* auf konkret drohende Störungen und sind demnach als Reaktionsansprüche ausgestaltet. Anderenfalls wäre auch nicht zu erklären, warum Freiheitsentfaltung im *status negativus* – nach Jellinek – nicht etwa Ausübung eines Rechts ist, sondern unter die »rechtlich irrelevanten Handlungen« fällt.[51] Rechtsansprüche, auch solche, die der Bewahrung der Freiheitssphäre dienen, gibt es überhaupt nur im *status positivus*, dem »Status der Zivität«.[52]

Wird also die rechtliche Freiheit des Einzelnen vom »System der subjektiven öffentlichen Rechte« dogmatisch folgerichtig und ohne Brüche entwickelt,

---

teriellen Rechtsbefugnisse [!] sowohl des positiven wie auch des negativen und des aktiven Status, *Thoma* 1932b, S. 619, 622f. Noch deutlicher entfernen sich die heute gängigen Bezugnahmen von der Jellinekschen Konstruktion, wenn sie die Grundrechte als subjektive öffentliche Rechte verstehen wollen, die entweder der Abwehr von Eingriffen dienen und dann dem *status negativus* zugehören sollen oder Ansprüche auf Schutz, Leistungen, (Verfahrens-)Teilhabe *(status positivus)* oder schließlich aktive Teilnahme am Staatswillen *(status activus)* verbürgen, so die in Fn. 32 genannten.

[47] *Jellinek* 1905, S. 111.

[48] Vgl. *Alexy* 1986, S. 240.

[49] *Pauly* 2000, S. 241f.; *Pauly/Siebinger* 2004, S. 140, 147; weniger dezidiert *Brugger* 2011, S. 26f.

[50] *Thoma* 1932b, S. 620: »Hinzutreten muß [...], wenn der allgemeine Freiheitsanspruch in dem verbürgten Bereich als ein echtes subjektives Recht [...] in Erscheinung treten soll, ein negatorisches Klagerecht, ein publizistischer Reaktionsanspruch«; im Ansatz bereits *Gerber* 1852, S. 99; *Rupp* 1991, S. 171f., 249ff., 263, 264; *Enders* 2013, Rn. 4 m. Fn. 10, Rn. 6 sowie Rn. 63, 64.

[51] *Jellinek* 1905, S. 104, 114, bereits S. 46, 50, 56.

[52] *Jellinek* 1905, S. 58, 86.

bleibt die Frage nach der Rolle des für die ganze Konstruktion »primären« Subjektionsverhältnisses. Wird mit dieser Annahme die rechtsdogmatisch zu sichernde Freiheit von vornherein verspielt? Bei näherer Betrachtung korrespondiert die Denkfigur des *status subiectionis* zum einen dem Untersuchungsprogramm des »Systems der subjektiven öffentlichen Rechte«. Es geht Jellinek um den »juristischen Begriff der Sache«,[53] um die juristische Deutung des Befunds staatlich organisierter Herrschaft. Als Voraussetzung staatlicher Wirksamkeit, damit der Möglichkeit staatlichen Rechts überhaupt erscheint hier die Unterworfenheit der Einzelnen unter die staatliche Gewalt,[54] die dadurch zugleich als Denkvoraussetzung der Analyse und als Konstruktionsvoraussetzung der Dogmatik am Anfang steht.[55] Mit dieser Annahme wird nicht allein der staatliche vom juristisch nicht interessierenden vorstaatlichen Zustand geschieden. Es wird – ähnlich wie in der Kelsenschen Reinen Rechtslehre mit der Fiktion einer Grundnorm – das analytische Innenverhältnis zum Untersuchungsgegenstand, dem staatlichen Recht und seinen subjektiven öffentlichen Rechten hergestellt.[56] Denn Rechtsbeziehungen ohne die Gewaltunterworfenheit blieben rein hypothetisch, der »naturrechtlichen Spekulation von der mythischen vorstaatlichen Persönlichkeit« verhaftet.[57]

Jellineks Denkbewegung macht indessen – zum anderen – hier nicht halt. Unterwerfung unter den Staat und seinen Willen bedeutet rechtliche Verpflichtung gegenüber dem *Staat als Rechtsperson*. Denn Jellinek versteht den Staat als Person, die nicht als Substanz existiert, sondern sich durch ihre Relationen definiert. Entscheidend ist aber, daß der Staat gerade als *Rechtsperson* gedeutet wird.[58] Dadurch wandelt sich das bloße Beherrschungsverhältnis der staatlichen Gewalt zu den ihr Subjizierten zu einem *Rechtsverhältnis wechselseitig sich entsprechender Rechte und Pflichten*.[59] Denn: »Alles Recht ist

---

[53] *Jellinek* 1905, S. 23.

[54] Auch *Thoma* 1932a, S. 608.

[55] Vgl. *Jellinek* 1905, S. 21.

[56] Insofern gliedert Hans Kelsen seine Rechtslehre »jener Rechtsauffassung [ein], als deren bedeutendste Vertreter in Deutschland Karl Friedrich von *Gerber*, Paul *Laband* und Georg *Jellinek* genannt werden müssen. Sie zielt – in Abkehr von einer nebulosen Staatsmetaphysik – auf eine *Theorie des positiven Staates*, das heißt aber auf eine streng *juristische* und nicht *politisch* gefärbte Staatslehre«, *Kelsen* 1925, S. VII [Hervorhebungen im Original].

[57] *Jellinek* 1905, S. 86.

[58] *Jellinek* 1905, S. 12ff., insbes. S. 32, 33 m. Fn. 1, auch S. 193ff. – im Anschluß etwa an *Albrecht* 1837, S. 1489–1504, 1508–1515, 1491, zu diesem auch *Bernatzik* 1996, S. 58 in Fn. 224 – in Abgrenzung von Herrscher- oder Organismustheorien einerseits, von einer bloß »empirischen Staatslehre« andererseits.

[59] Vgl. auch *Jellinek* 1905, S. 118, 194f. Dazu *Enders* 1997, S. 274, 275f.; *Schlink* 1989, S. 161f.

Beziehung von Rechtssubjekten«.[60] Staatliche Machtausübung ist also nicht mehr freies Belieben, sondern in bestimmter Weise rechtlich gebunden. Mit der Annahme eines Rechtsverhältnisses geht die Vorstellung von der *Rechtsfähigkeit des Menschen* einher, der auch in der Beziehung zum Staat als Rechtsperson, als Träger von Rechten und Pflichten auftritt und zu achten ist. Das aber ist der Kern der rechtlichen Freiheit überhaupt.[61]

4. Freiheit durch Anerkennung – Die Rechtsgarantie der Freiheit als Anerkennungsakt

Allerdings, das wird im »System der subjektiven öffentlichen Rechte« vielfach ausgesprochen und kommt auch im logisch vorrangigen Konstruktionselement des *status subiectionis* zum Ausdruck, bedarf diese Eigenschaft des Menschen, Rechtsperson, also Träger von Rechten und Pflichten zu sein, der historisch-konkreten staatlichen *Anerkennung*, die sich gerade in der Ausgestaltung des *status positivus*, der Ausstattung des Individuums mit durchsetzbaren Rechtspositionen ausdrückt. Darum heißt es bei Jellinek, daß es keine natürliche Persönlichkeit gibt und daß es der Staat ist, der die Persönlichkeit schafft. Sie ist »iuris publici«.[62]

Aber auch in dieser Feststellung liegt kein Angriff auf Freiheit und Gleichheit des Menschen, sondern die immer wieder bestätigte und nie ernsthaft angezweifelte Einsicht, daß Freiheit und Gleichheit sich eben nicht naturgesetzlich zwangsläufig verwirklichen.[63] Gäbe es eine solche Naturgesetzlichkeit, wären Verfassungen und Gesetze überflüssiger Zierrat.[64] Im *Begriff der Anerkennung* liegt aber bereits beschlossen, daß es gleichwohl nicht vollständig im Belieben staatlicher Allmacht steht, dem Menschen Freiheit zu gewähren. Der Begriff der Anerkennung weist auf etwas schon Vorhandenes, einen vor dem Staat gegebenen (»sittlichen«) Anspruch des Menschen, nämlich die nach Jellinek »als Produkt jahrtausendelanger Entwickelung erkannte sittliche Forderung, den Menschen schlechthin als Rechtssubjekt anzu-

[60] *Jellinek* 1905, S. 10, ähnlich S. 193 (»Persönlichkeiten«).

[61] *Enders* 1997, S. 244f., 279.

[62] *Jellinek* 1905, S. 28, 82; ebenso *Bernatzik* 1996, S. 18f.; ähnlich *Radbruch* 1973, S. 226f. Zur Deutung als Vorgang der Anerkennung *Enders* 1997, S. 242ff., 253; *Gosewinkel/Masing* 2006, S. 15.

[63] *Arendt* 1998, S. 601ff.; vgl. *Enders* 1997, S. 277f.

[64] Theodor Heuss, 4. Sitzung des Grundsatzausschusses vom 23. September 1948, Der Parlamentarische Rat 1948–49 1993, S. 72: »Die Würde des Menschen ruht in ihm selber; aber ihre Anerkennung innerhalb der sozialen Gemeinschaft setzt einen anderen voraus. Dieser Andere ist der organisierte Andere, der Träger des Gemeinschaftslebens«.

erkennen«.[65] Freiheit wird also nicht als Gut nach Bedürfnissen oder Verdiensten von hoher Hand zugemessen, sie wird als Eigenschaft des Menschen anerkannt.[66] Insofern ist der Staat durch »die ihm sittlich notwendige Anerkennung der Persönlichkeit in seiner Handlungsfähigkeit [...] beschränkt«.[67] Ohne inneren Widerspruch kann Jellinek konstatieren: Staatliche Herrschaft ist »Herrschaft [...] über Freie«.[68]

Geht aber und wie geht gegebenenfalls diese sittliche Forderung in das »System der subjektiven öffentlichen Rechte« ein? Immer wieder thematisiert Jellinek im »System der subjektiven öffentlichen Rechte«, namentlich mit Blick auf das Verhältnis des *status negativus* zum *status positivus*, das Erfordernis der »Anerkennung«: Jeder Einzelne habe einen Anspruch auf Anerkennung seines *status negativus*, demgemäß auf Unterlassung und Beseitigung von Störungen,[69] er könne die Anerkennung der Freiheit und die Aufhebung der störenden Handlung verlangen.[70] Darum sei »in jedem wie immer gearteten Anspruche an den Staat stillschweigend [der Anspruch auf Anerkennung] enthalten«.[71] Aber steht dieser Anspruch wirklich als solcher von Fall zu Fall bei jeder Rechtsstreitigkeit (im »Kampf ums Recht«) erneut zur Debatte und zur Disposition?[72] Muß der Einzelne also jederzeit gewärtigen, den »bürgerlichen Tod«[73] zu erleiden? Jellinek konnte noch nicht auf die ausdrückliche verfassungsstaatliche Anerkennung eines subjektiven öffentlichen Rechts auf durchgängig gesetzmäßige Behandlung verweisen. Den Verfassungsurkunden der Zeit war die Gewährleistung der allgemeinen Handlungsfreiheit nicht geläufig,[74] sie mußte erst von den Verwaltungsgerichten entwickelt werden.[75] Gleichwohl erkennt Jellinek klar, daß es, sieht man von den historisch-politischen Nuancierungen und Zufälligkeiten der Grundrechtskataloge ab, nur »die Freiheit im Singular« gibt und daß der

---

[65] *Jellinek* 1905, S. 28.

[66] *Jellinek* 1919, S. 76: »Diese Freiheit wird demnach nicht geschaffen, sondern anerkannt und zwar durch Selbstbeschränkung des Staates«.

[67] *Jellinek* 1905, S. 86; *ders.* 1960, S. 419.

[68] *Jellinek* 1905, S. 87.

[69] *Jellinek* 1905, S. 105.

[70] *Jellinek* 1905, S. 106.

[71] *Jellinek* 1905, S. 123.

[72] Dazu *Enders* 1997, S. 246f.

[73] Zu diesem Ausschluß aus der Rechtsordnung durch Aberkennung der Rechtsfähigkeit *(capitis deminutio) Savigny* 1890b, §§ 64ff., S. 23ff.

[74] *Thoma* 1925, S. 185. Zusammenfassend *Enders* 1997, S. 286; *Malmendier* 2003, S. 165 m. Fn. 673, 221f. m. Fn. 993.

[75] *Thoma* 1925, S. 185 mit Fn. 2; *ders.* 1932b, S. 621. Umgekehrt finden sich Auseinandersetzungen mit Jellineks Lehre in der Rechtsprechung der Verwaltungsgerichte, etwa JbSächsOVG 9, 216 (218f.); 13, 4 (10).

»individuelle Zustand«, wie er aus Gesetzen entspringt, die diese Freiheit anerkennen und normieren, ein substantiell für alle Fälle durchaus einheitlicher ist.[76] Dann aber ist der von Fall zu Fall geltend gemachte rechtliche Reaktionsanspruch auf Wiederherstellung der vom Staat verletzten Rechtssphäre ein *Anspruch aus Anerkennung* und nicht primär *auf Anerkennung*.[77] Und diese Gewißheit einer grundlegenden Anerkennung des Menschen in seiner allgemein gleichen Freiheit, damit schlechthin in seiner Rechtsfähigkeit, die Jellinek nicht ausdrücklich formuliert, von der ausgehend er aber in der Sache argumentiert, bieten dann doch die Grundrechtskataloge der rechtsstaatlichen Verfassungen.[78]

5. Die Relativität verfassungsmäßiger Freiheitsgarantie

Das Grundgesetz der Bundesrepublik Deutschland hat nicht nur die allgemeine Handlungsfreiheit als subjektiv-rechtlich ausgeformte Garantie der Gesetz- und Verfassungsmäßigkeit belastender staatlicher Maßnahmen positiviert (Art. 2 Abs. 1 GG). Vor allem benennt es ausdrücklich das von Jellinek vermißte, die Einzelfreiheiten samt ihrer gesetzlichen Schranken verbindende Prinzip: Indem es die Würde des Menschen zu Fundament und Leitidee der verfassungsmäßigen Ordnung erklärt, anerkennt es den Menschen schlechthin als Rechtssubjekt und erfüllt es seinen sittlichen Anspruch auf rechtliche Behandlung.[79] Man hat das Grundgesetz darum auch als materiale Wertordnung verstanden, eine Folgerung, die weithin ausstrahlt auf die gesamte Rechtssetzung und Rechtsanwendung.[80]

Sich mit der formalisierenden und das Recht des Menschen dogmatisch-konstruktiv entwickelnden Statuslehre Jellineks auseinanderzusetzen, insbesondere die Grundrechte des Grundgesetzes in ihrem Licht zu lesen und zu deuten ist darum nicht überflüssig. Sie hält bleibend fest, daß (materiale) Wertentscheidung für die Freiheit und (formale) Freiheitskonstruktion zweierlei sind und bleiben sollten. Sonst wird Freiheit von einer Eigenschaft des Menschen, deren Anerkennung Rechtfertigungspflichten auslöst, zu einem wägbaren Gut, auf das ein von Fall zu Fall mehr oder weniger berech-

---

[76] *Jellinek* 1905, S. 104; bereits S. 51 in Fn. 1, S. 85, 87; *ders.* 1960, S. 420. Dazu *Enders* 1997, S. 283.

[77] Zur Voraussetzung grundlegender Anerkennung *Jellinek* 1905, S. 85; *ders.* 1960, S. 419.

[78] *Grimm* 1988, S. 130.

[79] *Enders* 1997, S. 392, 430, 449. *Isensee* 2011, S. 76 ff.

[80] Zusammenfassend *Hofmann* 2012, S. 17 ff.

tigter, jedenfalls nach heteronomen Maßstäben zu beurteilender Anspruch besteht, ein Gut, das der Einzelne dann nur mehr oder weniger innehat.[81] Nicht zuletzt kann uns Jellineks Lehre vor Selbstgerechtigkeit bewahren und daran erinnern, daß es, wenn Freiheit rechtsförmig gewährleistet sein soll, allerdings auch konkret-historisch ihrer Anerkennung bedarf und daß schlechthin kein historisch erreichter Zustand der Rechtegewährleistung von ewiger Dauer ist.[82]

Literatur

Albrecht, Eduard (1837): Rezension über Maurenbrechers Grundsätze des heutigen deutschen Staatsrechts. In: Göttinger Gelehrte Anzeigen, S. 1489–1515.

Alexy, Robert (1986): Theorie der Grundrechte, Frankfurt a.M.

Arendt, Hannah (1998): Elemente und Ursprünge totaler Herrschaft. 6. Aufl. München, Zürich.

Bachof, Otto (1955): Reflexwirkungen und subjektive Rechte im öffentlichen Recht. In: Bachof, Otto/Drath, Martin/Gönnenwein, Otto u.a. (Hrsg.): Gedächtnisschrift für Walter Jellinek. München, S. 287–307.

Bernatzik, Edmund (1996): Über den Begriff der juristischen Person (1890). In: Winkler, Günther (Hrsg.): Forschungen aus Staat und Recht 113, Wien, New York (zuerst veröffentlicht unter dem Titel: Kritische Studien über den Begriff der juristischen Person und über die juristische Persönlichkeit der Behörden insbesondere. In: Archiv für Öffentliches Recht. Bd. V. 1890).

Brugger, Winfried (2011): Georg Jellineks Statuslehre: national und international. In: Archiv des öffentlichen Rechts 136, S. 1–43.

Dreier, Horst (2009): Gilt das Grundgesetz ewig? Fünf Kapitel zum modernen Verfassungsstaat. München.

Enders, Christoph (1996): Die Privatisierung des Öffentlichen durch die grundrechtliche Schutzpflicht – und seine Rekonstruktion aus der Lehre von den Staatszwecken. In: Der Staat 35, S. 351–387.

Ders. (1997): Die Menschenwürde in der Verfassungsordnung. Tübingen.

Ders. (2002): Der Beitrag des Sächsischen Oberverwaltungsgerichts zur Dogmatik des subjektiven öffentlichen Rechts. In: Reich, Siegfried (Hrsg.): Festschrift zum 100-jährigen Jubiläum des Sächsischen Oberverwaltungsgerichts. München, S. 167–193.

Ders. (2013): Abwehr und Beseitigung rechtswidriger hoheitlicher Beeinträchtigungen. In: Hoffmann-Riem, Wolfgang/Schmidt-Aßmann, Eberhard/Voßkuhle, Andreas: Grundlagen des Verwaltungsrechts. Bd. III. 2. Aufl. München, S. 1063–1131.

Ders. (2014): Kommentar zu »Das Recht der Menschenwürde« von Sabrina Zucca-Soest. In: Seelmann, Kurt/Zabel, Benno (Hrsg.): Autonomie und Normativität. Tübingen, S. 126–137.

---

[81] Zur Bedeutung der Abwägung und ihrer Orientierung an gesetzes- und verfassungsexternen Gründen *Alexy* 1986, S. 84, 143ff., 494f., 520f. Kritik z.B. von *Jestaedt* 1999, S. 229ff., 237f.

[82] *Dreier* 2009.

Fleiner, Fritz (1928): Institutionen des deutschen Verwaltungsrechts. 8. Aufl. Tübingen.
Frotscher, Werner/Pieroth, Bodo (2015): Verfassungsgeschichte. 14. Aufl. München.
Gerber, Carl Friedrich (1852): Über öffentliche Rechte. Tübingen.
Gosewinkel, Dieter/Masing, Johannes (2006): Grundlinien der europäischen Verfassungsentwicklung. In: dies. (Hrsg.): Die Verfassungen in Europa 1789–1949. München, S. 9–70.
Grimm, Dieter (1987): Die Entwicklung der Grundrechtstheorie in der deutschen Staatsrechtslehre des 19. Jahrhunderts. In: ders.: Recht und Staat der bürgerlichen Gesellschaft. Frankfurt a.M., S. 308–346.
Ders. (1988): Deutsche Verfassungsgeschichte 1776–1866. Frankfurt a.M.
Hesse, Konrad (1999): Grundzüge des Verfassungsrechts der Bundesrepublik Deutschland. Neudruck der 20. Auflage. Heidelberg.
Hofmann, Hasso (2012): Rechtsphilosophie nach 1945. Berlin.
Honneth, Axel (2011): Das Recht der Freiheit. Berlin.
Hufen, Friedhelm (2014): Staatsrecht II – Grundrechte. 4. Aufl. München.
Humboldt, Wilhelm v. (1851): Ideen zu einem Versuch, die Gränzen der Wirksamkeit des Staates zu bestimmen. Breslau.
Isensee, Josef (2011): Würde des Menschen. In: Merten, Detlef/Papier, Hans-Jürgen (Hrsg.): Handbuch der Grundrechte. Bd. IV, § 87. Heidelberg, S. 3–135.
Jellinek, Georg (1905): System der subjektiven öffentlichen Rechte. 2. Aufl. Tübingen.
Ders. (1960): Allgemeine Staatslehre . 7. Neudruck der 3. Aufl. Berlin 1914. Darmstadt.
Ders. (1919): Die Erklärung der Menschen- und Bürgerrechte. 3. Aufl. München.
Jestaedt, Matthias (1999): Grundrechtsentfaltung im Gesetz. Tübingen.
Kelsen, Hans (1925): Allgemeine Staatslehre. Berlin.
Kiesow, Rainer Maria (2010): Rechtswissenschaft – was ist das? In: JuristenZeitung, S. 585–591.
Kirchmann, Julius Hermann von (1988): Die Wertlosigkeit der Jurisprudenz als Wissenschaft (1848). Heidelberg.
Kloepfer, Michael (2010): Verfassungsrecht II – Grundrechte. München.
Krüper, Julian (2009): Gemeinwohl im Prozeß. Berlin.
Luf, Gerhard (2014): Institutionelle Dimensionen der Menschenwürde bei Hegel. In: Seelmann, Kurt/Zabel, Benno (Hrsg.): Autonomie und Normativität. Tübingen, S. 138–150.
Malmendier, Bertrand (2003): Vom wohlerworbenen Recht zur verrechtlichten Freiheit. Berlin.
Menger, Christian Friedrich (1963): Zur Geschichte der Verwaltungsgerichtsbarkeit in Deutschland. In: Die Öffentliche Verwaltung, S. 726–729.
Mohl, Robert von (1840): Das Staatsrecht des Königreichs Württemberg. 2. Aufl. Tübingen.
Papier, Hans-Jürgen/Krönke, Christoph (2015): Grundkurs – Öffentliches Recht 2, Grundrechte. 2. Aufl. Heidelberg.
Der Parlamentarische Rat 1948–49 (1993), Akten und Protokolle. Deutscher Bundestag und Bundesarchiv. Band 5/I. Boppard am Rhein.
Pauly, Walter (2000): Georg Jellineks »System der subjektiven öffentlichen Rechte«. In: Paulson, Stanley L./Schulte, Martin (Hrsg.): Georg Jellinek – Beiträge zu Leben und Werk. Tübingen.
Pauly, Walter/Siebinger, Martin (2004): Staat und Individuum. Georg Jellineks Statuslehre. In: Anter, Andreas (Hrsg.): Die normative Kraft des Faktischen – Das Staatsverständnis Georg Jellineks. Baden-Baden, S. 135–151.

Pieroth, Bodo/Schlink, Bernhard/Kingreen, Thorsten/Poscher, Ralf (2015): Grundrechte – Staatsrecht II. 31. Aufl. Heidelberg.

Radbruch, Gustav (1973): Rechtsphilosophie (1932). Hrsg. von Erik Wolf und Hans-Peter Schneider. 8. Aufl. Stuttgart.

Rotteck, Carl von (1829, 1830, 1834, 1835): Lehrbuch des Vernunftrechts und der Staatswissenschaften. 4 Bde. Stuttgart.

Rupp, Hans Heinrich (1991): Grundfragen der heutigen Verwaltungsrechtslehre. 2. Aufl. Tübingen.

Savigny, Friedrich Carl von (1997): Vom Beruf unsrer Zeit für Gesetzgebung und Rechtswissenschaft (1814). Nachdruck. Goldbach.

Ders. (1840a): System des heutigen römischen Rechts. Bd. 1. Berlin.

Ders. (1840b): System des heutigen römischen Rechts. Bd. 2. Berlin.

Schlink, Bernhard (1989): Die Entthronung der Staatsrechtswissenschaft durch die Verfassungsgerichtsbarkeit. In: Der Staat 28, S. 161–172.

Schönberger, Christoph (2000): Ein Liberaler zwischen Staatswille und Volkswille. Georg Jellinek und die Krise des staatsrechtlichen Positivismus um die Jahrhundertwende. In: Paulson, Stanley L./Schulte, Martin (Hrsg.): Georg Jellinek – Beiträge zu Leben und Werk. Tübingen, S. 3–32.

Siep, Ludwig (2011): Hegels praktische Philosophie und das »Projekt der Moderne«. Baden-Baden.

Thoma, Richard (1925): Grundrechte und Polizeigewalt. In: Triepel, Heinrich (Hrsg.): Festgabe zur Feier des fünfzigjährigen jährigen Bestehens des Preußischen Oberverwaltungsgerichts. Berlin, S. 183–223.

Ders. (1932a): Der Vorbehalt der Legislative und das Prinzip der Gesetzmäßigkeit von Verwaltung und Rechtsprechung. In: Anschütz, Gerhard/Thoma, Richard (Hrsg.): Handbuch des Deutschen Staatsrechts. Zweiter Band, § 76. Tübingen, S. 221–236.

Ders. (1932b): Das System der subjektiven öffentlichen Rechte und Pflichten. In: Anschütz, Gerhard/Thoma, Richard (Hrsg.): Handbuch des Deutschen Staatsrechts. Zweiter Band, § 102. Tübingen, S. 607–623.

Vesting, Thomas (2015): Rechtstheorie. 2. Aufl. München.

Voßkuhle, Andreas/Kaiser, Anna-Bettina (2011): Grundwissen – Öffentliches Recht: Funktionen der Grundrechte. In: Juristische Schulung, S. 411–413.

Statusbegriffe von Sir Henry S. Maine über Georg Jellinek bis heute

*Manfred Rehbinder**

Der Name Georg Jellinek ist für juristisch Gebildete mit drei Faustformeln der allgemeinen Rechtslehre verknüpft, nämlich (1) mit der Maxime vom Recht als ethischem Minimum, (2) mit der Gesetzmäßigkeit einer normativen Kraft des Faktischen und (3) mit der Unterteilung der subjektiv-öffentlichen Rechte nach vier unterschiedlichen Status ihres Rechtsträgers. Jellineks »berühmte Status-Lehre«[1] unterscheidet bei der Rechtsposition des Einzelnen im öffentlichen Recht vier Status, nämlich den *status passivus* (Jellinek: *status subiectionis* = allgemeiner Rechtsgehorsam), den *status negativus* (Jellinek: *status libertatis* = Abwehrrechte), den *status positivus* (Jellinek: *status civitatis* = soziale Rechte) und den *status activus* (Jellinek: Status der aktiven Zivität = Wahlrechte).[2] Da Jellinek sein »System der subjektiven öffentlichen Rechte«[3] im damaligen politischen Umfeld, dem Kaiserreich als einem Obrigkeitsstaat (Machtstaat) schrieb, ein Umfeld, das sich dann zum demokratischen Verfassungsstaat (Rechtsstaat) wandelte, in dem neuartige subjektive öffentliche Rechte positiviert wurden, stellte sich in der Staatslehre recht bald die Frage, ob man (eventuell mit leichten Veränderungen der Begriffsinhalte) auch in der Gegenwart mit seinen vier Status auskommen könne, ob man die vier Status durch weitere Status ergänzen müsse oder ob man nicht lieber auf die ganze Statuslehre verzichten solle, da sie in dem neuen Umfeld keine nützlichen Einsichten mehr verspricht. Eine Antwort auf diese Frage läßt sich nur geben, wenn man über die möglichen Statusbegriffe Klarheit geschaffen hat. Das soll die Aufgabenstellung der folgenden Ausführungen sein.

---

* Abgeschlossen am 15. Januar 2011. Zwischenzeitlich veröffentlicht in der Festschrift zur Emeritierung von Jean-Fritz Stöckli, Zürich, 2014, S. 527–546.

[1] *Kersten* 2001, S. 490.

[2] *Jellinek* 1905, S. 81 ff.

[3] 1892, 2. Aufl. 1905, Neudruck 1919, 1963.

1. Status als Rechtsbegriff

Status war zunächst ein juristischer Begriff. Heute hat er seinen festen Platz in der Soziologie gefunden. Die Juristen müssen sich hingegen fragen, ob und wo im Recht dieser Begriff noch von Nutzen ist. Hergeleitet vom indogermanischen *stah* (griechisch *statós*; germanisch *statós*) mit variierenden Bedeutungen von »stehen« über »stellen«, »unveränderlich«, »widerstehend« bis »dauernd«[4] war *status* im römischen Recht der Antike die Bezeichnung für die Vollrechtsfähigkeit und nahm auf die damaligen »Stufen der Rechtsfähigkeit«[5] Bezug.[6] Der rechtliche Normaltyp der Vollrechtsfähigkeit,[7] auch *caput* genannt, setzte sich aus drei konstitutiven Elementen zusammen, nämlich aus der Freiheit *(status libertatis)*, aus dem Bürgerrecht *(status civitatis)* und aus der Stellung als Familienhaupt *(status familiae)*.[8] Bei beschränkter Rechtsfähigkeit wurde von *capitis deminutio* gesprochen, die je nach Verlust eines der drei konstitutiven Statuselemente *capitis deminutio maxima* (Verlust der Freiheit), *capitis deminutio media* (Verlust des Bürgerrechts) und *capitis deminutio minima* (Verlust der familienrechtlichen Position) abgestuft war.[9] Der römische Sklave, dem zunächst alle drei Rechtsfähigkeitselemente fehlten, hatte demnach überhaupt keinen Status. Erst mit seiner Freilassung *(manumissio)*, sagt Modestinus, »incipit statum habere« (Dig. IV 5.4.).

Wie Eugen Ehrlich in seiner Studie über »Die Rechtsfähigkeit« im einzelnen gezeigt hat, regelte das archaische Recht zunächst nur die Beziehung der bäuerlichen Hausgenossenschaften untereinander. Dem Einzelnen wurde gar keine eigene Rechtsfähigkeit zuerkannt. Nur die Hausgenossenschaft als solche war Rechtssubjekt. Mit zunehmender Ersetzung der genossenschaftlichen Eigenwirtschaft durch die Anfänge einer Marktwirtschaft wurde jedoch auch dem einzelnen Mitglied der Hausgemeinschaft langsam zugestanden, selbständig Träger von Rechten und Pflichten sein zu können. Ehrlich sprach hier von dem »Gesetz, dass der Mensch, der es zu einer eigenen Wirtschaft bringt, gewissermassen von selbst, durch die blosse Macht der Tatsachen, trotz aller entgegenstehenden Vorschriften, die Vermögens- und Ge-

---

[4] *Mehrhoff* 1990, Sp. 1921 f.

[5] So ausdrücklich *Rabel* 1955, S. 14.

[6] Vgl. zum Folgenden *Rehbinder* 1968, S. 141–169.

[7] Hingegen bezeichnete *status* im Common Law nicht den Normaltyp, sondern umgekehrt die Abweichung vom Normaltyp, sei sie negativ oder positiv. Von *status* spricht man bei einer im Vergleich zum gemeinen Mann geminderten (Teil-)Rechtsfähigkeit oder bei einem rechtlichen Privileg, siehe *Graveson* 1953, S. 5, 7–32.

[8] So *Rabel* 1955, S. 14.

[9] *Rabel* 1955, S. 35.

schäftsfähigkeit erlangt«.[10] Je nach der Stellung im Familienverband handelte es sich dabei jedoch um eine beschränkte Rechtsfähigkeit. Vollrechtsfähig war nur der freie Bürger, der keiner Gewalt mehr unterlag. Auch später im mittelalterlichen Ständestaat führte die genossenschaftliche Rechtsbildung in den Ständen zur Beschränkung der Rechtsfähigkeit derjenigen, die außerhalb der Körperschaften standen.[11] Erst mit der Auflösung der ständischen Ordnung werden die Unterschiede der Rechtsfähigkeit beseitigt, die sich aus der Gruppenzugehörigkeit ergaben, und es ist kein Zufall, daß der Begriff der Rechtsfähigkeit zur Bezeichnung einer jedem Menschen gleichermaßen zukommenden Eigenschaft erst mit Beginn des 19. Jahrhunderts im deutschen rechtswissenschaftlichen Schrifttum auftaucht.[12]

2. Maines Fortschrittsthese: *From status to contract*

Als Georg Jellinek seine Statuslehre entwickelte, lag bereits eine andere Aussage über das Statusrecht vor, die Jellinek nicht erwähnt,[13] die aber – was ihre Rezeption in der internationalen Rechtstheorie angeht – seine Statuslehre an die zweite Stelle rückt, nämlich das »Gesetz des Fortschritts« des englischen Rechtsklassikers Sir Henry Sumner Maine. In seinem 1861 erschienenen »Ancient Law« hat Maine am Ende des Kapitels »Primitive Society and Ancient Law« den Übergang vom archaischen Recht zum klassischen (römischen) Recht behandelt, und zwar speziell die allmähliche Auflösung der archaischen Sippenverfassung im römischen Familienrecht. Dabei stellte er als Ergebnis verallgemeinernd ein »Gesetz des Fortschritts« des Inhalts fest, »daß die bisherige Bewegung der progressiven Gesellschaften eine Bewegung *vom Status zum Vertrag* gewesen ist«.[14] Zum Status im Original: »The word Status may be usefully employed to construct a formula expressing the law of progress thus indicated«.[15] Durch seine Verknüpfung mit dem Problem der Rechtsfähigkeit eignete sich die Bezeichnung Status auch sehr gut zur Unterteilung des Zivilrechts in Personenrecht und andere Rechtsgebiete.[16] Noch heute sprechen wir im Prozeßrecht von »Statussa-

---

[10] *Ehrlich* 1909, S. 37 f.

[11] Vgl. *Ehrlich* 1909, S. 44 f.

[12] Siehe die Begriffsgeschichte bei *Fabricius* 1963, S. 37–42.

[13] Obwohl er Maines vielbeachtetes »Ancient Law« in anderem Zusammenhang heranzieht, siehe *Jellinek* 1921, S. 366 Fn. 1.

[14] *Maine* 1997, S. 114; siehe näher *Feaver* 1969, S. 53: »a striking generalization that has become one of the most celebrated passages in English legal literature«.

[15] *Maine* 1861, S. 164.

[16] Siehe die Heranziehung der Gaius-Stelle (Einteilung in Personenrecht, Sachen-

chen«. Aber die Ausrichtung auf das gesamte Personenrecht zog eine Erweiterung des ursprünglichen Statusbegriffs nach sich, die dann eine Unterscheidung von *status civilis* und *status naturalis* zur Folge hatte.[17] *Status civilis* war der ursprüngliche *status (caput)*, der zu einer Abstufung der Rechtsfähigkeit je nach dem sozialen Stand führte. Dagegen bezog sich *status naturalis* auf Abstufungen der Handlungsfähigkeit, die nicht auf gesellschaftlichen, sondern auf natürlichen (physischen) Unterschieden der Menschen beruhten. Ursprünglich hatten alle rechtlich erheblichen Unterschiede der Menschen zugleich Auswirkungen auf ihre Rechtsfähigkeit, da diese Unterschiede unmittelbare Folgen für ihre Position in der Gruppe hatten und die Rechtsfähigkeit ja nur durch die Gruppe vermittelt wurde. Je mehr sich aber die Vorstellung durchsetzte, daß gewisse Rechte dem Einzelnen unabhängig von seiner Gruppenposition zustehen und daß in bezug auf diese Rechte alle Menschen gleich seien, mußte sich ein Teil der Beschränkungen der Rechtsfähigkeit in Beschränkungen der Handlungsfähigkeit verwandeln.[18] Gewisse natürliche Eigenschaften der Menschen wie jugendliches Alter, weibliches Geschlecht oder geistige Schwäche und Krankheit beseitigen jetzt nicht mehr »die Rechtspersönlichkeit, die Rechtsfähigkeit, aber sie erschweren eine selbständige Beteiligung am Rechtsverkehr oder machen sie ganz unmöglich; sie mindern oder beseitigen die Handlungsfähigkeit«.[19]

Wenn wir also heute mit Maine die alte Rechtsstruktur mit Statusrecht kennzeichnen, so meinen wir damit nur den alten Status im Sinne von *status civilis*, nicht den *status naturalis*. Entscheidendes Merkmal des alten Rechts sind seine Abstufungen der Rechtsfähigkeit je nach »Stand«. Die Gliederung der Gesellschaft nach Ständen beruhte aber nicht auf dem natürlichen sogenannten Primärstatus, sondern auf dem sozialen Status, auf der Gruppenzugehörigkeit. Die Gruppenzugehörigkeit wurde in den alten Gesellschaftsordnungen nicht durch natürliche Eigenschaften, sondern durch einen sozialen Akt erworben. Wie uns die Ethnologie zeigt, kennen schon die archaischen Gesellschaften besondere Initiationsriten, die in feierlicher Form die Aufnahme des Einzelnen in die Gruppe und eine dadurch bewirkte Veränderung seiner Position, das heißt die Auslöschung der alten Existenz und den Beginn einer neuen Sozialpersönlichkeit anzeigen. Nicht die natürliche Tatsache der Geburt, sondern die rechtsförmliche »Aufnahme« des

---

recht und Aktionenrecht) im Digestentitel: de *statu* hominum: Dig. I 5.1, ferner für das gemeine Recht die Feststellung von *von Savigny* 1814, S. 55, dem Begriff des Status »liegt die Unterscheidung von Personenrechten und Sachenrechten zum Grunde«.

[17] Vgl. zum Folgenden *Rehbinder* 1968, S. 148.

[18] *Ehrlich* 1909, S. 3.

[19] *Hübner* 1930, S. 51.

Kindes durch den Familienvater,[20] nicht die faktische Reife oder das Erreichen einer bestimmten Altersgrenze, sondern die feierliche Aufnahme in den Kreis der waffenfähigen Männer[21] war entscheidend. Auch die ständische Ordnung des Mittelalters, ausgehend von dem Dreierschema Geistlichkeit (Lehrstand), Adel (Wehrstand), Bürger und Bauern (Nährstand), hatte ihre eigenen Initiationsriten, bei denen jede Gruppe besondere Statussymbole verwandte. Die Aufnahme in die Stadtgemeinde,[22] das »Freisprechen« in den Zünften und Gilden, diese und ähnliche symbolische Handlungen, an denen das Mittelalter so reich war, hatten jeweils einen doppelten Sinn: Einmal sollten sie dem Neuaufgenommenen nachdrücklich bewußt machen, daß er von nun an voll und ganz den Normen seiner Gruppe unterworfen war, und zum andern sollten sie gegenüber den Außenstehenden den Ranganspruch der Gruppe verdeutlichen und dadurch ihren Zusammenhang festigen. Reste dieser alten Initiationsriten haben sich bis in die heutige Zeit erhalten. Die feierliche Immatrikulation, die Ernennung zum Beamten, der Fahneneid der Soldaten: Diese und andere »Formalakte« zeigen uns heute noch, daß der durch sie erworbene Status kein natürliches, sondern ein soziales Verhältnis ist. Nur in der Beschränkung auf sozial bedingte Unterschiede ist es also richtig, wenn man das alte Recht, das Statusrecht, als »jurisprudence of personal inequalities« bezeichnet hat.[23]

Wenn in der Folgezeit die Rechtsentwicklung so verlaufen ist, daß Privilegien und Rechtsminderungen langsam zu einer durchschnittlichen Vollrechtsfähigkeit jedes Individuums eingeebnet wurden, so geschah das, weil die ständisch festgefügte Sozialordnung durch den Individualismus der Aufklärung in Bewegung geriet. Schon die zeitgenössische Diskussion des Ancient Law hatte die Fortschrittsthese weniger als Erklärung für die Wandlungen des Familienrechts der Antike als vielmehr als Erklärung für den Übergang von der mittelalterlichen Feudalordnung zur bürgerlichen Gesellschaft des Liberalismus und damit als Erklärung für die Rechtsentwicklung ihrer Gegenwart genommen. Daß die industrielle Revolution in der Mitte des 19. Jahrhunderts, als Ancient Law zum Bestseller wurde,[24] mit einem grundlegenden Strukturwandel des Rechts verbunden war, war offensichtlich.[25] Das Recht wies jetzt nicht mehr dem Einzelnen seinen Platz in der gottgewollten Ordnung zu, sondern gab ihm als freiem und gleichem Mit-

---

20 Siehe *Hübner* 1930, S. 52f.

21 Siehe die Zusammenstellung von Initiationsriten bei *Jensen* 1933, S. 68ff.

22 Dazu *Ebel* 1958.

23 So *Allen* 1931, S. 36.

24 Siehe die Zusammenstellung der Ausgaben in *Feaver* 1969, S. 334f.

25 Über den damaligen gesellschaftlichen Wandel eindrucksvoll *Geiger* 1991, S. 264ff.

glied einer einheitlichen Gesellschaft aller Bürger die Möglichkeit, seine Sozialbeziehungen selbstverantwortlich und frei zu gestalten. Das Mittel dazu war der Vertrag. Der Wendepunkt dieser Entwicklung läßt sich sehr gut am Code Civil von 1803 nachweisen. Nachdem die Reste der überholten Feudalordnung durch die Französische Revolution beseitigt waren, bestimmte Art. 8 cc: »Tout Français jouira des droit civils«; und in Art. 1134 hieß es dann: »Les conventions légalement formées *tiennent lieu de loi* à ceux qui les ont faites.« Der Einzelne war damit aufgerufen, sich mit Hilfe des Vertrages sein Recht selbst zu schaffen. Das staatliche Recht hatte in erster Linie die Funktion, den Rahmen abzustecken, in dem die Bürger von ihrer Vertragsfreiheit Gebrauch machen konnten.

Gegen die Bezeichnung dieses neuen Rechtstyps der bürgerlichen Gesellschaft als Kontraktsrecht ist eingewandt worden, auch der alte Status habe oft, wenn nicht gar überwiegend auf einem Vertrag beruht. Gerade die Feudalordnung sei ohne den Lehnsvertrag nicht denkbar, und im Grunde beruhe jede Herrschaftsordnung auf einem »Sozialvertrag«. Auch das staatliche Recht sei, wie schon die Bezeichnung der *leges barbarorum* als *pactus* zeige, durch freie Vereinbarung der Amtsgewalt mit den Dinggenossenschaften zustande gekommen. Besonders solche Gebiete, in denen heute die Bedeutung des Vertrags geschwunden sei, wie das öffentliche Recht, das Prozeßrecht, das Familien- und Erbrecht, seien ursprünglich vom Vertrag beherrscht worden. In Wahrheit sei daher keine Bewegung von *status to contract*, sondern umgekehrt eine Bewegung von *contract to status* festzustellen.[26]

Doch nicht nur das Wort Status, auch das Wort Kontrakt in Maines Fortschrittsthese hat eine spezifische Bedeutung. Wir müssen nämlich mit Max Weber[27] zwischen Statuskontrakten und Zweckkontrakten unterscheiden. Der Vertrag, der den Status begründet, sei es als Kind, Vater, Frau, Bruder, Herr, Sklave, Sippengenosse, Kampfgenosse, Schutzherr, Klient, Gefolgsmann, Vasall, Untertan oder Freund, kurz: als Genosse im weitesten Sinne, war ein Unterwerfungs- oder Herrschaftsvertrag oder ein Verbrüderungsvertrag, durch den »man etwas qualitativ Anderes *wird* als bisher«.[28] Die Austauschverträge hingegen, die »nur die Herbeiführung konkreter, meist ökonomischer, Leistungen oder Erfolge zum Zweck haben, lassen den ›Status‹ der beteiligten Persönlichkeiten völlig unberührt«.[29] Wenn also der neue

---

[26] Besonders *Graveson* 1953, S. 36–38.

[27] *Weber* 1967, S. 134.

[28] So *Weber* 1967, S. 135. Carl Schmitt unterscheidet später in seiner »Verfassungslehre« (*Schmitt* 1928, S. 67) zwischen Statusvertrag und »freier Vertrag im Sinne der liberalen bürgerlichen Rechts- und Gesellschaftsordnung«.

[29] *Weber* 1967, S. 135.

Rechtstyp als Kontraktsrecht bezeichnet wird, so ist damit die Verdrängung der Statusbeziehungen durch die Zweckvereinbarung oder, um mit *Llewellyn* zu sprechen, die Ersetzung der Status-en-bloc-Vereinbarung durch die Einzelvereinbarung gemeint.[30] Schon Eugen Ehrlich hatte Maine gegen seine Kritiker mit dem Argument verteidigt, zwar sei richtig, daß die Ordnung der mittelalterlichen Gesellschaft zum großen Teil auf dem Vertrage beruht habe, der zum Sklaven, zum Hörigen, zum Lehensmann macht, was heute nicht mehr möglich sei. Damit sei aber nur ein kleiner Teil der Maineschen Lehre widerlegt.

> Denn das waren Verträge, die einen Status schufen, und indem die heutige Gesellschaft solche Verträge ablehnt, entzieht sie doch wieder dem Status ein Stück Boden. Es handelt sich immer um die Frage, wie sich die menschliche Gesellschaft die Leistungen verschafft, die sie, um zu bestehen, braucht. Die mittelalterliche fasste den ganzen Menschen, um ihm diese Leistungen abzuzwingen; die moderne begnügt sich immer mehr, nur die einzelnen Leistungen von ihm anzusprechen, seine Persönlichkeit im Übrigen freilassend.[31]

3. Status als theoretischer Grundbegriff der Soziologie

Mit der Feststellung der Verdrängung des liberalistischen Rechtsmodells der bürgerlichen Gesellschaft, das entgegen der *jurisprudence of personal inequalities* dem Gedanken einer formalen Rechtsgleichheit verpflichtet war, durch ein dem Gedanken des Sozialschutzes verpflichtetes differenzierendes Recht des Sozialstaates wurde zur Kennzeichnung dieser Entwicklung erneut auf den Begriff des Status zurückgegriffen und ein »return to status« behauptet.[32] Die Kennzeichnung des Rechts im Sozialstaat als Statusrecht läßt jedoch außer Acht, daß das Wort Status durch seine Übernahme aus der juristischen Terminologie in die soziologische Terminologie inzwischen eine inhaltliche Präzisierung erfahren hat, und zwar durch seine Verwendung in der Rollentheorie und in der Schichtungstheorie. Als im Jahre 1936 der Begriff der Rolle durch den Anthropologen Ralph Linton in die theoretische Soziologie eingeführt und rasch zu einem Grundbegriff der Soziologie wurde,[33]

---

30 *Llewellyn* 1931/32, S. 704, 716.

31 *Ehrlich* 1909, S. 60f.

32 Siehe *Isaacs* 1917/18, S. 34, 37–39; *Vinogradoff* 1928, S. 230–238; *Allen* 1931, S. XXVI; *Pound* 1953, S. X f.; *Sales* 1953, S. 342; *Friedmann* 1962, S. 236f.; *Sawer* 1965, S. 68; *Wiethölter* 1965, S. 806f.; *Bruns* 2007, S. 385–394.

33 Mit einem normativen Verständnis von Rolle: »soziale Rollen bezeichnen Ansprüche der Gesellschaft an die Träger von Positionen«, so *Dahrendorf* 2006, S. 25ff., 49f.

wurde sie untrennbar mit dem Begriff Status als ihrem Komplementärbegriff verknüpft.[34] Es heißt dort:

A status, in the abstract, is a position in a particular pattern [...]. As distinct from the individual who may occupy it, [it] is simply a collection of rights and duties.[35]

A role represents the dynamic aspect of status. The individual is socially assigned to a status and occupies it with relation to other statuses. When he puts the rights and duties which constitute the status into effect, he is performing a role. Role and status are quite inseparable, and the distinction between them is of only academic interest.[36]

Innerhalb seines Statusbegriffs traf nun Linton eine Unterscheidung, die für unseren Zusammenhang entscheidend wurde, und zwar die Unterscheidung zwischen zugewiesenem und erworbenem Status.[37] Die Zuweisung erfolgt oft in feierlichen Übergangs- oder Initiationsriten.[38] Demgegenüber kann man den erworbenen Status *(achieved status)* durch eigene Initiative erlangen. Als Zuordnungskriterium gilt hier das Prinzip der Leistung. Anknüpfungspunkt für den Status ist also im ersten Fall eine durch eine vom Individuum nicht frei erwerbbare Eigenschaft, im zweiten Fall seine Leistung.[39] Dies hat den Rechtssoziologen Julius Stone veranlaßt, Maines Fortschrittsthese soziologisch umzuformulieren. Die Entwicklung von Status zu Kontrakt sei genauer betrachtet »a movement from ascriptive status, fixed by birth and family rights, to status acquired on the basis of individual achievement«.[40] Inzwischen ist jedoch eine Annäherung der soziologischen Terminologie an die juristische erfolgt. Mehrheitlich wird nur noch der zugewiesene Status als Status bezeichnet, während man bei dem durch Leistung erworbenen Status nur noch von erworbener Position spricht. Status ist also in neuerer Sicht der Sozialwissenschaften nur eine bestimmte Art von Position, nämlich die Position in einem hierarchischen Ordnungssystem.[41]

Soweit zum Statusbegriff in der Rollentheorie und damit auf der Ebene der Individuen. Auf der kollektiven Ebene nutzt man den Statusbegriff in der Schichtungstheorie,[42] indem man zum Beispiel im Anschluß an den ju-

---

[34] Siehe *Linton* 1964, S. 113–131.

[35] *Linton* 1964, S. 113.

[36] *Linton* 1964, S. 114. Diese Terminologie gelangte durch Talcott Parsons zum Durchbruch, bei dem es heißt: »Role is the dynamic aspect of status, the behaviour counterpart of the ideal or expected position defined by status« (*Parsons* 1949, S. 43).

[37] *Linton* 1964, S. 115.

[38] *Kluth* 1957, S. 55 f.

[39] *Stone* 1956, S. 22, hat daher vorgeschlagen, den Gegensatz von *ascription and achievement* zu ersetzen durch *quality and performance*.

[40] *Stone* 1956, S. 639.

[41] Siehe Lexikon zur Soziologie 2007, S. 632; *Bates* 1956, S. 313–321; siehe auch *Claessens* 1995.

[42] Siehe *Heintz/Bornschier* 1977, S. 29–48.

ristischen Statusbegriff von Max Weber den sozialen Status verschiedener Berufe untersucht,[43] wobei man empirisch auf objektiv gegebene Größen wie Einkommen oder auf Einschätzung (Prestige) abstellen kann.[44]

4. Georg Jellineks Statuslehre: Akzeptanz und Kritik

Zurück von diesen modernen, meist soziologisch ausgerichteten Begrifflichkeiten des Status in die Zeit von Georg Jellinek, als Status ein Terminus der Rechtslehre war. Die Statuslehre Jellineks, die er zum Zwecke der Unterscheidung verschiedener Funktionen von subjektiv-öffentlichen Rechten in seiner Monographie »Das System der subjektiven öffentlichen Rechte« vom Jahre 1892[45] entwickelt hat,[46] wird heute verbreitet in den Lehrbüchern des Verfassungsrechts und in der allgemeinen Staatslehre verwendet,[47] allerdings beschränkt auf die Grundrechte und beschränkt auf drei Status: den *status negativus*, den *status activus* und den *status positivus*, also unter Weglassung von Jellineks *status passivus* (*status subiectionis* = allgemeiner Rechtsgehorsam als Zustand der Unterwerfung)[48]. Letzteres entspricht jedoch ganz dem Sinne, den Jellinek mit diesem Typ von Status verbunden hat;[49] denn der »Zustand der Unterwerfung« unter den Staat, indem der Einzelne »blosses Subjekt von Pflichten«[50] ist, kann kein Anknüpfungspunkt für Grundrechte sein. Unterwerfung schließt ja die Selbstbestimmung und damit die Rechtsfähigkeit aus, anders als der *status negativus*, der die individuelle Freiheitssphäre bezeichnet,[51] der *status positivus*, der die Ansprüche auf staatliche Tätigkeiten und Leistungen zum Gegenstand hat,[52] und der *status activus* mit dem Anspruch auf die Ausübung politischer Rechte.[53] Wie der römischrechtliche Bezug des Status zur Rechtsfähigkeit, so sieht Jellinek einen Bezug zur Rechtspersönlichkeit. Die Status seien »Positionen der Persönlich-

---

[43] *Occupational stratification*, siehe *Kantzara* 2007, S. 4750.

[44] *Lamnek* 1997, S. 649f.

[45] 2. Aufl. 1905, Neudruck 1919, 1963.

[46] Siehe auch Jellineks zusammenfassende Ausführungen in der »Allgemeinen Staatslehre«: *Jellinek* 1921, S. 416–427.

[47] Siehe statt vieler *Zippelius/Würtenberger* 2005, S. 157–159: »Die drei klassischen Grundrechtsfunktionen«, und die umfassenden Nachweise bei *Sachs* 1988, S. 426 Fn. 180.

[48] *Jellinek* 1921, S. 426.

[49] *Jellinek* 1905, S. 86f., 103ff.

[50] *Jellinek* 1921, S. 426.

[51] *Jellinek* 1905, S. 94ff.

[52] *Jellinek* 1905, S. 114ff.

[53] *Jellinek* 1905, S. 136ff.

keit«.[54] Seine Statuslehre dient also nicht der Beschreibung eines Inhalts von Rechten und Pflichten; denn der Status ist selbst kein subjektives Recht, sondern »eine das Individuum qualifizierende Beziehung zum Staat«, »an die das einzelne Recht anknüpfen kann, die aber selbst nicht Recht ist«.[55] Erst durch die Positivierung konkreter Ansprüche erhält die Rechtspersönlichkeit einen Status. Der Status erzeugt mithin kein Recht, sondern bezeichnet ein Sein der Rechtsperson, sagt Jellinek,[56] und nicht ein Haben. Die Suche nach der Ordnung der subjektiv-öffentlichen Rechte in ein System führt Jellinek also zur Statuslehre als einer Lehre von den logisch möglichen (potentiellen) Formen der Rechtsbeziehungen des Einzelnen zum Staat.[57] Sie ist also eine analytische Theorie, die durch Abstraktion von positiven Normen gewonnen wurde.[58] Die heute bei der Behandlung der Grundrechte durchgängig erfolgende Zuordnung an einen der drei Status von Jellinek und damit der durchschlagende Erfolg seiner Statuslehre[59] ist jedoch nicht ohne Kritik geblieben. Diese ging in zwei Richtungen.

Die einen beklagten die Beschränkung auf nur drei Status als zu eng. Als Raster denkbarer Rechtsbeziehungen des Einzelnen zum Staat bezeichneten die drei Status Jellineks die Möglichkeit einer Anknüpfung subjektiv-öffentlicher Rechte im Obrigkeitsstaat seiner Zeit. Um seither erfolgten Ausdehnungen der Gewährleistungen gerecht zu werden, wurde daher die Konstruktion neuer, ergänzender oder konkurrierender Statusbegriffe gefordert, so ein *status socialis* (*activus* und *positivus*), ein *status politicus*, ein *status privatus*, ein *status constituens*, ein *status activus processualis*, ein *status activus corporativus* und ein *status collectivus*.[60] Andere wollten anstelle einer Fortschreibung der drei Statustypen[61] bei der Jellinekschen Dreiteilung bleiben und zum Beispiel beim *status negativus* den bei Jellinek fehlenden Schutz vor Eingriffen des Gesetzgebers unterbringen[62] oder den Anspruch auf Aufhe-

---

[54] So *Jellinek* 1921, S. 418f. Fn. 1.

[55] *Jellinek* 1905, S. 83f.

[56] *Jellinek* 1905, S. 84.

[57] Als Abfolge logisch möglicher Formen der Rechtsbeziehung kennzeichnet sie zu Recht *Grabitz* 1976, S. 5.

[58] Als »grossartigstes Beispiel analytischer Theoriebildung im Bereich der Grundrechte« und »von einer gewissen Schönheit« gelobt von *Alexy* 2000, S. 221.

[59] Schon die zeitgenössische Kritik hat allerdings ironisch darauf hingewiesen, daß wesentliche Ursache dieses Erfolges wohl die »auffallende Vorliebe für gehäufte Fremdwörter« gewesen sei, so *Otto Mayer* in AöR 9 (1894) S. 281; weitere Nachweise bei *Pauly* 2000, S. 227.

[60] Nachweise jeweils bei *Sachs* 1988, S. 426 Fn. 180.

[61] Über die Fortschreibung zu einer Theorie rechtlicher Grundpositionen durch H. Rupp siehe die Kritik von *Alexy* 2000, S. 216 Fn. 40.

[62] So *Alexy* 1985, S. 244f., ablehnend *Pauly* 2000, S. 229.

bung freiheitsverletzender Verfügungen (Rechtsschutzanspruch) sowohl beim *status negativus* als auch beim *status positivus* unterbringen, mithin die beiden Status miteinander verklammern.[63] Das Ergebnis: in Teilbereichen Widersprüche bei der Ableitung des Status aus dem positiven Recht und Systembruch durch Statuskombinationen, welche eine Unterscheidung der subjektiven Rechte je nach Status fragwürdig werden lassen.

5. Georg Jellineks Status-Lehre: Eine Aussage über Idealtypen der Rechtsbeziehung des Einzelnen zum Staat

Dieses Ergebnis führt zur eigentlichen und grundlegenden Frage: Welchen Sinn, welches Erkenntnisziel hat Jellinek mit seiner Systematisierung der subjektiven-öffentlichen Rechte durch die Einordnung ihrer Erscheinungsformen im positiven Recht je nach ihrer logischen Struktur in seine drei *status* (*negativus*, *positivus* und *activus*) verbunden? Status ist ja für ihn eine die Person des Trägers von subjektiv-öffentlichen Rechten qualifizierende Beziehung zum Staat. Der jeweilige Status ergibt sich aus den im positiven Recht für die betreffende Person angeordneten Rechten und Pflichten. Daher konnte man den Statusbegriff als rein beschreibend verstehen, darauf seinen Sinn begrenzen und mit dem Leipziger Arbeits- und Sozialrechtler Lutz Richter feststellen: »Der Statusbegriff kann zwar zur Veranschaulichung dienen, ist aber seinem Gehalte nach ein Doppelgänger der Rechte und Pflichten und für deren Darstellung entbehrlich«.[64] Typisierungen wie die nach Status können neben der beschreibenden aber auch erklärende Funktionen haben, »Sinnkategorien und Zweckvorgaben«[65] darstellen, also ein »Mehr« als bloße Beschreibung sein. Jellinek, der als Autor der Zwei-Seiten-Theorie vom Staat als soziales Phänomen einerseits und als Rechtsordnung andererseits um eine kategoriale Trennung von Sein und Sollen besorgt sein mußte, stellte daher seiner Staatslehre im Rahmen des zweiten Kapitels über die Methode der Staatslehre Ausführungen über die Typen als Gegenstand der Staatslehre voran.[66]

Der Typus ordnet die Mannigfaltigkeit der Erscheinungen, indem er das Gemeinsame in ihnen logisch heraushebt, oder konfrontiert die Wirklichkeit durch die Hervorhebung oder Hinzufügung einzelner Merkmale. Die Erforschung der juristischen Seite des Staates arbeitet als Erkenntnismittel

---

[63] *Jellinek* 1905, S. 121 f.; *Sachs* 1988, S. 429, siehe dazu *Pauly* 2000, S. 241–244.
[64] *Richter* 1925 S. 60.
[65] *Pauly* 2000, S. 244.
[66] *Jellinek* 1921, S. 34–42.

mit dem Typus als einer Idee. Dabei ist es gleichgültig, ob man sich die Idee entsprechend dem Höhlengleichnis Platons als ein jenseits der Wirklichkeit wirksames Urbild vorstellen will, das wir nur als Schatten erkennen können, oder ob man sie mit Aristoteles und seinem Begriff der Entelechie als ein in den Dingen selbst wirksames Formgesetz versteht.[67] Dieser von Jellinek so genannte ideale Typus oder Idealtypus bezeichnet das »vollkommene Wesen einer Gattung«, kein »Seiendes, sondern ein Seinsollendes«, sei es ein Gebilde freier Spekulation oder ein solches der Umbildung realer Erscheinungsmerkmale, auf jeden Fall aber zugleich der »Wertmassstab des Gegebenen. Was ihm entspricht, ist gut und hat das Recht, sich durchzusetzen und da zu sein; was ihm nicht entspricht, ist zu verwerfen und zu überwinden«.[68] »In der Staatslehre mündet diese Vorstellung vom idealen Typus notwendigerweise in das Streben, den besten Staat zu finden und an ihm die gegebenen staatlichen Institutionen zu messen«.[69] Idealtyp hat also für Jellinek mit einem ethischen Ideal zu tun, mit einer Leitidee. Idealtypen sind daher für Jellinek »im Grunde nicht Objekt des Wissens, sondern des Glaubens«, Gegenstand politischer Indoktrination.[70] Leider hat sich, wie wir gleich sehen werden, dieses Begriffsverständnis nicht durchsetzen können.

Die Erforschung der sozialen Seite des Staates hingegen, die infolge der »vorherrschenden evolutionistischen Denkweise« für Jellinek die historische Forschungsweise ist,[71] arbeitet als Erkenntnismittel mit dem Typus als einem auf gattungsmäßigem Vergleich beruhenden Durchschnittstypus, von Jellinek »empirischer Typus« genannt und dem idealen Typus entgegengesetzt.[72] Dieser Typ, heute Realtyp genannt, wird durch Abstraktion von der Fülle der realen Erscheinungen gebildet, also durch Induktion. Als Aussage über eine Quantität realer Erscheinungen erhebt der empirische Typ anders als der Idealtyp nicht den Anspruch, ein höheres objektives Sein darzustellen.[73] Doch macht das das Arbeiten mit empirischen Typen nicht einfacher. Jellinek warnt nämlich vor vorschnellen Verallgemeinerungen. Die Wirklichkeit verändert sich. Daher gehört zum empirischen Typ seine Veränderlichkeit. Er kann seine Eigenschaft als Durchschnittstyp verlieren oder ein früherer Durchschnittstyp unterliegt bei äußerem Fortbestand seiner Er-

---

[67] Zu diesen beiden Vorstellungen über Ideen als Urbilder siehe *Rehbinder* 1995, S. 182f.

[68] *Jellinek* 1921, S. 34f.

[69] *Jellinek* 1921, S. 35.

[70] *Jellinek* 1921, S. 36.

[71] *Jellinek* 1921, S. 42.

[72] *Jellinek* 1921, S. 36.

[73] *Jellinek* 1921, S. 36.

scheinungsweise einem Zweckwandel, der den alten Typus für die Gegenwart als nicht mehr brauchbar erscheinen läßt.[74] Auch darf die Vergleichung bei der Bildung von Durchschnittstypen nicht zu weit getrieben werden. Je mehr Erscheinungen in die Vergleichung miteinbezogen werden, »desto mehr individualisierende Elemente müssen bei der Abstraktion vernachlässigt werden, desto weniger Erkenntnis wird also durch das Aufstellen des Typus gewonnen«.[75] Zu weit getriebene Generalisierung führt also nur zu Plattheiten und Gemeinplätzen.[76] Klug betrieben hat die Suche nach empirischen Typen nach Jellinek ihre Bedeutung für Wissenschaft und Praxis.[77] Die Zusammenfassung der Vielheit der Erscheinungen zu Einheiten läßt nämlich die Einzelerscheinung besser verstehen, indem diese ihren Standort im Ganzen deutlich werden läßt. Auch wird ihre Eigenart durch Aufweis ihrer im Durchschnittstypus nicht enthaltenen Eigenschaften klar. Beides gehört zur wissenschaftlichen Erklärung der Welt. Aber auch für die Praxis ist die Ermittlung von Durchschnittstypen nützlich. Zeigt das Sozialleben nämlich im Veränderlichen auch Bleibendes, so nützt die Typisierung des Bleibenden als heuristisches Prinzip wegen der Wahrscheinlichkeit, daß die Zukunft unter ähnlichen Bedingungen sich ähnlich wiederholen wird.

Fragt man nun, mit welchen seiner beiden Typen, dem Idealtyp oder dem empirischen Typ, Jellinek bei seiner Statuslehre arbeitete, die die subjektiv-öffentlichen Rechte einem seiner Status zuordnete, so denkt man zunächst an den empirischen Typ, heute Realtyp genannt, weil Jellinek sich die im geltenden Recht auffindbaren subjektiven Rechte daraufhin angesehen hat, welcher Art die persönlichen Beziehungen des Einzelnen zum Staat hier geregelt wird. Der Blick auf die Realität seiner ins Auge gefaßten rechtlichen Erscheinungen hat aber nicht zur Feststellung von Durchschnittstypen geführt, sondern zu einem System der subjektiv-öffentlichen Rechte durch Dreiteilung in verschiedene Status, zu einer Lehre von den logisch möglichen Formen der Rechtsbeziehung des Einzelnen zum Staat. Die Status – obwohl im positiven Recht vorgefunden – sind mehr als eine Beschreibung von Anknüpfungspunkten von Rechten und Pflichten. Sie sind darüber hinaus »Sinnkategorien und Zweckvorgaben jeder Anspruchsgewährung«[78] und unterscheiden damit mögliche soziale Funktionen, nämlich Freiheitssicherung *(status negativus)*, staatliche Leistung im Sinne einer Verteilungsgerechtigkeit *(status positivus)* und demokratische Teilhabe an der Staatsge-

---

[74] *Jellinek* 1921, S. 43–49.
[75] *Jellinek* 1921, S. 37.
[76] *Jellinek* 1921, S. 37.
[77] *Jellinek* 1921, S. 41.
[78] So *Pauly* 2000, S. 244.

walt *(status activus)*. Daß der Status Jellineks etwas mit der sozialen Funktion hinter der logischen Position des Bürgers zum Staat zu tun habe, wird zwar von Wolfram Cremer und Robert Alexy bestritten, die in der Statuslehre allein eine analytische Theorie sehen.[79] Andererseits sind die Status aber auch keine Idealtypen im Sinne von Jellinek; denn es handelt sich bei ihnen nicht um Wertmaßstäbe des Gegebenen, um ethische Ideale als Gegenstand des Bekenntnisses und nicht der Erkenntnis. Der Idealtyp ist für Jellinek, wie wir zitiert haben, ein Ideal, dem nachzustreben ist, ein Seinsollendes, weil vollkommenes Wesen seiner Gattung. Was ihm nicht entspricht, ist zu unterwerfen und zu überwinden.

Im Interesse der Allgemeinverständlichkeit der Wissenschaftssprache ist es zu bedauern, daß sich Jellineks Begriffsverständnis von Idealtyp, wie schon erwähnt, nicht durchgesetzt hat, sondern daß heute ausnahmslos die Begriffsprägung seines jüngeren Heidelberger Kollegen und Freundes, Max Weber, verwendet wird, der den Idealtyp als Arbeitsmittel seiner »verstehenden« Soziologie benutzte. In Webers Worten wird der Idealtyp »gewonnen durch einseitige Steigerung eines oder einiger Gesichtspunkte und durch Zusammenschluss einer Fülle von diffus und diskret, hier mehr, dort weniger, stellenweise gar nicht, vorhandenen Einzelerscheinungen, die sich jenen einseitig herausgehobenen Gesichtspunkten fügen, zu einem in sich einheitlichen Gedankengebilde«.[80] Der Idealtyp ist für ihn ein »Gedankengebilde, welches nicht die historische Wirklichkeit oder gar die ›eigentliche‹ Wirklichkeit ist, […] sondern die Bedeutung eines rein idealen Grenzbegriffes hat, in welchem die Wirklichkeit zur Verdeutlichung bestimmter bedeutsamer Bestandteile ihres empirischen Gehaltes gemessen, mit dem sie verglichen wird«.[81] Anders als Realtypen, die Abstraktionen der beobachteten Wirklichkeit darstellen, welche von allen unwesentlichen Zügen gereinigt sind, die aber über Wirklichkeit informieren, kann der Idealtyp auch Züge haben, die in der Wirklichkeit nicht vorkommen. Er dient also nicht der Beschreibung, sondern der Konfrontation der Wirklichkeit.[82] Andererseits ist die »verstehende Soziologie« Max Webers, die Aussagen über die Wirklichkeit macht, keine Philosophie und seine Idealtypen haben daher auch, anders als die Idealtypen Jellineks, nichts mit Ideal zu tun. Sie sollten besser Ideetypen genannt werden.

---

[79] *Cremer* 2003, S. 10f.; *Alexy* 2000, S. 224. Peter Häberle und Konrad Hesse machten daher der Statuslehre deren »formalen Charakter« zum Vorwurf, so *Häberle* 1983, S. 18; *Hesse* 1995, S. 128.

[80] *Weber* 1988, S. 191.

[81] Zitiert von *Hillmann* 2007, S. 910 (unter »Typ«).

[82] Dazu *Janoska-Bendl* 1965.

6. Über den begrenzten Erkenntniswert einer Arbeit mit Idealtypen

Während Henry S. Maine im Jahre 1861 das Recht einer frühen Epoche einheitlich mit dem Begriff Status kennzeichnete, entwickelte Jellinek im Jahre 1892 im Hinblick auf die logische Struktur drei verschiedene subjektiv-öffentliche Rechte, kennzeichnete die Träger dieser Rechte je nach ihrem Rechtsverhältnis zum Staat mit drei Erscheinungsformen = Ideen ihrer Rechtsposition und fügte diese zu einem einheitlich geordneten Ganzen (= System) zusammen. Vergleichbar im Vorgehen entwickelte im Jahre 1939 Karl N. Llewellyn auf dem Hintergrund der Ganzheitspsychologie seine Lehre von den verschiedenen Rechtsfunktionen *(law jobs)*, in die die soziale Funktion der Institution Recht mit ihrer Aufgabenstellung der sozialen Integration zu unterteilen ist.[83] Dazu bildete er fünf verschiedene Arten von Rechtsfunktionen. Als Idealtypen sind diese – so wurde später betont – keiner empirischen Überprüfung zugänglich.[84] Idealtypen dienen nicht der Beschreibung, sondern der Konfrontation mit der Wirklichkeit. In dieser Konfrontation nehmen sie aber auf die Wirklichkeit Bezug. Nun ist jedoch die Wirklichkeit (mal mehr, mal weniger) im Wandel begriffen. Dieser Wandel bringt bei einer Konfrontation mit den Idealtypen eine tendenzielle Gefahr mit sich. Die Idealtypen werden nämlich auf dem Hintergrund einer bestimmten sozialen Wirklichkeit entwickelt und diese entspricht infolge Wandels oft nicht mehr der Gegenwart. In diesem Fall kann der Vergleich der Wirklichkeit mit dem Idealtyp nur schief laufen, so daß keine »gesicherten Erkenntnisse«[85] zu erwarten sind. Das sollen abschließend drei Beispiele zeigen.

(1) Als der liberale Rechtsstaat durch Züge des Sozialstaats überlagert wurde, paßte der Idealtyp Kontraktsrecht nicht mehr zur Kennzeichnung des Rechts der Gegenwart. Daraus wurde ein *return to status* gefolgert, anstatt einen neuen Idealtyp zu entwickeln. Ich habe als neuen Idealtyp das Recht der Zuweisung von flexiblen Rollen vorgeschlagen[86] und bin damit auf einige Zustimmung gestoßen. Andere kennzeichnen den sozialen Schutzgedanken des Rechts durch die soziologischen Begriffe »Position« oder

---

[83] Zu Llewellyns Lehre von den *law jobs* siehe *Rehbinder* 2009, N 96–109 und *ders.* 1973, S. 354–368; über die Verortung seines Forschungsdesign in der Ganzheitspsychologie siehe *Rehbinder* 1994, S. 183.

[84] Dazu *Twining* 1973, S. 180ff.

[85] *Alexy* 2000, S. 209 bescheinigt der Statuslehre Jellineks in wesentlichen Teilen »gesicherte Erkenntnisse im Bereich der Grundrechte«.

[86] *Rehbinder* 1968, S. 160ff.

»Stellung«.[87] Auf jeden Fall aber sagt man heute mehrheitlich: keine Rückkehr zum alten Statusrecht.

(2) Max Weber hat in den als Rechtssoziologie gekennzeichneten Teilen seines Nachlaßwerkes »Wirtschaft und Gesellschaft« die Entwicklungslinie des Rechts als das Durchlaufen verschiedener Rationalitätsstufen geschildert (Gesetz der zunehmenden Rationalität des Rechts). Dazu hat er als Maßstab der Rationalität vier Idealtypen entwickelt.[88] Da er das formal-rationale Recht als das der Gegenwart adäquate Recht ansieht, kommt er unter Zugrundelegung dieses Maßstabs zu einer krassen Fehleinschätzung des modernen Rechts, nämlich zur Verkennung der Eigenart des Rechts im Sozialstaat und zur Bekämpfung der soziologischen Jurisprudenz.[89] Der aus dem liberalistischen Gedankengut stammende Maßstab der formalen Rationalität paßte nicht zur Charakterisierung des Rechts im Sozialstaat, und die soziologische Jurisprudenz in Form der damaligen Freirechtsbewegung wird von ihm als »einer der charakteristischen Rückschläge« gegen den Rationalismus abgelehnt, da bei ihr »soziologische und ökonomische oder ethische Raisonnements an die Stelle juristischer Begriffe treten«.[90] Statt eines Rückschlags hat damals in Wahrheit ein Aufbruch in die Rechtswelt des Sozialstaates stattgefunden, der Übergang vom »individualistischen zum sozialen Recht« (Gustav Radbruch).[91] Und heute im digitalen Zeitalter ist Recht statt formal-rational ein »unscharfes Recht«.[92] Weber, der selbst von der »Unvermeidlichkeit immer neuer idealtypischer Konstruktionen« sprach,[93] hätte jedenfalls heute nicht mehr behauptet, daß das Recht sich auf einem unaufhaltsamen Rationalisierungsprozeß befinde.[94]

(3) Beim dritten und letzten Beispiel komme ich wieder auf Jellineks Statuslehre zurück. Anders als bei Maine und Max Weber wird hier keine Entwicklung behauptet im Sinne einer historischen Abfolge der jeweiligen Typen; denn hier geht es um logische Möglichkeiten der Anknüpfung subjektiv-öffentlicher Rechte: *status negativus*, *status positivus*, *status activus*, durch Anhäufung zu einem System verknüpft. *Status negativus* mit der Zweckvorgabe »Freiheitssicherung« = Unterlassungs- und Beseitigungsansprüche, *status positivus* mit der Zweckvorgabe »Verteilungsgerechtigkeit« = Leistungs-

87 *Mehrhoff* 1990, Sp. 1921 f.

88 Siehe *Freund* 1987, S. 22, 32.

89 Dazu näher *Rehbinder* 1987, S. 138–147.

90 *Weber* 1967, S. 346.

91 *Radbruch* 1930, Sp. 458–468.

92 Siehe die eindrucksvolle Studie von *Böhme-Neßler* 2008.

93 *Weber* 1988, S. 206.

94 So schon *Friedmann* 1960, S. 196.

ansprüche und *status activus* mit der Zweckvorgabe »Teilnahme an der Staatsgewalt« = Mitwirkungsrechte. Entspricht die Anhäufung dieser drei Zweckvorgaben als Ganzes dem heutigen Leitbild unseres Staates? Unser heutiger Staat ist geprägt von der Rückbindung des Sozialstaates durch das Leitbild des Gewährleistungsstaates.[95] Zweckvorgabe einer Regelung der Beziehung des Einzelnen zum Staat ist beim Gewährleistungsstaat die Staatsaufsicht (Überwachung und bei Pflichtverletzung hoheitlicher Eingriff). Die Rechtsstellung des Einzelnen besteht nicht in erster Linie aus einem Leistungsanspruch, sondern aus dem Recht, daß Staatsaufsicht tatsächlich geübt wird und bei Verletzung der Aufsichtspflicht neben Leistungsansprüchen auch ein Schadenersatzanspruch gegenüber dem pflichtvergessenen Staat begründet wird. Wie im Einzelnen der Rechtstyp des Gewährleistungsstaates auch auszugestalten ist: Es muß ein neuer Status entwickelt werden, der der Idee des Gewährleistungsstaates entspricht.[96] Mein Ergebnis: Die Statuslehre von Jellinek ist heute noch brauchbar, aber nur unter der Voraussetzung, daß man sich der »Unvermeidlichkeit immer neuer idealtypischer Konstruktionen« bewußt bleibt.

Literatur

Alexy, Robert (1985): Theorie der Grundrechte. Baden-Baden.

Ders. (2000): Grundrechte und Status. In: Paulson, Stanley L./Schulte, Martin (Hrsg.): Georg Jellinek. Beiträge zu Leben und Werk. Tübingen, S. 209–225.

Allen, Carleton K. (1931a): Introduction. In: Henry Sumner Maine: Ancient Law. London.

Ders. (1931b): Legal Duties and other Essays in Jurisprudence. Oxford.

Bates, Frederick L. (1956): Position, Role and Status: A Reformulation of Concepts. In: Social Forces 34, S. 313–321.

Böhme-Neßler, Volker (2008): Unscharfes Recht. Überlegungen zur Relativierung des Rechts in der digitalisierten Welt. Berlin.

Bruns, Alexander (2007): Die Vertragsfreiheit und ihre Grenzen in den USA. Movement from Contract to Status? In: JZ, S. 385–394.

Claessens, Dieter (1995): Status als entwicklungssoziologischer Begriff. Hamburg.

Cremer, Wolfram (2003): Freiheitsgrundrechte. Tübingen.

Dahrendorf, Ralf: Homo sociologicus. Ein Versuch zur Geschichte, Bedeutung und Kritik der Kategorie der sozialen Rolle. 16. Aufl. Wiesbaden.

Ebel, Wilhelm (1958): Der Bürgereid als Geltungsgrund und Gestaltungsprinzip des deutschen mittelalterlichen Stadtrechts. Weimar.

---

[95] Siehe *Rehbinder* 1973, N 108.

[96] Siehe den Beitrag von Winfried Kluth mit dem auf Masing zurückgehenden Vorschlag eines *status procuratoris*, da die neue Verwaltungswissenschaft den Status des Einzelnen im öffentlichen Recht um seine Teilnahme an der Gemeinwohlerreichung erweitert.

Ehrlich, Eugen (1909): Die Rechtsfähigkeit. Berlin.
Fabricius, Fritz (1963): Relativität der Rechtsfähigkeit. München.
Feaver, George (1969): From Status to Contract. A Biography of Sir Henry Maine. London.
Freund, Julien (1987): Die Rationalisierung des Rechts nach Max Weber. In: Rehbinder, Manfred/Tieck, Klaus-Peter (Hrsg.): Max Weber als Rechtssoziologe. Berlin, S. 9–35.
Friedmann, Wolfgang (1960): Legal Theory. 4. Aufl. London.
Ders. (1962): Some Reflections on Status and Freedom. In Newman, Ralph A. (Hrsg.): Essays in Jurisprudence in Honour of Roscoe Pound. Indianapolis, NY.
Geiger, Theodor (1991): Demokratie ohne Dogma. 4. Aufl. Berlin.
Grabitz, Eberhard (1976): Freiheit und Verfassungsrecht. Tübingen.
Graveson, Ronald Harry (1953): Status in the Common Law. London.
Häberle, Peter (1983): Die Wesensgehaltsgarantie des Art. 19 Abs. 2 Grundgesetz. 3. Aufl. Heidelberg.
Heintz, Volker/Bornschier, Peter (1977): Statusinkonsistenz und Schichtung. In: Zeitschrift für Soziologie 6 (1), S. 29–48.
Hesse, Konrad (1995): Grundzüge des Verfassungsrechts der Bundesrepublik Deutschland, 20. Aufl. Heidelberg.
Hillmann, Karl-Heinz (2007): Wörterbuch der Soziologie. 5. Aufl. Stuttgart.
Hübner, Rudolf (1930): Grundzüge des Deutschen Privatrechts. 5. Aufl. Leipzig.
Isaacs, Nathan (1917/18): The Standardizing of Contracts. In: Yale Law Journal 27.
Janoska-Bendl, Judith (1965): Methodologische Aspekte des Idealtypus. Berlin.
Jellinek, Georg (1905): System der subjektiven öffentlichen Rechte. 2. Aufl. Tübingen.
Ders. (1921): Allgemeine Staatslehre. 3. Aufl. Berlin.
Jensen, Adolf E. (1933): Beschneidung und Reifezeremonien bei Naturvölkern. Stuttgart.
Kantzara, Vasiliki (2007): status. In: The Blackwell Encyclopedia of Sociology. Bd. IX.
Kersten, Jens (2001): Georg Jellinek und die klassische Staatslehre. Tübingen 2000. In: Ius Commune 28, S. 482ff.
Kluth, Heinz (1957): Sozialprestige und sozialer Status. Stuttgart.
Lamnek, Siegfried (1997): Status. In: Reinhold, Gerd u. a. (Hrsg.): Soziologie-Lexikon. 3. Aufl. München, S. 649f.
Lexikon zur Soziologie (2007). Hrsg. von Werner Fuchs-Heinritz u. a. 4. Aufl. Wiesbaden.
Linton, Ralph (1964): The Study of Man (1936). Neudruck. New York.
Llewellyn, Karl N. (1931/32): What Price Contract? In: Yale Law Journal 40.
Maine, Henry Sumner (1861): Ancient Law. New York.
Ders. (1997): Das alte Recht. Sein Zusammenhang mit der Frühgeschichte der Gesellschaft und sein Verhältnis zu modernen Ideen. Übersetzt und hrsg. von Heiko Dahle. Baden-Baden.
Mehrhoff, F. (1990): Status. In: Handwörterbuch der deutschen Rechtsgeschichte (HRG). Bd. IV. Berlin, Sp. 1921f.
Parsons, Talcott (1949): Essays in Sociological Theory, Pure and Applied. Glencoe, Ill.
Pauly, Walter (2000): Georg Jellineks »System der subjektiven öffentlichen Rechte. In: Paulson, Stanley L./Schulte, Martin (Hrsg.): Georg Jellinek. Beiträge zu Leben und Werk. Tübingen, S. 227–244.
Pound, Roscoe (1953): Introduction. In: Graveson, Ronald Harry: Status in the Common Law. London.
Rabel, Ernst (1955): Grundzüge des römischen Privatrechts. 2. Aufl. Darmstadt.

Radbruch, Gustav (1930): Vom individualistischen zum sozialen Recht. In: Hanseatische Rechts- und Gerichtszeitschrift 13, Sp. 458–468.

Rehbinder, Manfred (1968): Status – Kontrakt – Rolle. Wandlungen der Rechtsstruktur auf dem Wege zur offenen Gesellschaft. In: Berliner Festschrift für Ernst E. Hirsch. Berlin, S. 141–169.

Ders. (1973): Die gesellschaftlichen Funktionen des Rechts. In: Festschrift René König. Opladen, S. 354–368.

Ders. (1987): Max Weber und die Rechtswissenschaft. In: Rehbinder, Manfred/Tieck, Klaus-Peter (Hrsg.): Max Weber als Rechtssoziologe. Berlin, S. 127–149.

Ders. (2009): Rechtssoziologie. 7. Aufl. München.

Ders. (1995): Einführung in die Rechtswissenschaft. 8. Aufl. Berlin.

Ders. (1994): Rechtsgefühl, Institutionen und Ganzheitspsychologie bei Karl N. Llewellyn. In: Drobnig, Ulrich/Rehbinder, Manfred: Rechtsrealismus, multikulturelle Gesellschaft und Handelsrecht. Karl N. Llewellyn und seine Bedeutung heute. Berlin, S. 175–186.

Richter, Lutz (1925): Das subjektive öffentliche Recht. In: AöR, S. 1–84.

Sachs, Michael (1988) in: Stern, Klaus: Das Staatsrecht der Bundesrepublik Deutschland Bd. III/1. München.

Sales, H. B. (1953): Standard Form Contracts. In: The Modern Law Review 16.

Savigny, Friedrich Carl von (1814): Vom Beruf unsrer Zeit für Gesetzgebung und Rechtswissenschaft. Heidelberg.

Sawer, Geoffrey (1965): Law and Society. Oxford.

Schmitt, Carl (1928): Verfassungslehre. Berlin.

Stone, Julius (1956): Social Dimensions of Law and Justice: Stanford.

Twining, William (1973): Karl Llewellyn and the Realist Movement. London.

Vinogradoff, Paul (1928): Collected Legal Papers. Bd. II. Oxford.

Weber, Max (1967): Rechtssoziologie. Hrsg. von Johannes Winckelmann. 2. Aufl. Tübingen.

Ders. (1988): Gesammelte Aufsätze zur Wissenschaftslehre. 7. Aufl. Tübingen.

Wiethölter, Rudolf (1965): Die Einwirkung des Sozialstaatsgedankens auf das Vertrags- und Wirtschaftsrecht. In: RabelsZ 29.

Zippelius, Reinhold/Würtenberger, Thomas (2005): Deutsches Staatsrecht. 31. Aufl. München.

Statuslehre und Staat bei Georg Jellinek

Hans Vorländer

1. Die Statuslehre und ihre Fortschreibung

In diesen vier Status: dem passiven, dem negativen, dem positiven, dem aktiven erschöpfte sich die gliedliche Stellung des Individuums im Staate. Leistungen an den Staat, Freiheit vom Staat, Forderungen an den Staat, Leistungen für den Staat sind die Gesichtspunkte, unter welchen die öffentliche Rechtsstellung des Individuums begriffen sein will. Diese vier Status bilden eine aufsteigende Linie, indem das Individuum zuvörderst dem Staate Gehorsam leistend der Persönlichkeit bar erscheint, hierauf ihm eine selbständige, staatsfreie Sphäre zuerkannt wird, sodann der Staat selbst sich zu Leistungen an das Individuum verpflichtet, bis schließlich der individuelle Wille an der staatlichen Herrschaftsübung teilnimmt oder sogar als Träger des staatlichen Imperiums anerkannt wird.[1]

Das ist der Kern der Statuslehre von Georg Jellinek, wie er sie in seinem System der subjektiven öffentlichen Rechte entfaltet hat. Im passiven Status, im *status subiectionis*, ist die Selbstbestimmung und daher die Persönlichkeit ausgeschlossen. Alle Persönlichkeit, so Jellinek, ist beschränkt. Der Einzelne ist verpflichtet, den staatlichen Geboten und Verboten unterworfen, der Einzelne ist aber nicht berechtigt. Anders im negativen Status, im *status libertatis*. Hier ist die Herrschaft des Staates eine sachlich begrenzte, das Individuum ist nicht einseitig subjiziert, dem Staatsmitglied kommt ein Status zu, in dem er Herr ist. Eine staatsfreie, das Imperium verneinende Sphäre, die individuelle Freiheitssphäre grenzt sich aus. Hier können die streng individuellen Zwecke durch die freie Tat des Individuums ihre Befriedigung finden. Im positiven Status, dem *status civitatis*, kann der Einzelne die Staatsmacht für sich in Anspruch nehmen, die staatlichen Institutionen benutzen. Hier werden dem Individuum positive Ansprüche gewährt. Wird damit im positiven Status dem Einzelnen eine rechtliche Fähigkeit zuerkannt, so kennzeichnet den aktiven Status, den Status aktiver Zivität, daß der Staat dem Individuum die Fähigkeit zuerkennt, für den Staat tätig zu werden und politische Rechte im engeren Sinne auszuüben. In diesen Status, so Jellinek,

---

[1] *Jellinek* 1919, S. 87 f.

erschöpft sich die gliedliche Stellung des Individuums im Staate, das soll wohl heißen, daß weitere Status für Jellinek weder systematisch erforderlich noch logisch möglich, weder politisch notwendig noch geschichtlich erwartbar sind.

Die vier Status bilden eine aufsteigende Linie, was systematisch wohl die immer umfänglichere rechtliche Stellung des Einzelnen bezeichnet, historisch wohl auch eine Abfolge zu skizzieren, kulturell einen Fortschritt zu bedeuten und zugleich Abschluß der Ausbildung subjektiver öffentlicher Rechte zu markieren scheint. Diese Entwicklung sieht zu Beginn den Hobbesschen Unterwerfungszusammenhang[2] in seiner reinsten Form: Der Einzelne schuldet dem Staat Gehorsam, erhält dafür Schutz. Staatliche Herrschaft ist Herrschaft über Freie, als liberaler Staat gewährt er negative Freiheitsrechte, die eine der Herrschaft entzogene Sphäre des Individuums anerkennen.[3] Positive Ansprüche werden sodann im positiven Status gewährt, der zugleich »die Basis für die Gesamtheit staatlicher Leistungen im individuellen Interesse« ist.[4] Schließlich geht es um den öffentlichen, politischen Funktionszusammenhang, der Status aktiver Zivität konstituiert politische Rechte der Individuen wie der staatlichen Organe. Von der Herrschaftsunterwerfung zur Herrschaftsgestaltung, so ließe sich die aufsteigende Linie charakterisieren. Ob neben den liberalen und den politischen Rechten tatsächlich auch eine soziale Berechtigung des Individuums vorliegt, die Ansprüche auf umfassende Leistungen auch im Sinne einer sozialen Existenzsicherung, einer Daseinsvorsorge und einer generellen Prävention geltend machen könnte, muß bei Jellinek wohl verneint werden.[5]

Daß Jellinek mit diesen vier Status die gliedliche Stellung des Individuums im Staat als erschöpft ansieht, hat die Staats- und Verfassungsrechtswissenschaft in der Folge nicht daran hindern können, die Statuslehre fortzuschreiben und sie wegen ihrer zweifellos vorhandenen Anfangsplausibilität, ja man möchte fast sagen: Selbstevidenz, zu einer Erfolgsstory werden zu

---

[2] *Jellinek* 1919, S. 33.

[3] *Jellinek* 1919, S. 85.

[4] *Jellinek* 1919, S. 87.

[5] Ob bei Jellinek »Leistungen« auch staatliche Leistungen außerhalb der eigentlichen Rechtsgewährungen sein könnten, ist kaum anzunehmen. Bei »Leistungen« handelt es sich um den »Schutz von Gütern und Interessen«, denn das ist der Zweck des Rechts (*Jellinek* 1919, S. 43). Aber Leistungen, auch »Gesetze, die dem individuellen Interesse zugute kommen« (*Jellinek* 1919, S. 97), können bei Jellinek nicht als Erfüllungen subjektiver Ansprüche begriffen werden, insofern gibt es auch kein soziales Recht auf Dienstleistungen oder Leistungen eines umfassenden Daseinsvorsorge- oder modernen Präventionsstaates, dessen programmatische Konzeptualisierung ohnehin erst in der zweiten Hälfte des 20. Jahrhunderts erfolgte.

lassen. Die heutige Grundrechtsdogmatik ist ohne Jellinek kaum noch zu denken, wobei nicht jede Jellinek-Referenz eine theoretisch durchdachte oder überzeugende Anschlußleistung darstellt, vielfach die schöne, anfangs ja auch belächelte und heftig kritisierte latinisierte Begrifflichkeit[6] auch so manchen vordergründigen Assoziationsreiz ausgeübt haben mag. Wie anders ließe es sich verstehen, daß sich zu den Jellinekschen Status in den letzten hundert Jahren einige weitere hinzugesellen konnten: so etwa der *status activus processualis*, der *status activus corporativis*, der *status collectivus*, der *status positivus libertatis*, der *status positivus socialis*,[7] der *status activus politicus*, der *status Europaeus*, schließlich der *status mundialis hominis*.[8] Fast jede Weiterung des grund- und menschenrechtlichen Bestandes wird in Begriffen der Jellinekschen Statuslehre beschrieben, allein der *status activus et positivus culturalis*[9] scheint hier noch nicht der terminologischen Anziehungskraft Jellinekscher Systematik erlegen zu sein.

2. Die Statuslehre und ihre Kritik

Nun will und soll an dieser Stelle keineswegs die Heuristik des Entwurfs und die nachhaltige Wirkung seiner Systematik bezweifelt werden, das wäre angesichts des Jahrhundertwerkes von Jellinek mit seinen drei Hauptwerken über die Genese der Menschen- und Grundrechte, das System der subjektiven öffentlichen Rechte und die Allgemeine Staatslehre unangemessen und fehlgehend.[10] Aber es ist schon bemerkenswert, daß sich der rechtswissenschaftliche Grundrechtediskurs nach wie vor so stark an Georg Jellinek abarbeitet. Dabei war von Anfang an seine Systematik erheblicher Kritik ausgesetzt. Der Formalismusvorwurf war nachvollziehbar, wenngleich er selten gut begründet war. Erheblicher wog schon der Einwand der logischen Inkonsistenz. Der unzureichende Systematisierungswert der Statuslehre, die unklare Zuordnung von bestimmten Rechten zu bestimmten Status, die

[6] Vgl. die Hinweise auf die ältere Literatur bei *Pauly* 2000, S. 227.

[7] Vgl. die Auflistung bei *Pauly* 2000, S. 228.

[8] Vgl. etwa zu den letzten drei genannten Status *Häberle* 1998, S. 1112; auch *Kotzur* 2004, S. 299.

[9] Ein solcher Status würde die Gesamtheit kultureller Rechte systematisch beschreiben wollen, wie sie in der zeitgenössischen Diskussion beispielsweise um die Bewahrung kultureller Identitäten und die Rechte kultureller Minderheiten aufscheint.

[10] *Jellinek* 1927, 1919, 1960. Vielleicht kann man zu diesen drei Werken auch noch seine Schrift über »Verfassungsänderung und Verfassungswandlung« (1906 erschienen; *Jellinek* 1996) hinzurechnen, eine Schrift, die meines Erachtens in ihrer heuristischen und systematischen Ertragskraft unter Wert gehandelt worden ist.

wenig stimmige Abschichtung der statuszugehörigen Rechte nach ihrem rechtstechnischen Inhalt, das sind schon erhebliche Einwendungen.[11] Einige der Inkonsistenzen wurden, durchaus überzeugend, von Robert Alexy in seiner »Theorie der Grundrechte« überwunden.[12] Vernichtend war indes Niklas Luhmanns Kritik, wonach es sich im Falle der Statuslehre um eine »theoretisch offensichtlich nicht bewältigte, rein induktiv gewonnene Klassifizierung [...] von einer geradezu aufreizenden Unausgeglichenheit« handele.[13] Luhmann hat seine Kritik zweifellos überzogen, vor allem scheint er mir die Kritik am falschen Punkt anzusetzen. Jellineks Absicht war die Klassifizierung, diese wies, wie wir alle wissen, theoretische Inkonsistenzen auf, aber der Vorwurf kann gewiß nicht lauten, daß Jellinek induktiv zu seiner Klassifizierung fand, denn wie anders hätte er sonst die Emergenz individueller Rechte typologisch fassen können.

Unklar und umstritten bleibt bis auf den heutigen Tag indes der Zusammenhang von Staat, Individuum und Recht. Vor allem die Genese der Status und die sich daraus ergebenden Rechte wie auch die Rückwirkung der Rechte auf den je spezifischen Status konnten und können nicht wirklich überzeugen. Jellineks Voraussetzungen für die Herausbildung und Existenz subjektiver öffentlicher Rechte sind der Staat und die Rechtsordnung, wobei erst die – vieldiskutierte – »Selbstverpflichtung« des Staates dazu führt, daß die Beherrschten auch als rechtliche Persönlichkeiten anerkannt werden und sich damit der Staat, quasi im Gegenzug, ebenfalls als Rechtspersönlichkeit zu konstituieren vermag.[14] Dieser wechselseitige, auf Anerkennungsprozessen beruhende Konstituierungszusammenhang bleibt bei Jellinek unaufgeklärt, und zwar theoretisch wie historisch. Im Grunde müßte bei Jellinek ein kontraktualistischer Begründungszusammenhang angenommen werden, der die Entstehung von Staat und Rechtsordnung *uno actu* zu erklären vermag und die Beschränkung der Souveränität in der Selbstbindung des Staates an das Recht vorstellbar gemacht hätte. Doch Jellinek entzieht sich dieser kontraktualistischen Theorietradition, weil er dann auch von einem naturrechtlichen Status des Einzelnen hätte ausgehen müssen. Bei Jellinek sind aber die Einzelpersönlichkeit und ihre Rechte nicht die Grundlage, weder Voraussetzung noch Bedingung, sondern allein das Resultat der durch den Staat als Herrschaftsverband geschaffenen Rechtsordnung. Subjektive Rechte kommen also dem Einzelnen nur im und durch

[11] Walter Pauly hat sie vor einiger Zeit noch einmal alle zusammengetragen und gewürdigt. Vgl. *Pauly* 2000 und *Pauly/Siebinger* 2004, S. 138ff.

[12] Vgl. *Alexy* 2000, S. 209–225; vgl. vorher schon *Alexy* 1996, S. 203ff.

[13] *Luhmann* 1986, S. 136 Anm. 1.

[14] *Jellinek* 1919, S. 195ff., 234ff.

den Staat zu, sie werden gewährt, nicht gewährleistet. Vorstaatliche Rechte des Einzelnen gibt es nicht – und das ist sowohl geltungstheoretisch wie historisch-genealogisch zu verstehen und höchst problematisch. Es berührt Fragen der Methodik, der Historizität, der Staats- und schließlich der Rechtekonzeption bei Jellinek.

Hans Kelsen hatte die Jellineksche Konstruktion für wenig überzeugend gehalten. Er stellte die Selbsterhebung des Staates zur rechtlichen Persönlichkeit ebenso in Frage wie die zugrunde liegende Selbstverpflichtungslehre.[15] Der Grundfehler war für ihn in Jellineks Zweiseitentheorie zu sehen, die am identischen Gegenstand Staat eine soziale und eine juristische Seite unterschied.[16] Für Kelsen ist der Staat hingegen allein eine normative Zwangsordnung, Staat und Recht sind identisch. Die Kritik von Kelsen mochte unter (grund-)normlogischen Voraussetzungen berechtigt erscheinen, doch konnte sie den Jellinekschen Ausgangspunkt nicht wirklich treffen. Denn Jellineks Anlage der Zweiseitentheorie des Staates versuchte ja zu zeigen, daß die Rechte, die mit dem Status verbunden sind, in ihrer Genese als Produkt einer kulturellen und historischen Entwicklung zu verstehen sind.[17] Dieser Ansatz der Jellinekschen Überlegung muß durchaus als zutreffend charakterisiert werden. Daß Jellinek dann aber gleichwohl diesen genetischen Zusammenhang ausblendet und allein den Staat qua unerklärlich bleibender Selbstverpflichtung zum Agenten der Verleihung individueller Rechtspositionen macht, scheint seiner eigenen Annahme der kulturellen und historischen Entwicklung zu widersprechen. Nicht die Zweiseitentheorie ist das Problem, sondern die unzureichende Vermittlung von soziokulturell-historischer Genese einerseits und juristischer Geltung von individuellen Rechtspositionen andererseits. Anders formuliert: Daß Staat, Status und Rechte Kultur- und Geschichtsprodukte sind, ist kaum zu bestreiten. Diese Erkenntnis bleibt bei Jellinek aber für die Entfaltung seiner Systematik und die Geltungsproblematik von Recht – methodisch, theoretisch und juristisch – folgenlos. Weder vermag sie bei Jellinek die Systematik zu erklären noch gibt sie eine Begründung für die Geltung dieser spezifischen vier Status und der sich in ihnen ausbildenden Rechte. Warum sind es denn diese vier und dann auch in dieser Aufgipfelung? Warum sind es nicht liberale, politische und soziale Rechte, und in dieser Reihenfolge.[18] So kann es auch

---

[15] *Kelsen* 1923, S. 400ff.; *Pauly* 2000, S. 232.

[16] *Kelsen* 1928, S. 114ff.; *Pauly* 2000, S. 232.

[17] Von einem »Resultat der gesamten Kulturentwicklung« spricht *Jellinek* 1960, S. 408 in der »Allgemeinen Staatslehre«.

[18] Wie sie vor allem von Thomas H. Marshall in seiner bekannten Vorlesung von 1949 »Citizenship and Social Class« entwickelt worden ist, zuerst veröffentlicht in »Ci-

weder 1892 noch heute überzeugen, daß die Subjektstellung der juristischen Persönlichkeit allein auf staatlichem Tun im Wege rechtlicher Verleihung beruht, der Staat selbst hingegen »Rechtssubjekt aus eigenem Recht«[19] ist, daß Rechte nur gewährt, hingegen nicht gewährleistet werden und dem Einzelnen subjektive Rechte, die keineswegs als individuelle Anspruchsrechte verstanden werden können,[20] folglich nur durch den Staat zukommen. Das ist angesichts der historischen Kontingenz der Herausbildung, der Entwicklung und des Bestandes moderner Staatlichkeit nicht nur problematisch, sondern hinsichtlich der grundrechtlichen Sicherung des individuellen Status auch höchst unbefriedigend.

3. Moderne Staatlichkeit und subjektive öffentliche Rechte

Am modernen Staat hängt indes das gesamte Jellineksche System der subjektiven öffentlichen Rechte, es ist auch gefangen in ihm und läßt sich nicht aus ihm ablösen. Das bringt zwei Probleme mit sich. Zum einen wird der moderne Staat zum Telos und Endzustand historischer und kultureller Entwicklung. Das aber widerspricht sowohl der geschichtlichen Faktizität wie der Jellinekschen Auffassung von der Historizität und – entsprechend – von der historischen Kontingenz moderner Staatlichkeit. Zum anderen etabliert der Konnex von moderner Staatlichkeit und System subjektiver öffentlicher Rechte eine Exklusivität von individueller Rechtsträgerschaft des Einzelnen in einem staatlichen Gewährungszusammenhang, der Rechtspositionen von Einzelnen in prä- und post- sowie in sub- und suprastaatlichen Kontexten logisch und systematisch ausschließt, was wiederum (rechts-)historisch unzutreffend wäre, gegenwärtige Entwicklungen transnationaler Menschen- und Grundrechtsregime zu leugnen Veranlassung gäbe und jene geschichtlichen Einlassungen Jellineks selbst – in der Staatslehre, in der Menschenrechtsschrift[21] – im übrigen vollständig marginalisierte, sie schlicht und

---

tizenship and Social Class – and Other Essays«, Cambridge 1950; auf deutsch übersetzt und enthalten in: *Marshall* 1992, S. 33–94.

[19] *Albert* 1988, S. 121, zit. n. *Pauly* 2000, S. 232.

[20] Durch Freiheits- und andere subjektive öffentliche Rechte werden bei Jellinek keine »Individualrechte«, auch keine individuellen Anspruchsrechte begründet: »Dass auf Grund solcher Verfassungsnormen (gemeint sind Freiheitsrechte, H.V.) erlassene Gesetze dem individuellen Interesse zugute kommen, ist Reflexwirkung objektiven Rechts, nicht Erfüllung eines subjektiven Anspruchs« (*Jellinek* 1919, S. 97). Vgl. zum Problem auch Fn. 5.

[21] Vgl. etwa *Jellinek* 1927, S. XVI, wo Jellinek »nach den lebendigen geschichtlichen Kräften, welche die Ideen in geltendes Recht umsetzen«, und nach den »Wandlungen

einfach irrelevant werden ließe. Die Staatsrechtslehre käme völlig ohne Soziallehre aus. Warum dann aber der Aufwand?

In seiner Schrift über die Entstehung der Menschen- und Bürgerrechte, dann vor allem aber in der Allgemeinen Staatslehre, und hier besonders in der Soziallehre, geht Jellinek selbst von der Historizität von Staaten, Gemeinschaften, aber auch von Rechten und der Stellung des Einzelnen zur Polis, zur *societas* und zum modernen Staat aus.[22] Jellinek schreibt von der Eigengesetzlichkeit des Politischen,[23] der politischen Entwicklung, den Kämpfen, die um Positionen und Rechte ausgetragen werden, auch sieht er eine Kulturentwicklung, die letztlich der Herausbildung des modernen Staates, der Status und der Rechte vorausging. Das Individuum in der Polis definiert sich vor allem durch die politische Teilhabe, das Mittelalter kennt unterschiedliche Rechte, die ständisch begründet und limitiert sind. Der Prozeß der Herausbildung des modernen Staates kann als »Einverleibung« von – vormodernen – Rechtspositionen beschrieben werden.[24] Liegt hier eindeutig das historisch-genealogische Prinzip der Beschreibung zugrunde, so vollzieht Jellinek in seiner Staatsrechtslehre, vor allem in seinem System der subjektiven öffentlichen Rechte, einen Hiatus, der sich, in der Jellinekschen Sichtweise, zwar durch die gesonderte juristische Betrachtungsweise des Staates zu rechtfertigen vermag, der aber nun genau jenes Prinzip der Historizität für den modernen Staat und seine Rechtsordnung vergessen

[...], welche die Ideen auf ihrem Zug durch die Geschichte der Institutionen durchmachen«, fragt.

[22] Vgl. nur das zehnte Kapitel des zweiten Buches der »Allgemeinen Staatslehre«, in dem über die »geschichtlichen Haupttypen des Staates« gehandelt wird (*Jellinek* 1960, S. 287ff.).

[23] Das Politische bewegt sich »nach eigenen Gesetzen, die von allen juristischen Formen unabhängig wirken«; *Jellinek* 1996, S. 72.

[24] Der Begriff der Einverleibung findet sich bei Jellinek dort, wo er über den Untergang (beziehungsweise Teilen oder Trennung) von Staaten (vgl. *Jellinek* 1960, S. 266ff., 285), und dort, wo er über die Rechte der öffentlichen Verbände handelt (*Jellinek* 1919, S. 273). Einverleibung wird in meinem Text metaphorisch – ganz im Sinne des Körperbildes des Frontispizes von Hobbes' »Leviathan« – gebraucht; Jellinek selbst, der immer wieder auf Hobbes zurückkommt, spricht von einem Vorgang des »Verschlingens« selbständiger Herrschaftsrechte von Verbänden und Individuen durch den modernen, absolutistischen Staat. Auch der moderne Rechts- und Verfassungsstaat baut nicht nur auf diesem Vorgang auf, er vollendet ihn auch. Vgl. *Jellinek* 1919, S. 287: »Die Revolution und die in ihrem Gefolge vordringende konstitutionelle Idee haben das Werk des Absolutismus in dieser Hinsicht nicht gestört, sondern vollendet, nachdem sie es in andere Bahnen gelenkt hatten. Die ganze Geschichte der letzten vier Jahrhunderte mit all ihren Wechselfällen bestätigt fortdauernd den Satz des Hobbes, dass der Staat der grosse Leviathan sein, der alles ursprüngliche Herrschaftsrecht der ihm Eingegliederten verschlungen habe.«

läßt. Dabei verpaßt Jellinek auch die mit Blick auf das Verhältnis von Staat und Individuum entscheidende Pointe der grundlegenden Differenz zwischen vormodernen und modernen Formen politischer Vergemeinschaftung: den Aspekt des Gleichheitsanspruchs der Bürger hinsichtlich ihrer Trägerschaft von Menschen- und Grundrechten und der daraus aber auch entspringenden Spannungslagen zwischen den Logiken und den faktischen Bedingungen und Voraussetzungen jener Klassen von Rechten, die man – nun aber in der Terminologie einer anderen Entwicklungsgeschichte, nämlich der von T. H. Marshall[25] – liberale, politische und soziale und, Marshall fortschreibend, neuerdings kulturelle Rechte nennen kann.

In seiner Fokussierung auf den genuinen Ordnungszusammenhang moderner Staatlichkeit, auf den auf Befehl und Gehorsam basierenden Herrschaftsverband verstellt sich Jellinek die Möglichkeit, individuelle Rechte als personale Anspruchsrechte des Einzelnen deuten zu können und damit das besondere, sich im Medium des Rechts materialisierende Spannungsverhältnis von Individuum und Staat zu einer systematischen Darstellung zu bringen. Das verwundert vor allem deshalb, weil Jellinek die englische und nordamerikanische Entwicklung von sich evolutionär entwickelnden, in verschiedenen Status angelegten Rechten gut kennt und die angloamerikanischen Zusammenhänge in seiner Schrift zur Genese der Menschen- und Bürgerrechte gegen die französische, rationalistisch-kontraktuelle, aus der Revolution von 1789 befeuerte Deutungstradition in Anschlag bringt.[26] Seine Systematik subjektiver öffentlicher Rechte aber tut so, als wenn mit Hobbes' Leviathan (und Rousseau) und dem modernen Herrschaftsverband die Vorgeschichte antiker und mittelalterlicher Vergemeinschaftung mit ihren sich aus unterschiedlichen Status speisenden Rechtspositionen von Bürgern und Städten, Orden und Universitäten, zu einem Abschluß gekommen ist und Rechte nurmehr im Begründungszusammenhang geschlossener, territorial verfaßter, souveräner Staatlichkeit verstanden und positiviert werden können.

Dabei ist ein System subjektiver öffentlicher Rechte, wie es Jellinek entfaltet, im übrigen viel eher auf dem Hintergrund der aus der Französischen Revolution stammenden, eng mit dem Nationalstaat verbundenen Konzeption von Staatsbürgerschaft als auf der Grundlage der deutschen Entwicklung zu verstehen. Zum einen wurde dort, viel deutlicher und früher als in Deutschland, die politisch-theoretische Transformation des *status subiectionis* vom Untertanen in den Status des Bürgers vollzogen. Und zum anderen war mit der Verfassung von 1791 derjenige, der den Status des französischen

[25] Vgl. Fn. 13.
[26] *Jellinek* 1927; dazu *Stolleis* 2000.

Bürgers besaß, zugleich Träger allumfassender Rechte. In Deutschland dauerte sowohl der Prozeß der Staatsbürgerwerdung wie auch die Vereinheitlichung und Schließung des Staatsbürgerschaftskonzeptes wesentlich länger.[27] Die Staatsangehörigkeit war in Deutschland bis zu Beginn des 20. Jahrhunderts national nicht geregelt. Insofern entsprach die Staatsbürgerschaft eher einem vielstufigen System, mit einer deutlichen Präferenz für die lokale beziehungsweise einzelstaatliche Ebene.[28] So war auch das Bürgerrecht in den alten (und reichsfreien) Städten hochdifferenziert: Der Status des Bürgers, Beisassen oder Schutzverwandten war mit unterschiedlichen Rechten und Pflichten verbunden. Erst das Preußische Allgemeine Landrecht von 1794 versuchte, eine Vereinheitlichung des Rechtsstatus für Preußen herbeizuführen. Diese Vereinheitlichung war Ausfluß der Zentralisierung administrativer Strukturen und setzte alles daran, die Partikularitäten von Ständen und Zünften abzuschleifen. Das Allgemeine Landrecht etablierte die bürgerliche Gleichheit unabhängig vom jeweiligen Stand, hielt aber an den Ständevorrechten vorerst fest. Generell galt das *ius-soli*-Prinzip, *domicilium facit subditum*. Die territoriale Basis der Zugehörigkeit, das Prinzip der Wohnbürgerschaft *(domicilium)*, wurde auch noch einmal ausdrücklich bestätigt in den Verträgen, die zwischen den Einzelstaaten wegen der weitverbreiteten Ausweisungspraxis geschlossen werden mußten. Im übrigen tauchte in diesen Verträgen der Begriff der »Staatsangehörigkeit« auf, der dem ersten nationalen Gesetz zur Regelung der Staatsbürgerschaft im Jahre 1913 den Namen geben sollte. Preußen verabschiedete 1842 indes ein Gesetz über den Erwerb und den Verlust des preußischen Untertanenstatus, womit auch deutlich gemacht wurde, daß sich der preußische Staat als ein Verband der Mitgliedschaft verstand, der Grundlage für die Erteilung von Rechten und die Inpflichtnahme des Bürgers war. Hier greift Jellineks These von der »Einverleibung« der alten, vormodernen Rechte durch den modernen Staat – aber eben nur mit Blick auf Preußen.

Versuche, das Problem der Staatsangehörigkeit zu nationalisieren, folgten der staatlichen Einheitsbildung von 1871. Gleichwohl dauerte es bis zum Staatsangehörigkeitsgesetz von 1913, welches die Tradition der feudalen Ständewelt mit territorialer Grenzziehung beendete. Damit aber setzte auch die Wendung vom Territorial- zum Abstammungsprinzip ein. Das Staatsangehörigkeitsgesetz nationalisierte das Staatsangehörigkeitsrecht, aber »ethnisierte« zugleich das Konzept der Mitgliedschaft, die jetzt als eine Abstammungsgemeinschaft verstanden werden mußte. Folglich konnten deutsche

---

[27] Vgl. *Brubaker* 1992.

[28] Vgl. zum folgenden auch *Vorländer* 2001, 254ff.

Emigranten, die Auslandsdeutschen, als Staatsangehörige Deutschlands im Sinne des Gesetzes von 1913 behandelt werden. War das Gesetz inklusiv bezüglich dieser Emigranten, so war es exklusiv bezüglich der Immigranten in das Deutsche Reich. Das traf für die »Fremdarbeiter« genauso wie für die polnischen Bewohner Ostpreußens und Schlesiens zu. Es gab also innerhalb des deutschen Nationalstaates unterschiedliche Status der Mitgliedschaft, die über die An- und Zugehörigkeiten geregelt wurden.[29] Die Mechanismen der Inklusion und Exklusion vollzogen sich nunmehr über den Legalismus der durch die »Staatsangehörigkeit« bestimmten Zugehörigkeit zum Staatsverband. Damit grenzte sich das deutsche Modell auch deutlich vom republikanischen Konzept der französischen *citoyenneté* ab. Jellinek sieht diese Unterschiede in der frühen Entwicklung öffentlicher Rechte nicht; sie wären womöglich auch unerheblich für sein »System«, weil sich dieses in seinem abstrakten Formalismus gegen solche empirisch-historischen Feingliedrigkeiten abschottet.

4. Die postnationalstaatliche Konstellation

Ein kurzer Blick auf die postnationalstaatliche Konstellation und die gegenwärtigen Entwicklungen von Menschen- und Bürgerrechten macht ebenfalls deutlich, daß diese nicht notwendig an – moderne – Formen der Staatlichkeit gebunden sein müssen, wie Jellinek sie seinem System zugrunde legt. Das »Recht, Rechte zu haben«, hängt keineswegs mehr alleine an der An- oder Zugehörigkeit zu einem Staat, wie das auch Hannah Arendt noch – für ihre Zeit allerdings zu Recht – glaubte, festhalten zu sollen.[30] Mitgliedschaft und *citizenship* ist auch abgestuft, in unterschiedlichen Status, denkbar und praktiziert, in prä- wie postnationalstaatlichen politischen Ordnungen.

Die Tatsache, daß es Einwanderer, Asylanten, »Gast«-Arbeiter gibt, die einen vom »gewöhnlichen« Staatsbürger unterschiedenen Status besitzen, gleichfalls aber keineswegs rechtlos sind, hat zwangsläufig zu Diskussionen um die Abstufung von Rechten, den Umfang legaler Zugehörigkeit und politischer Mitgliedschaft geführt. Die Rede vom »Halbbürger« *(denizen)*

---

[29] Es waren vor allem die Nationalliberalen und die Alldeutschen, die das Staatsangehörigkeitsgesetz von 1913 vehement befürworteten, weil es den rechtlichen Status der Auslandsdeutschen sicherte und zugleich die Naturalisierung der Fremden erschwerte. 1913 ist insofern der Beginn der ethnischen und völkischen Aufladung des deutschen Staatsbürgerschaftskonzeptes.

[30] Vgl. *Arendt* 1986, S. 614.

macht deutlich, daß es Bürger mit unterschiedlichen Rechten, Zugehörigkeiten und Mitgliedschaften in ein und demselben politischen und sozialen Verband gibt. Schließlich verdeutlichen auch die Prozesse der Supranationalisierung von Politik in institutionellen Mehrebenensystemen, daß es multiple Zugehörigkeiten und Mitgliedschaften des Bürgers gibt. Der europäische Bürger ist danach zugleich Angehöriger des nationalen Mitgliedsstaates, aber auch, mit Wirkung nach außen deutlich erkennbar, Angehöriger der Europäischen Union. Und auch die Transnationalisierung von Rechtssystemen, nicht nur auf der völkerrechtlichen Ebene, sondern auch als transnationale Regime, zeigt, daß Kodifikationen, wie die Europäische Menschenrechtskonvention, die EU-Grundrechtscharta oder globale Menschenrechtsabkommen, Schutz- und Rechtspositionen für das Individuum etablieren, die über den Staat als den traditionellen Garanten der Grundrechte seiner Bürger hinauswachsen.

Diese Tendenzen zeigen in ihrer Summe auf, daß der Staat als die Organisationsform moderner Herrschafts- und Sozialverbände von außen und innen unter Druck gerät. Der Nationalstaat verliert seine Leuchtkraft, und damit wird auch ein für den Bürger entscheidender Zusammenhang brüchig. Der Staat war nach Jellinek die Organisationsform, die über die Mitgliedschaft, die Zugehörigkeit und die Rechte des Bürgers entschied. Mitgliedschaft und Zugehörigkeit wurden im Staate abschließend geregelt. Die nationalterritoriale Verfaßtheit war die Voraussetzung von garantierter personaler Rechtsträgerschaft, und sie steckte die Grenzen der Sphäre von Herrschaftssubjekten und Rechtsträgergenossen in einer exklusiven Weise ab. Die Zugehörigkeit in einem legalen Sinne der Angehörigkeit zu einem Territorialverband war damit die Voraussetzung der Mitgliedschaft und der vollen Teilhabe an der Gemeinschaft und an den Rechten, die diese Gemeinschaft dem Einzelnen und dem Bürger zuteil werden ließ. Und so steht nun zu vermuten, daß die durch Multikulturalisierung, Migrationsbewegung, Supranationalisierung und Transnationalisierung bewirkte – zumindest teilweise – Entkoppelung von Nationalstaat und Staatsbürgerschaft zu einem neuen Verständnis der Bürgerschaft – *citizenship* – führt.[31] Danach würde sich der Bürger nicht mehr durch seine Zugehörigkeit zu einem Territorialverband definieren, sondern durch eine personal verstandene, supra- und transnational garantierte Rechtsträgerschaft auszeichnen. Nicht mehr die Mitgliedschaft im Sinne einer vollen Teilhabe an den Rechten, aber auch den Pflichten einer politischen Gemeinschaft ist der Regelfall, sondern ein – diffiziles und komplexes – System abgestufter Mitgliedschaft, das

[31] Vgl. *Soysal* 1994; *Soysal* 1996; *Bauböck* 1996.

Rechte und Pflichten unterschiedlich gewährleistet und einfordert. Ein »Wohnbürger« kann sehr wohl in dem einen Land in den Genuß sozialer und ökonomischer Teilhaberechte kommen, gleichwohl ihm die politischen Wahlrechte versagt bleiben, und er kann dennoch seine Wahlrechte in einem anderen, womöglich seinem Herkunftsland, wahrnehmen und dort auch seinen (Wehr-)Pflichten nachkommen. Zugleich ist dieser Bürger Träger global vereinbarter und anerkannter Menschenrechte, und er kann, wenn er Bürger der Europäischen Union ist, seine kommunalen Wahlrechte zum Teil auch jenseits seines Herkunftslandes, im Land seiner Residenz, wahrnehmen.

Der kurze Blick auf die realhistorische Entwicklung unterschiedlicher Staatsbürgerschaftskonzeptionen zeigt, daß es sich bei diesen Entwicklungen, der Perspektive einer »postnationalen Staatsbürgerschaft« keineswegs um ein neues Konzept handelt, sondern daß es sich vielmehr auch um eine Rückkehr zu einem pränationalen Konzept handelt, das nur deshalb – zwischenzeitlich – aus dem Blick geraten ist, weil es von einer nationalstaatlichen Schließung des Staatsbürgerkonzeptes – seit der Emergenz des Nationalstaates vor mehr als zweihundert Jahren – verdrängt worden war. Eine Statuslehre der Rechte müsste ihren Rang auch in Zeiten nach innen und außen offen gewordener Staatlichkeit behaupten können, wollte sie ihren systematischen und normativen Wert konservieren wollen. Das aber erscheint fraglich bei Jellinek, weil sein System der öffentlichen Rechte allein im Ordnungskonzept geschlossener Staatlichkeit seine Begründung findet. Bei einer Durchsicht von historischen Staatsbürgerschaftskonzepten und -praxen rücken zugleich jene Spannungen und Ambivalenzen wieder in den Blick, die *ab origine* von der Antike an den Diskurs um den Bürger und die Staatsbürgerschaft ausgezeichnet haben, die aber in Jellineks System ausgeblendet bleiben, allenfalls hier und dort einmal kurz aufscheinen.

5. Was bleibt von Jellineks Statuslehre?

Was bleibt von Jellineks Statuslehre? Es bleibt die äußerst anregende Systematik öffentlicher Rechte, die – trotz der unzureichenden Aufklärung über den Zusammenhang von Status und Rechten – den Blick freigibt auf unterschiedliche Klassen von liberalen, politischen und sozialen Rechten. In den mehr als hundert Jahren seit dem Erscheinen der Systemschrift hat sich allerdings die Diskussion deutlich weiterentwickelt, eigentlich auch von Jellinek fortentwickelt. Wollte man den Gegenwartsdiskurs um Mitgliedschafts- und Menschenrechte mit Jellinek führen wollen, müßte mit Jellinek gegen

Jellinek argumentiert werden und dabei die Frage nach der Genese und Geltung von Menschen- und Bürgerrechten von einem etatistischen Ordnungsparadigma auf ein individuelles Anspruchs- oder Anrechtsparadigma umgestellt werden. Eine solche Operation wird anders, nämlich beim Bürger, also dem Einzelnen und seinen – in den Worten Jellineks – Fähigkeiten, Kompetenzen und Status[32] ansetzen und dabei Jellineks eigene historisch-genealogische Betrachtungen in der »Soziallehre des Staates« ernster nehmen müssen, als er es selbst tat.

Auch scheint mir ein theoretischer und methodischer Brückenschlag zwischen der sozialen und der juristischen Lehre vom Staat notwendig zu sein, um den historischen Prozeßcharakter der Herausbildung individueller Rechte mit einer analytischen und normativen Perspektive für den Geltungszusammenhang von Rechten zu verbinden, die in Jellineks Überlegungen zu den Normativierungsprozessen und in seinen Argumenten der wechselseitigen Anerkennung von Rechtssubjektivität angelegt, aber nicht systematisch entfaltet worden ist.[33] Danach sind Staat und Recht auf Anerkennung angewiesen, also auf – mit Weber gesprochen – die Überzeugung, den Glauben der Herrschaftsunterworfenen, die bestehende Ordnung sei legitim und damit gerechtfertigt.[34] Hier läge der Ansatzpunkt, um Jellineks Staats- und Rechtekonzeption in einen Geltungszusammenhang einzubrin-

[32] Jellinek beschreibt das Verhältnis von Individuum und Staat im Rechtszustand als eines des »Könnens«, das der Individuen zueinander als eines des »Dürfens«. In beiden Fällen ist der »natürlichen« Freiheit und Handlungsfähigkeit etwas, nämlich das Rechtliche »hinzugefügt« (*Jellinek* 1919, S. 43ff.). Diese Terminologie verweist implizit natürlich auf den Staat als Herrschaftsverband, ohne den die Konstituierung von Rechtssubjektivität für Jellinek nicht denkbar ist. Ohne Staat keine Statuslehre. Was aber ist dann mit den Rechten des Einzelnen? Oder denen der substaatlichen Ebene, von Kommunen? Eigenständige (Herrschafts-)Rechte von Gemeinden, wie sie Otto von Gierke annahm, wie sie sich auch in einem republikanischen Kontext begründen ließen und lassen, kennt Jellinek nicht (gegen Gierke *Jellinek* 1919, S. 275ff.).

[33] Vgl. etwa seine oft falsch, nämlich machtpolitisch, verstandene Formulierung von der »normativen Kraft des Faktischen« (*Jellinek* 1960), bei der es Jellinek um eine Erklärung der Entstehung, der Erhaltung und der Geltung des Rechtes und seiner Normativität zu tun ist: »Alles Recht in einem Volke ist ursprünglich nichts als faktische Übung. Die fortdauernde Übung erzeugt die Vorstellung des Normmäßigen dieser Übung, und es erscheint damit die Norm selbst als autoritäres Gebot des Gemeinwesens, also als Rechtsnorm« (*Jellinek* 1960, S. 339). In einer frühen Schrift (»Die sozialethische Bedeutung von Recht, Unrecht und Strafe«, Wien 1878) schreibt Jellinek: » Macht ist folglich eine zwar notwendige, aber keine hinreichende Bedingung für Recht« (hier zit. n. *Pauly* 1996, S. XIV). Die Geltungszusammenhänge von Verfassung werden, vor allem unter Rückgriff auf Jellineks Schrift über Verfassungsänderung und Verfassungswandlung (1906; Nachdruck 1996) bei *Brodocz* 2004 zu rekonstruieren versucht.

[34] *Jellinek* (1960, S. 334) schreibt selbst, daß das Recht letztlich »immer auf der Überzeugung von seiner Gültigkeit« beruhe.

gen, der Staat und Recht zurückbindet an die historischen und kulturellen Entwicklungen und die soziomoralischen Ressourcen, von denen Jellinek punktuell argumentativen Gebrauch macht,[35] wenn er über die Selbstverpflichtung und die Selbstbeschränkung des Herrschaftsverbandes nachdenkt und die ihm wichtig sind, um den modernen Machtstaat auch als Rechtsstaat ausweisen zu können.[36] Wenn die historischen, kulturellen, ethischen und sittlichen Faktoren als Teil eines komplexen gesellschaftlichen Anerkennungszusammenhangs von Staat und Recht konzeptualisiert werden, könnte auch seine Formulierung von der »normativen Kraft des Faktischen« nicht nur eine anspruchsvolle theoretische Grundierung erhalten, sondern auch des hier und da immer noch bestehenden Mißverständnisses entkleidet werden, wonach Jellineks System der subjektiven öffentlichen Rechte doch nur eine Camouflage des sich alles einverleibenden Leviathans ist.

---

[35] In seiner frühen Schrift »Gesetz und Verordnung« von 1887 gibt es den Hinweis auf die Ermöglichung einer Ethik des menschlichen Gemeinlebens (*Jellinek* 1964, S. 199). Eine zentrale Stelle findet sich auch in der »Allgemeinen Staatslehre« (*Jellinek* 1960, S. 789), in der er von den sozialen Garantien des öffentlichen Rechts spricht: »Die großen gesellschaftlichen Mächte: die Religion, Sitte, soziale Sittlichkeit, kurz: die Gesamtheit der Kulturmächte und die durch sie geschaffenen Interessen und Gliederungen wirken ununterbrochen an dem Auf- und Fortbau des Rechtes und gewähren die stärkste, durch andere Mächte nur vervollkommnete Bürgschaft seiner Geltung.« Eigentlich, so mein Resüme, müßte Jellinek von hier aus neu – aber auch gegen ihn – gedacht werden. – Vgl. zum (im Ergebnis wohl überinterpretierten) Jellinekschen »Kommunitarismus« in einer seiner letzten Publikationen, mit vielen Nachweisen, der viel zu früh verstorbene *Winfried Brugger* 2010, der der Jenaer Jellinek-Tagung vom 15. und 16. Januar 2011 noch das Konzept gab und dem (sowie Rolf Gröschner und Oliver W. Lembcke) zu verdanken ist, daß der hier zur Verschriftlichung gekommene Vortrag gehalten werden konnte.

[36] Eine zentrale Passage im »System der subjektiven öffentlichen Rechte« ist in diesem Zusammenhang: »Von Natur aus alles könnend, was seiner Macht zugänglich ist, kann der Staat von Rechts wegen nur das, wozu ihn die Rechtsordnung ermächtigt, darf er nur das, was sein gesetzlich gebundener Wille ihm gestattet. Kraft der ihm durch seine Rechtsordnung auferlegten Beschränkungen wird er im Rechtssinne Träger von Rechten und Pflichten gegen den Subjizierten« (*Jellinek* 1919, S. 195). Aber auch hier, wo es um die rechtliche Einhegung staatlicher Macht geht, wird vom herrschaftlichen Staate her gedacht. Das läßt sich wohl bei Jellinek nicht so ohne weiteres umgehen, es sei denn, man stellt seine Argumentation auf die Anerkennungs- und Geltungszusammenhänge um. – Zur Selbstbindung des Staates an sein Recht vgl. *Kersten* 2000, S. 409 ff.; zum Staatsverständnis vgl. vor allem die Beiträge in *Anter* 2004, zu Jellineks Begriff des Politischen außerdem die vorzügliche Analyse von *Anter* 1998.

Literatur

Albert, Hans-Peter (1988): Der Staat als »Handlungssubjekt«. Interpretation und Kritik der Staatslehre Georg Jellineks. Diss. phil. Heidelberg.

Alexy, Robert (1996): Theorie der Grundrechte. 3. Aufl. Frankfurt a. M.

Ders. (2000): Grundrechte und Status. In: Paulson, Stanley L./Schulte, Martin (Hrsg.): Georg Jellinek. Beiträge zu Leben und Werk. Tübingen, S. 209–225.

Anter, Andreas (1998): Georg Jellineks wissenschaftliche Politik. Positionen, Kontexte, Wirkungslinien. In: Politische Vierteljahresschrift 39 (3), S. 503–525.

Ders. (Hrsg.) (2004): Die normative Kraft des Faktischen. Das Staatsverständnis Georg Jellineks. Baden-Baden.

Arendt, Hannah (1986): Elemente und Ursprünge totaler Herrschaft. Antisemitismus, Imperialismus, totale Herrschaft. München.

Bauböck, Rainer (1996): Nation, Migration und Staatsbürgerschaft. In: Beyme, Klaus von/Offe, Claus (Hrsg.): Politische Theorien in der Ära der Transformation. Opladen, S. 325–348.

Brodocz, André (2004): Georg Jellinek und die zwei Seiten der Verfassung. In: Anter, Andreas (Hrsg.): Die normative Kraft des Faktischen. Das Staatsverständnis Georg Jellineks. Baden-Baden, S. 153–174.

Brubaker, Rogers (1992): Citizenship and Nationhood in France and Germany. Cambridge, Mass.

Brugger, Winfried (2010): Georg Jellinek als Sozialtheoretiker und Kommunitarist. In: Der Staat 49 (3), S. 405–434.

Häberle, Peter (1998): Verfassungslehre als Kulturwissenschaft. 2. Aufl. Berlin.

Jellinek, Georg (1919): System der subjektiven öffentlichen Rechte (1892). Neudruck der 2. Aufl. (1905). Tübingen.

Ders. (1927): Die Erklärung der Menschen- und Bürgerrechte. Ein Beitrag zur modernen Verfassungsgeschichte (1895). 4. Aufl. München, Leipzig.

Ders. (1960): Allgemeine Staatslehre. 7. Neudruck der 3. Aufl. (1914). Darmstadt

Ders. (1964): Gesetz und Verordnung. Staatsrechtliche Untersuchungen auf rechtsgeschichtlicher und rechtsvergleichender Grundlage (1887). Neudruck der Ausgabe 1887. Aalen.

Ders. (1996): Verfassungsänderung und Verfassungswandel (1906). Neudruck. Hrsg. von Walter Pauly. Goldbach.

Kelsen, Hans (1923): Hauptprobleme der Staatsrechtslehre. 2. Aufl. Tübingen.

Ders. (1928): Der soziologische und der juristische Staatsbegriff. 2. Aufl. Tübingen.

Kersten, Jens (2000): Georg Jellinek und die klassische Staatslehre. Tübingen.

Kotzur, Markus (2004): Wechselwirkung zwischen Europäischer Verfassungs- und Völkerrechtslehre. Eine Skizze zu den Methoden und Inhalten. In: Blankennagel, Alexander/Pernice, Ingolf/Schulze-Fielitz, Helmuth (Hrsg.): Verfassung im Diskurs der Welt. Liber Amoricum für Peter Häberle zum siebzigsten Geburtstag. Tübingen, S. 289–307.

Luhmann, Niklas (1986): Grundrechte als Institution. 3. Aufl. Berlin.

Marshall, Thomas H. (1992): Bürgerrechte und soziale Klasse. Zur Soziologie des Wohlfahrtsstaates. Frankfurt a. M., New York.

Pauly, Walter (1996): Verfassungswandel und normative Kraft des Faktischen. In: Jellinek, Georg, Verfassungsänderung und Verfassungswandlung (1906). Hrsg. von Walter Pauly. Goldbach, S. VII–XXX.

Ders. (2000): Georg Jellineks »System der subjektiven öffentlichen Rechte«. In: Paulson, Stanley L./Schulte, Martin (Hrsg.): Georg Jellinek. Beiträge zu Leben und Werk. Tübingen, S. 227–244.

Pauly, Walter/Siebinger Martin (2004): Staat und Individuum. Georg Jellineks Statuslehre. In: Anter, Andreas (Hrsg.): Die normative Kraft des Faktischen. Das Staatsverständnis Georg Jellineks. Baden-Baden, S. 135–151.

Soysal, Yasemin Nuhoglu (1994): Limits of Citizenship. Migrants and Postnational Membership in Europe. Chicago.

Dies. (1996): Staatsbürgerschaft im Wandel. Postnationale Mitgliedschaft und Nationalstaat in Europa. In: Berliner Journal für Soziologie 6 (2), S. 181–189.

Stolleis, Michael (2000): Georg Jellineks Beitrag zur Entwicklung der Menschen- und Bürgerrechte. In: Paulson, Stanley L./Schulte, Martin (Hrsg.): Georg Jellinek. Beiträge zu Leben und Werk. Tübingen, S. 103–116.

Vorländer, Hans (2001): Auf dem Weg zu einer postnationalen Staatsbürgerschaft? – Ambivalenzen des Bürgerbegriffs in Antike und Moderne. In: Vorländer, Hans/Herrmann, Dietrich: Nationale Identität und Staatsbürgerschaft in den USA. Der Kampf um Einwanderung, Bürgerrechte und Bildung in einer multikulturellen Gesellschaft. Opladen, S. 245–265.

Statuslehre verwaltungsrechtlich

Spiegeln sich die Status von Bürger und Staat auch in der modernen Verwaltungsrechtsdogmatik wider?

Winfried Kluth

1. Georg Jellinek und das Verwaltungsrecht

Das rechtswissenschaftliche Œuvre von Georg Jellinek ist in seinem Schwerpunkt nicht dem Verwaltungsrecht gewidmet.[1] Wenn es gleichwohl aus dem modernen Verwaltungsrecht nicht wegzudenken ist, so liegt dies an seiner Statuslehre,[2] die vor allem für die Herausbildung der subjektiv-öffentlichen Rechte des Bürgers[3] und den damit verbundenen Rechtsschutz[4] von Bedeutung war und ist.

Der Einfluß der Arbeiten von Jellinek auf das Verwaltungsrecht wird bereits daran deutlich, daß er im Vorwort zur zweiten Auflage seiner Abhandlung zum »System der subjektiven öffentlichen Rechte« aus dem Jahre 1905 ausführt:

> So häufig übrigens die neuere Literatur die Probleme des subjektiven öffentlichen Rechtes berührt, so ist seit dem ersten Erscheinen dieses Buches doch nur ein Werk hervorgetreten, das sie in positiver und umfassender Weise eigenartig behandelt: *Otto Mayers* deutsches Verwaltungsrecht.

Ohne daß hier auf das Verhältnis beider Autoren zueinander näher eingegangen werden kann, wird daran doch ein intensiver Einfluß auf das Ver-

---

[1] Zu seinen staatsrechtlichen Arbeiten *Kersten* 2000; siehe auch die Beiträge von *Stolleis* 2000; *Korioth* 2000; *H.A. Wolff* 2000; *Möllers* 2000; *Friedrich* 2000 und *Bernstorff* 2000. Einen systematisierenden Gesamtüberblick zur Statuslehre mit einem Aktualisierungsvorschlag bietet *Brugger* 2011, S. 2ff.

[2] *Jellinek* 1905.

[3] Dazu grundlegend *Bühler* 1914. Zum aktuellen Diskussionsstand im Überblick *Kahl/Ohlendorf* 2010, 2011.

[4] Zur Bedeutung der wissenschaftlichen Arbeiten Jellineks für die Entwicklung der Verfassungsgerichtsbarkeit siehe die Beiträge von *Stourzh* 2000; *Noll* 2000 und *Wyduckel* 2000.

waltungsrecht deutlich, steht Otto Mayer doch als eine der tragenden Säulen dieses Rechtsgebietes nicht in Frage.[5]

Gefragt ist heute indes nicht eine historische Analyse, sondern die Bedeutung der Jellinekschen Lehre auf das heutige Verwaltungsrecht, das sich in vielen und grundsätzlichen Aspekten vom anstaltsstaatlich geprägten Verwaltungsrecht Otto Mayers weit entfernt hat.

Damit ist zugleich eine Problematik angesprochen, die in gleicher Weise den Rekurs auf Georg Jellinek betrifft, sind seine Überlegungen doch nicht weniger alt und in einem politischen und rechtlichen Kontext entstanden, der mit dem heutigen demokratischen Verfassungsstaat des Grundgesetzes, seiner Eingebundenheit in den Europäischen Verwaltungsverbund[6] und eine ebenfalls auf das Verwaltungsrecht einwirkende völkerrechtliche Ordnung nicht zu vergleichen ist.[7] Deshalb wird es nur darum gehen können, die im System der subjektiv-öffentlichen Rechte entwickelte Statuslehre unter entsprechender Berücksichtigung dieser Veränderung in ihrer Bedeutung für das moderne Verwaltungsrecht zu ergründen beziehungsweise *zu entwickeln*.

Zu entwickeln deshalb, weil eine Analyse des einschlägigen Schrifttums zeigt, daß außerhalb der auf den Bürger bezogenen Statuslehre, die nur einen, wenn auch wesentlichen Teil der Jellinekschen Statuslehre für das Verwaltungsrecht ausmacht, die Rezeption bislang nur zaghaft und unvollständig vorgenommen wurde. Deshalb werde ich vor allem der Bedeutung der Statuslehre für das Verwaltungsorganisationsrecht in meinen Überlegungen eine besondere Aufmerksamkeit schenken. Dabei soll auch der Neuen Verwaltungsrechtswissenschaft mit ihrem steuerungswissenschaftlichen Ansatz sowie den ebenfalls derzeit besonders bedeutsamen Themen der Verwaltungskooperation und der Netzwerkbildung Rechnung getragen werden.

Beginnen möchte ich aber gleichwohl mit einem Blick auf die Bedeutung der Statuslehre für die Rechtsstellung des Bürgers[8] im modernen Verwaltungsrecht.

---

[5] Dazu eingehend *Schmidt-De Caluwe* 1999.

[6] Dazu exemplarisch *Sydow* 2004; *Siegel* 2009; *Kment* 2010.

[7] Zu diesen neuen Kontexten siehe auch *Schmidt-Aßmann* 2004, S. 377 ff.

[8] Dazu auch *Baer* 2006.

2. Die Bedeutung der Statuslehre für die Stellung des Bürgers im Verwaltungsrecht

2.1 Aktueller Befund zur Rezeption der Statuslehre

Verwaltungsrecht ohne Georg Jellinek und seine Statuslehre zu studieren, ist möglich und heutzutage sicher auch die Regel. Der Schwerpunkt der Bezugnahme auf die Statuslehre liegt eindeutig im Staatsrecht und ist dort bei den allgemeinen Grundrechtslehren verortet.[9] Neben der mehr oder weniger genauen Übernahme der von Jellinek entwickelten Systematik und Terminologie ist zwar auch Fundamentalkritik zu verzeichnen.[10] Wichtig ist an dieser Stelle jedoch zunächst die Prägekraft, die von der Systematik bis heute ohne jeden Zweifel ausgeht, weil derartige Systembildung für das Denken und Argumentieren eine erhebliche latente Steuerungswirkung besitzt, die sich im Einzelfall zwar schwer messen läßt. Sie liefert aber einen Diskursrahmen für die gesamte Debatte und steuert insoweit die Aufmerksamkeit der Wissenschaft in erheblichem Maße.

Für das Verwaltungsrecht kann eine solche Wirkung nicht behauptet werden. Wie ein Blick in die Standardlehrbücher[11] zeigt, taucht der Name Jellinek dort nur selten auf, und explizite Bezugnahmen auf sein Standardwerk sind die Ausnahme.[12] Verdeckte inhaltliche Bezüge finden sich vor allem bei den Ausführungen zum subjektiv-öffentlichen Recht, die in den einzelnen Werken aber sehr unterschiedlich intensiv ausfallen.[13] Die dogmatische Figur des subjektiven-öffentlichen Rechts ist im modernen Verwaltungsrecht jedoch sehr stark bis ausschließlich grundrechtlich geprägt und damit auf das Staat-Bürger-Verhältnis fokussiert und unterscheidet sich folglich in vieler Hinsicht von der Jellinekschen Sicht- und Argumentationsweise, die weder ausschließlich noch primär grundrechtsorientiert ist, sondern sich auf die gesamte Breite des öffentlichen Rechts und des Staates bezieht, wie Jellinek bereits im Vorwort und dem Eingangskapitel darlegt.

Die Verbindung von Statuslehre und Grundrechten beziehungsweise Menschenrechten ist bei Jellinek sehr präsent und wurzelt nicht zuletzt in

---

[9] Siehe exemplarisch *Pieroth/Schlink* 2012, § 4; *Hufen* 2011, § 5, Rn. 4ff.

[10] Sachs, in: *Stern* 1988, § 64 II 6 (S. 426ff.) weist auf Unklarheiten und Widersprüche hin, die nicht von der Hand zu weisen sind, erkennt die für die weitere wissenschaftliche Diskussion prägende Bedeutung aber ebenfalls an und zeichnet sie minutiös nach. Siehe zur Kritik auch *Bühler* 1914, S. 2; *Pauly* 2000, S. 228f.

[11] Die Zitate beziehen sich jeweils auf den Abschnitt zum subjektiv-öffentlichen Recht: *Maurer* 2011, § 8; Scherzberg, in: *Erichsen/Ehlers* 2010, § 11; *Wallerath* 2009, § 8 III 1.

[12] Am deutlichsten bei *Wolff/Bachof/Stober/Kluth* 2007, § 32, Rn. 14ff.

[13] Besonders ausführlich bei Scherzberg, in: *Erichsen/Ehlers* 2010, § 11.

seinen Studien zur Entwicklung der Menschenrechte. Sie wird auch im Eingangskapitel des Werks mehrfach angesprochen und in einer Retrospektive der Entwicklung des öffentlichen Rechts seit der Französischen Revolution verarbeitet. Wichtig ist aber, daß die Grund- und Menschenrechte nur einen Ausschnitt der subjektiven Rechte ausmachen und die Statuslehre sich nicht auf Grundrechtsträger beschränkt.

Wie sehr die heutige Sichtweise davon entfernt ist, machen etwa die Ausführungen von Arno Scherzberg deutlich, der in einem ausführlichen Kapitel zu den subjektiv-öffentlichen Rechten immerhin ausdrücklich die Statuslehre in den Blick nimmt, dabei aber mit der vorherrschenden Sichtweise ebenfalls davon ausgeht, daß subjektive öffentliche Rechte primär die Bürger-Staat-Beziehung erfassen.[14] Davon ausgehend begründet er, warum es auch sinnvoll möglich ist, bei staatlichen Innenrechtsbeziehungen sowie Rechtsverhältnisse zwischen Verwaltungsträgern von subjektiven-öffentlichen Rechten zu sprechen.

Forsthoff erwähnt in seinem Lehrbuch zum Allgemeinen Verwaltungsrecht die Statuslehre nur in einer Fußnote zum Theoriestreit über das subjektiv-öffentliche Recht, ohne sich näher mit ihr auseinanderzusetzen.[15]

Hans Julius Wolff, der subtile Systematiker des Verwaltungsrechts, hat seit der ersten Auflage in seinem Lehrbuch zum Verwaltungsrecht[16] im Abschnitt zu den Rechtssubjekten ausdrücklich auf die Jellinieksche Statuslehre Bezug genommen und diese detailliert entfaltet.[17] Das ist in diesem Lehrbuch bis heute[18] so geblieben, wobei die Darstellung weiterentwickelt und durch neue Bezüge, wie etwa den *status processualis* ergänzt wurde.[19] Der eigenständige Beitrag von Wolff liegt vor allem darin, daß er anknüpfend an die eigenen wissenschaftlichen Arbeiten[20] die rechtsdogmatischen Grundlagen der Statuslehre vertieft hat.

Zu diesem Zweck ordnete Wolff die Statuslehre in den durch Rechtssubjektivität, Rechtsstellung und Rechtsverhältnis geprägten dogmatischen Rahmen ein, der seinerseits auch verfassungsrechtlich unterfangen und ab-

[14] Scherzberg, in: *Erichsen/Ehlers* 2010, § 11, Rn. 27 ff.

[15] *Forsthoff* 1973, S. 185.

[16] Das zunächst dreibändige Werk umfaßte ursprünglich sowohl das Allgemeine als auch das Besondere Verwaltungsrecht. Es wurde beginnend mit der 5. Auflage von Band 2 im Jahre 1986 auf das Allgemeine Verwaltungsrecht beschränkt.

[17] *H.J. Wolff* 1956, § 32.

[18] *Wolff/Bachof/Stober/Kluth* 2007, § 32.

[19] *Wolff/Bachof/Stober/Kluth* 2007, § 32, Rn. 23 ff. Siehe auch die Vorschläge zu einem *status oecologicus* und einem *status culturalis* bei *Brugger* 2011, S. 26 ff.

[20] Siehe insbes. *H.J. Wolff* 1929.

geleitet wird.[21] Auf dieser Grundlage wird sodann für den Bereich des Verwaltungsrechts die Statuslehre entfaltet und konkretisiert, wobei vor allem von einem heuristisch-deskriptiven Verständnis der Statuslehre ausgegangen und damit der Kritik an Jellinek Rechnung getragen wird:

Sie [die allgemeine Rechtsstellung der Zivilpersonen] enthält folgende Statusdimensionen, die nicht streng nebeneinander stehen, sondern sich auch überlappen und miteinander korrespondieren können.[22]

Der »allgemeine verwaltungsrechtliche Status« wird dabei in einen passiven Status (das allgemeine Pflichtenverhältnis), einen negativen Status (Abwehrrechte), einen positiven Status (Leistungs- und Teilhaberecht), einen aktiven Status (Partizipations- und Mitwirkungsrechte), einen *status activus processualis* (Verfahrensstatus) sowie einen unionrechtlichen Status ausdifferenziert.[23] Eine Verkürzung stellt es aber dar, wenn in direktem Bezug auf Jellinek behauptet wird, die Figur des Status werde nur für die Rechtsstellung der Zivilpersonen benutzt.[24]

Aktuell widmet sich auch Johannes Masing der Thematik und rettet die Statuslehre vor den neuen objektivierenden Orientierungen der Neuen Verwaltungsrechtswissenschaften, auf deren Bedeutung noch einzugehen sein wird.[25] Der Beitrag von Masing ist einerseits ein typisches Beispiel für eine verkürzte Rezeptionsperspektive, verdient aber andererseits vor allem deshalb Beachtung, weil er sich auch kritisch mit den Folgen und Gefahren der steuerungswissenschaftlichen Verschleifung der Grundstrukturen des Verwaltungsrechts auseinandersetzt. Da die Perspektive der Neuen Verwaltungsrechtswissenschaft auch für eine moderne Jellinek-Rezeption von Bedeutung ist, soll darauf etwas genauer eingegangen werden. Zu diesem Zweck werden zentrale Aussagen des Textes von Masing vorgestellt und kommentiert.

In traditioneller Perspektive bildet die Frage nach dem Rechtsstatus des Einzelnen den Dreh- und Angelpunkt der gesamten Konstruktion des Verwaltungsrechts: Sie verweist auf die Freiheit des Einzelnen als Subjekt und deren rechtsstaatliche Gewährleistung.[26]

Hier wird der herrschenden Sichtweise gefolgt, die aber ausblendet, daß für das moderne Verwaltungsrecht auch die Rechte und Interessen des Staates und seiner Organisationseinheiten von Beginn an die gleiche strukturprä-

---

[21] *Wolff/Bachof/Stober/Kluth* 2007, § 32, Rn. 1 bis 13.
[22] *Wolff/Bachof/Stober/Kluth* 2007, § 32, Rn. 16.
[23] *Wolff/Bachof/Stober/Kluth* 2007, § 32, Rn. 17 ff.
[24] *Wolff/Bachof/Stober/Kluth* 2007, § 32, Rn. 15.
[25] *Masing* 2012, § 7.
[26] *Masing* 2012, § 7, Rn. 2.

gende Wirkung entfalteten. Vor allem die frühen Darstellungen zum Verwaltungsrecht gehen primär von den Staats- und Verwaltungszwecken aus. So finden sich in der Darstellung von Edgar Loening zum Deutschen Verwaltungsrecht aus dem Jahre 1884 nach den Darstellungen zur Organisation der Verwaltung im ersten Buch zu Beginn des zweiten Ausführungen zur »Erzeugung des Staatswillens«, an die sich dann die Betrachtungen zu den einzelnen Bereichen des (heute so bezeichneten) Besonderen Verwaltungsrechts anschließen. Die »Bürgerperspektive« prägt erst das dritte Buch, das der Verwaltungsrechtspflege gewidmet ist.[27] Ähnlich sind die Ausführungen im Standardwerk des Lorenz von Stein ausgerichtet.[28] Dort wird ebenfalls von der staatlichen Perspektive ausgegangen und sodann die Aufmerksamkeit auf die einzelnen Betätigungsfelder der Verwaltung gelenkt.

Bezogen auf die von ihm getroffene Feststellung einer Dominanz der Rechte der Bürger in der bisherigen Ausrichtung des Verwaltungsrechts fährt Masing dann fort:

> Inzwischen hat sich die Perspektive gedreht: Gerade die akademische Beschäftigung mit dem Verwaltungsrecht zielt nicht mehr allein auf eine Entfaltung der verwaltungsrechtlichen Schutzmechanismen, sondern – nun auch verwaltungswissenschaftliche Fragestellungen aufnehmend – auf die Erfassung übergreifender Wirkungszusammenhänge. Verwaltungsrecht wird zunehmend nicht mehr allein oder primär als Recht zum Schutz des Einzelnen verstanden, sondern als Handlungsinstrument zur Erreichung von Zielen. Die wissenschaftliche Beschäftigung mit ihm ist zur Steuerungswissenschaft geworden. Damit ist die Perspektive auf die gesamte Gesellschaft gerichtet und wesentlich komplexer. Ihr Anliegen gilt der Gewährleistung kollektiver Ziele und ihre Fragerichtung ist überindividuell. Ihre zentralen Kategorien sind von Einzelentscheidungen unabhängige Wirkungszusammenhänge und Effizienz.[29]

Es werden »Begriffe geprägt, die bewußt eine prinzipielle Unterscheidung zwischen dem Einzelnen und der Verwaltung unsicher machen«.[30]

Dieser Charakterisierung kann nur zugestimmt werden, da die steuerungswissenschaftliche Ausrichtung den Schwerpunkt der Aufmerksamkeit verlagert. Es handelt sich dabei aber nicht um einen Rückfall in anstaltsstaatliche Zeiten, da für die neue Verwaltungsrechtswissenschaft nicht das staatliche Interesse, sondern die Systemleistung im Vordergrund steht. Die damit verbundene Frage, welche Interessen damit gestärkt werden, erscheint mir noch zu wenig diskutiert und schon deshalb nicht klar beantwortet worden zu sein. Immerhin wird bei Schmidt-Aßmann mit großer Deutlich-

---

[27] *Loening* 1884.
[28] *Stein* 1870.
[29] *Masing* 2012, § 7, Rn. 3.
[30] *Masing* 2012, § 7, Rn. 4.

keit auf die Bedeutung des öffentlichen Interesses für das Verwaltungshandeln hingewiesen.[31]

Über die getroffene Feststellung hinaus geht Masing der Frage nach, ob und mit welcher Radikalität die neue (wissenschaftliche) Ausrichtung des Verwaltungsrechts zu begrüßen ist:

> Ausgehend von diesen Ansätzen lässt sich fragen, ob es sinnvoll ist, nach einem Rechtsstatus des Einzelnen im Verwaltungsrecht noch zu fragen. [...] Das Gegenmodell läge in der These, dass es weder so etwas wie Verwaltung noch Einzelnen als rechtlich sinnvoll zu unterscheidende Begriffe gibt, sondern eine Vielzahl von Akteuren, die mehr oder weniger Verantwortung für ein funktionierendes Gemeinwesen tragen. [...] An die Stelle eines Rechtsstatus des Einzelnen im Verwaltungsrecht träte dann ein Netzwerk von Akteuren mit unterschiedlichem Gemeinwohlbezug und entsprechend verschiedenen Berechtigungen, in denen Recht und Kompetenz sowie Amt und Privathandeln ineinander aufgehoben sind.[32]

Das von Masing angesprochene »Gegenmodell«[33] lenkt die Aufmerksamkeit auf die Koordinierung von Rechtsordnungen und -systemen und drängt die subjektiv-öffentlichen Rechte an den Rand der Aufmerksamkeit. Indes: Solange auf nationaler, europäischer und internationaler Ebene die Menschen- und Grundrechte ihre normative Verbindlichkeit behalten, wovon auszugehen ist, sind dieser Verdrängung Grenzen gesetzt. Es muß dabei aber auch daran erinnert werden, daß die Stärke der einzelnen Rechtspositionen durch die Einbeziehung in umfassende Regulierungs- und Abwägungsprozesse geschwächt und relativiert werden kann. Die zunehmende Einforderung von komplexen Planungen an Stelle von punktuell ausgerichteten Genehmigungen ist deshalb auch mit der Gefahr einer Schwächung der Rechte und Interesse des Einzelnen verbunden.

In einer solchen Entwicklung kann die Rückbesinnung auf die Statuslehre mit ihrer Betonung von Bedeutung und »Wert« der einzelnen Subjekte ein Korrektiv bilden, das vor allem bei der Entwicklung der Rechtsstrukturen wirksam wird.

2.2 *Verlust oder Überformung der Statuslehre*

Dieser Befund ist aber nur ein erster Teil der Bestandsaufnahme. Hinzu kommen weitere Perspektivenveränderungen in der jüngeren Entwicklung des Verwaltungsrechts, die aus dem Blickwinkel der Statuslehre interpretiert und verarbeitet werden müssen.

---

[31] *Schmidt-Aßmann* 2004, S. 146ff.

[32] *Masing* 2012, § 7, Rn. 5.

[33] *Vesting/Kokott* 2004, S. 66.

An erster Stelle ist die instrumentelle Überformung der subjektiven öffentlichen Rechte zu erwähnen, die Masing als »Mobilisierung des Bürgers für die Durchsetzung des Rechts« bezeichnet hat.[34] Sie hat eine Erweiterung der subjektiven öffentlichen Rechte zur Folge. Die erweiterte Rechtsmacht wird dem Bürger aber nicht um seiner selbst willen zugeordnet, sondern zur Verwirklichung von spezifisch öffentlichen Interessen, deren Durchsetzung mit den Einforderungen des subjektiven öffentlichen Rechts einhergeht. Die steuerungswissenschaftliche Perspektive kann an dieser Stelle durchaus anknüpfen, etwa aus dem Blickwinkel ihrer Effizienzanforderungen. Problematisch wird es erst dann, wenn erhöhte Effizienzanforderungen zu Verkürzungen von Statusrechten führen.

Der insoweit moderate Lösungsvorschlag von Masing schlägt als Kompromiß die Einführung einer stärkeren Gemeinwohlverpflichtung des Bürgers vor.[35] Dieser Weg läßt sich aber durchaus mit der Jellinekschen Lehre vereinbaren, der die Pflichten ebenfalls als einen Aspekt der Statuslehre entwickelt und betont hat. Der abwehrrechtliche Status ist eben nur ein Status von mehreren. Das ist durch die grundrechtliche Ableitung der subjektiv-öffentlichen Rechte zum Teil übersehen oder vergessen worden. Masing selbst hält an der Vorstellung eines Rechtsstatus des Einzelnen fest und sieht in ihnen eine »Konstruktion des Rechts aus der Idee der Freiheit«, die nicht relativierbar ist. Er sucht diesen Status aber in einer Weise zu konstruieren, die der Perspektivenerweiterung der Verwaltungsrechtswissenschaft Rechnung trägt und für sie Raum läßt. Die Unterscheidung zwischen Privat und Staat beziehungsweise Verwaltung wird nicht aufgehoben, sondern in ihrer Differenz miteinander verschränkt.[36]

> Der Rechtsstatus des Einzelnen lässt sich nicht allein von der Sicherung seiner privaten, selbstbezogenen Belange erfassen, ist also nicht allein auf die Wahrung der Integrität der Person gerichtet, sondern muss auch Mit- und Einwirkungsbefugnisse des Einzelnen auf das Gemeinwohl und auf die Realisierung von Verwaltungszwecken reflektieren. Der Rechtsstatus [...] muss [...] auch die aktive Teilhabe des Einzelnen an der Verwirklichung des Gemeinwohls [...] in sich aufnehmen.[37]

Die Durchführung dieses Gedankens erfolgt in folgenden Schritten: Zunächst wird die »gemeinbezogene Bedeutung privater Interessenverfolgung« für die Bereiche der demokratischen Partizipation und für Marktprozesse herausgearbeitet, wobei dem Regulierungsrecht im Bereich der Marktpro-

---

[34] *Masing* 1997.
[35] *Masing* 2012, § 7, Rn. 21 ff.
[36] *Masing* 2012, § 7, Rn. 7.
[37] *Masing* 2012, § 7, Rn. 7.

zesse eine unterstützende Funktion zugewiesen wird.[38] Es folgt eine Rekapitulation des *status negativus* auf der Basis der Grundrechte[39], der durch die Schutz- und Teilhabeansprüche ergänzt wird.[40] Hinzu kommen die politischen Rechte des *status activus*[41] und als Forderung und Vorschlag mit Neuigkeitswert der *status procuratoris*, bei dem die Individualrechte der Durchsetzung von Gemeinschaftsbelangen dienen.[42] Dadurch soll eine »gemeinorientierte Funktionalisierung individueller Befugnisse« und eine »funktionale Subjektivierung« erfolgen.[43] Diese einzelnen Schritte werden dann schließlich in der Formulierung von »Freiheit als Grundlage von Rechten und Pflichten« überhöht, die auch eine Inpflichtnahme legitimieren sollen.[44]

Abgesehen davon, daß diese »Durchführung« dogmatisch und systematisch durchgehend auf tradierten Konstruktionen aufbaut[45], ohne sich um eine detaillierte Begründung zu bemühen[46], bleibt die gesamte Argumentation deutlich hinter dem sehr viel weiteren Horizont der Jellinekschen Argumentation zurück und macht deutlich, daß auch die Neue Verwaltungsrechtswissenschaft in der von Masing gebotenen Interpretation unter Rezeptionsdefiziten leidet. Immerhin macht sie deutlich, daß der von einigen Vertretern der Neuen Verwaltungsrechtswissenschaft propagierte Verzicht auf eine Status-Lehre nicht zu überzeugen vermag.

2.3 Das Denken und Argumentieren in Verwaltungsrechtsverhältnissen

Neben der Herausarbeitung der Status als solcher und der damit verbundenen Ausdifferenzierung der subjektiven öffentlichen Rechte liefert die Untersuchung von Jellinek auch die Grundlage für das erst sehr viel später explizit entfaltete »Denken in Verwaltungsrechtsverhältnissen«, das gegenwärtig[47] nur eine geringe Aufmerksamkeit erfährt und eher unbewußt praktiziert wird.

---

[38] *Masing* 2012, § 7, Rn. 22ff.

[39] *Masing* 2012, § 7, Rn. 46ff.

[40] *Masing* 2012, § 7, Rn. 53ff.

[41] *Masing* 2012, § 7, Rn. 65ff.

[42] *Masing* 2012, § 7, Rn. 68ff.

[43] *Masing* 2012, § 7, Rn. 91ff.

[44] *Masing* 2012, § 7, Rn. 137, 152ff.

[45] Das gilt für den *status procuratoris* mit der abschwächenden Maßgabe, daß der Gedanke jedenfalls nicht neu ist.

[46] Vor allem die These, daß Marktprozeße automatisch auch Gemeinwohl verwirklichen, ist bekanntlich so umstritten wie alt und bedarf einer reflektierten Rezeption.

[47] Frühe Darstellungen wie die von *Forsthoff* 1973, S. 176f. setzen in der Darstellung beim Verwaltungsrechtsverhältnis an und ordnen die subjektiven öffentlichen Rechte in diese Darstellung ein.

Die Bedeutung des Denkens in Verwaltungsrechtsverhältnissen sollte trotz der vermißten Impulse[48] für die Entwicklung des materiellen Rechts nicht unterschätzt werden, da sie besser als alle anderen Ansätze in der Lage ist, die heute vermehrt anzutreffenden multidimensionalen Rechtsbeziehungen zu erfassen und zu ordnen.[49] Die Statuslehre begünstigt das Denken in Verwaltungsrechtsverhältnissen, da sie daran erinnert, daß es um zwischenpersonale und interinstitutionelle Beziehungen geht und daß dabei Rechte und Pflichten, Freiheit und Verantwortung untrennbar miteinander verknüpft sind.[50]

3. Die verwaltungsorganisationsrechtliche Seite der Statuslehre bei Georg Jellinek

3.1 Die Aussagen zu öffentlichen Verbänden

Jellinek stellt an den Beginn seiner Überlegungen die »schwierige Abgrenzung zwischen privaten und öffentlichen Verbänden«[51], die auch heute noch aktuell ist.[52] Ausgehend von der These Rosins, wonach ein Verband dann als öffentlich-rechtlich zu qualifizieren ist, wenn er kraft Rechtsordnung dem Staate zur Erfüllung seiner Zwecke verpflichtet ist, führt Jellinek aus, daß dieses Merkmal nicht hinreicht. Hinzukommen müsse, daß ein Verband Subjekt des öffentlichen Rechts ist, »d.h. daß ihm Rechte zustehen, die prinzipiell der Herrschaftssphäre des Staates zugehören«.[53]

> Diese Herrschaftsrechte müssen sich [...] in doppelter Weise zeigen. Einmal dadurch, dass die Ausübung der Herrschaft durch Gesetz in der Sphäre des betreffenden Verbandes derart lokalisiert sein muss, dass ihm der Anspruch auf Ausübung der Herrschaft auch dem Staate gegenüber zukommt. Der Staat hat diesen Verbänden Imperium derart übertragen, dass sie in dessen Ausübung nicht nur eine Pflicht erfüllen, sondern auch von einem Rechte Gebrauch machen. Der Staat kann also nicht durch Verwaltungsakte das dem Verbande kraft Gesetzes verliehene Imperium an sich ziehen. Der Verband ist rechtlich geschützt in dem ihm zustehenden Anspruch auf Herrschaft.[54]

Jellinek spricht sich damit für eine erstaunlich weitreichende Selbständigkeit des Verbandes und seiner Aufgabenhoheit aus. Er untermauert diese Sicht-

---

[48] Dazu auch *Gröschner* 1992, S. 152f.

[49] *Wolff/Bachof/Stober/Kluth* 2007, Rn. 35f.

[50] Deshalb wäre auch das Verwaltungsrechtsverhältnis der passendere Anknüpfungspunkt für die Argumentation von Masing gewesen, vgl. *Masing* 2012, § 7, Rn. 137, 152ff.

[51] *Jellinek* 1905, S. 251 (Kap. XVI).

[52] Siehe etwa *Schuppert* 1981; *Kluth* 2011, S. 6ff.

[53] *Jellinek* 1905, S. 252f.

[54] *Jellinek* 1905, S. 254.

weise mit Argumenten, die heute als funktional bezeichnet werden würden: Die Gründung selbständiger Verbände erfolge zur besseren Zweckverfolgung, sei mit der Pflicht zur Aufgabenerfüllung verbunden und durch eine gesetzliche Pflichtmitgliedschaft geprägt.[55] Damit wird deutlich, daß er auch die Kammern im Blick hatte, die im letzten Drittel des 19. Jahrhunderts gegründet wurden und genau auf diesen Überlegungen basierten.[56]

Zur weiteren Differenzierung führt Jellinek die Unterscheidung zwischen passiven und aktiven öffentlich-rechtlichen Verbänden ein, wobei nur die aktiven über das besagte »Imperium« verfügen.[57] Daran anknüpfend werden die beiden Rechtsverhältnisse unterschieden, die mit der Verbandsbildung begründet werden: die Beziehung zwischen dem Staat und dem Verband einerseits und zwischen dem Verband und seinen Mitgliedern andererseits.[58] Und in beiden Beziehungen werden Rechte und Pflichten begründet. Daran knüpft die wegweisende Bemerkung an:

> Eine Theorie der subjektiven öffentlichen Rechte wird daher die Rechtsverhältnisse der aktiven öffentlich-rechtlichen Verbände in den Kreis ihrer Betrachtung zu ziehen haben. Unter diesen sind die mannigfaltigsten Abstufungen möglich. Es kann ihnen nämlich Imperium in grösserem oder geringerem Umfange zustehen und demgemäss ihr aktiv publizistischer Charakter mehr oder minder ausgeprägt sein.[59]

Zu den Rechtsbeziehungen zwischen den Verbänden und ihren Mitgliedern merkt Jellinek an, daß den Mitgliedern »Ansprüche […] auf Teilnahme an dessen Willensbildung, Verwaltung und Rechtsprechung« zustehen.[60] Er geht damit konsequent vom Körperschaftsmodell aus, mit dessen Hilfe im 19. Jahrhundert im Bereich der funktionalen und kommunalen Selbstverwaltung die gesamtstaatliche Demokratie »vorbereitet« wurde.

Hervorzuheben ist an dieser Stelle ein Gesichtspunkt, der nur indirekt mit den Ausführungen von Jellinek zusammenhängt: die Rechtsprechung des Bundesverfassungsgerichts zum »Anspruch auf demokratische Legitimation« nach Art. 38 Abs. 1 GG in den Verfahren zur Mitwirkung der Bundesrepublik Deutschland an und in der Europäischen Union, beginnend mit dem Maastricht-Urteil. Dort führt das Gerichts aus:

> Gewährleistet wird den wahlberechtigten Deutschen das subjektive Recht, an der Wahl des Deutschen Bundestages teilzunehmen und dadurch an der Legitimation der Staats-

---

[55] *Jellinek* 1905, S. 254 f.
[56] *Kluth* 1997, S. 219 ff.
[57] *Jellinek* 1905, S. 255 f.
[58] *Jellinek* 1905, S. 257.
[59] *Jellinek* 1905, S. 258.
[60] *Jellinek* 1905, S. 257.

gewalt durch das Volk auf Bundesebene mitzuwirken und auf ihre Ausübung Einfluss zu nehmen.[61]

An dieser Rechtsprechung hat das Gericht trotz einiger Kritik auch im Lissabon-Urteil festgehalten[62] und damit einen »Anspruch auf Teilhabe an der demokratischen Legitimation der Staatsgewalt« etabliert, der eine weitreichende Kontrollfunktion des Einzelnen im Bereich der Übertragung von Hoheitsrechten etabliert und damit den aktiven Status der Bürger erheblich verstärkt.

3.2 Die Aussagen zu den Gemeinden

Es verwundert daher nicht, daß Jellinek den Gemeinden als einer rechtlich und praktisch besonders bedeutsamen Erscheinungsform des öffentlichen Verbandes besondere Aufmerksamkeit und ein eigenes Kapitel widmet. Dabei geht es zunächst um die klassische Streitfrage zu den Ursprüngen der kommunalen Selbstverwaltung, bei der Jellinek die Ansicht vertritt, daß die Ursprünge in der französischen Revolution und ihrer Konzeption einer vierten Gewalt *(pouvoir municipal)* liegen.[63] Entscheidend sind im weiteren Verlauf die Aussagen zur Einordnung der Gemeinden in das Staatsganze.

Als Besonderheit der Gemeinden stellt Jellinek ihren Charakter als Gebietskörperschaft heraus, die »Imperium« auch gegenüber Nicht-Mitgliedern ausüben könne, die sich auf dem Gebiet der Gemeinde aufhalten. Damit sind sie dem Staate ähnlich und unterscheiden sich von den Personalkörperschaften. Im Streit um den ursprünglichen oder durch staatliche Delegation begründeten Charakter der kommunalen Selbstverwaltung spricht sich Jellinek für das Delegationsmodell aus und bekennt sich damit zur Einheit aller Staatsgewalt.[64] Dies ist um so wichtiger für das Verständnis der subjektiven öffentlichen Rechte der Gemeinden und Verbände, weil diese nicht aus einem vorstaatlich-grundrechtlichen Charakter der Verbände abgeleitet werden. Es folgt eine schrittweise Anwendung der Statuslehre für die Gemeinden. Besondere Aufmerksamkeit gebührt dabei den Ausführungen zum positiven Status:

> Die Gemeinde hat nämlich kraft Gesetzes den Anspruch auf Ausübung von Herrschaftsrechten. Mit diesen ist sie zwar auch im staatlichen Interesse belehnt, das durch die Herrschaftsausübung der Gemeinde innerhalb bestimmter Grenzen besser gewahrt erscheint als durch die von den staatlichen Organen besorgte. Allein auch im partikularen Interes-

[61] BVerfGE 89, 155 (171f.).
[62] BVerfGE 123, 267 (330ff.).
[63] *Jellinek* 1905, S. 264ff.
[64] *Jellinek* 1905, S. 274.

se der Gemeinde selbst findet diese Herrschaftsübung statt. Wenn die Gemeinde Polizeigewalt besitzt, Kommunalsteuern auflegen und persönliche Leistungen fordern kann, so hat sie diese Rechte nicht nur zum Zwecke ihrer Pflichterfüllung gegen den Staat, sondern auch zur besseren und sichereren Realisierung ihrer eigensten Interessen. Die Zwangsbeiträge der der Gemeindegewalt Unterworfenen werden nicht nur verwendet zur Lösung der vom Staate der Gemeinde vorgeschriebenen Aufgaben, sondern für alle Gemeindezwecke ohne Unterschied. Das Imperium ist daher ein Verwaltungsmittel der Gemeinde für ihre gesamte Tätigkeit. Dadurch erhält der Anspruch der Gemeinde auf Herrschaftsübung einen anderen Charakter als der des einzelnen auf Mitwirkung an den staatlichen Funktionen. Dort geht der individuelle Anspruch nur auf Anerkennung und Zulassung. Allein die von dem einzelnen auf Grund des erfüllten Anspruches geübten Funktionen sind und bleiben staatliche derart, dass sie ausschliesslich in des Staates, niemals im individuellen Interesse zu üben sind. Hier aber ist nicht nur der Anspruch, sondern auch die Funktion selbst im Interesse der Berechtigten da. Im aufgetragenen Wirkungskreise ist die Gemeinde Staatsorgan, im selbständigen übt sie ihr Recht aus.[65]

Diese Ausführungen machen deutlich, wie vortrefflich Jellinek zu einem abgestuften und differenzierten Denken zur Herausarbeitung der unterschiedenen Typen und spezifischen Funktionen der subjektiven öffentlichen Rechte in der Lage war. Eine Fähigkeit, die vielen heutigen Darstellungen kommunaler und funktionaler Selbstverwaltung, die zu sehr in eine dualistische Sichtweise drängen, abgeht.

3.3 Die Charakterisierung der zentralen Aussagen

Im Rahmen einer zusammenfassenden Charakterisierung der von Jellinek herausgearbeiteten Gesichtspunkte können folgende Gedanken und Argumente hervorgehoben werden:

- die Betonung des Rechtscharakters von Kompetenzen als Grundlage für die umfassende Verrechtlichung von Staat und Verwaltung.
- Damit verbunden ist die Betonung der Bedeutung des Innenrechts und vor allem der Mitgliederrechte in den öffentlich-rechtlichen Verbänden.
- Ein weiterer Aspekt betrifft die Rechtsgestaltungsmacht der Verbände insbesondere bei der Verwirklichung von Kooperationen mit- und untereinander.
- Daraus folgt insgesamt, daß die dogmatische Figur des subjektiven öffentlichen Rechts nicht auf den Bürger beschränkt ist, sondern auch im Bereich der Staatsorganisation, namentlich für das Verhältnis des Staates zu den öffentlich-rechtlichen Verbänden zur Anwendung kommt.

Im nächsten Schritt soll gezeigt werden, welche Bedeutung diesem Gedanken für das heutige Verwaltungsorganisationsrecht beizumessen ist.

---

[65] *Jellinek* 1905, S. 275.

4. Die Bedeutung für das gegenwärtige Verwaltungsorganisationsrecht

4.1 Teilrechtsfähigkeit, subjektive Rechte der Verwaltungsträger und ihrer Organe

Die Zuschreibung von subjektiven öffentlichen Rechten an öffentliche Verbände, wie sie von Jellinek konsequent vorgetragen wird, bildet die Grundlage für eine gegliederte Wahrnehmung des Staates und vor allem der Verwaltung und damit für die dogmatische Figur der Teilrechtsfähigkeit.[66] In ihr kommt die begrenzte Kompetenz jedes Verwaltungsträgers und Verbandes zum Ausdruck und sie setzt auf der dogmatischen konsequent der Gedanken der Funktionentrennung und – im Falle der Verbände – der Delegation um. Damit wird zugleich die juristische Konzeption des Staates und seiner Verwaltung aufgehellt, die sich vom politischen Konzept des Staates, das an die sehr viel schwerer begrenzbare politische Macht anknüpft, deutlich unterscheidet.

Die Wahrung der Einheit des Staates ist bei Jellinek durch die Betonung der Delegation des Imperiums an die Verbände im allgemeinen und die Gemeinden im besonderen nicht gefährdet. Anders als im pluralistisch-dezentralen Modell des mittelalterlichen Gemeinwesens, das sich nicht auf eine Quelle der Staatsgewalt zurückführen und bündeln ließ, stellt Jellinek deutlich heraus, daß die Kompetenzen von Gemeinden und Verbänden abgeleiteter Natur sind. Allerdings bedeutet dies umgekehrt nicht, daß der Staat beliebig über die Gemeinden und Verbände verfügen und ihnen die übertragenen Zuständigkeiten wieder entziehen oder hineinregieren kann. Gerade die Charakterisierung der übertragenen Rechte als subjektiv-öffentliche begründet ihren Schutz. Jellinek spricht in diesem Zusammenhang vom Anspruch auf die Rechtsausübung.

Interessant ist daran vor allem, daß Jellinek diese (begrenzte) Eigenständigkeit nicht aus einer speziellen Verfassungsnorm ableitet, wie sie im heutigen Verfassungsrecht für die Kommunen zum Beispiel Art. 28 Abs. 2 GG darstellt. Jellinek stellt alleine auf die gesetzgeberische Ratio der Schaffung selbständiger Verwaltungseinheiten ab und betont dabei vor allem den Gedanken, daß diese Verwaltungseinheiten geschaffen wurden, weil sie besser in der Lage sind, die betroffenen Aufgaben zu erfüllen. Dies wird man als eine durchaus moderne, an Funktionalität und Effektivität des Verwaltungsaufbaus ausgerichtete Argumentation deuten können.

Das Verständnis der Kompetenzen als subjektive Rechte eröffnet zugleich die Möglichkeit, in Fällen von staatlichen Eingriffen und Beschränkungen

---

[66] Zu ihr grundlegend *Bachof* 1958, S. 208 ff. Siehe auch *Wolff/Bachof/Stober/Kluth* 2007, § 32, Rn. 32; *Wolff/Bachof/Stober/Kluth* 2010, § 82, Rn. 14 ff.

der zugewiesenen Rechte den Grundsatz der Verhältnismäßigkeit zur Anwendung zu bringen.[67] Bei Jellinek kann insoweit an die folgende Textpassage angeknüpft werden:

> Der Staat hat diesen Verbänden Imperium derart übertragen, dass sie in dessen Ausübung nicht nur eine Pflicht erfüllen, sondern auch von einem Rechte Gebrauch machen. Der Staat kann also nicht durch Verwaltungsakte das dem Verbande kraft Gesetzes verliehene Imperium an sich ziehen. Der Verband ist rechtlich geschützt in dem ihm zustehenden Anspruch auf Herrschaft.[68]

Damit wird auch mit einem Vorbehalt aufgeräumt, der auf eine Aussage in der Rechtsprechung des Bundesverfassungsgerichts gestützt wird. Danach soll der Grundsatz der Verhältnismäßigkeit wegen seiner Verankerung in den Grundrechten nur im Bürger-Staat-Verhältnis zur Anwendung kommen.[69] Eine genauere Analyse der Rechtsprechung des Bundesverfassungsgerichts läßt indes schnell erkennen, daß das Gericht in vielen Bereichen des Staatsorganisationsrechts den Grundsatz, wenngleich mit verschiedenen Inhalten und Intensitäten, anwendet. Dies betrifft die Rechte der Abgeordneten[70] ebenso wie den Schutz der kommunalen Selbstverwaltung, soweit es um den eigenen Wirkungskreis geht.[71] Auch innerhalb des dezentralen Staats- und Verwaltungsaufbaus sowie in und zwischen Organen kann anknüpfend an dort bestehende subjektive öffentliche Rechte auf den Grundsatz der Verhältnismäßigkeit rekurriert werden. Dabei bedarf es keines besonderen verfassungsrechtlichen Schutzes der jeweiligen Rechte. Es genügt, daß diese als »eigene« zugewiesen wurden. Soweit die betreffenden Rechte zudem verfassungsrechtlich abgesichert sind, wie dies bei der kommunalen Selbstverwaltung und den Statusrechten der Abgeordneten der Fall ist, führt dies (lediglich) zu einer Verstärkung des Schutzgehaltes. Es kommt dabei auch nicht zu einer umfassenden Subjektivierung des Innenrechtsbereichs, da auch mit Jellinek nicht jede Regelung automatisch subjektive öffentliche Rechte begründet. Der entsprechende Regelungsgehalt ist vielmehr anknüpfend an den Gedanken der gesetzlichen Übertragung von »Imperium« im jeweiligen Fall nachzuweisen.

---

[67] Dazu grundlegend *Heusch* 2003.

[68] *Jellinek* 1905, S. 254.

[69] BVerfGE 81, 310 (338).

[70] BVerfGE 70, 324ff., insbes. auch die beiden abweichenden Voten S. 366ff. und S. 380ff. Dabei ist zu beachten, daß das Gericht nicht explizit von einer Verhältnismäßigkeitsprüfung spricht, diese aber in der Sache durchführt, indem die Teilgrundsätze der Geeignetheit, Erforderlichkeit und Angemessenheit geprüft werdem.

[71] Zu Einzelheiten und weiteren Nachweisen *Heusch* 2003, S. 184ff.

4.2 Die Rechte und Pflichten der öffentlichen Verbände

Jellinek betont in seinen Ausführungen zu den Verbänden, daß die diesen zugewiesenen Aufgaben sowohl als Rechte als auch als Pflichten zu verstehen seien beziehungsweise beide begründen. Das mag auf den ersten Blick als Banalität erscheinen, doch sind damit weiterreichende Charakterisierungen verbunden, wenn man die Aussagen zum Anlaß nimmt, zugleich die Gemeinsamkeiten und Unterschiede von öffentlichen und privaten Verbänden in den Blick zu nehmen.

Daß Aufgabenzuweisungen mit Pflichten, insbesondere der Pflicht zur Wahrnehmung oder Ausführung der zugewiesenen Aufgabe verbunden sind, gehört zu den Selbstverständlichkeiten der Kompetenzbegründung im Rechtsstaat. Bezieht sich die Aufgabenzuweisung auf einen rechtlich selbständigen Verband mit Selbstverwaltungsrecht, also eine Personalkörperschaft, so sind die rechtlichen Folgen komplexer Natur. Zur Verdeutlichung soll eine bereits erwähnte Textpassage erneut in den Blick genommen werden:

> Derartige [das heißt mit Herrschaftsrechten ausgestattete] Verbände können jedoch in der Regel nicht willkürlich über ihre Existenz und den Kreis ihrer Tätigkeiten schalten. Da sie mit öffentlich-rechtlicher Macht ausgerüstet sind, so verpflichtet sie der Staat zur Erfüllung ihrer Zwecke, *dessen bessere Erreichung er durch Zuweisung von Imperium fördern will.* Die Verbände dieser Art können also in der Tat dem Staate zur Erfüllung ihrer oder wenigstens einiger ihrer Zwecke verpflichtet sein. Diese Verpflichtung ist aber gleichsam die Gegenleistung für die Steigerung ihrer Rechtssphäre.[72]

Die Aufgabenzuweisung an die mit Imperium ausgestatteten öffentlichen Verbände lebt demnach aus dem Zusammenspiel von Übertragung und Inpflichtnahme, indem die spezifische Verwaltungskraft und der genuine Sachverstand der Mitglieder für die (insoweit pflichtige) Aufgabenerfüllung genutzt wird.

4.3 Rechte der Mitglieder und Binnenlegitimation der Verbände

Mit der Gründung von Selbstverwaltungsträgern in Gestalt von Gebiets- oder Personalkörperschaften des öffentlichen Rechts ist – in der Regel zu wenig beachtet – eine Veränderung des Charakters der zugewiesenen Aufgaben verbunden. Wo der Bürger im Falle der staatlichen Aufgabenerfüllung passiver Adressat einer Aufgabenwahrnehmung ist, wird er durch und mit ihrer Zuweisung als Selbstverwaltungsangelegenheit zum Aufgabenträger, jedenfalls in dem Sinne, daß er an der Aufgabenerfüllung kraft der ihm zugewiesenen mitgliedschaftlichen Rechte mitwirkt.

---

[72] *Jellinek* 1905, S. 254f. Hervorhebung nicht im Original.

Winfried Brugger spricht im Zusammenhang mit der Gründung von Selbstverwaltungsträgern von der Begründung einer zweiten Statusebene innerhalb der »ausverleibten« Organisationen und betont zugleich den Charakter der Verbände als »Zweckerledigungsgemeinschaft«.[73] Die Begründung der gesetzlichen Mitgliedschaft erweist sich vor diesem Hintergrund als logische Folge des Ausgliederungsvorganges, der nicht zum Verlust der Statusrechte führen soll. Der Zugang zu dieser Sichtweise fällt dem heutigen Betrachter offenbar schwer. Jedenfalls wird in der Rechtsprechung und der überwiegenden Literatur die gesetzliche Begründung der Mitgliedschaft vorwiegend als Zwang und Grundrechtseingriff interpretiert mit der Folge, daß sowohl die freiheitswahrende Wirkung der Mitgliedschaft als auch der zweckrationale Charakter der Ausgliederung bestimmter Aufgaben aus der unmittelbaren Staatsverwaltung verdeckt wird.

Immerhin hat das Bundesverfassungsgericht in einem Kammerbeschluß zu den Industrie- und Handelskammern aus dem Jahre 2001 ausgeführt, daß »Pflichtmitgliedschaft [...] eine freiheitssichernde und legitimatorische Funktion [erfüllt], weil sie auch dort, wo das Allgemeininteresse einen gesetzlichen Zwang verlangt, die unmittelbare Staatsverwaltung vermeidet und stattdessen auf die Mitwirkung der Betroffenen setzt«[74] und damit die richtige Sichtweise formuliert.[75] Auch die wenig später ergangene Entscheidung zu den Wasser- und Bodenverbänden[76] geht trotz einiger Unklarheiten in der dogmatischen Herleitung[77] von dieser Prämisse aus. Ein grundlegendes Umdenken haben beide Entscheidungen aber bislang noch nicht bewirkt.

Folgt man der Sichtweise Jellineks und versteht man die Begründung der Mitgliedschaft sowie der mitgliedschaftlichen Rechte im Rahmen eines funktionalen Organisationsverständnisses, so stehen die mit der Mitgliedschaft verbundenen Erweiterungen des Rechtskreises im Vordergrund des Organisationsaktes.[78] Das heißt nicht, daß mit der Mitgliedschaft keine Belastungen verbunden sind, etwa in Gestalt von Beitragspflichten. Diese sind in ihrer belastenden Wirkung auch an den Grundrechten, konkret an Art. 2 Abs. 1 GG, zu messen und in ihrer Funktion auf die Verbandskompetenz der Organisation zu begrenzen.[79]

---

[73] *Brugger* 2011, S. 23.
[74] BVerfG, NVwZ 2002, 335 (337).
[75] Dazu *Kluth*, NVwZ 2002, S. 298 ff.
[76] BVerfGE 107, 59 ff.
[77] Dazu Jestaedt, in: Handbuch des Kammerrechts 2003, 2004, S. 9 ff.
[78] Dazu näher *Kluth* 1997, S. 298 ff.
[79] *Kluth* 1997, S. 308 ff.

Das jeweilige Verständnis der Zweckrationalität der Selbstverwaltungskörperschaften hat im heutigen verfassungsrechtlichen Kontext auch Bedeutung für die Konkretisierung des verfassungsrechtlichen Rahmens der Delegation von Rechtsetzungsbefugnissen an die Selbstverwaltungsträger. Soweit es sich um Rechtsetzungsbefugnisse gegenüber den Mitgliedern handelt, ist von einem besonders hohen Legitimationsniveau auszugehen, da die Mitglieder an der Rechtsetzung direkt oder durch Delegierte in den Vertretungsorganen mitwirken.[80] Das ist zum Beispiel beim Erlaß von Berufsordnungen relevant und steht auch nicht im Widerspruch zu den Ausführungen im Facharzturteil des Bundesverfassungsgerichts.[81] Dessen Anforderungen an eine parlamentsgesetzliche Ermächtigung beziehen sich auf Maßnahmen mit einer besonders hohen Eingriffsintensität, bei denen zugleich Interessenkonflikte zwischen den bereits zugelassenen Berufsträgern und Newcomern entstehen beziehungsweise bestehen können.

4.4 Netzwerkarchitekturen in der Verwaltungskooperation

Die Statuslehre und das durch sie begünstigte Denken in Verwaltungsrechtsverhältnissen stellt auch eine tragfähige Grundlage für die Begründung, Ausgestaltung und »Nutzung« von Netzwerkarchitekturen in der Verwaltungskooperation dar. Zwar hat Jellinek selbst die Kooperation in einem weit verstandenen Sinne nur vor allem für die staatliche und internationale Ebene entfaltet.[82] Seine Ausführungen lassen sich aber ohne weiteres auf die Verwaltungskooperation heutigen Zuschnitts übertragen beziehungsweise geben dafür Orientierungen. Einige Aspekte sollen an dieser Stelle hervorgehoben werden.

Verwaltungskooperation kann in verschiedenen Formen und Stufen der Intensität erfolgen. Sie kann punktuell und institutionalisiert, sie kann partiell-unterstützend oder aufgabenverlagernd erfolgen, und sie kann innerhalb des gleichen Sachbereichs oder fachübergreifend verwirklicht werden. Hinzu kommt heute die grenzüberschreitende Verwaltungskooperation in der Europäischen Union und darüber hinaus. Wo ein Verwaltungshandeln auf die Mitwirkung eines anderen Verwaltungsträgers angewiesen ist, wie dies zum Beispiel im Bereich der Amtshilfe der Fall ist, ist die Verwaltungskooperation »seit jeher« anerkannt und gesetzlich im Hinblick auf Zulässigkeit und Verfahren genau geregelt. Im Vordergrund der heutigen Praxis

---

[80] Näher zu den Kriterien *Kluth* 1997, S. 369 ff.

[81] BVerfGE 33, 125 (157 f.) und dazu *Kluth* 1997, S. 486 ff.

[82] *Jellinek* 1905, S. 295 ff. zu den Staatenrechten in der internationalen Gemeinschaft.

geht es aber vor allem um die Frage, ob und in welchen Fällen eine Verwaltungskooperation auch aus Gründen der Kosteneinsparung (Effizienz) oder der Erhöhung der Qualität der Aufgabenerfüllung (Effektivität) zulässig ist. In diesen Fällen stellt sich die Frage, ob eine Verwaltungskooperation auf eine explizite gesetzliche »Ermächtigung« angewiesen oder auch ohne eine solche zulässig ist.

Aus der Perspektive der Statuslehre kann auch bei dieser Frage an das mit der Aufgabenzuweisung verbundene »Recht« angeknüpft und gefragt werden, ob es auch die Kooperationsbefugnis einschließt. Dies ist bei unselbständigen Verwaltungseinheiten, denen es bereits an einem »übertragenen Imperium« mangelt, nicht der Fall. Dort, wo eigenständige Zuständigkeiten begründet werden, wie bei den Selbstverwaltungsträgern, ist davon auszugehen, daß eine Kooperation jedenfalls insoweit ohne ausdrückliche gesetzliche Regelung zulässig ist, als damit keine Zuständigkeitsverlagerungen im Außenverhältnis verbunden sind und die Letztentscheidungskompetenz nicht angetastet wird.[83] Diese Grenze läßt sich daraus ableiten, daß mit der Aufgabenübertragung auch die Pflicht zur Aufgabenerfüllung verbunden ist. Diese verlangt als Minimum eine Letztentscheidungsbefugnis der durch das Gesetz bestimmten zuständigen Verwaltungseinheit.

Das bei Jellinek durchgehend anzutreffende zweckrationale Verständnis sowohl des Staates als auch der öffentlich-rechtlichen Verbände steht der Verwaltungskooperation vor allem dann aufgeschlossen gegenüber, wenn dadurch die Rahmenbedingungen für die Aufgabenerfüllung verbessert werden. Deshalb legitimieren Effektivitätssteigerungen, die vor allem durch die Verwirklichung einer Spezialisierung im Rahmen der Verwaltungskooperation umgesetzt werden können, entsprechende Maßnahmen in der Regel eher, als eine nur auf Kostensenkung abzielende Maßnahme.

Die Statuslehre gibt auch einen Hinweis auf das adäquate Instrument der Ausgestaltung der Verwaltungskooperation, den öffentlich-rechtlichen Vertrag. Wo mit subjektiven Rechten »ausgestattete« Organisationen ihr Verhalten koordinieren, ist der Vertrag das angemessene Instrument der verbindlichen Steuerung. Daß dabei der enge Rahmen des Verwaltungsverfahrensrechts, das auf das Handeln gegenüber dem Bürger ausgerichtet ist, transzendiert wird, steht dem nicht entgegen.

---

[83] Ein aktuelles Beispiel für eine gesetzliche Regelung der Verwaltungskooperation findet sich in § 10 IHKG. Siehe dazu *Möllering* 2012, S. 133ff.

5. *Ausblick*

Der Rückblick auf das System der subjektiven öffentlichen Rechte von Georg Jellinek aus der verwaltungsrechtlichen Perspektive ruft damit in Erinnerung, daß Jellinek dabei nicht nur an das Bürger-Staat-Verhältnis denkt, sondern auch die Beziehungen zwischen und in den öffentlichen Verbänden mit in den Blick nimmt und zwar gleichberechtigt. Dieser zwischenzeitlich vergessene Umstand erleichtert es, auch die Eigenrechte von Selbstverwaltungseinheiten sowie von Organen und Organteilen einer stringenten und einheitlichen, zugleich aber auch differenzierten Dogmatik zuzuordnen, die der hochgradig funktions- und arbeitsteiligen Verwaltungsorganisation der Gegenwart gerecht wird. Zugleich wird auch die Bedeutung des Verwaltungsrechtsverhältnisses als Denk- und Argumentationsrahmen wieder stärker in Erinnerung gerufen.

Insgesamt bewegt sich Jellinek mit seiner Statuslehre auf einer mittleren Theorieebene, die verschiedene Ebenen von Organisationswirklichkeit und Dogmatik aus unterschiedlichen Betrachtungsperspektiven beschreibt und analysiert und damit ein facettenreiches und realistisches Abbild der Komplexität der modernen Verwaltungswirklichkeit zeichnet. Die funktionale und zweckrationale Betrachtungsweise, die bei Jellinek dominiert, verleiht seinen Gedanken zugleich eine hohe Anschlußfähigkeit für die systembezogene Betrachtungsweise der Neuen Verwaltungsrechtswissenschaft, ohne dabei in die Gefahr zu geraten, das System über die Subjekte zu stellen.

Literatur

Bachof, Otto (1958): Teilrechtsfähige Verbände des öffentlichen Rechts. In: Archiv des öffentlichen Rechts 83, S. 208–279.

Baer, Susanne (2006): »Der Bürger« im Verwaltungsrecht. Subjektkonstruktion durch Leitbilder vom Staat. Tübingen.

Bernstorff, Jochen von (2000): Georg Jellinek – Völkerrecht als modernes öffentliches Recht im fin de siècle? In: Paulson, Stanley L./Schulte, Martin (Hrsg.): Georg Jellinek. Beiträge zu Leben und Werk. Tübingen, S. 183–208.

Brugger, Winfried (2011): Georg Jellineks Statuslehre: national und international. Eine Würdigung und Aktualisierung anläßlich seines 100. Todestages im Jahr 2011. In: Archiv des öffentlichen Rechts 136, S. 1–43.

Bühler, Ottmar (1914): Die subjektiven öffentlichen Rechte und ihr Schutz in der deutschen Verwaltungsrechtsprechung. Berlin.

Erichsen, Hans-Uwe/Ehlers, Dirk (Hrsg.) (2010): Allgemeines Verwaltungsrecht. 14. Aufl. Berlin.

Forsthoff, Ernst (1973): Lehrbuch des Verwaltungsrechts. 10. Aufl. München.

Friedrich, Manfred (2000): Sozialwissenschaftliche Parteienanalyse bei Georg Jellinek. In: Paulson, Stanley L./Schulte, Martin (Hrsg.): Georg Jellinek. Beiträge zu Leben und Werk. Tübingen, S. 173–182.

Gröschner, Rolf (1992): Das Überwachungsrechtsverhältnis. Wirtschaftsüberwachung in gewerbepolizeirechtlicher Tradition und wirtschaftsverwaltungsrechtlichem Wandel. Tübingen.

Heusch, Andreas (2003): Der Grundsatz der Verhältnismäßigkeit im Staatsorganisationsrecht. Berlin.

Hufen, Friedhelm (2011): Staatsrecht II. Grundrechte. 3. Aufl. München.

Jellinek, Georg (1905): System der subjektiven öffentlichen Rechte. 2. Aufl. Tübingen.

Kahl, Wolfgang/Ohlendorf, Lutz (2010): Das subjektive öffentliche Recht. Grundlagen und aktuelle Entwicklungen im nationalen Recht. In: Juristische Ausbildung, S. 872–879.

Dies. (2011): Die Europäisierung des subjektiven öffentlichen Rechts. In: Juristische Ausbildung, S. 41–48.

Kersten, Jens (2000): Georg Jellinek und die klassische Staatslehre. Tübingen.

Kluth, Winfried (1997): Funktionale Selbstverwaltung. Verfassungsrechtlicher Status – verfassungsrechtlicher Schutz. Tübingen.

Ders. (2011): Jahrbuch des Kammer- und Berufsrechts 2010. Baden-Baden.

Kment, Martin (2010): Grenzüberschreitendes Verwaltungshandeln. Transnationale Elemente deutschen Verwaltungsrechts. Tübingen.

Korioth, Stefan (2000): Die Staatszwecklehre Georg Jellineks. In: Paulson, Stanley L./Schulte, Martin (Hrsg.): Georg Jellinek. Beiträge zu Leben und Werk. Tübingen, S. 117–132.

Loening, Edgar (1884): Lehrbuch des Deutschen Verwaltungsrechts. Leipzig.

Masing, Johannes (1997): Die Mobilisierung des Bürgers für die Durchsetzung des Rechts. Europäische Impulse für eine Revision der Lehre vom subjektiv-öffentlichen Recht. Berlin.

Ders. (2012): Der Rechtsstatus des Einzelnen im Verwaltungsrecht. In: Hoffmann-Riem, Wolfgang/Schmidt-Aßmann, Eberhard/Voßkuhle, Andreas (Hrsg.): Grundlagen des Verwaltungsrechts I. 2. Aufl. München, S. 437–542.

Maurer, Hartmut (2011): Allgemeines Verwaltungsrecht. 18. Aufl. München.

Möllering, Jürgen (2012): Aktuelle Entwicklungen des IHK-Kooperationsrechts (§ 10 IHKG). In: Jahrbuch des Kammer- und Berufsrechts 2011, S. 133 ff.

Möllers, Christoph (2000): Skizzen zur Aktualität Georg Jellineks. Vier theoretische Probleme aus Jellineks Staatslehre in Verfassungsrecht und Staatstheorie der Gegenwart. In: Paulson, Stanley L./Schulte, Martin (Hrsg.): Georg Jellinek. Beiträge zu Leben und Werk. Tübingen, S. 155–172.

Noll, Alfred J. (2000): Georg Jellineks Forderung nach einem Verfassungsgerichtshof für Österreich. In: Paulson, Stanley L./Schulte, Martin (Hrsg.): Georg Jellinek. Beiträge zu Leben und Werk. Tübingen, S. 261–276.

Pauly, Walter (2000): Georg Jellineks »System der subjektiven öffentlichen Rechte«. In: Paulson, Stanley L./Schulte, Martin (Hrsg.): Georg Jellinek. Beiträge zu Leben und Werk. Tübingen, S. 227–246.

Pieroth, Bodo/Schlink, Bernhard (2012): Grundrechte. Staatsrecht II. 28. Aufl. Heidelberg.

Schmidt-Aßmann, Eberhard (2004): Das allgemeine Verwaltungsrecht als Ordnungsidee. Grundlagen und Aufgaben der verwaltungsrechtlichen Systembildung. 2. Aufl. Berlin.

Schmidt-De Caluwe, Reimund (1999): Der Verwaltungsakt in der Lehre Otto Mayers. Staatstheoretische Grundlagen, dogmatische Ausgestaltung und deren verfassungsbedingte Vergänglichkeit. Tübingen.

Schuppert, Gunnar Folke (1981): Die Erfüllung öffentlicher Aufgaben durch verselbständigte Verwaltungseinheiten. Eine verwaltungswissenschaftliche Untersuchung. Göttingen.

Siegel, Thorsten (2009): Entscheidungsfindung im Verwaltungsverbund. Horizontale Entscheidungsvernetzung und vertikale Entscheidungsstufung im nationalen und europäischen Verwaltungsverbund. Tübingen.

Stein, Lorenz von (1870): Handbuch der Verwaltungslehre und des Verwaltungsrechts. Mit Vergleichung der Literatur und Gesetzgebung von Frankreich, England und Deutschland. Als Grundlage für Vorlesungen. Stuttgart.

Stern, Klaus (1988): Grundlagen und Geschichte, nationaler und internationaler Grundrechtskonstitutionalismus, juristische Bedeutung der Grundrechte, Grundrechtsberechtigte, Grundrechtsverpflichtete. Das Staatsrecht der Bundesrepublik Deutschland. Bd. 3. Halbbd. 1: Allgemeine Lehren der Grundrechte. München.

Stolleis, Michael (2000): Georg Jellineks Beitrag zur Entwicklung der Menschen- und Bürgerrechte. In: Paulson, Stanley L./Schulte, Martin (Hrsg.): Georg Jellinek. Beiträge zu Leben und Werk. Tübingen, S. 103–116.

Stourzh, Gerald (2000): Verfassung und Verfassungswirklichkeit Altösterreichs in den Schriften Georg Jellineks. In: Paulson, Stanley L./Schulte, Martin (Hrsg.): Georg Jellinek. Beiträge zu Leben und Werk. Tübingen, S. 247–260.

Sydow, Gernot (2004): Verwaltungskooperation in der Europäischen Union. Zur horizontalen und vertikalen Zusammenarbeit der europäischen Verwaltungen am Beispiel des Produktzulassungsrechts. Tübingen.

Vesting, Thomas/Kokott, Juliane (2004): Die Staatsrechtslehre und die Veränderung ihres Gegenstandes. Konsequenzen von Europäisierung und Internationalisierung. In: Veröffentlichungen der Vereinigung der Deutschen Staatsrechtslehrer VVDStRL 63, S. 7–71.

Wallerath, Maximilian (2009): Allgemeines Verwaltungsrecht. Lehrbuch. 6. Aufl. Berlin.

Wolff, Hans J. (1929): Organschaft und juristische Person. Untersuchungen zur Rechtstheorie und zum öffentlichen Recht. Habil. Frankfurt a. M.

Ders. (1956): Verwaltungsrecht I. Ein Studienbuch. München.

Wolff, Hans J./Bachof, Otto/Stober, Rolf/Kluth, Winfried (2007): Verwaltungsrecht I. Ein Studienbuch. 12. Aufl. München.

Dies. (2010): Verwaltungsrecht II. Ein Studienbuch. 7. Aufl. München.

Wolff, Heinrich Amadeus (2000): Verfassungswandel und ungeschriebenes Verfassungsrecht im Werke Georg Jellineks. In: Paulson, Stanley L./Schulte, Martin (Hrsg.): Georg Jellinek. Beiträge zu Leben und Werk. Tübingen, S. 133–154.

Wyduckel, Dieter (2000): Georg Jellineks Beitrag zur Entwicklung der Verfassungsgerichtsbarkeit. In: Paulson, Stanley L./Schulte, Martin (Hrsg.): Georg Jellinek. Beiträge zu Leben und Werk. Tübingen, S. 277–298.

Mehrheit und Minderheit im Minoritätenstaat

Georg Jellineks rechtspolitische Schriften 1885 bis 1906 als Beitrag zum Verhältnis von Staatsrechtslehre und Politik im Spätkonstitutionalismus und darüber hinaus*

Jens Kersten

1. Einleitung

Die exponierten Staatsrechtslehrer des Spätkonstitutionalismus haben die Rechtsgutachten, Zeitungsartikel und Gelegenheitsvorträge ihrer Kollegen als wissenschaftlich unseriöse »Tagespolitik« abgetan.[1] Doch kaum einer von ihnen hat sich dieses politischen »Lasters« enthalten – so ging es Paul Laband (1838–1918) und Otto Mayer (1846–1924),[2] und so ging es auch Georg Jellinek (1851–1911).

Jellinek hat das Verhältnis von Staatsrechtslehre und Politik in seiner »Allgemeinen Staatslehre« nicht nur abstrakt wissenschaftlich reflektiert, sondern ist darüber hinaus auch selbstbewußt für den praktischen Erklärungsanspruch der Staatsrechtslehre gegenüber der Politik eingetreten.[3] Er war der Auffassung, daß die Staatsrechtslehre den edleren Teil ihres politischen Berufes vorschnell aufgäbe, wenn sie nicht aufgrund einer kritischen Würdigung der Institute des öffentlichen Rechts die gesellschaftliche Zukunft mitgestalte.[4] Zu häufig könne man sehen, daß ein Staatsrechtslehrer das, was er am Staate nicht erklären könne oder wolle, durch souveränen Machtspruch voreilig an die Politik abtrete.[5] Im Gegensatz zu Labands aktiver

---

* Erstveröffentlichung dieses Beitrags in: Der Staat. Zeitschrift für Staatslehre und Verfassungsgeschichte, deutsches und europäisches öffentliches Recht 40 (2001), S. 221 ff. Wiederabdruck mit freundlicher Genehmigung des Verlags Duncker und Humblot Berlin.

[1] Vgl. *Anonymus (C. F. v. Gerber)*, Literarisches Centralblatt (LCBl) 1871, Sp. 61; *Laband* 1888 , S. XII; *ders.*, ZHR 30 (1884), S. 469 (484); *Mayer* 1908, S. 1 (15).

[2] Vgl. *Laband* 1918, S. 80, 102 ff., 107 f.; *Schlink*, Der Staat 31 (1992), S. 553 ff.; *Heyen*, VerwArch 71 (1980), S. 44 ff.; *Pagenkopf*, SächsVBl. 1998, S. 177 ff.

[3] Vgl. hierzu und zum folgenden *Kersten* 2000, S. 188 ff.

[4] Vgl. *Jellinek* 1914, S. 19, 52, 55; *ders.* 1882, S. 5, 32; *ders.* 1909, S. 11 f.

[5] Vgl. *Jellinek* 1906, S. 32.

politischer Tätigkeit in Straßburg hat Jellinek zwar kein politisches Amt über-, aber stets zu tagespolitischen Fragen Stellung genommen. Noch in Wien engagierte sich der frühe Jellinek der 1870er bis 1880er Jahre mit seinen hochschul-, verfassungs- und völkerrechtlichen Gutachten in der österreichischen Innen- und Außenpolitik.[6] Nach einem kurzen akademischen Intermezzo in Basel fand Jellinek ab 1890 im akademischen Milieu Heidelbergs und im liberalen Baden neuen wissenschaftlichen wie politischen Halt für sein rechtspolitisches Engagement. Dieses hat ihn in der Badeni-Krise von 1897/98 bis an den Rand des internationalen Konflikts geführt und ließ ihn in der *Daily-Telegraph*-Affäre von 1908/09 an die politischen Legitimationsgrundlagen des Deutschen Reiches rühren.[7]

Im folgenden soll ein Blick auf die rechtspolitischen Arbeiten Jellineks geworfen werden, die sich im Zeitraum von 1885 bis etwa 1906 mit dem Spannungsverhältnis von Mehrheitsprinzip und Minderheitenrechten im »Minoritätenstaat«[8] Österreich auseinandersetzen. In diesen Zeitraum fällt zugleich die Hauptschaffensperiode Jellineks. Mit seinem empirisch fundierten strafrechtlichen und völkerrechtlichen Frühwerk legt er in den 1870er und 1880er Jahren die Grundlagen seines Ruhms über die juristische Fachwelt hinaus.[9] Dies bewahrt ihn jedoch nicht vor antisemitischer Diskriminierung in Wien.[10] Mit »Gesetz und Verordnung« legt Jellinek 1887 sein erstes genuin staatsrechtliches Werk vor. In den folgenden Jahren entstehen bis 1906 Jellineks internationale Bestseller: 1892 das »System der subjektiven öffentlichen Rechte«, 1895 »Die Erklärung der Menschen- und Bürgerrechte«, 1900 die »Allgemeine Staatslehre« und 1906 »Verfassungsänderung und Verfassungswandlung«. Im Vergleich zu diesen klassischen Monumenten staatsrechtlichen Denkens finden bis heute die zwei rechtspolitisch motivierten Monographien Jellineks, die im Mittelpunkt dieser Betrachtungen stehen sollen, weniger Beachtung: 1885 reagiert Jellinek mit der Programmschrift »Ein Verfassungsgerichtshof für Österreich« auf Wahlfälschungen im Vielvölkerstaat: Die Diskriminierung parlamentarischer Minderheiten sollte künftig durch verfassungsgerichtliche Entscheidung zu verhindern sein. 1898 engagiert er sich mit »Das Recht der Minoritäten« in der bereits erwähnten Badeni-Krise für Minderheitenrechte in Österreich. Gemeinsam ist diesen beiden Monographien sowie einem ganzen Schwarm von Traban-

---

[6] Vgl. *Jellinek* 1970e, S. 299 ff.; *ders.* 1885; *ders.* 1884.

[7] Vgl. *Schönberger* 1997, S. 268 ff., zu Jellineks Haltung in der *Daily-Telegraph*-Affäre.

[8] *Jellinek* 1970b, S. 376.

[9] Vgl. *Kersten* 2000, S. 17 ff., 230 ff, 321 ff.

[10] Vgl. *Kempter* 1998, S. 235 ff.; *Kersten* 2000, S. 17 ff.

tenpublikationen,[11] daß Jellinek in ihnen den Staat vom Spannungsverhältnis von Mehrheitsprinzip und Minderheitenrechten aus verstehen will. Aus der Perspektive des Staatsrechtslehrers wird die rechtspolitische Forderung nach Minderheitenrechten und ihrer verfassungsgerichtlichen Kontrolle mit für das 19. Jahrhundert innovativen Akzenten wissenschaftlich begründet.

Einen Wissenschaftler vom Reflexionsniveau eines Jellinek dabei zwischen Staatsrechtslehre und Politik unterscheiden und gleichzeitig vermitteln zu sehen, bereitet jedoch nicht nur wissenschaftsgeschichtlichen Genuß, sondern ist darüber hinaus aus heutiger Perspektive aus zweierlei Gründen interessant: Zum einen hat die Staatsrechtslehre heute längst erkannt, daß es nach den methodischen Radikalisierungen infolge des Weimarer Methoden- und Richtungsstreits nicht nur auf eine Unterscheidung von Sein und Sollen beziehungsweise von Politik und Recht ankommt: Gefragt sind vielmehr methodologische Konzepte, die zwischen Staatsrechtslehre und Politik vermitteln können – wie sie klassisch von Jellinek oder Heinrich Triepel vorgelegt wurden.[12] Zum anderen sind auch die Themen der beiden vorzustellenden Monographien Jellineks solche der aktuellen politischen wie staatsrechtlichen Auseinandersetzung: Jellineks Verfassungsgerichtshofsschrift von 1885 thematisiert mit der Frage »Quis custodiet custodes ipsos?«[13] und der Parteipolitisierung der Verfassungsgerichte zeitübergreifende Grundprobleme der Verfassungsgerichtsbarkeit (2.).[14] In der Minoritätenschrift von 1898 geht es Jellinek mit der Unterscheidung von politischen und strukturellen Minderheiten um die unverjährte Frage des Spannungsverhältnisses von Majoritätsprinzip und Minoritätenschutz (3.).[15] Neben dieser methodischen und materiellen Problemkontinuität werden in der Analyse und Kritik der rechtspolitischen Schriften Jellineks von 1885 bis 1906 aber auch die Zeitgebundenheit des Klassikers Jellinek und die daraus resultierenden Rezeptionsbrüche deutlich (4.).

---

[11] Vgl. *Jellinek*, Grünhuts Zeitschrift 12 (1885), S. 690ff.; *ders.* 1970d, S. 398 (415); *ders.* 1970b; *ders.*, Deutsche Zeitschrift für Geschichtswissenschaft (DZGW) n.F. 2 (1897/98), S. 307ff.; *ders.* 1970c, S. 419ff.; *ders.* 1905b; *ders.*1970a, S. 417f.

[12] Vgl. *Stolleis* 1996, für die Anknüpfung an *Triepel* 1927; *Isensee*, HStR VII, 1992, § 162, Rn. 60ff., 66ff., für die Anknüpfung an *Jellinek* 1914, S. 13ff.; hierzu *Kersten* 2000, S. 188ff.

[13] *Jellinek* 1885a, S. 24 (Hervorheb. im Original).

[14] Vgl. statt vieler *Isensee*, JZ 1996, S. 1085ff.; *Schulze-Fielitz*, AöR 122 (1997), S. 1ff.

[15] Vgl. konkret *Pauly* 1996, S. VII ff.; grds. *Isensee* 1995, S. 91ff.; *Hofmann/Dreier* 1995, S. 161 (184ff.); jew. m. umf. N.

2. »Ein Verfassungsgerichtshof für Österreich« (1885)

Mit der 1885 publizierten Schrift »Ein Verfassungsgerichtshof für Österreich« griff Jellinek in die verfassungspolitische Diskussion um die Reform des österreichischen Wahlrechts ein, die Ausdruck der politischen Dauerkrise des späten österreichischen Kaiserreichs war.[16] Konkreter Anlaß für Jellinek, sich in der Verfassungsgerichtshofsschrift und in seinem Gutachten für den 19. Deutschen Juristentag von 1888[17] für die Wahlprüfungskompetenz eines österreichischen Verfassungsgerichtshofs auszusprechen, war ein »besonders krasser Fall«[18] der Wahllistenfälschung im Jahr 1881. Diese Wahllistenfälschung wurde vom Reichsgericht für rechtswidrig, von der konservativen Mehrheit des Abgeordnetenhauses nach der Wahl zur eigenen Stabilisierung jedoch abschließend für rechtmäßig erklärt.[19]

Ihr rechtspolitischer Charakter läßt die Monographie geradezu als einen Paradefall des von Jellinek vertretenen methodologischen Anspruchs einer Vermittlung von Staatsrechtslehre und Politik erscheinen, deren politischer Kontext zugleich einen Einblick in das politische Vorverständnis des Staatsrechtslehrers Jellinek eröffnet (1.). Da Jellinek einem österreichischen Verfassungsgerichtshof neben der Wahlprüfung auch die Entscheidung über Verfassungsänderungen und föderale Kompetenzstreitigkeiten zuordnen will, gerät seine Monographie zu einer grundsätzlichen Auseinandersetzung mit den rechtlichen und politischen Grundfragen von Verfassungsgerichtsbarkeit in einem parlamentarischen und föderalen System (2.).

1. Es ist für nahezu alle rechtspolitischen Stellungnahmen Jellineks charakteristisch, wie er in der Verfassungsgerichtshofsschrift seinen Balanceakt zwischen Staatsrechtslehre und Politik methodisch reflektiert und für seine wissenschaftlichen Ausführungen um politische Akzeptanz wirbt.

In der Vorrede des äußerlich schmalen Bändchens bekennt Jellinek zunächst den rechtspolitischen Charakter der Studie. Er betont, daß seine verfassungspolitischen Vorschläge nicht die »eines im politischen Kampf Stehenden« seien, sondern vielmehr »von einem zwar nicht Parteilosen, wohl aber Unparteiischen« herrührten, »dem die wissenschaftliche Beschäftigung mit dem öffentlichen Rechte die Ruhe des Blickes für staatliche Dinge

---

[16] Vgl. *Kelsen* 1923, S. 24ff.; *Zöllner* 1961, S. 426; *Ucakar* 1985, S. 212; *Berchtold* 1986, S. 137 (154ff., 161).

[17] *Jellinek* 1970d, S. 398 (415).

[18] *Jellinek* 1970a, S. 417.

[19] Vgl. *Jellinek* 1970d, S. 398 (411ff.); *ders.* 1970a, S. 417f.; *Gumplowicz*, Deutsche Litteraturzeitung (DLZ) 6 (1885), Sp. 1522.

gewährt«,[20] um »nicht Seiendes, sondern ein Seinsollendes«[21] zu erörtern. Die »Wissenschaftlichkeit« der Betrachtungsweise soll also das unsichere und spannungsreiche Verhältnis von Staatsrechtslehre und Politik stabilisieren und die Akzeptanz der rechtspolitischen Interventionen erhöhen.[22]

Doch entsprechend seinem auf die Unterscheidung und gleichzeitige Vermittlung angelegten Grundverständnis von Staatsrecht und Politik weiß Jellinek, daß er auch verfassungspolitisch für die Akzeptanz seiner wissenschaftlich gefundenen Positionen werben muß. Dazu setzt er mit der These an, daß im Rechtsstaat auch »parlamentarisches Unrecht« korrigierbar sein müsse.[23] Als staatliches Organ könne auch das Parlament, soweit es unter dem Gesetz stehe, Recht brechen und jeder, der den Rechtsstaat ehrlich wolle, sei in diesen Fällen zur Abhilfe aufgerufen. Wer sich dieser Aufgabe verschließe, begehe einen moralischen Angriff auf den Parlamentarismus. Da im Vielminderheitenstaat Österreich jede parlamentarische Minderheit ein potentielles Opfer des durch die parlamentarische Mehrheit verübten Unrechts in Wahlrechtsfragen werden könne, sei der Vorschlag eines wahlprüfenden Verfassungsgerichtshofs auch nicht parteipolitisch motiviert und könne folglich die Zustimmung aller Parteien finden.

Die von Jellinek zur Akzeptanzsteigerung seiner verfassungspolitischen Vorschläge in der Verfassungsgerichtshofsschrift behauptete Äquidistanz der parteipolitischen Betroffenheit von rechtswidrigen parlamentarischen Mehrheitsbeschlüssen stößt sich aber an der politischen Realität Österreichs. Die äquidistante parteipolitische Betroffenheit von parlamentarischem Unrecht setzt die parteipolitische Fluktuation von Mehrheit und Minderheit denknotwendig voraus. Grundsätzlich mag die Annahme eines solchen stetigen Wechsels in der parteipolitischen Zusammensetzung der Mehrheit und Minderheit vor dem Hintergrund Österreichs als einem »Minoritätenstaat«[24] nahegelegen haben. Doch nach Jellineks eigenem Verständnis hatte sich spätestens mit dem Wechsel zur Regierung Eduard Graf von Taaffes Ende der 1870er Jahre der Konflikt zwischen der deutschsprachigen Minderheit gegenüber der »slawischen« Mehrheit dauerhaft und starr über das politische System Österreichs gelegt, was eine parteipolitische Fluktuation von parla-

[20] *Jellinek* 1885a, Vorrede, S. 70; anerkennend *Gumplowicz*, DLZ 6 (1885), Sp. 1522 (1523).

[21] *Jellinek* 1885a, S. 70.

[22] Vgl. *Kersten* 2000, S. 215 ff. m. umf. N., zur »Wissenschaftlichkeit« als metajuristische Residualkategorie im Verhältnis von Staatsrechtslehre und Politik bei Jellinek.

[23] Vgl. hierzu und zum folgenden *Jellinek* 1885a, S. 1, 5 f., 36, 69 f.; *ders.* 1914, S. 791; zust. *v. Seydel*, KritV 28 (1886), S. 126 (126, 128 ff.); *Brie*, Centralblatt für Rechtswissenschaft (CBlRW) 4 (1885), S. 386; ferner *Laband*, AöR 1 (1886), S. 226 (229 f.).

[24] Wie Fn. 8.

mentarischer Mehrheit und Minderheit ausschloss.[25] Nach den liberal dominierten parlamentarischen Ansätzen der 1860er Jahre[26] stützte sich die Regierung Taaffe von 1879 bis 1893 vor allem auf die politische Rechte, also die Mitglieder des sogenannten Polenklubs, die »Tschechen«, die Großgrundbesitzer sowie die deutschen, slowenischen und italienischen Klerikalkonservativen.[27] Unter der Regierung Taaffe verband sich dieser parteipolitische mit dem sozialen Wandel von der Agrar- und Bürger- zur Industrie- und Massengesellschaft, deren religiöse, soziale, nationale und politische Konflikte sich krisenhaft entluden.[28] Die Folgen waren ein zunehmend sozialdarwinistisch geprägtes Politikverständnis sowie ein antiliberaler und antisemitischer Fundamentalismus, dessen Opfer auch die Familie Jellinek wurde.[29]

Vor dieser historischen Entwicklung und diesem sozialen Klima erschließt sich denn auch das politische Vorverständnis des Staatsrechtslehrers Jellinek, das den Schlüssel zur Analyse des Verhältnisses von Staatsrechtslehre und Politik in der Verfassungsgerichtshofs- und Minoritätenschrift, wenn nicht sogar für Jellineks Werk überhaupt, bietet: Der Wandel von der spätbürgerlichen zur Massen- und Industriegesellschaft wird von Jellinek als »Gefahr für die freie Entwicklung der Individualität und der Minoritäten«[30] gesehen. Damit die »demokratische Gesellschaft der kommenden Jahrhunderte« nicht in die »Krise für die civilisierte Menschheit« mündet, sollen rechtsstaatliche Dämme gegen einen nivellierenden, übermächtigen Mehrheitswillen aufgerichtet werden.[31] In diesem Spannungsverhältnis zwischen Mehrheitswillen und Minderheitenrechten bleibt es nicht aus, daß Jellinek auch das Verhältnis von Parlamentarismus und Rechtsstaatlichkeit neu bewertet. Parlament und Rechtsstaat sind für Jellinek zwar die beiden verfassungsrechtlichen Errungenschaften des Konstitutionalismus, doch in der Art der Verwendung des Begriffs des »parlamentarischen Unrechts« schwingt bereits 1885 ein antiparlamentarischer Grundton mit, der von nun an Jellineks gesamtes Werk prägen wird. Für die Gewähr individueller Freiheit erwartet Jellinek, der sich selbst in der religiösen, nationalen und sozialen Minderheit sah, von der Idee des Rechtsstaats politisch wie rechtlich weit mehr als von dem dauerhaft konservativ geprägten Parlament. Der Konservatismus der Regierung

---

[25] Vgl. *Jellinek* 1898, S. 27 ff., bes. 30 f.; wohl auch *ders.* 1970b, S. 376.

[26] Vgl. *Kelsen* 1923, S. 10 ff., 22 ff.; *Brauneder* 1986, S. 83 ff.

[27] Vgl. hierzu und zum folgenden *Rumpler* 1997, S. 485 ff.; *Zöllner* 1961, S. 422 ff.; *Berchtold* 1986, S. 137 (151 ff.); *Skottsberg* 1940, S. 77 ff.

[28] Vgl. *Rumpler* 1997, S. 487; *Kann* 1977, S. 314 f.; ferner Briefe *Jellinek/Felix* v. 17. Oktober 1893, 29. Oktober 1893 (*C. Jellinek* 1970, S. 5* [99* f.]).

[29] Vgl. *Kempter* 1998; *Kersten* 2000, S. 17 ff.

[30] *Jellinek* 1898, S. 42.

[31] Vgl. *Jellinek* 1898, S. 43.

Taaffe wurde von Jellinek deshalb als politisch »undankbare« Zerstörung der seiner Auffassung nach zunächst hoffnungsvollen liberalen Entwicklung des politischen Systems Österreichs nach der Reaktionsepoche empfunden[32] – ein Erlebnis, das sich für den politisch zunehmend desillusionierten Liberalen Jellinek im Deutschen Reich nach 1890 wiederholen wird.[33] Der deutschsprachige politische Liberalismus, dem Jellinek sich zurechnete, sah sich demgegenüber dauerhaft in die Opposition gedrängt und zu einer strukturellen Minderheit im politisch erstarrten Minoritätenstaat Österreich desavouiert.

Dies alles läßt Jellineks Werben für seine verfassungspolitischen Vorschläge in der Verfassungsgerichtshofsschrift in einem anderen Licht erscheinen. Die verfassungsgerichtliche Wahlprüfung lag keineswegs im machtpolitischen Interesse aller Parteien, wie Jellinek behauptet, sondern vor allem im spezifischen Interesse der deutschsprachigen liberalen »Dauerminderheit«. Dies bestätigt die ebenfalls 1885 von Heinrich Jaques publizierte Studie »Wahlprüfung in den modernen Staaten und ein Wahlprüfungsgerichtshof für Österreich«, deren politischer Grundtenor Jellineks Verfassungsgerichtshofsschrift grundsätzlich entspricht.[34] Im Gegensatz zu Jellinek legte Jaques jedoch die eigene parteipolitische Motivation offen, wenn er darauf hinwies, daß sich die national und rechts orientierte parlamentarische Mehrheit zur Unterdrückung der liberalen Minderheit auf die Garantie der allgemeinen staatsbürgerlichen Rechte berufe, die die bis vor kurzem noch herrschende liberale Mehrheit erst geschaffen hätte.[35] Die parteipolitische Motivation

---

[32] Vgl. *Jellinek* 1970b, S. 376 (383): »Es ist viel schwerer konservativ zu sein, als sich konservativ zu nennen«; ferner *Berchtold* 1986, S. 137 (148ff.); *Kann* 1977, S. 315.

[33] Vgl. *Kersten* 1999, § 8.B.III.2.

[34] Vgl. *Jaques* 1885. Jaques' Studie geht auf seine Stellungnahme für den Deutschen Juristentag von 1863 zurück. Wegen des weitgehenden argumentativen Gleichlaufs bringt es Jaques auch nicht zu einer substantiierten Auseinandersetzung mit Jellineks kurz zuvor publizierten Schrift »Ein Verfassungsgerichtshof für Österreich« (vgl. *Jellinek* 1885a, S. 53, 74ff. Fn. 42 [S. 76]). Jaques' insoweit aufgestellte Behauptung, Jellineks Überlegungen in dessen Verfassungsgerichtshofsschrift beruhten im wesentlichen auf seiner – Jaques' – Stellungnahme für den Deutschen Juristentag, kann in dieser Pauschalität jedenfalls nicht zugestimmt werden. Jaques' Konzeption bleibt sowohl in seinem Gutachten für den Deutschen Juristentag wie in seiner Wahlprüfungsstudie thematisch und konstruktiv hinter Jellinek zurück (vgl. aber die gleichsetzende und zu pauschalisierte Kritik bei *Kulemann*, ZfP 4 [1911], S. 432 [433f.]). Im Zentrum von Jaques' verfassungspolitischem Reformvorschlag steht die Zuordnung der Wahlprüfung an einen selbständigen Wahlprüfungssenat bei dem k. k. obersten Gerichts- und Cassationshof (vgl. Art. 1 des Gesetzentwurfs Jaques' (*Jaques* 1885, S. 81f.); dazu krit. *Laband*, AöR 1 [1886], S. 226 [229f.]; *Biderman*, Grünhuts Zeitschrift 14 [1886], S. 190 [193]; *v. Bulmerincq*, CBlRW 5 [1886], S. 112f.).

[35] Vgl. *Jaques* 1885, S. 38, 71f.

Jellineks betonte vor allem auch der polemisch sehr begabte, lebenslange Jellinek-Kritiker Ludwig Gumplowicz in seiner Doppelrezension der Schriften Jaques' und Jellineks:[36] Es handele sich, so Gumplowicz,[37] um zwei Parteinahmen, die just dann nach einem Wahlgerichtshof zum Schutz von politischen Minderheiten riefen, als die eigene deutsch-liberale Partei der Autoren ihre Macht eingebüßt und in die Rolle der Minderheit gerutscht sei. Beide Parteischriften, so Gumplowicz' Resümee, hätten sich sicherlich größeren politischen Beifalls erfreuen können, wenn sie aus der Position der politischen Majorität heraus geschrieben worden wären.

Auch Jellinek war sich bereits 1885 der Aussichtslosigkeit seines politischen Werbens für eine verfassungsgerichtliche Wahlprüfung bewußt. Dies bestätigt seine Rückschau aus dem Jahr 1906 auf den Wahlprüfungsstreit der 1880er Jahre:[38] Die »slawisch-feudal-klerikale Majorität der Taaffeschen Ära«, so Jellinek 1906, »nahm natürlich Stellung gegen mich, ohne das geringste Gegenargument vorbringen zu können, sondern antwortete mit Beschimpfungen«.[39] Entsprechend des politischen und rechtswissenschaftlichen Doppelcharakters der Schrift fühlt sich Jellinek aber nur als »halber« Verlierer. Politisch unterlegen, setzt sich Jellinek wissenschaftlich in die Siegerpose, wenn er – wie im folgenden zu zeigen sein wird – zu Recht betont, daß seine Thesen vor allem in seinem und Max von Seydels Vortrag auf dem 19. Deutschen Juristentag von 1888 rechtswissenschaftliche Resonanz gefunden hätten.[40]

2. Wie begründet Jellinek nun die Notwendigkeit eines Verfassungsgerichtshofs? Mit dem Spannungsverhältnis von Mehrheitsprinzip und Min-

---

[36] Vgl. *Kersten* 2000, S. 86f., zum Verhältnis Jellinek–Gumplowicz.

[37] Vgl. hierzu und zum folgenden *Gumplowicz*, DLZ 6 (1885), Sp. 1522 (1523); *Brie*, CBlRW 4 (1885), S. 386 (387).

[38] Vgl. *Anonymus* (*M. v. Seydel*), KritV 27 (1885), S. 448 (449); *Anonymus* (*E. Loening* [?]), LCBl 1885, Sp. 1149f.

[39] *Jellinek* 1970a, S. 417f.; vgl. bereits *ders.* 1970d, S. 398.

[40] Vgl. *Jellinek* 1970a, S. 417 (418); ferner die Einschätzung in der Rezension bei *Bidermann* (Grünhuts Zeitschrift 14 [1886], S. 188f.): Jellineks Ausführungen seien eher theoretisch denn praktisch zu billigen. Nach der Einschätzung *Kelsens* 1907, § 41, Einleitung [S. 148] seien die Einwände Jellineks, v.Seydels und Jaques' für eine Zuordnung der Wahlprüfung an Gerichtshöfe gewichtig gewesen, hätten sich jedoch politisch nicht durchsetzen können. Vielmehr hätten die parlamentarischen Majoritäten unter Berufung auf die »Souveränität des Parlaments« und aus politischem Selbsterhaltungstrieb am ursprünglichen System festgehalten; ferner *Ucakar* 1985, S. 212ff. Zu weit geht die anonyme, wohl *Loening* zuzuordnende Kritik (LCBl 1885, Sp. 1149), der Gedanke eines Verfassungsgerichtshof sei nicht neu und Jellinek habe auch darüber hinaus nichts Neues und nur »wenig tief gehende Erörterungen« zu bieten. Die Vorschläge seien zu theoretisch und auf zu wenig praktische Relevanz bedacht.

derheitenschutz hat Jellinek sein politisches wie rechtliches Paradigma gefunden, auf dessen Grundlage sich die Verfassungsgerichtsbarkeit sowohl hinsichtlich der Wahlprüfung als auch der Kompetenzkonflikte zwischen einfacher und Verfassungsgesetzgebung sowie Reichs- und Landesgesetzgebung begründen lassen soll.[41]

Seine juristische Zuordnung dieser Entscheidungsmaterien an einen Verfassungsgerichtshof bereitet Jellinek mit der Unterscheidung von materiellen und formellen Staatsfunktionen typologisierend vor.[42] Er beschreibt die materielle richterliche Staatsfunktion als Rechtspflicht eines Streitentscheids über ein Individualrecht oder einen Kompetenzkonflikt nach einer Rechtsregel, um sodann festzustellen, daß diese materielle Staatsfunktion keineswegs formell nur dem Richter zukommt. In den Fällen der Wahlprüfung, des Kompetenzkonflikts zwischen einfacher und Verfassungsgesetzgebung sowie Reichs- und Landesgesetzgebung entscheidet die einfache Mehrheit im Parlament selbst darüber, ob sie rechtmäßig gewählt wurde, ob sie die Verfassung einfachgesetzlich durchbricht oder ob sie die föderale Kompetenzordnung respektiert. Da für Jellinek diese Richterschaft der Parlamentsmehrheit in eigener Sache politisch nicht tragbar erscheint, fordert er: »Die einzig richtige Lösung des möglichen Conflictes kann vom Standpunkte einer ehrlichen, gesunden Politik nur darin bestehen, daß man dem Richter überweist, was des Richters ist.«[43] Daß es sich hierbei nicht um eine verfassungsrechtliche, sondern eine verfassungspolitische Forderung handelt, gesteht Jellinek ein.[44] Die Begründung der Kompetenzen eines Verfassungsgerichtshofs ist nicht pauschal mit dem Hinweis auf die Idealvorstellungen der Allgemeinen Staatslehre von der Konvergenz formeller und materieller Staatsfunktionen zu leisten.

Verfassungsgerichtliche Kompetenzen bedürfen einer Begründung im Einzelfall. Zum zentralen argumentativen Probierstein wird von Jellinek der Kompetenzstreit hinsichtlich der Unterscheidung zwischen einem einfachen und einem verfassungsändernden Gesetz im Vielminderheitenstaat Österreich erhoben:[45] Diene die Unterscheidung zwischen einfachem und verfassungsänderndem Gesetz im Normalfall dem Schutz von Minderheiten

---

[41] Vgl. *Jellinek* 1885a, S. 6, 17 ff., 36.

[42] Vgl. hierzu und zum folgenden *Jellinek* 1885a, S. 7 ff., 10; *ders.* 1970d, S. 398 (399 f, 411 ff.); ferner *ders.* 1887, S. 401 f.; *ders.* 1914, S. 360; ähnlich *Kelsen* 1907, § 41, Einleitung (S. 147 f.).

[43] *Jellinek* 1885a, S. 14.

[44] Vgl. *Jellinek* 1970d, S. 398 (414); demgegenüber aber noch *ders.* 1885a, S. 14 f., in bezug auf die Wahlprüfung als Individualrecht.

[45] Vgl. hierzu und zum folgenden *Jellinek* 1885a, S. 20 ff.

gegen eine homogene Mehrheit, so könne dies im Vielminderheitenstaat Österreich zur Diskriminierung einer Minderheit durch eine heterogene Mehrheit von Minderheiten führen. Jeder Verfassungsstreit trage damit die Gefahr in sich, zu einem verfassungszersetzenden Konflikt zu werden, wenn er nicht für die jeweilige Minderheit und Mehrheit akzeptabel beigelegt werde. Die österreichische Verfassungswirklichkeit läßt jedoch nach Jellineks Analyse den Konflikt unentschärft seine unter Umständen staatssprengende Wirkung entfalten. Um dem zu begegnen, wirbt Jellinek für die Institutionalisierung von Verfassungskonflikten: Die objektive verfassungsrechtliche Frage, ob eine Verfassungsänderung vorliegt, soll als »einfachste Lösung«[46] vor einem Verfassungsgerichtshof rechtlich verhandelt und nicht dem parteipolitischen »Kriegszustand« im Parlament überlassen werden.[47] Denn die parlamentarische Minderheit wird eine verfassungsgerichtliche Entscheidung akzeptieren und sich so organisch in den politischen Prozeß integrieren. In der Auseinandersetzung mit den Gegnern eines richterlichen Prüfungsrechts von Gesetzen auf ihre Verfassungsmäßigkeit – und hier vor allem mit Laband – geht Jellinek in diesem Zusammenhang auf zwei auch heute noch wesentliche Fragen der Verfassungsgerichtsbarkeit ein:[48] Welche rechtliche Bedeutung haben die Entscheidungen eines Verfassungsgerichts? Und: Handelt es sich bei der Verfassungsgerichtsbarkeit nicht um politisierte Rechtsprechung? Die Antworten, die Jellinek auf diese beiden, eng miteinander verbundenen Fragen gibt, führen seine eigene Argumentation hart an die Grenze des Zusammenbruchs:

So ist sich Jellinek selbstverständlich bewußt, daß die Urteile eines Verfassungsgerichtshofs Rechtskraft und Rechtswirkung erlangen müssen, um überhaupt politisch wirken zu können.[49] Trotzdem versucht er angesichts der Kritik Labands, die Rechtskraft der Entscheidungen eines Verfassungsgerichtshofs zu relativieren, um die Akzeptanz seines Vorschlags zu steigern.

---

[46] *Jellinek* 1885a, S. 22.

[47] Vgl. *Jellinek* 1885a, S. 18ff., bes. 22.

[48] Vgl. *Laband* 1888, S. 45; hierzu *Jellinek* 1885a, S. 22. Jellinek stand einem richterlichen Prüfungsrecht ebenfalls kritisch gegenüber (vgl. *Jellinek* 1887, S. 396ff.; *ders.* 1898, S. 26; *ders.* 1905a, S. 101; neutraler *ders.*, 1970f, S. 153 [269f.]; vgl. *Brie*, AöR 4 [1894], S. 1 [51] in bezug auf »Gesetz und Verordnung«). Jellinek sieht zwar in der Verfassungsgerichtsbarkeit eine notwendige Institution für die bundesstaatliche Kompetenzordnung, äußert sich ansonsten aber eher zurückhaltend zum richterlichen Prüfungsrecht für Gesetze (vgl. *ders.* 1885a, S. 27ff.; *ders.* 1887, S. 399ff., 406; *ders.* 1906, S. 16ff.). Gerade hier finden sich auch weniger rechtliche als vielmehr politische Argumente. Mit dem Blick auf die USA warnt er vor einem richterlichen Prüfungsrecht: Dort sperrten sich Richter gegen eine Reform der amerikanischen Sozialpolitik (vgl. *ders.* 1898, S. 26; *ders.* 1905a, S. 101).

[49] Vgl. *Jellinek* 1885a, S. 24.

So wird der von ihm vorgeschlagene Verfassungsgerichtshof zu einem rechtlichen »Auskunftsmittel«,[50] auf den die gegen ein richterliches Prüfungsrecht gerichteten Argumente keine Anwendung finden sollen. Überhaupt habe das Gericht »mehr [!] den Charakter eines Schiedsgerichts als den eines staatliches *imperium* ausübenden Tribunals«.[51] Jellineks Argumentationsnöte könnten nicht offener liegen.

Auch in bezug auf die Frage nach der politischen Neutralität von Verfassungsrichtern in »politischen Streitigkeiten«[52] stellt Jellinek die noch heute aktuelle Frage: »Wenn die Richter Wächter der Verfassung sein sollen, *quis custodiet custodes ipsos*?«[53] Jellineks Antwort hierauf erscheint auf den ersten Blick enttäuschend: Läßt man einmal Jellineks Hinweis auf die Fehlbarkeit alles Irdischen dahinstehen,[54] so rettet er das verfassungsrichterliche Prüfungsrecht letztlich damit, daß das Parlament als »Hüter der Verfassung« jedenfalls noch ungeeigneter, weil »parteiischer«, als ein Verfassungsgericht sei. Auch der Verweis auf die notwendig juristische Argumentationstechnik der Verfassungsrichter kann in dem von Jellinek selbst aufgeworfenen Problem der »rechtlichen« Prüfung »politischer« Fragen sowenig überzeugen wie die Wertung, daß das »Parteigewissen« des Politikers weit, das des reputationsbewußten Richters dagegen eng sei.[55] Die Pointe in Jellineks Argumentation soll indessen nicht verschwiegen werden: War Jellineks Begründung des richterlichen Prüfungsrechts mit dem Argument der Unparteilichkeit der Verfassungsrichter geführt worden, so empfiehlt Jellinek für die Besetzung der Richterämter eines Verfassungsgerichtshofs für Österreich die gesetzliche Verankerung eines Parteienproporzes als durch »politische Weisheit«[56] geboten.[57] Jellinek politisiert also die Institution, die er gerade wegen des Fehlens von parteipolitischer Entscheidungssteuerung zum Hüter der Verfassung küren will. Den Grund für diese parteipolitische Klugheitsregel sieht Jellinek in der Hoffnung, daß in einem parteipolitisch-pluralistischen Richtergremium Entscheidungen weniger nach politischen Anschauungen getroffen werden.[58] Dahinter steht die bleibende Einsicht, daß die parlamentarische Minderheit die Entscheidungen eines Verfassungsgerichts dauerhaft

---

[50] *Jellinek* 1885a, S. 23f.

[51] *Jellinek* 1885a, S. 23 (Hervorheb. im Original; Klammerzusatz von mir, J.K.).

[52] *Jellinek* 1885a, S. 25.

[53] *Jellinek* 1885a, S. 24 (Hervorheb. im Original); vgl. *ders.* 1887, S. 291, zur Frage nach dem »Hüter der Verfassung«.

[54] Vgl. hierzu und zum folgenden *Jellinek* 1885a, S. 25f.; *ders.* 1970d, S. 398 (415f.).

[55] Vgl. *Jellinek* 1885a, S. 24f., 68.

[56] *Jellinek* 1885a, S. 66.

[57] Vgl. *Jellinek* 1885a, S. 66f.

[58] Vgl. *Jellinek* 1885a, S. 67.

nur dann akzeptiert und sich politisch durch sie integrieren läßt, wenn sie sich selbst auch in der Besetzung der Richterbank repräsentiert sieht. Die damit verbundene Erkenntnis der funktionalen Verbindung der Anerkennung von Minderheitenrechten durch die Majorität und der damit korrespondierenden Akzeptanz von Mehrheitsentscheidungen durch die Minorität wird als Paradigma auch Jellineks »Recht der Minoritäten« prägen.

3. Majoritätsprinzip und Minoritätenrechte

Mit seinem 1898 publizierten Vortrag »Das Recht der Minoritäten« wollte Jellinek grundsätzlich einen Beitrag zur politischen Ideen- und Institutionengeschichte des Mehrheitsprinzips leisten.[59] Die Studie läßt sich deshalb sicher mit Gewinn auch ganz abgehoben von ihrem historischen und politischen Kontext als Beitrag zur Theoriegeschichte des Mehrheitsprinzips ästimieren.[60] Doch trifft dies nicht die rechtspolitische Brisanz der Monographie (3.), die sich erst vor dem Hintergrund der Badeni-Krise (1.) und der Verquickung von empirisch rechtsvergleichender Methode und nationalistischer Position in Jellineks sogenannter Fischhof-Rezension erschließt. Letztere entstand 1885 zwar zeitgleich mit der Verfassungsgerichtshofsschrift, spitzt aber das Spannungsverhältnis zwischen nationalen Mehr- und Minderheiten politisch sehr viel schärfer zu (2.).

1. Die politische Brisanz seiner Studie über Majorität und Minorität legt Jellinek in einem Brief an seinen Freund Ludwig Felix vom 26. Juli 1898 offen. In Bezug auf seinen ursprünglich vor der Juristischen Gesellschaft zu Wien gehaltenen Vortrag »Das Recht der Minoritäten« berichtet Jellinek seinem Freund nicht ohne Stolz, der Vortrag mache auch »in der deutschen Presse viel Lärm. Höchst überrascht aber war ich, als ich vom Großherzog ein längeres, überaus freundliches Handschreiben erhielt, in dem er mir seine Zustimmung erklärt; was politisch um so bedeutungsvoller ist, als ich im Vortrag die Obstruktion der Deutschen rechtfertige, und als man in Karlsruhe ganz gut weiß, daß ich der Urheber der Adresse der deutschen Professoren in Prag bin.«[61]

---

[59] Vgl. *Jellinek* 1898, S. 1 ff.

[60] Vgl. in diesem Sinn vor allem *Pauly* 1996, S. VII ff.

[61] Brief *Jellinek/Felix* vom 26. Juli 1898 (*C. Jellinek* 1970, S. 5* [107*]); ferner Brief *Jellinek/Felix* vom 4. Dezember 1897 (*Kempter* 1998, S. 330 f.): »Das kaiserliche Marineamt hat mir die Marinevorlage zugeschickt – eine Ehre, die ich nur mit sehr wenigen Collegen theile. Mein Eintreten für Prag hat in Berlin Aufmerksamkeit erregt und mich in den höchten Kreisen des Reiches als einen national gesinnten Mann bekannt ge-

Mit dem Hinweis auf seine Urheberschaft der »Adresse« spielt Jellinek auf seine keineswegs unumstrittene Haltung in der Badeni-Krise an.[62]

Die Sprachverordnungen des Ministerpräsidenten und Innenministers Österreich-Ungarns Kasimir Felix Graf Badeni vom 5. und 22. April 1897 sahen die amtliche Zweisprachigkeit in Böhmen und Mähren vor, um in den Ausgleichsverhandlungen zwischen Österreich und Ungarn die Tschechen auf die Seite Österreichs zu ziehen und zugleich durch sprachenpolitische Zugeständnisse die tschechische Forderung nach einem eigenen Staat zu unterlaufen. Die amtliche Doppelsprachigkeit von Deutsch und Tschechisch bedeutete, daß vor allem deutschsprachige Beamte und darunter vor allem deutschsprachige Professoren bis zum 1. Juli 1901 auch Tschechisch in Wort und Schrift beherrschen mußten. Der Protest der deutschsprachigen Einwohner Böhmens und Mährens, die sich in ihrer sozialen, politischen und wirtschaftlichen Stellung bedroht sahen, wuchs sich zu einer nationalistisch motivierten, revolutionsartigen Opposition und schließlich zu einer internationalen Krise aus, die selbst durch den Rücktritt Badenis kaum gebremst werden konnte. Teil dieses internationalen »furor teutonicus«[63] war die von 815 Professoren von 20 Universitäten des Deutschen Reichs unterzeichnete »Adresse«, als deren Urheber sich Jellinek im vorzitierten Brief an Felix ausweist und die für ein zusätzliches Potential internationaler Verstimmung sorgte.[64] Die »Adresse« lautete:

In dem großen und schweren Kampfe, den heute die Deutschen Österreichs um ihre nationale Existenz und ihre berechtigte Stellung in der alten[,] von ihnen geschaffenen und in erster Linie durch ihre Kraft erhaltenen habsburgischen Monarchie zu kämpfen gezwungen sind, hat die Prager Universität, die älteste deutscher Zunge, mannhaft das Wort ergriffen, um auf gesetzlichem Wege die großen Gefahren zu betonen, die ihr, der uralten Stätte deutscher Wissenschaft, und dem ganzen deutschen Volkstum in Böhmen und Mähren drohen. Die unterzeichneten ordentlichen Professoren der zwanzig Universitäten des deutschen Reiches drücken den Kollegen der ehrwürdigen österreichischen Schwesteruniversität ihre wärmsten und lebhaftesten Sympathien zu ihrem Vorgehen aus und geben der Überzeugung Ausdruck, daß Millionen national gesinnter Bürger des deutschen Reiches mit ihnen in diesen Gefühlen sich einig wissen.[65]

---

macht. Das freut mich.« Ferner Brief *Menzel/Jellinek* vom 20. Juli 1897 (*Kempter* 1998, S. 329 Fn. 380): »Die Kundgebung der deutschen Universitäten macht in Österreich tiefen Eindruck. Sie haben sich ein großes Verdienst erworben.«

[62] Vgl. grds. zur Badeni-Krise *Rumpler* 1997, S. 511 ff.; *Hanisch* 1994, S. 226 ff.; *Berchtold* 1986, S. 137 (162 f.); *Mommsen* 1992, S. 214 (225 f.).

[63] *Rumpler* 1997, S. 513.

[64] Vgl. Berliner Tageblatt v. 23. Juli 1898 (*C. Jellinek* 1970, S. 5* [107*]); ferner *Rumpler* 1997, S. 513; *Berchtold* 1986, S. 137 (162 f.).

[65] Zit. nach *Weber*, MWG I/4/2.Hd., S. 899; ferner *C. Jellinek* 1970, S. 5* (107*); ferner

Die »Adresse« reflektiert deutlich den als politische Ohnmacht empfundenen Verlust der deutschsprachigen Vorherrschaft im Vielminderheitenstaat Österreich. Mit seinem Engagement in der Badeni-Krise nimmt Jellinek damit das politische Motiv wieder auf, das bereits den Hintergrund seines Eintretens für einen Verfassungsgerichtshof in Österreich gebildet hatte.[66] Doch während der Duktus der Verfassungsgerichtshofs- und Wahlprüfungsschriften der 1880er Jahre durch und durch liberal ist, weisen Jellineks Stellungnahmen zur nationalen Minoritätenfrage eine kulturchauvinistische und antislawische Färbung auf. Diese ist bereits in Jellineks 1885 für *Grünhuts Zeitschrift* verfaßten Rezension zu Adolph Fischhofs Werk »Die Sprachenrechte in den Staaten gemischter Nationalität« spürbar, an deren politisches Grundverständnis 1898 »Das Recht der Minoritäten« nahtlos anknüpfen kann.

2. Jellinek hatte Fischhof für dessen 1885 publiziertes Werk über »Die Sprachenrechte in den Staaten gemischter Nationalität« selbst wissenschaftlich zugearbeitet.[67] Der liberale 1848er Fischhof (1816–1893) war eng mit der Familie Jellinek befreundet und nahm persönlichen Anteil an der wissenschaftlichen Entwicklung des jungen Jellinek. Umgekehrt war Jellineks Rezension von Fischhofs »Sprachenrechten« von persönlicher und politischer Bewunderung für Fischhof geprägt; es sind damit letztlich eigene Positionen, die von Jellinek in der Rezension vorgestellt werden.

Politischer Ausgangspunkt der Fischhof-Rezension ist der »Bruderkrieg von 1866«,[68] durch den Österreich nach Auffassung Jellineks aus »Deutschland ausgeschlossen«[69] und der Minderheitenstatus der deutschsprachigen Österreicher begründet wurde. Für Jellinek war die »Undulation der inneren Politik Oesterreichs von [der] Vorherrschaft der Deutschen zu [der] Vorherrschaft der Slaven«[70] nur noch eine Frage der Zeit. Damit legt Jellinek sein politisches Vorverständnis in der Fischhof-Rezension sehr viel offener dar als in der Verfassungsgerichtshofsschrift.[71] Richtschnur der rechtspolitischen Überlegungen für die Gestaltung von Sprachminoritätenrechten ist

---

Rumpler 1997, S. 513; zu den begrifflichen Unsicherheiten der Adresse: MWG I/4/2, S. 897; *Kempter* 1998, S. 329 Fn. 379.

[66] Vgl. oben 2.1.

[67] Vgl. Brief *Fischhof/Jellinek* v. 22. November 1882 (vgl. *Kempter* 1998, S. 165); Brief *Jellinek/Ehrenberg* v. 25. August 1873 (Staatsbibliothek Berlin – Nachlaß V. Ehrenberg, Bl. 23), grds. hierzu und zum folgenden *Kempter* 1998, S. 165 f., 248.

[68] *Jellinek*, Grünhuts Zeitschrift 12 (1885), S. 690.

[69] *Jellinek*, Grünhuts Zeitschrift 12 (1885), S. 690.

[70] *Jellinek*, Grünhuts Zeitschrift 12 (1885), S. 690 (Klammerzusätze von mir, J. K.).

[71] Vgl. oben 2.1.

für Jellinek denn auch »die Sicherung der berechtigten Stellung der Deutschen«.[72]

Ganz entsprechend kommt Jellinek unter Zugrundelegung des von Fischhof präsentierten internationalen Vergleichs der Sprachenrechte zu dem Ergebnis, daß Minoritäten ihre Sprache gleichberechtigt mit der Mehrheitssprache als Amtssprache verfolgen dürfen.[73] Die Folgerung, die Jellinek aus dieser Forderung nach Gleichberechtigung zieht, ist jedoch nationalistisch grundiert: Gleichberechtigung will Jellinek als Zwanglosigkeit und folglich als Recht auf Selbstverwirklichung verstanden wissen. Wo sprachliche Zwanglosigkeit herrsche, setze sich jedoch, so Jellinek in einer Variation auf seine Argumentationsfigur der »normativen Kraft des Faktischen«,[74] das faktische Übergewicht der höherentwickelten Sprache durch. Und auf den Vielvölkerstaat Österreich gemünzt formuliert Jellinek: »Diese Sprache kann keine andere sein als die deutsche und es gilt in dieser Hinsicht nur zu fixiren, was die Natur der Sache factisch in's Leben gerufen hat.«[75] Daß es keine Verletzung dieses als Zwanglosigkeit verstandenen Gleichberechtigungsgrundsatzes »zu Ungunsten der Deutschen«[76] geben soll, steht damit nach Jellineks Auffassung auch für die Gebietskörperschaften fest, in denen die deutschsprachige Bevölkerung zumindest gebietsweise vorherrscht, auf die gesamte Körperschaft gesehen jedoch nur eine Minderheit darstellt. Auch hier soll Deutsch die *alleinige* Amtssprache für *alle* Einwohner sein; Jellinek wörtlich:

> Ferner sind Massregeln nothwendig, welche jeden Zwang, in sprachlich ungemischten *Bezirken* einer fremden Sprache sich bedienen zu müssen, ausschliessen; namentlich für die Deutschen bedeutet es eine factische Zurücksetzung, wenn ihnen in rein deutschen *Kreisen* der Gebrauch einer slavischen Sprache zugemuthet wird. Endlich müssen die heute noch unentwickelten Nationalitäten darauf verzichten, mehr zu verlangen, als ihnen nach ihrer jetzigen Entwicklungsstufe gebührt.[77]

Diese Ausführungen von 1885 lesen sich bereits in Vorwegnahme auf die Badeni-Krise von 1897/98 und »Das Recht der Minoritäten«.

---

[72] *Jellinek*, Grünhuts Zeitschrift 12 (1885), S. 690 (691); »Sicherung der Deutsch-Oesterreicher vor Zurückdrängung und Entnationalisierung«.

[73] Vgl. hierzu und zum folgenden *Jellinek*, Grünhuts Zeitschrift 12 (1885), S. 690 (692).

[74] Vgl. *Jellinek* 1914, S. 337 ff.; hierzu *Kersten* 2000, S. 364 ff.

[75] *Jellinek*, Grünhuts Zeitschrift 12 (1885), S. 690 (692, 694).

[76] *Jellinek*, Grünhuts Zeitschrift 12 (1885), S. 690 (692).

[77] *Jellinek*, Grünhuts Zeitschrift 12 (1885), S. 690 (692 [Hervorheb. von mir, J. K.]); krit. der Jellinek-Schüler *Honigsheim*, KSZZ 3 (1950/1951), S. 391 (395 f.), zu Jellineks »Antislawismus«; ferner *Kempter* 1998, S. 85 f., 151, 227, 328, zum »antislawischen« Einfluß Adolf Jellineks auf Georg Jellinek.

3. Daß dieses in der Fischhof-Rezension vorgetragene nationalistische Grundverständnis auch den politischen Fundus der Schrift »Das Recht der Minoritäten« von 1898 an-, aber keinesfalls bereichert, zeigt die folgende schrill kulturchauvinistische Skandierung: »Der Deutsche von heute kann nicht der Slave von morgen sein und wenn er es ausnahmsweise einmal sein sollte, so verfällt er mit Recht der allgemeinen Verachtung.«[78] Man wird Jellineks Studie über Majorität und Minorität als einen ideen- beziehungsweise theoriegeschichtlichen Beitrag also um so vorsichtiger lesen, wenn man sich vor Augen hält, daß sie auf die Sicherung von deutschsprachigen Minderheits*vor*rechten zielte.

In der Minoritätenschrift stellt sich Jellinek die Frage nach dem Grund und den Grenzen der Geltung des Mehrheitsprinzips, das zwar als selbstverständlich erscheine, aber keineswegs selbstverständlich sei.[79] Entsprechend dem historischen Anlaß der Schrift, die Obstruktion der deutschsprachigen Österreicher in Reaktion auf die Sprachverordnungen Badenis zu rechtfertigen,[80] schneidet Jellinek seine Überlegungen auf die Rechte der Minoritäten in gesetzgebenden Kollegien und Volksabstimmungen als Schranke des Mehrheitsprinzips zu.[81] Die empirische Analyse verfolgt dabei zwei Strömungen: Einerseits stellt Jellinek eine zunehmende Nivellierung von Minderheiten in einer sich demokratisierenden Gesellschaft fest, die für kollektiv bindende Entscheidungen allein das Mehrheitsprinzip akzeptiert.[82] Zielpunkt dieser Entwicklung ist die demokratische Gesellschaft der Zukunft, die Jellinek als bürgerlicher Liberaler des 19. Jahrhunderts eher als Gefährdung des Individuums und der Minoritäten denn als politische Chance begreift.[83] Vor diesem Hintergrund sieht Jellinek seine Prognose gerechtfertigt, daß alle Demokratie die niemals ganz zu bannende Tendenz besitze, die einfache Mehrheit zum alleinentscheidenden Faktor zu erheben,[84] Minderheiten aber zu nivellieren, zu unterdrücken oder – bestenfalls – zu ignorieren. Die zweite, gegenläufige Entwicklung zielt auf eine zunehmende Anerkennung beziehungsweise Stärkung von Minderhei-

---

[78] *Jellinek* 1898, S. 29.

[79] Vgl. *Jellinek* 1898, S. 1; ferner *Hofmann/Dreier* 1995, S. 161 (186 ff.), zu den unterschiedlichen Ansätzen m. umf. N.

[80] Vgl. oben 3.1.

[81] Vgl. *Jellinek* 1898, S. 4 ff.; darüber hinaus *ders.* 1905b, S. 13, zu den Problemen des Minderheitenschutzes durch Privilegierung von Minderheiten in Wahlen, bei der Partizipation staatlicher Entscheidungen und durch gerichtlich durchsetzbaren Individualrechte.

[82] Vgl. *Jellinek* 1898, S. 5, 28.

[83] Vgl. *Jellinek* 1898, S. 40 ff.; ferner bereits oben 2.1.

[84] Vgl. *Jellinek* 1898, S. 23.

tenrechten. Jellinek verdeutlicht dies anhand der Entwicklung des Verfassungsbegriffs, den er auf die erschwerte Abänderbarkeit von Grundgesetzen reduziert und der somit dem Zweck des Schutzes parlamentarisch vertretener Minderheiten dienen soll.[85] Die Geschichte des Verfassungsbegriffs zeigt ihm die Tendenz, daß immer mehr Entscheidungsmaterien auf die Verfassungsebene gezogen werden. Die wichtigste Ursache dieser von ihm abschätzig als »Hypertrophie der Verfassungsgesetzgebung«[86] bezeichneten Entwicklung will Jellinek in der Ausweitung des Schutzes von parlamentarisch repräsentierten Minderheiten sehen.

Diese beiden Entwicklungsströme bestätigen Jellinek in seiner Vermutung einer politischen Korrelation des Spannungsverhältnisses von Mehrheit und Minderheit für die Konstitution politischer Einheiten.[87] Die empirische Variabilität von Mehrheit und Minderheit in den unterschiedlichen politischen Systemen[88] führt Jellinek dabei zu der entscheidenden Frage, ob es Minoritäten gibt, die ihrem Wesen nach einen Anspruch auf Anerkennung von Rechten haben und worin diese Rechte bestehen.[89] In dieser Schlüsselpassage der Monographie geht Jellinek zunächst davon aus, daß der Individualrechtschutz für sich genommen nicht für den Schutz von Minderheiten vor parlamentarischen Mehrheitsbeschlüssen genügt, da der Individualrechtsschutz nur dort operationalisiert werden kann, wo – wie in den USA – ein richterliches Prüfungsrecht von Gesetzen besteht.[90] Den entscheidenden Gesichtspunkt für eine differenzierte Ausgestaltung von Minderheitenrechten sieht Jellinek vielmehr in der Unterscheidung zwischen politischen und strukturellen Minderheiten. Die durchgängige Geltung des Mehrheitsprinzips wird nur von politischen Minderheiten akzeptiert, die für sich die Chance sehen, die Mehrheit zu erringen. Jellinek wörtlich:

> Der ganze Gedanke der Mehrheitsentscheidung beruht auf der Vorstellung durchgängiger innerer Einheit des Volkes. Die naturrechtlich-demokratische Idee der völlig gleichwerthigen Individuen liegt ihm zugrunde. Unter gleichwerthigen Individuen kann es aber vernünftigerweise kein anderes Entscheidungsmittel geben als die Grösse der Zahl.[91]

Die politische Homogenität soll dabei die soziale Grundlage der staatsbürgerlichen Gleichheit des Volkes und der parlamentarischen Gleichheit der

---

[85] Vgl. *Jellinek* 1898, S. 15f.; ferner bereits oben 2.2.

[86] *Jellinek* 1898, S. 21.

[87] Vgl. *Jellinek* 1898, S. 9ff., S. 32.

[88] Vgl. *Jellinek* 1898, S. 19ff., bes. 21, 23; ferner *ders.* 1906, S. 8f.; *ders.* 1970f, S. 153 (210f., 222).

[89] Vgl. *Jellinek* 1898, S. 23ff.

[90] Vgl. *Jellinek* 1898, S. 24ff.

[91] *Jellinek* 1898, S. 27f.; *ders.* 1970f, S. 153 (230f.).

Abgeordneten als unabhängige Vertreter des ganzen Volkes sein.[92] Folglich fluktuieren die politischen Parteien, weil sie die unterschiedlichsten Positionen integrieren können.[93] Das Recht der Minderheit besteht in diesem Fall allein darin, Mehrheit zu werden.[94]

Ganz anders stellt sich für Jellinek demgegenüber der notwendige Schutz von strukturellen Minderheiten dar, wo diese innere politische Einheit fehlt, »wo Gegensätze vorhanden sind, die ein Volk ein- für allemal derart scheiden, daß jene Voraussetzung der Gleichwerthigkeit der Individuen hinfällig wird.«[95] Wo religiöse, nationale und soziale Konflikte sich über die politische und rechtliche Gleichheit schieben, empfinden Minderheiten ihre Majorisierung in den jeweils für sie zentralen Fragen insbesonders dann als »Ausdruck brutaler Gewalt«, wenn es für sie aussichtslos erscheint, jemals die parlamentarische Mehrheit zu erringen.[96] Für den Bestand der politischen Einheit »Staat« setzt Jellinek damit ein funktionales Mindestmaß an politischer, sozialer und kultureller Gemeinsamkeit voraus, das für eine erfolgreiche Verbandsintegration stärker als das sozial Trennende und politisch Zentrifugale sein muß.[97] An dieser Stelle findet Jellinek den argumentativen Anschluß an die politische Wirklichkeit des österreichischen Nationalitätenkonfliktes, der für ihn vor allem die »deutsche Frage« am Beispiel der Sprachenrechte betrifft.[98] Hier fällt denn auch der chauvinistische, dem sonstigen Niveau der Minoritätenschrift nicht gerecht werdende und dennoch verräterische Satz, daß der Deutsche von heute nicht der Slawe von morgen sein könne, andernfalls aber mit Recht der allgemeinen Verachtung verfalle.[99] Den Reichsrat sieht Jellinek deshalb starr in ein strukturell stets vom »Corpus Slavorum« majorisiertes »Corpus Germanorum« geschieden.[100] Da die politische Fluktuation der Parteien damit ausgeschlossen ist, stellt sich für Jellinek die Alternative zwischen der Anerkennung von umfangreichen Minderheitenrechten für das »Corpus Germanorum« und der Desintegrati-

---

[92] Vgl. *Jellinek* 1898, S. 27; ferner *Hofmann/Dreier* 1995, S. 161 (174f.).

[93] Vgl. *Jellinek* 1898, S. 27f.; *ders.* 1905b, S. 7; ferner *Scheuner* 1973, S. 59f.; *Pauly* 1996, S. VII (XIII).

[94] Vgl. *Jellinek* 1898, S. 27ff.

[95] *Jellinek* 1898, S. 28.

[96] Vgl. *Jellinek* 1898, S. 28ff.; ferner *ders.* 1970g, S. 82 (83); *ders.* 1906, S. 11, 55; zust. *Triepel*, Juristisches Litteraturblatt (JLBl) 1899, S. 166 (167).

[97] Vgl. *Hofmann/Dreier* 1995, S. 161 (189 m. umf. N.).

[98] Vgl. *Jellinek* 1898, S. 30f.; ferner *Hofmann/Dreier* 1995, S. 161 (194 m. umf. N. in Fn. 169).

[99] Vgl. *Jellinek* 1898, S. 29.

[100] Vgl. *Jellinek* 1898, S. 31, 32 Fn. 47, 37.

on des österreichischen Staatsverbands.[101] Die zweite Alternative verfolgt Jellinek anders als in skeptischen privaten Äußerungen jedenfalls in der Minoritätenschrift nicht weiter.[102] Er konzentriert sich vielmehr auf einen rechtspolitischen Ausgleich zwischen Mehrheitsprinzip und Minoritätenrechten, der auf die Integration von Minderheiten in den politischen Prozeß gerichtet ist.[103] Als Minderheitenrechte kommen dabei insbesondere Vetopositionen und die Notwendigkeit qualifizierter Mehrheitsentscheidungen in Betracht.[104]

Jellineks besonderes Interesse gilt aber vor allem der Art und Weise, wie Minderheitenrechte in der politischen Auseinandersetzung gebraucht werden können und welche Folgen insbesondere die parlamentarische Obstruktion für das Verhältnis von Mehrheit und Minderheit zeitigt. Dabei erweisen sich die Vorenthaltung von Minderheitenrechten durch die parlamentarische Mehrheit und der obstruktive Mißbrauch von Minoritätenrechten durch die parlamentarische Minderheit als zwei Seiten der gleichen politischen Medaille: Sie legen die politische Grundlage für eine Desintegration des Staatsverbandes. Auch in der Rechtsausübung ist also die verfassungsrechtliche Integration der Minoritäten das rechtspolitische Leitbild Jellineks für das politische Verhalten von Mehrheit *und* Minderheit.[105] Die Bewertung des politischen Gebrauchs rechtlich vermittelter Kompetenzen wird dabei zu einem idealen Anschauungsobjekt für Jellineks Verständnis des praktischen Zusammenspiels von Politik und Recht: Rechtlich begründete Kompetenzen vermitteln parlamentarischen Minderheiten zugleich soziale und politische Macht. Der Jurist bewertet den Gebrauch der Kompetenz nach dem Schema Recht/Unrecht und geht im übrigen von einem pflichtgemäßen und das heißt gemeinwohlbezogenen Handeln aus, ohne dies mit seinem rechtlichen Schema politisch beurteilen zu können.[106] Jenseits der vom Juristen zu treffenden Unterscheidung bleibt also die Ausübung der

---

[101] Vgl. *Jellinek* 1898, S. 31 f.; ferner *ders.* 1970h, S. 542 (544); *ders.* 1970f, S. 153 (224).

[102] Vgl. etwa Brief *Jellinek/Felix* v. 4. Dezember 1897 [*C. Jellinek* 1970, S. 5* (106* f.)]; ferner *Kersten* 2000, S. 19 ff., zum Verhältnis Jellineks zu Österreich nach seiner Emigration.

[103] Vgl. zur parteipolitischen Integration in bezug auf die soziale Frage einerseits Jellineks positive Wertung hinsichtlich der deutschen Sozialdemokratie und ihrem Wandel zur Reformpartei (vgl. *Jellinek* 1898, S. 33; *ders.* 1970b, S. 376 [382]; skeptisch aber *ders.*, DZGW n. F. 2 [1897/98], S. 307 [309]), andererseits seine Kritik an der institutionellen Isolierung der parteipolitischen Arbeiterschaft in Österreich (vgl. *ders.* 1970b, S. 376 ff.).

[104] Vgl. hierzu und zum folgenden *Jellinek* 1898, S. 34 ff.; ferner *ders.* 1909, S. 11.

[105] Vgl. hierzu und zum folgenden *Jellinek* 1970c, S. 419 ff.; *ders.* 1898, S. 34 ff., bes. 36; ferner *ders.* 1914, S. 363; *ders.* 1906, S. 55 f.; *ders.* 1970f, S. 153 (252 ff.).

[106] Vgl. *Jellinek* 1898, S. 37.

Minderheitenrechte eine politische Frage. In seiner Argumentation kommt es Jellinek jedoch weniger auf den rechtswidrigen Gebrauch dieser Rechte an. Zwar ging es Jellinek mit der Minoritätenschrift konkret darum, die »Obstruktion der Deutschen«[107] infolge der Badeni-Krise zu rechtfertigen, so daß er den rechtswidrigen Gebrauch von Minoritätenrechten im »äussersten Nothstand politisch«[108] entschuldigt. Doch der stets auf Harmonie und Ausgleich bedachte Jellinek sieht zugleich die Gefahren einer solchen politisch »brauchbaren Illegalität«[109] und schlägt deshalb in seinen grundsätzlichen Ausführungen zum Verhältnis von Mehrheit und Minderheit einen ganz anderen Ton an: Für die Existenz eines jeden politischen Verbands ist es notwendig, daß sich parlamentarische Minderheit und Mehrheit gegenseitig anerkennen. Die Mehrheit soll Minderheitenrechte gewähren und diese politisch ernst nehmen; die Minderheit soll die ihr zugestandenen rechtlichen Kompetenzen nicht politisch zur Obstruktion gebrauchen.[110] Gerade in bezug auf die parlamentarische Obstruktion durch eine parlamentarische Minderheit zeigt Jellinek die damit verbundene Freiheitsbedrohung in einer politischen Folgenbetrachtung auf:[111] Ein durch die parlamentarische Minderheit gelähmtes Parlament bedeute keineswegs einen gelähmten Staat, sondern in der Regel ein außerhalb der parlamentarischen Kontrolle, auf der Grundlage von Notverordnungen handelndes, »höchstens mit dem leichten Schleier staatsrechtlicher Formalitäten verhülltes absolutes Regiment«.[112] Könne das Parlament die freiheitssichernde Aufgabe nicht erfüllen, so würde diese Funktion vom Volk selbst übernommen, das keinen Minderheitenschutz kenne.[113] Das Parlament als eine für die Minderheiten freiheitssichernde Institution nicht zu blockieren, liege also im wohlverstandenen Eigeninteresse der Minderheit, sich politisch nicht selbst zu schädigen. In der dauerhaften Obstruktion wendet sich die parlamentarische Minderheit also letztlich gegen sich selbst.[114] In der Minoritätenschrift von 1898 dient diese politische Folgenbetrachtung des Rechtsverlusts noch als »Drohmittel« gegen die Minderheit, ihre Rechte nicht politisch zu »mißbrauchen«.[115]

---

[107] Wie Fn. 61.

[108] *Jellinek* 1898, S. 36.

[109] *Luhmann* 1995, S. 304 ff.; vgl. krit. zum Begriff *Battis* 1997, S. 291.

[110] Vgl. hierzu und zum folgenden *Jellinek* 1970c, S. 419 (419 f., 428 f.); *ders.* 1906, S. 55 f.

[111] Vgl. hierzu und zum folgenden *Jellinek* 1970c, S. 419 (429).

[112] *Jellinek* 1970c, S. 419 (428 f.); vgl. ferner *Kersten* 2000, S. 395 ff., zur parallelen Argumentation Jellineks bezüglich des preußischen Budgetstreits.

[113] Vgl. *Jellinek* 1970c, S. 419 (430).

[114] Vgl. *Jellinek* 1906, S. 55 f.

[115] Vgl. *Jellinek* 1898, S. 38.

In Jellineks Artikel »Die parlamentarische Obstruktion« für die *Neue Freie Presse* vom 26. Juli 1903 wechselt dieses Argument jedoch die Front, indem es zur politischen Ermahnung der Mehrheit dient, die Minderheit nicht über formal legale Einschränkungen der durch die parlamentarische Geschäftsordnung vermittelnden Minoritätenrechte zu unterdrücken:[116] Es könne, so Jellinek, nicht das politische Interesse der parlamentarischen Mehrheit sein, die Minderheiten im Parlament auf unrechtmäßige Mittel zu verweisen oder den politischen Konflikt auf die Straße zu tragen. Die institutionelle Desintegration von Minderheiten schade dem politischen System langfristig mehr, als daß sie kurzfristig der Mehrheit nutze.[117] Damit sieht Jellinek für beide Seiten den Kompromiß in der politischen Selbstbeschränkung bei der Rechtsausübung, um nicht politisch pathologische Zustände zu erzeugen.[118] Das politische Leitbild der staatsrechtlichen Argumentation Jellineks folgt also auch hier dem Grundsatz der gegenseitigen Anerkennung von Minderheit und Mehrheit.

4. Konklusion

Die Verfassungsgerichtshofs- und die Minoritätenschrift zeigen, daß Jellinek kein Zitierfossil der Jahrhundertwende ist. Das Spannungsverhältnis von Mehrheit und Minderheit ist heute wie vor hundert Jahren eines der zentralen gesellschaftlichen Probleme, das an die Rechtfertigung und Integration eines jeden politischen Systems rührt. Um dies zu belegen, bedarf es nicht des Hinweises auf die südosteuropäischen Bürgerkriegsgesellschaften unserer Tage.[119] Auch die funktionierenden Staaten des ausgehenden 20. Jahrhunderts begreifen das Spannungsverhältnis von demokratischem Mehrheitsprinzip und Minderheitenrechten als eine ihrer größten politischen Herausforderungen. Im sich gesellschaftlich zunehmend pluralisierenden Nationalstaat ist der Umgang mit strukturellen Minderheiten eine alltägliche Herausforderung – das Kreuz und das Kopftuch im Klassenzimmer, die Anerkennung des Islams als Religionsgemeinschaft und als Lehrfach, die Auseinandersetzung um das Staatsbürgerschafts- und das Ausländerwahlrecht sind hier nur Stichwörter.[120] Daß sich die damit aufgeworfenen Fragen

[116] Vgl. *Jellinek* 1970c, S. 419 (423 ff., 426 ff.).

[117] Vgl. *Jellinek* 1970c, S. 419 (424 f., 428); *ders.* 1905b, S. 44.

[118] Vgl. *Jellinek* 1898, S. 38; *ders.* 1970c, S. 419 (427).

[119] Vgl. statt vieler *Garton-Ash* 1999, S. 191 ff., 354 ff.; *ders.*, FAZ v. 15. Juli 1999, S. 49.

[120] Vgl. statt vieler zum Kruzifix: BVerfGE 93, 1 ff.; zum Kopftuch: *Battis*, ZTR 1998, S. 529 ff.; *Bader*, VBlBW 1998, S. 361 ff.; *Alan/Steuten*, ZRP 1999, S. 209 ff.; *Janz/*

gesellschaftlicher und politischer Integration von strukturellen Minderheiten nicht allein mit dem Verweis auf den individuellen Grundrechtsschutz lösen lassen, kann man aus Jellineks rechtspolitischen Schriften von 1885 bis 1906 lernen: Die sozial integrative Gewährung von kollektiven Minderheitenrechten, ihre auf gesellschaftlichen Ausgleich gerichtete Wahrnehmung und ihr verfassungsgerichtlicher Schutz sind die rechtspolitischen Botschaften Jellineks, die den Weg des Nationalstaats zum politischen System einer pluralistischen Gesellschaft weisen können.

Sicherlich, es ist auch deutlich geworden, daß die Antworten, die Jellinek auf die Grundprobleme der Verfassungsgerichtsbarkeit und der Minderheitenrechte des deteriorienden Vielvölkerstaats Österreich gab, nicht alle in sich widerspruchsfrei oder heute – wegen der historischen Distanz – noch brauchbar sind. Doch mit vorschnellen Urteilen sollte hier sparsam umgegangen werden. Über die argumentative Relativierung der Bindungswirkung verfassungsgerichtlicher Entscheidungen bei Jellinek wird nur der ein hartes Urteil fällen, der sich der Probleme und Widersprüche bei der Begründung der Bindungswirkung von Entscheidungen des Bundesverfassungsgerichts durch die zeitgenössische Rechtswissenschaft nicht bewußt ist.[121] Obwohl uns Jellinek in seiner argumentativen Verunsicherung folglich eher näher denn fern steht, darf andererseits nicht übersehen werden, daß sich die Diskussion um die Bindungswirkung verfassungsgerichtlicher Normprüfungsentscheidungen heute in anderen verfassungsrechtlichen Koordinaten vollzieht als im Spätkonstitutionalismus. Für Jellinek mußte sich das richterliche Prüfungsrecht wie die normverwerfende Verfassungsgerichtsbarkeit als ein Angriff auf den im Gesetz zum Ausdruck kommenden staatlichen Herrschaftswillen rechtfertigen. Demgegenüber muß die Diskussion der Bindungswirkung verfassungsgerichtlicher Entscheidungen im demokratischen Rechtsstaat dem Gestaltungsvorrang des Parlaments Rechnung tragen. Während also an dieser Stelle die historische Distanz überwiegt, scheint sie hinsichtlich Jellineks Vorschlag der Parteipolitisierung der Verfassungsrichterbank kaum zu bestehen. Das parteipolitische Vorschlagsrecht für zumindest einen Teil der Verfassungsrichter hat den Sinn, daß die

Rademacher, NVwZ 1999, S. 706ff.; *Goerlich*, NJW 1999, S. 2929ff.; *Zuck*, NJW 1999, S. 2948f.; zur Anerkennung des Islams als Religionsgemeinschaft und zum islamischen Religionsunterricht: *Battis*, NJW 1999, S. 532; *Korioth*, NVwZ 1997, S. 1041ff.; *Langenfeld*, AöR 123 (1998), S. 375ff.; *Heckel*, JZ 1999, S. 741ff.; zum Staatsbürgerschaftsrecht: *Scholz/Uhle*, NJW 1999, S. 1510ff.; zum Ausländerwahlrecht: BVerfGE 83, 37ff., 60ff.; *Isensee/Schmidt-Jortzig* 1993; jew. m. w. N.

[121] Vgl. nur zu den Problemen des Normwiederholungsverbots *Korioth*, Der Staat 30 (1991), S. 549ff.; *Schlaich* 1997, Rn. 448 mit Fn. 98.

Richterbank während der dauerhaften Regierung einer Parteienkonstellation nicht einem durchgängigen parteipolitischen *court packing* zum Opfer fällt. Die Entscheidungen des Verfassungsgerichts sind deshalb auch für die politische Minderheit akzeptabel, die sich aufgrund eines zumindest teilweise parteipolitisch differenzierten Richtervorschlagsrecht ebenfalls im Verfassungsgericht repräsentiert sieht. Man darf Jellinek also Bewunderung zollen, diese parteipolitische Realität schon vor einhundert Jahren mit dem funktionalen Argument der Akzeptanzsteigerung für verfassungsgerichtliche Entscheidungen begründet zu haben.

Auch in bezug auf die Minoritätenschrift zeigt sich die Qualität der zwischen Politik und Recht vermittelnden Argumentation Jellineks darin, daß sie ihren konkreten politischen Anlaß hinter sich läßt und zu zeitübergreifend verallgemeinerbaren Positionen findet. Dies muß insbesonders für die antislawische Grundhaltung Jellineks gelten, die in der Minoritätenschrift kurz und chauvinistisch aufblitzt. Sie tritt in der rechtspolitischen Argumentation jedoch vollkommen zurück, da Jellinek eine auf den Ausgleich bedachte Integration von Minderheiten favorisiert. Auch im Minderheitenstaat können die auf politische Integration setzenden Zentripetal- die eventuellen religiösen, nationalen und sozialen Zentrifugalkräfte überwiegen. Diese auf politische Integration von Minderheiten setzende Argumentation wird vor allem deutlich, wenn man der von Walter Pauly aufgeworfenen Frage nach Berührungspunkten zwischen dem funktionalen Minimum an sozialer und politischer Gemeinsamkeit im Minderheitenstaat Jellineks und der auf einer dunklen Variation des Homogenitätsgedankens beruhenden Demokratietheorie Carl Schmitts nachgeht.[122] Schmitts »substantielle« demokratische Gleichheit ist letztlich minoritätenfeindlich, weil sie von vornherein auf die »Ausscheidung oder Vernichtung des Heterogenen«[123] angelegt ist.

Schmitt selbst betont den Gegensatz seines Demokratieverständnisses als eines »politischen Formprinzip[s] gegenüber den liberalen Ideen von Freiheit und Gleichheit des einzelnen Menschen mit jedem anderen Menschen. Ein demokratischer Staat würde sich durch eine konsequente Anerkennung

---

[122] Vgl. hierzu und zum folgenden *Pauly* 1996, S. VII (XII).

[123] *Schmitt* 1996, S. 14; vgl. ferner *ders.* 1989, S. 228ff., 232f.: demokratische Homogenisierung durch »Trennung«, »Assimilierung«, »Beseitigung des fremden Bestandteils durch Unterdrückung«, »Aussiedlung der heterogenen Bevölkerung«, »Kontrolle fremden Zugangs«, »Methoden der Beherrschung von Ländern mit heterogener Bevölkerung«, »Gesetze gegen Überfremdung«, »neue Praxis des Staatsangehörigkeitsrechts, Möglichkeit der Expatriierung, Denaturalisierung usw.«.

der allgemeinen Menschengleichheit auf dem Gebiete des öffentlichen Lebens und des öffentlichen Rechtes seiner Substanz berauben.«[124]

Was immer dies auch im einzelnen heißen mag, Berührungspunkte von Schmitt und Jellinek liegen fern: Selbst der in antislawischen Affekten befangene Jellinek hat die Menschenrechte nie desavouiert, sondern vielmehr deren internationale Verwirklichung zu einer Staatsaufgabe erhoben.[125] Bei den Minoritätenrechten setzt der antisemitisch diskriminierte Jellinek auf Pluralität und Ausgleich. Die Schmittschen Phantasmagorien fallen eher unter die Visionen einer »demokratischen« Gesellschaft, die Jellinek als »eine furchtbare Gefahr, die der gesammten Civilisiation droht«,[126] bezeichnet hat. Für Jellinek beruht demgegenüber aller gesellschaftlicher Fortschritt auf der Leistung von Individuen und Minoritäten, deren Rechte im Ausgleich zum Mehrheitsprinzip anzuerkennen sind.[127]

Literatur

Battis, Ulrich (1997): Allgemeines Verwaltungsrecht. 2. Aufl. Heidelberg.

Berchtold, Klaus (1986): Die politischen Parteien und ihre parlamentarischen Klubs bis 1918. In: Schambeck, Herbert (Hrsg.): Österreichischer Parlamentarismus. Berlin, S. 137–168.

Brauneder, Wilhelm (1986): Die Entstehung des Parlamentarismus 1861/1867 und seine Weiterentwicklung. In: Schambeck, Herbert (Hrsg.): Österreichischer Parlamentarismus. Berlin, S. 83–120.

Garton-Ash, Timothy (1999): History of the Present. London.

Hanisch, Ernst (1994): Der lange Schatten des Staates. Wien.

Hofmann, Hasso/Dreier, Horst (1995): Repräsentation, Mehrheitsprinzip und Minderheitenschutz. In: Hofmann, Hasso: Verfassungsrechtliche Perspektiven: Aufsätze aus den Jahren 1980–1994. Tübingen.

Isensee, Josef (1995): Das Volk als Grund der Verfassung. Opladen.

Isensee, Josef/Schmidt-Jortzig, Edzard (Hrsg.) (1993): Das Ausländerwahlrecht vor dem Bundesverfassungsgericht. Heidelberg.

Jaques, Heinrich (1885): Die Wahlprüfung in den modernen Staaten und ein Wahlprüfungsgerichtshof für Österreich. Wien.

Jellinek, Camilla (1970): Georg Jellinek. Ein Lebensbild. In: Jellinek, Georg: Ausgewählte Schriften und Reden. Bd. 1. Hrsg. von Walter Jellinek. Neudruck. Aalen.

Jellinek, Georg (1882): Die Lehre von den Staatenverbindungen. Wien.

Ders. (1884): Oesterreich-Ungarn und Rumänien in der Donaufrage. Wien.

Ders. (1885a): Ein Verfassungsgerichtshof für Österreich. Wien.

124 *Schmitt* 1989, S. 233 (Klammerzusatz von mir, J. K.).

125 Vgl. hierzu *Kersten* 2000, S. 339 ff.

126 Vgl. *Jellinek* 1898, S. 40.

127 Vgl. *Jellinek* 1898, S. 42 f.

Ders. (1885b): Ueber die Auswanderung Wehrpflichtiger aus Oesterreich. Rechtsgutachten. unveröffentlicht.
Ders. (1887): Gesetz und Verordnung. Freiburg.
Ders. (1898): Das Recht der Minoritäten. Wien
Ders. (1905a): System der subjektiven öffentlichen Rechte. 2. Aufl. Tübingen.
Ders. (1905b): Das Pluralwahlrecht und seine Wirkungen. Dresden.
Ders. (1906): Verfassungsänderung und Verfassungswandlung. Berlin.
Ders. (1909): Regierung und Parlament in Deutschland. Leipzig.
Ders. (1914): Allgemeine Staatslehre. 3. Aufl. Berlin.
Ders. (1970a): Die Wahlprüfung im Reichstage. Eine Reminiszenz (1906), in: ders.: Ausgewählte Schriften und Reden. Hrsg. von Walter Jellinek. Neudruck. Aalen.
Ders. (1970b): Der Entwurf der österreichischen Wahlreform. In: ders.: Ausgewählte Schriften und Reden. Hrsg. von Walter Jellinek. Neudruck. Bd. 2. Aalen.
Ders. (1970c): Die parlamentarische Obstruktion (1903). In: ders.: Ausgewählte Schriften und Reden. Hrsg. von Walter Jellinek. Neudruck. Bd. 2. Aalen.
Ders. (1970d): Empfiehlt es sich, die Prüfung der Wahlen für gesetzgebende Körperschaften als eine richterliche Tätigkeit anzuerkennen und deshalb der Rechtsprechung eines unabhängigen Wahlprüfungsgerichtshofes zu unterstellen? (1888). In: ders.: Ausgewählte Schriften und Reden. Hrsg. von Walter Jellinek. Neudruck. Bd. 2. Aalen.
Ders. (1970e): Gutachten betreffend die Stellung der Staatswissenschaften, der Rechtsphilosophie und des Völkerrechts. In: ders.: Ausgewählte Schriften und Reden. Hrsg. von Walter Jellinek. Neudruck. Bd. 1. Aalen.
Ders. (1970f): Besondere Staatslehre. In: ders.: Ausgewählte Schriften und Reden. Hrsg. von Walter Jellinek. Neudruck. Bd. 2. Aalen.
Ders. (1970g): Mirabeau und das Wahlrecht. In: ders.: Ausgewählte Schriften und Reden. Hrsg. von Walter Jellinek. Neudruck. Bd. 2. Aalen.
Ders. (1970h): Zur Eröffnung der Friedenskonferenz. In: ders.: Ausgewählte Schriften und Reden. Hrsg. von Walter Jellinek. Neudruck. Bd. 2. Aalen.
Kann, Robert (1977): Geschichte des Habsburgerreiches 1526–1918. Wien u. a.
Kelsen, Hans (1907): Kommentar zur österreichischen Reichsratswahlordnung (Gesetz vom 26. Jänner 1907, RGBl. Nr. 17). Wien.
Ders. (1923): Österreichisches Staatsrecht. Tübingen.
Kempter, Klaus (1998): Die Jellineks 1820–1955. Düsseldorf.
Kersten, Jens (2000): Georg Jellinek und die klassische Staatslehre. Tübingen.
Laband, Paul (1888): Das Staatsrecht des Deutschen Reiches. Bd. 1. 2. Aufl. Freiburg.
Ders. (1918): Lebenserinnerungen. Berlin.
Luhmann, Niklas (1995): Funktion und Folgen formaler Organisation. 4. Aufl. Berlin.
Mayer, Otto (1908): Die juristische Person und ihre Verwendbarkeit im öffentlichen Recht. Tübingen.
Mommsen, Wolfgang J. (1992): Österreich-Ungarn aus der Sicht des deutschen Kaiserreichs. In: ders.: Der autoritäre Nationalstaat. Frankfurt a. M.
Pauly, Walter (1996): Majorität und Minorität. In: Jellinek, Georg: Das Recht der Minoritäten. Hrsg. von Walter Pauly. Nachdruck. Goldbach.
Rumpler, Helmut (1997): Österreichische Geschichte 1804–1914. Wien.
Scheuner, Ulrich (1973): Das Mehrheitsprinzip in der Demokratie. Opladen.
Schlaich, Klaus (1997): Das Bundesverfassungsgericht. 4. Aufl. München.
Schmitt, Carl (1989): Verfassungslehre. 7. Aufl. Berlin.

Ders. (1996): Die geistesgeschichtliche Lage des heutigen Parlamentarismus. 8. Aufl. Berlin.
Schönberger, Christoph (1997): Das Parlament im Anstaltsstaat. Frankfurt a. M.
Skottsberg, Brita (1940): Der österreichische Parlamentarismus. Göteborg.
Stolleis, Michael (1996): Staatsrechtslehre und Politik. Heidelberg.
Triepel, Heinrich (1927): Staatsrecht und Politik. Berlin.
Ucakar, Karl (1985): Demokratie und Wahlrecht in Österreich. Wien.
Zöllner, Erich (1961): Geschichte Österreichs. München.

Verfassung und Verfassungswandel bei Georg Jellinek

Stephan Kirste

1. Einleitung

Die Normativität des Rechts im allgemeinen und der Verfassung im besonderen ruht nach Georg Jellinek auf der durchschnittlichen Anerkennung der Normunterworfenen. Auf der Basis dieser Annahme untersucht er auch die Dynamik von Verfassungen. Diese Dynamik unterscheidet Jellinek in »Verfassungsänderung« und »Verfassungswandlung«.

Jellineks Ausführungen werden seinem eigenen Anliegen folgend überwiegend als staatstheoretische Untersuchung zu Verbindung und Unterschieden von Staatsrecht und Politik verstanden.[1] Demgegenüber möchte ich hier eine rechtstheoretische Perspektive einschlagen: Ich werde seine Thesen zur Dynamik von Verfassungen auf ihre Fundamente in Rechtsbegriff und -geltung hin untersuchen. Diese Perspektive soll verdeutlichen, daß die Verfassungsdynamik nur unter Rückgriff auf seine These von der »normativen Kraft des Faktischen« verständlich ist. Von den fünf Aussagen, die Jellinek zum Klassiker machen – (1) dem Wort vom Recht als »ethischem Minimum«,[2] (2) der These des Ursprungs der Menschenrechte aus der Religions- und Gewissensfreiheit in Nordamerika,[3] (3) der Statuslehre,[4] (4) der Zweiseitentheorie des Staates[5] und schließlich (5) der Konzeption der »normativen Kraft des Faktischen«[6] – werde ich mich damit auf die letzten beiden konzentrieren. Die Dynamik von Verfassungen wird nach Jellinek

---

[1] Vgl. etwa *Brodocz* 2004, S. 153 ff.

[2] *Jellinek* 1908, S. 45.

[3] *Jellinek* 1919, S. 57: »Die Idee, unveräußerliche, angeborene, geheiligte Rechte des Individuums gesetzlich festzustellen, ist nicht politischen, sondern religiösen Ursprungs. Was man bisher für ein Werk der Revolution gehalten hat, ist in Wahrheit eine Frucht der Reformation und ihrer Kämpfe. Ihr erster Apostel ist nicht Lafayette, sondern jener Roger Williams, der, von gewaltigem, tief religiösem Enthusiasmus getrieben, in die Einöde auszieht, um ein Reich der Glaubensfreiheit zu gründen, und dessen Namen die Amerikaner heute noch mit tiefster Ehrfurcht nennen.«

[4] *Jellinek* 1905, S. 81 ff.; hierzu *Kirste* 2014, S. 177 ff.; *Brugger* 2013, S. 237 ff.

[5] *Jellinek* 1959, S. 10 f. dazu *Lepsius* 2004, S. 63 ff.; *Lembcke* 2014, S. 85 f.

[6] *Jellinek* 1959, S. 336 f.; *Brugger* 2013, S. 238.

nur verständlich, wenn man den Staat sowohl als ein soziales Gebilde wie als eine institutionalisierte Verfassungsordnung versteht. Auch Verfassungen müssen entsprechend sowohl in der bis zur Französischen Revolution überkommenen Weise als tatsächliche Ordnung wie auch als normativer Zukunftsentwurf verstanden werden.[7] Was die Dynamik von Verfassungen außerhalb von formalen Änderungsverfahren jedoch erklärlich macht, sind nicht nur rein rechtliche Institutionen, sondern die dem Recht zugrunde liegenden sozialen Anerkennungsprozesse. Obwohl diese beiden letzteren Theorieelemente vor allem in der »Allgemeinen Staatslehre« von 1900 entwickelt wurden, wäre es verkürzt, Jellineks Theorie der Verfassungsdynamik nur auf dieses Werk und die kleine Schrift von 1906 über »Verfassungsänderung und Verfassungswandel« zu stützen. Das Thema beschäftigt den 1851 in Leipzig geborenen promovierten Philosophen und Juristen mit großer Kontinuität seit seinen frühesten Arbeiten.[8]

2. Die Dynamik von Verfassungen

Die Dynamik von Verfassungen zeigt sich in zwei Prozessen, die Jellinek als »Verfassungsänderung« und »Verfassungswandlung« bezeichnet:

> Unter Verfassungsänderung will ich die durch absichtliche Willensakte herbeigeführte Änderung der Verfassungstexte, unter Verfassungswandlung diejenige Änderung verstehen, die diese Texte formell unverändert bestehen läßt und durch Tatsachen hervorgerufen wird, die nicht von der Absicht oder dem Bewußtsein einer solchen Änderung begleitet sein müssen.[9]

Die Verfassungsänderung ist durch ein formelles und ein subjektives Element gekennzeichnet: Sie besteht in der Änderung des gesetzlich festgelegten Verfassungstextes selbst sowie dem subjektiven Moment der absichtlichen Änderung. Dem Verfassungswandel hingegen fehlt das formelle Element. Auch an die subjektive Seite werden geringere Anforderungen gestellt: Hier soll nicht nur keine Absicht erforderlich sein, sondern sogar das Bewußtsein fehlen können, daß eine Änderung herbeigeführt wird oder eintritt. Während für die Verfassungsänderung kein Grund oder Motiv genannt wird, schreibt Jellinek beim Verfassungswandel, daß er von »Tatsachen hervorgerufen« wird.

---

[7] *Monhaupt* 2004, S. 832ff. und *Grimm* 2004, S. 863, 867f. und 876f.

[8] Zur Biographie vgl. *Kersten* 2011.

[9] *Jellinek* 1906, S. 3.

Erwähnt sei, daß Jellinek daneben noch den Begriff des »Verfassungswechsels« verwendet, der etwa die rasche Aufeinanderfolge der Verfassungen im 19. Jahrhundert bezeichnet.[10] »Wechsel« beschreibt also den Grad der Dynamik der Verfassungen. Auch erwähnt er den Begriff der »Revolution«, der den völligen Umsturz der staatlichen Ordnung bedeutet.[11]

Diese Bestimmung der Verfassungsdynamik und die Wahl der Unterscheidungskriterien ihrer beiden Formen Änderung und Wandel sind aus heutiger Sicht durchaus überraschend. Warum stellt Jellinek nicht schlicht auf die Form ab und gibt an, daß Verfassungsänderung die Modifikation der Verfassung im hierfür von der Verfassung selbst vorgesehenen Verfahren ist? Wird die Verfassung außerhalb dieses Verfahrens geändert, handelt es sich um Verfassunggebung durch einen – im Rechtssinne – revolutionären Akt. Inhaltlich ließe sich aufgrund eines solchen formalen Begriffs der Verfassungsänderung noch nach dem Umfang zwischen einer Teiländerung und einer Totalrevision unterscheiden, denen die Verfassungen dann selbst verfahrensmäßige oder materielle Grenzen setzen. Von diesen Formen der Verfassungsänderung wäre dann der Verfassungswandel zu unterscheiden, der sich unter dem Vorrang der Verfassung nur im Rahmen der von der Verfassung eröffneten Spielräume, sei es in der Gestalt von Lücken oder bei der Konkretisierung von Prinzipien, abspielen kann.

Daß Jellinek nicht so vorgeht, hat nicht nur historische Gründe, zu denen er selbst das Fehlen einer Verfassungsgerichtsbarkeit zählt;[12] es hat vor allem auch Gründe, die in seinem Rechtsbegriff liegen. Bevor dem jedoch nachgegangen werden kann, sollen die Begriffe von Verfassungsänderung und Verfassungswandel, wie sie Jellinek verwendet, noch näher untersucht werden.

2.1 Die Verfassungsänderung

Außer durch Revolution kann der Verfassungstext nach Jellinek absichtlich gänzlich aufgehoben, in seinem Wortlaut geändert oder durch nachfolgendes derogierendes Recht ganz oder in seinen Teilen außer Kraft gesetzt werden. Jellinek unterscheidet durchaus die Verfassungs-Neugebung, die Totalrevision – als Änderung des Gesamtinhalts oder wesentlicher Teile einer

---

[10] *Jellinek* 1887, S. 94.

[11] Jellinek versteht die Revolution als einen rein tatsächlichen Beendigungsgrund einer Rechtsordnung. Allerdings nimmt er auch hier an, daß die bestehenden Gesetze teilweise weitergelten. »Allerdings aber bemißt sich die formelle Gesetzeskraft der aus früherer Zeit stammenden Gesetze auch hier nach den neuen Verfassungsbestimmungen«, *Jellinek* 1887, S. 341.

[12] *Jellinek* 1906, S. 15 und 16f.

Verfassung[13] – und die einfache Verfassungsänderung. Verfassungen enthalten häufig formelle und teilweise auch materielle Hürden für ihre Veränderung. Jellinek erwähnt etwa die Verfassung von Rhode Island, die nur mit einer Drei-Fünftel-Mehrheit geändert werden konnte,[14] und weist darauf hin, daß dort, wo ein solches Quorum nicht vorgesehen ist, die Verfassung häufig nur durch gleichlautende Abstimmungen in zwei Legislaturperioden geändert werden könne.

Diese Änderungen kann der Souverän jedoch sowohl in den Bahnen des Rechts als auch außerhalb vornehmen.[15] Auch hier beschreibt Jellinek das tatsächliche Verfahren und nicht die rechtliche Form der Änderungen. Er ist der Auffassung, daß Verfassungsänderungen auch im Wege der Suspendierung, des Dispenses und der Spezialgesetze aufgehoben und abgeändert werden können, solange nur die erschwerten Verfahrensanforderungen an ihre Veränderung beachtet werden.[16] Zwar schildert er, wie Verfassungen auch durch derogierendes nachfolgendes Recht verändert werden, problematisiert dies aber nicht mit Rücksicht auf verfassungsrechtliche Verfahrensnormen. Dadurch tritt auch die unterschiedliche Legitimation von Änderungen innerhalb oder außerhalb der Bahnen des Rechts in den Hintergrund: Die Änderungen, die »außerhalb der Wege des Rechts« vorgenommen werden, bedürfen nämlich einer nichtrechtlichen Legitimation.

Die sozialwissenschaftliche Perspektive auf Verfassungsänderungen zeigt sich auch daran, daß Jellinek dabei die Gefahr ihrer Wirkungslosigkeit berücksichtigt. Es könnte nämlich gut sein, daß das alte Verfassungsrecht trotz der geänderten Rechtslage gewohnheits*mäßig* weiterhin beachtet wird. Jellinek geht jedoch über diese Praxis *contra constitutionem* hinaus und nimmt an, daß das bisherige Verfassungsrecht in diesem Fall auch gewohnheits*rechtlich* weitergelte.[17] Schon während der alten Rechtslage habe der betreffende

---

[13] *Jellinek* 1959, S. 519 heißt es allerdings »Totalrevision, also die Beschließung einer neuen Verfassung«.

[14] *Jellinek* 1898, S. 15 mit weiteren Beispielen; *Jellinek* 1919, S. 18.

[15] *Jellinek* 1906, S. 3: Der von der Verfassung zu unterscheidende Staat »kann [...] seine Verfassung nach Gutdünken ändern, aufheben, eine andere an deren Stelle setzen. Und nicht etwa nur auf dem Wege des Rechtes.«

[16] *Jellinek* 1887, S. 263: »Mit Beobachtung der erschwerenden Formen kann regelmässig jede verfassungsgesetzliche Bestimmung aufgehoben, abgeändert, suspendirt, durch Dispensation für den einzelnen Fall ausser Kraft gesetzt, durch Spezialgesetze durchbrochen werden, auch ohne dass eine ausdrückliche Aufhebung des Verfassungssatzes selbst vorangegangen wäre«.

[17] *Jellinek* 1906, S. 5: »Aus solchen Tatsachen werden wir den Schluß ziehen, daß Aufhebung von Gesetzen nicht notwendig auch Aufhebung der in ihnen enthaltenen Rechtssätze zur Folge hat. Sie können weiterhin als Gewohnheitsrecht gelten, wohl ein Beweis dafür, daß sie bereits vor der Aufhebung des Gesetzes den Doppelcharakter als

Rechtssatz sowohl als Gesetzes- als auch als Gewohnheitsrecht gegolten. Entsprechend könne sich die Verfassungsänderung nur auf das Gesetzes-, nicht aber auf das Gewohnheitsrecht beziehen. – Diese Annahme ist rechtstheoretisch durchaus zweifelhaft: Formal gesehen ist die Rechtsgeltung als Gesetzesrecht nicht mit der Rechtsgeltung als Gewohnheitsrecht vereinbar. Das Gesetz bezieht seine Rechtsgeltung aus der Einhaltung der für seine Setzung bestimmten Verfahrens- und Formvorschriften sowie den inhaltlichen Normen. Die Gewohnheit wird hingegen zu Recht aufgrund der Überzeugung der Verbindlichkeit dieser Übung durch diejenigen, die sie vollziehen. Der Geltungsgrund der normierten Setzung beim Gesetz tritt also an die Stelle der Überzeugung von der Verbindlichkeit der Teilnehmer einer bestimmten Praxis. Das schließt nicht aus, daß die faktische Geltung des Gesetzes von seiner gewohnheitsmäßigen Befolgung abhängt.[18] In der formalen Perspektive ist also die Geltung des Rechtssatzes aufgrund der Normkonformität seiner Setzung der Normalfall, die Rechtsgeltung der Gewohnheit durch das Hinzutreten der *opinio iuris* hingegen der Ausnahmefall. Jellineks Annahme von der Doppelgeltung der Verfassung als Gewohnheitsrecht und als Gesetzesrecht deutet auf eine Umkehrung dieses Verhältnisses hin: In der Gewohnheit liegt möglicherweise ein Element, das sowohl den Geltungsgrund des gesetzten Rechts als auch des Gewohnheitsrechts darstellt.

Schließlich zeigt sich die sozialwissenschaftlich-materiale Perspektive auf die Verfassungsdynamik auch in einer eher kritischen Einstellung gegenüber etwa vorhandenen inhaltlichen Grenzen der Änderbarkeit von Verfassungen.[19] Wenn Jellinek geschriebene Verfassungen auch nicht gerade für ohnmächtig hält, veränderte Machtverhältnisse zu kanalisieren, so erscheinen sie ihm doch als zu unflexibel. Starre Verfassungen lassen sich nicht oder nur unter sehr hohen formalen Anforderungen ändern. Zur Festigung der Verfassung tragen aber auch Referenden als formelle Voraussetzungen von Änderungen bei oder die Bestätigung der Änderung durch ein neu gewähltes Parlament.[20] Während starre Verfassungen über ein hohes Maß an Orientie-

---

Gesetzes- und Gewohnheitsrecht hatten, was allerdings während der Dauer des Gesetzes nicht zum Bewußtsein kommen konnte.«

[18] Zum Begriff des Gewohnheitsrechts *Kirste* 2010, S. 105 f.

[19] Jellinek referiert etwa ein französisches Gesetz von 1884, das die republikanische Regierungsform der Änderung entzieht, und weist neben rechtlichen Grenzen der Änderbarkeit der Verfassung auf tatsächliche hin, *Jellinek* 1959, S. 484. Zutreffend schreibt er, daß solche Ewigkeitsklauseln »durch Gewalt, aber nicht durch Recht aufgehoben werden« könnten.

[20] *Jellinek* 1959, S. 535, 519.

rungssicherheit und Minderheitenschutz verfügen,[21] haben auch »biegsame« Verfassungen, also insbesondere Systeme mit Verfassungen im materiellen Sinn wie das britische, ihre Vorteile. Sie können schneller gewandelten »Verhältnissen und Bedürfnissen angepaßt werden«.[22] Zudem verfüge die dynamische Verfassung angesichts ihrer Anpassungsfähigkeit über eine erhöhte soziale Geltung. Jellinek mißtraut also einer hohen Formalisierung der Verfassungsänderung. Damit entgeht ihm aber zugleich, daß mit der reflexiven Verfassung, die selbst Regelungen über ihre Änderbarkeit und nichtänderbare Bestandteile enthält, gerade eine Steuerung ihrer Dynamik ermöglicht wird. Eine Grenze der Verfassungsdynamik erkennt Jellinek jedoch in föderalen Systemen, nämlich insbesondere dort, wo ein Gliedstaat oder Land ein verfassungswidriges Gesetz erläßt. Dieses habe keine derogierende Kraft, weil es eine »geringere formelle Gesetzeskraft« besitze.[23]

Zusammenfassend läßt sich sagen, daß Jellinek den Prozeß der Verfassungsänderung als Teilmoment der Verfassungsdynamik anerkennt, aber skeptisch gegenüber ihrer Bedeutung ist.[24] Diese Skepsis erklärt sich durch seinen sozialwissenschaftlichen Ansatz.

2.2 Der Verfassungswandel

Die sozialwissenschaftliche Perspektive bringt besonders deutlich das Phänomen des Verfassungswandels in den Blick und zeigt zugleich die eigenständige positivistische Perspektive gegenüber dem staatsrechtlichen und dem Rechtspositivismus.[25] Verfassungswandel ist die durch soziale Tatsachen oder richterliche Praxis verursachte Dynamik der Verfassung ohne Änderung des Verfassungstextes.

Alle Regeln über die Stabilität oder Änderung des Rechts seien letztlich ohnmächtig gegenüber den historischen Kräften, die über das Bewußtsein

---

[21] *Jellinek* 1898, S. 15f.

[22] *Jellinek* 1959, S. 536, 704f.

[23] *Jellinek* 1887, S. 263.

[24] Die meisten Beispiele, die Jellinek für die Verfassungsänderung bringt, sind eher kritisch gegenüber der Fähigkeit des verfassungsändernden Gesetzgebers: »unglaubliche Systemlosigkeit«, »Verfassungen der deutschen Gliedstaaten [...] sind durch Reichsgesetze [...] durchlöchert worden«, *Jellinek* 1906, S. 4f.

[25] *Kersten* 2000, S. 210f.; anders wieder *Boldt* 2004, S. 14, der Jellinek dezidiert nicht in der neukantianischen Tradition, sondern im staatsrechtlichen Positivismus von Gerbers versteht. Dagegen sprechen jedoch die dezidiert wirklichkeitswissenschaftliche Perspektive Jellineks und die Hervorhebung der Bedeutung politikwissenschaftlicher Erkenntnisse für die Erkenntnis des Staatsrechts, *Anter* 2004, S. 51; am angemessensten ist die Kennzeichnung als psychologischer Positivismus: *Lembcke* 2014, S. 83f.

der Bürger auf die Rechtsentwicklung wirkten.[26] Nicht weniger als solchen zwingenden historischen Entwicklungen sind Verfassungen einem stillen Wandel der politischen Überzeugungen, der Bedürfnisse und Interessen oder kurz: des »Zeitgeistes« unterworfen.[27] Es können sich abweichende Auffassungen von ihren Wertungen bilden, die die interpretative Praxis des Verfassungsverständnisses beeinflussen.[28] Insoweit stimmt Jellinek der Historischen Schule zu, akzentuiert dann aber für das Staatsrecht die größere Bedeutung der institutionalisierten Rechtsentwicklung durch die Staatsorgane als Repräsentanten des »Volksgeistes«.[29] Der Verfassunggeber kann diese Entwicklungen nicht alle antizipieren. So entstehen Lücken in der Verfassung. Bestünden Lücken im Verfassungstext, wie im Preußischen Budgetkonflikt, so sei es Sache der Staatsmacht, diese Lücken zu schließen. Der Rechtswissenschaft komme hier nur die Aufgabe zu, »später nachzuhinken und mit Hilfe dialektischer Kunststückchen die vollendete Tatsache als rechtmäßig nachzuweisen«.[30] In diesen Fällen der Veränderung des Verfassungszustands, des »stillen Verfassungswandels« und der Verfassungsinterpretation[31] vollziehe sich die Dynamik der Verfassung nicht durch eine gezielte Textänderung, sondern durch die Verfassungspraxis.[32]

Anhand von verfassungsgeschichtlichen Beispielen aus dem Deutschen Reich, besonders aber auch aus England, schildert Jellinek den Bedeutungswandel durch geänderte Verfassungsinterpretation, geänderte Konventional-

---

[26] *Jellinek* 1959, S. 343: »Den rechtsändernden historischen Mächten gegenüber ist, wie bereits dargetan, das Recht selbst ohnmächtig«, und S. 359: »Die Tatsachen gewaltsamer Staatsumwälzungen durch die Herrscher oder die Beherrschten lassen sich aber am Maßstabe einer Rechtsordnung überhaupt nicht messen, andernfalls man die Geschichte nach Strafrechtsparagraphen beurteilen müßte«.

[27] *Jellinek* 1959, S. 343.

[28] *Jellinek* 1906, S. 15: »Daß richterliche Interpretation eines Verfassungsrechtssatzes diesen selbst fort- oder rückbilden kann, bedarf für den, welcher die richterliche Macht der Rechtsschöpfung erkannt hat, keiner näheren Ausführung.«

[29] *Jellinek* 1907, S. 267: »Auch in dem Staate, dessen Wurzeln weit in die Vergangenheit zurückreichen, ist es das lebendige Volksbewusstsein, welches die befruchtende und nährende Quelle seiner Verfassung bildet, über die Entwickelung der Verfassung vollzieht sich hier in den vom Rechte festgesetzten Formen, es schiebt sich hier zwischen dem Volksbewusstsein und der staatlichen Ordnung die Autorität jener ein, die rechtlich befugt sind, im Namen des Staates zu handeln und daher auch in seinem Namen die Verfassung zu ändern«.

[30] *Jellinek* 1959, S. 359.

[31] Vergleiche zu diesen beiden Formen des Verfassungswandels *Böckenförde* 1993, S. 4.

[32] *Jellinek* 1959, S. 342: »Bei Änderung der faktischen Machtverhältnisse der obersten staatlichen Organe prägt sich das neue Verhältnis unvermeidlich, selbst wenn kein Buchstabe der Verfassung geändert wird, in den Institutionen deutlich aus«.

regeln,[33] das Obsoletwerden von verfassungsrechtlichen Regelungen durch den Wegfall ihrer Ratio, die Schließung von Lücken,[34] den Wandel durch ungeschriebene Verfassungsnormen,[35] die Lehre von den *»implied powers«* in den USA,[36] gewohnheitsrechtliche Abweichungen und durch materiell verfassungsändernde einfache Gesetze, die nicht die Formen der Verfassunggebung einhalten[37]. Die Staatsorgane hätten die Verfassung zu interpretieren und zu konkretisieren, was unter geänderten gesellschaftlichen Rahmenbedingungen zu einem geänderten Verfassungsverständnis führe:[38]

> Wie nun überall die Rechtsprechung bei gleichbleibenden Gesetzestexten den wandelnden Anschauungen und Bedürfnissen der Menschen unterliegt, so auch der Gesetzgeber, wenn er durch Einzelgesetze die Verfassung interpretiert. Was einer Zeit als verfassungswidrig erscheint, stellt sich der folgenden Epoche als verfassungsmäßig dar und so erleidet die Verfassung durch Wandlung ihrer Interpretation selbst eine Wandlung.[39]

Wiederum nimmt Jellinek hauptsächlich soziale Tatsachen in den Blick, die zu einem Verfassungswandel führen. Er erwähnt neben geänderten gesellschaftlichen Wertvorstellungen Bedürfnisse, Interessen, aber auch soziale Macht. So sollen sozial geschaffene vollendete Tatsachen mit »verfassungsbildender Kraft« wirken können.[40] Auch »durch die Art der Ausübung staatlicher Macht wandelt sich die Verfassung«.[41] Der Druck entschieden verfassungsmäßigen Regierungshandelns ohne eine Anerkennung durch die ge-

[33] Wenn *Wolff* (2000, S. 148) daran zweifelt, daß sie zum Verfassungsrecht gehören, ist doch zu bedenken, daß Jellinek hier an die britischen *constitutional conventions* denkt, die nach dem Verständnis zur Verfassung gehören, *Jellinek* 1906, S. 28f.

[34] *Jellinek* 1906, S. 43ff.

[35] *Jellinek* 1906, S. 14: »Es gibt in jedem Staate Verwaltungsgrundsätze, die durch keinen Rechtssatz eingeführt oder bestätigt, ein festes Bild der politischen Wirklichkeit gegenüber dem Unbestimmten der Rechtsmöglichkeit darbieten«. Und S. 20: »In den Buchstaben der Verfassung schlummern bisher unerkannte Gewalten, die von der Gesetzgebung entdeckt und sodann vom Richter definitiv zum Leben erweckt werden«.

[36] *Jellinek* 1906, S. 20.

[37] *Jellinek* 1959, S. 539: »Keine Gewähr besteht dafür, daß bei solchen materiell verfassungsändernden Gesetzen die Formen der Verfassungsänderung eingehalten werden. Für die Abänderung solcher abändernder Gesetze kann nicht einmal in der Theorie die Befolgung des Wegs der Verfassungsänderung gefordert werden«, schreibt Jellinek in Anlehnung an Laband.

[38] *Jellinek* 1906, S. 9: »Sie haben die Gesetze und daher auch die Verfassungsgesetze zu interpretieren, und unter ihrer Hand kann ein Verfassungsgesetz allmählich eine ganz andere Bedeutung im Rechtssystem erhalten, als ihm ursprünglich innewohnte«.

[39] *Jellinek* 1906, S. 9.

[40] *Jellinek* 1906, S. 21: »vollendete Tatsachen als eine historische Erscheinung von verfassungsbildender Kraft, gegen welche alles Ankämpfen der Legitimitätstheorien ein ohnmächtiges Beginnen ist«.

[41] *Jellinek* 1906, S. 34.

setzgebenden Kammern kann so stark werden, daß eine neue Verfassung erforderlich wird.[42]

Jellinek billigt diese verfassungswidrigen Praktiken jedoch nicht – trifft also auch insofern keine normative Aussage –, sondern nimmt sogar an, daß sie eine Erwartung an den Staat erzeugen, Maßnahmen gegen diese Verfassungsbrüche zu ergreifen. Nur ist er skeptisch gegenüber institutionellen Arrangements, die einen Wandel aufhalten könnten.[43] Ohne entsprechende Institutionen bestehe die Gefahr, daß bei vehementen Verstößen wie Revolutionen und Staatsstreichen neue Rechtszustände geschaffen würden, die nach den Maßstäben alten Rechts nicht mehr beurteilt werden könnten.[44] Daß solche mit der Verfassung nicht vereinbaren Praktiken die Verfassung selbst verändern können, hängt nach Jellinek nicht zuletzt am Fehlen einer Verfassungsgerichtsbarkeit.[45] In der Schrift über den Verfassungsgerichtshof von 1885 und an anderen Stellen differenziert Jellinek deutlich zwischen der verfassungsmäßigen und der verfassungswidrigen Verfassungsänderung.[46] Ein Verfassungsgerichtshof sei nötig, um zwischen beiden Formen zu unterscheiden. Andernfalls würde nämlich das Parlament zum Richter in eigener Sache.[47] Er stellt sich eine Art präventive Normenkontrolle beziehungsweise die Übertragung

---

[42] *Jellinek* 1887, S. 308.

[43] *Jellinek* 1892, S. 231: »De lege ferenda entsteht aus solchen Fällen stets die Forderung an den Staat, die Garantien für die strikte Einhaltung der betreffenden Competenzen zu vermehren. Denn dem vollendeten Bilde des Staates entspricht es, dass der competenzüberschreitende Organwille nicht mehr als Staatswille anzusehen sei«.

[44] *Jellinek* 1892, S. 232: »Revolution und Staatsstreich können dann Zustände schaffen, die vom Standpunkte des bisher geltenden Verfassungsrechtes überhaupt nicht mehr beurtheilt und geregelt werden können, sondern die nicht weiter ableitbare Basis einer neuen Ordnung bilden«.

[45] *Jellinek* 1906, S. 10 und 9: »Wenn jedoch eine Kammer in unüberprüfbarer Weise einen gegen die Verfassung verstoßenden Beschluß faßt, so ist überhaupt keine Möglichkeit vorhanden, den Vorschriften der Verfassung Geltung zu verschaffen. Aus solchem verfassungswidrigen Handeln kann, wenn es konstant geübt wird, eine Wandlung der Verfassung selbst entspringen«; und schon *Jellinek* 1887, S. 263. Jellinek mißt der Einführung einer Verfassungsgerichtsbarkeit keine große Bedeutung bei. Das amerikanische Beispiel zeige eher die Zufälligkeit von Klagemöglichkeiten der Parteien gegen einzelne Gesetze, *Jellinek* 1906, S. 16 f. Letztlich komme es nicht auf juristische Garantien der Verfassung an: »Alle juristischen Garantien der Verfassung bewähren sich nur, wenn starke politische und ethische Garantien für sie vorhanden sind. Fehlen diese, so werden jene nicht ihren Zweck erreichen«, *Jellinek* 1887, S. 398.

[46] *Jellinek* 1885, S. 3: »Können Parlamente verfassungswidrig handeln? Gibt es ein parlamentarisches Unrecht und wenn es ein solches gibt, wie sichert man die Rechtsordnung vor demselben?«

[47] *Jellinek* 1885, S. 22; hierzu auch *Wyduckel* 2000, S. 287.

der Funktion eines Conseil Constitutionel vor,[48] die allerdings dem Reichsgericht zukommen soll[49] und nicht einem selbständigen Verfassungsgericht.

Daß er neben und gegen die formalen Bahnen der Verfassungsänderung so deutlich auf die informellen Wege des Verfassungswandels verweist und daraus – nicht wie Kelsen aus der normativen Struktur der Verfassung als dem höchsten Gesetz selbst – die Notwendigkeit eines Verfassungsgerichts ableitet, ist abermals Ergebnis seines sozialwissenschaftlichen Ansatzes.[50] Kelsen würde hier nämlich entgegnen, daß Normen Sollensgebote enthalten und Rechtsnormen sich dadurch auszeichnen, daß diese Sollensgebote durch normierten Zwang durchsetzbar sind. Normierter Zwang aber bedeutet, daß eine Verpflichtung der entsprechenden Zwangsorgane besteht, der primären Norm Geltung zu verschaffen. Geschieht dies nicht, handelt derjenige, der das Sollensgebot mißachtet, rechtswidrig. Die Rechtsgeltung der Norm wird jedoch nicht dadurch aufgehoben, daß gegen sie verstoßen wird. Derjenige, der eine Rechtsnorm übertritt, kann zudem auch deshalb keine neue Rechtsnorm setzen, weil Rechtsnormen sich von anderen nicht nur durch ihre normierte Sanktionierbarkeit, sondern auch durch ihre normierte Setzung unterscheiden.[51] Wer rechtswidrig handelt, hält aber bei seinem Rechtsbruch das Verfahren zur Setzung von Normen nicht ein.[52] Auch unabhängig von einer Verfassungsgerichtsbarkeit liegt nach dem formalen Ansatz ein Verfassungsverstoß vor. Doch diese formale Perspektive ist eben nicht Jellineks. Er stellt fest, daß der nicht überprüfte Verfassungsbruch verhindere, der Verfassung »Geltung zu verschaffen«. Allerdings ist er zugleich der Auffassung, daß die Rechts- und politische Entwicklung des 19. Jahrhunderts dazu geführt habe, daß größere soziale Veränderungen immer häufiger in den Bahnen der Verfassung und nicht gegen sie verliefen.[53]

---

48 *Jellinek* 1885, S. 23f.

49 Und nicht dem für Ministeranklagen zuständigen Staatsgerichtshof, *Jellinek* 1885, S. 64f.

50 Der Begriff des Verfassungswandels hat in einer Rechtsordnung ohne Verfassungsgerichtsbarkeit konstatierenden Charakter, *Böckenförde* 1993, S. 4f.

51 *Kirste* 2010, S. 96.

52 Für den Fall Finnlands und die Verletzung seiner Verfassung durch das Russische Zarenreich hat Jellinek dies auch anerkannt: »Ihre Verfassungen sind aber Bestandteile der Gesamtverfassung des Staates, dem sie angehören, und damit rechtlich, wie jede Verfassung, gegen willkürliche Änderung geschützt. Erfolgt eine solche dennoch, so ist sie stets als Verfassungsbruch zu werten«, *Jellinek* 1959, S. 656.

53 *Jellinek* 1882, S. 8: »Aber gerade unser Jahrhundert hat einen gewaltigen Fortschritt im Bewusstsein der Geltung des öffentlichen Rechts hervorgerufen. Der Verfassungsbruch wird im modernen Staate immer mehr zur seltenen, von schweren Erschütterungen begleiteten Ausnahme. Gewaltige Umwälzungen im Innern der Staaten vollziehen

Verfassungswandel vollzieht sich nach Jellinek somit nicht nur im Bereich der Offenheit des Verfassungstextes oder des »dispositiven Verfassungsrechts«,[54] sondern auch gegen den Verfassungstext selbst. Jellinek verwendet somit einen breiteren als den heute zumeist vertretenen Begriff des Verfassungswandels als Verfassungsfortbildung im Rahmen der geschriebenen Verfassung.[55]

Es fragt sich jedoch, ob Jellinek gegenüber der nun wiederholt angeführten Kontrastfolie des formal-normativistischen Ansatzes über ein alternatives Erklärungsmodell verfügt, das den Einfluß der sozialen Tatsachen auf das Recht und damit der gesellschaftlichen Dynamik auf die Dynamik der Verfassung begründen kann.[56] Der Weg zu diesem Modell führt über das oben bereits als auffällig markierte Unterscheidungsmerkmal zwischen Verfassungsänderung und Verfassungswandel, die bewußte und die unbewußte beziehungsweise die absichtsvolle und die nicht beabsichtigte Veränderung der Verfassung. Dieses Modell hat als Kern die psychologische Begründung des Rechts und seiner Geltung.

3. Die Geltung von Recht und Verfassung nach Jellinek

3.1 Der Begriff des Rechts

Jellinek versteht das Recht als eine Bewußtseinstatsache, »als psychologische, d.h. innermenschliche Erscheinung«.[57] Es ist eine Regel, die durch menschliche Gedanken und Handlungen zu verwirklichen ist. Dabei steht er insofern in der Tradition der Historischen Schule, als Recht nicht willkürlichen Entscheidungen, sondern »nach einwohnenden Gesetzen, [...] notwendig und frei zugleich, [...] der höheren Natur des Volkes entspringen« soll.[58]

Er bestimmt diese Rechtsregeln näher: »1. Es sind Normen für das äußere Verhalten der Menschen zueinander. 2. Es sind Normen, die von einer anerkannten äußeren Autorität ausgehen. 3. Es sind Normen, deren Verbindlich-

---

sich auf legalem Wege. Das Staatsrecht ist nicht mehr todte Form, sondern entwickelt sich zur geltenden Macht«.

[54] *Jellinek* 1906, S. 29f.

[55] *Pauly* 1996, S. IX.

[56] Kritisch *Wolff* 2000, S. 134: Die Abgrenzung zwischen Verfassungsänderung und Verfassungswandel sei Jellinek nicht wirklich gelungen, weil er auch Modifikationen ohne Wortlautänderungen als Verfassungsänderung bezeichne.

[57] *Jellinek* 1959, S. 332.

[58] *Jellinek* 1907, S. 3, dort erwähnt er von Savigny.

keit durch äußere Mächte garantiert ist.«[59] Neben das inhaltliche Moment des Regelungsgegenstandes treten die eher formalen Momente der Setzung durch eine äußere Macht und deren Durchsetzung durch sie. Recht als gesetzte und durchgesetzte äußere Handlungsnorm wird durch faktische, nicht normative Kriterien definiert. Immerhin enthält das Moment der »Anerkennung« der Autorität einen Ansatzpunkt für ein wertendes Element des Rechts.

3.2 Die Geltung des Rechts

Das solchermaßen bestimmte Recht gehört jedoch nur dann zur Rechtsordnung, wenn es gilt.[60] Unter welchen Bedingungen gilt jedoch eine Rechtsnorm? Hier greift Jellinek auf den Begriff der Anerkennung zurück, der oben bereits beim Verfassungswandel aufgetreten war:

> Eine Norm gilt dann, wenn sie die Fähigkeit hat, motivierend zu wirken, den Willen zu bestimmen. Diese Fähigkeit entspringt aber aus der nicht weiter ableitbaren Überzeugung, daß wir verpflichtet sind, sie zu befolgen. Die Positivität des Rechtes ruht daher in letzter Linie immer auf der Überzeugung von seiner Gültigkeit. Auf dieses rein subjektive Element baut sich die ganze Rechtsordnung auf.[61]

Erforderlich für die Rechtsgültigkeit ist also das subjektive Element der Überzeugung von der verpflichtenden Kraft des Rechts.[62] Ein wenig unklar bleibt, ob die Gültigkeit die Überzeugung hervorbringt oder umgekehrt von ihr erzeugt ist. Wenn Jellinek jedoch fortfährt: »Zur Geltung des Rechtes gehört es aber weiter [...]«, dann bringt dies zum Ausdruck, daß die Überzeugung Bedingung der Geltung ist und nicht deren Resultat. Die Betonung darauf, daß es sich beim Gefühl des Verpflichtetseins um ein »rein subjektives Element« handelt, darf nicht zu der Annahme verleiten, es sei beliebig oder willkürlich. Dieses Gefühl ist subjektiv, weil es im Subjekt auftritt. Das »Verpflichtetwissen« selbst ist aber unabänderbar im Menschen vorhanden.[63] Die ursprüngliche Anerkennung des Naturrechts als eines Wesensrechts des Menschen durch jeden Menschen wandelt sich hier in die ursprüngliche Anerkennung des positiven Rechts durch alle oder doch die

---

[59] *Jellinek* 1959, S. 333.

[60] »Alles Recht hat als notwendiges Merkmal das der Gültigkeit. Ein Rechtssatz ist nur dann Bestandteil der Rechtsordnung, wenn er gilt; ein nicht mehr geltendes Recht oder ein Recht, das erst Geltung gewinnen soll, ist nicht Recht im wahren Verstande des Wortes«, *Jellinek* 1959, S. 334.

[61] *Jellinek* 1959, S. 334 und 352: »Alles Recht ist nur möglich unter der Voraussetzung, daß wir die Fähigkeit haben, uns durch Anforderungen an unseren Willen, deren Inhalt subjektivem Gutdünken entrückt ist, verpflichtet zu halten«, *Brugger* 2010, S. 411.

[62] *Landau* 2000, S. 300.

[63] *Jellinek* 1959, S. 352.

meisten Menschen.[64] Dies zeige sich auch daran, daß maßgeblich für die Anerkennung einzelner Normen nicht jeder Einzelne, sondern die Überzeugung des Durchschnitts eines Volkes ist.[65]

Auch wenn die Bestimmung des Kreises der für die Anerkennung einer Norm notwendigen Menschen unklar bleibt, findet hier doch eine wichtige Akzentverschiebung gegenüber den Zwangstheorien des Rechts statt. Jellinek betont ausdrücklich, daß nicht die Zwangsbewährtheit selbst die Norm als Recht klassifiziere, da es vielerlei konkurrierende Zwangsmächte gebe;[66] entscheidend sei vielmehr die innere Überzeugung der Rechtsunterworfenen, daß dieser Zwang verpflichtend und die Norm damit Recht ist. Ohne einen Zwangsapparat könnte diese Erwartung nicht generiert werden;[67] er alleine reicht aber nicht aus, um die Überzeugung hervorzubringen.[68] Jellinek geht es um den psychologischen Einfluß der staatlichen Macht. Gegen die innere Überzeugung ist auch der stärkste Zwang machtlos. Macht im Sinne von staatlicher Autorität ist also für Jellinek notwendige, aber nicht hinreichende Bedingung für die Entstehung von Recht. Hinzutreten muß vielmehr noch die Anerkennung durch die Adressaten der Norm.[69]

Die entscheidende Bedeutung des subjektiven Moments der Anerkennung hat aber noch eine weitere Konsequenz: Jellinek kann Naturrecht und damit einen Maßstab der Richtigkeit des Rechts gelten lassen.[70] Während eine formale setzungsorientiere Theorie des Rechts dem Naturrecht mangels verfahrensmäßiger Entstehung die Geltung als Recht bestreiten muß, kann Jellinek das Naturrecht als einen Motivationsfaktor normativer Überzeugungen anerkennen.[71] Die Vorstellung des Rechts wird hier zum rechts-

---

[64] *Kersten* 2000, S. 356.

[65] *Jellinek* 1959, S. 334.

[66] *Jellinek* 1959, S. 335. Nur auf den Zwang abzustellen bedeutet einen Reduktionismus, da es noch andere Garantien des Rechts gibt: »Es ist somit nicht der Zwang, sondern die Garantie, als deren Unterart der Zwang sich darstellt, ein wesentliches Merkmal des Rechtsbegriffs.«

[67] *Jellinek* 1959, S. 788: »Alles Recht ist geltendes Recht. Geltung eines Rechtes muß aber irgendwie verbürgt sein, d. h. es müssen Mächte vorhanden sein, deren Dasein die Rechtsgenossen die Umsetzung der Rechtsnormen von abstrakten Anforderungen an den menschlichen Willen in konkrete Handlungen als wahrscheinlich erwarten läßt.«

[68] *Jellinek* 1959, S. 334: »Zur Geltung des Rechtes gehört es aber weiter, daß seine psychologische Wirksamkeit garantiert ist. Garantiert ist ein Recht aber dann, wenn die motivierende Kraft seiner Vorschriften durch sozialpsychologische Mächte derart verstärkt ist, daß die Erwartung gerechtfertigt ist, daß jene Normen sich gegen widerstrebende individuelle Motive als Beweggründe des Handelns durchzusetzen imstande sind.

[69] *Landau* 2000, S. 302; *Anter* 2004, S. 52.

[70] Zu seiner Naturrechtskonzeption auch *Brugger* 2010, S. 407 f.

[71] *Jellinek* 1959, S. 345: »Das Naturrecht ist in seinem innersten Kern nichts anderes als

erzeugenden Faktum.[72] Jedenfalls ein im breiten Bewußtsein der Bevölkerung verankertes Naturrecht kann sich als kritisches Potential gegenüber dem positiven Recht entfalten.

3.3 Der Begriff der Verfassung

In diesen psychologischen Rechtsbegriff fügt sich nun auch Jellineks Verständnis der Verfassung.

Verfassung sei – so schreibt Jellinek am Ende des 19. Jahrhunderts – ein schwer zu definierender Begriff.[73] Immerhin bestimmt er Verfassung dann doch als eine »Ordnung, der gemäß sein [des Staates, S.K.] Wille gebildet und vollzogen, sein Bereich abgegrenzt, die Stellung seiner Mitglieder in ihm und zu ihm geregelt wird«.[74] Auf der Basis dieser Definition unterscheidet er die Verfassung im formellen von der Verfassung im materiellen Sinn.[75]

3.3.1 Die Verfassung im formellen Sinn

Unter einer Verfassung im formellen Sinn versteht Jellinek eine in einer Verfassungsurkunde verkörperte Verfassung, die jedenfalls Regeln über ihre erschwerte Änderbarkeit enthält und insofern gegenüber den Gesetzen höherrangiges Recht darstellt. Teilweise würde als Verfassung jedoch nur ein solches Gesetz verstanden, das schlicht als Verfassungsgesetz bezeichnet würde.[76] Das wesentliche Merkmal dieser Verfassung im formellen Sinn

---

die Gesamtheit der Forderungen, die eine im Laufe der Zeiten veränderte Gesellschaft oder einzelne Gesellschaftsklassen an die rechtschöpfenden Mächte stellen.«

[72] *Jellinek* 1959, S. 345: »Wenn es [...] das Faktum ist, welches Recht erzeugt, so erzeugt in diesen Fällen umgekehrt die Vorstellung des Rechtes das Faktum.«

[73] *Jellinek* 1898, S. 23.

[74] *Jellinek* 1959, S. 504.

[75] Zur Vorgeschichte dieser Unterscheidung *Grimm* 2004, S. 885f.; *Jellinek* 1887, S. 262 selbst schreibt: »Der Begriff des Verfassungsgesetzes ist ein doppelter: ein materieller und ein formeller. Materiell sind Verfassungsgesetze diejenigen, welche die grundsätzliche Organisation des Staates und die Abgrenzung der Competenzen der unmittelbaren Staatsorgane regeln. In diesem Sinne hat jeder Staat Verfassungsgesetze oder genauer Verfassungsrechtssätze, mögen sie nun in einer Verfassungsurkunde ganz oder zum Theil zusammengefasst sein oder nicht. In formellem Sinne sind jedoch Verfassungsgesetze diejenigen, welche erschwerenden Formen bezüglich ihrer Abänderung unterliegen, denen daher, wie Laband treffend ausführt, eine gesteigerte formelle Gesetzeskraft zukommt. In diesem Sinne haben England und Ungarn keine Verfassungsgesetze«. In der Untersuchung über den Verfassungswandel wird diese Unterscheidung allerdings nicht immer streng durchgehalten, *Wolff* 2000, S. 143.

[76] *Jellinek* 1898, S. 19f.

oder des Verfassungsgesetzes liege »ausschließlich in ihrer erhöhten formellen Gesetzeskraft«.[77] Ihr Erlaß erfolge durch das Volk oder den Fürsten.[78]

Für diese die Staatsordnung schriftlich fixirenden Urkunden wird seit der amerikanischen und französischen Revolution im politischen Leben vorzugsweise die Bezeichnung Verfassung oder Constitution angewendet, ein Sprachgebrauch, der seine Wurzeln in dem naturrechtlichen Ideenkreise hat, wonach vorstaatlich das Volk vorhanden ist, das erst durch seine freie und bewusste That den Staat und seine Ordnung erschafft.[79]

Vorteil der formellen Verfassung ist die Rechtssicherheit, die sie gewährt.[80] Ihr Nachteil ist die schleppende Anpassung an die sozialen Verhältnisse, die die Gefahr heraufbeschwört, daß sich eine materielle Verfassung neben ihr entwickelt[81] – dasselbe Kriterium, das oben als Grund der Skepsis gegenüber der Verfassungsänderung angeführt wurde. Insgesamt spielt die Verfassung im formellen gegenüber der nach außen – zu anderen gesellschaftlichen Normen und Verhaltensweisen – offeneren Verfassung im materiellen Sinn eine nachgeordnete Bedeutung.

Die Verfassung im formellen Sinn setzt den Staat voraus und stellt dessen – widerrufliche – Selbstbeschränkung dar.[82] Daher wird gegenüber den Forderungen nach einer »Verfassungsurkunde« immer wieder die Leistungsfähigkeit der englischen, materialen Verfassung hervorgehoben.[83] Die Staatszwecke etwa ergeben sich nicht aus der Verfassung; sie nimmt vielmehr auf sie Bezug.[84] Weil die obersten Staatsorgane nicht gezwungen werden können, kann ihnen auch keine beliebige Verfassung aufgezwungen werden; die Schaffung einer neuen Verfassung ist daher inhaltlich nicht kontingent.[85] Der der Verfassung im formellen Sinne vorausliegende Staat[86] ist vielmehr bereits sinnvoll geordnet. Ohne eine solche faktische Ordnung ist er nicht

---

77 *Jellinek* 1959, S. 534.

78 *Jellinek* 1959, S. 531.

79 *Jellinek* 1887, S. 206.

80 *Jellinek* 1959, S. 535 f.

81 *Jellinek* 1959, S. 536 f.

82 *Brodocz* 2004, S. 153 f., 165; *Jellinek* 1882, S. 103: »Der Wille des· Staates ist nur so lange gebunden, als er nicht durch eine seinen höchsten Zwecken entspringende Anforderung an seinen Willen von der selbstgeschlungenen Fessel befreit wird. Das gilt für Verträge ebenso gut als für Verfassungen und Gesetze«; *Jellinek* 1959, S. 342 und passim: »selbst da, wo die Entstehung eines Staates durch rechtliche Akte vorbereitet ist, fällt [...] der Vorgang der Entstehung selbst außerhalb des Rechtsgebietes«.

83 Etwa *Jellinek* 1959, S. 330.

84 *Jellinek* 1959, S. 238; zur einheitsbildenden Funktion der Staatszwecke bei Jellinek vgl. *Brugger* 2013, S. 240 f. *Danwerth* 2011, S. 408.

85 *Jellinek* 1959, S. 274, Fn. 2.

86 Insoweit besteht Übereinstimmung von Jellinek und dem vorausliegenden staatsrechtlichen Positivismus etwa eines Carl Friedrich von Gerber, *Grimm* 2004, S. 892 f.

denkbar.[87] Da diese Ordnung ein System der Gewalten des Staates und ihrer Beschränkung darstellt, erfüllt sie den sogleich zu bestimmenden Begriff der Verfassung im materiellen Sinn. Daher kann Jellinek annehmen, daß dieser ursprüngliche Staat bereits eine Verfassung habe.[88] Somit reduziert sich das Argument auf die Behauptung: Der Verfassung im formellen Sinn liege bereits eine Verfassung im materiellen Sinn voraus.

Auch ihre Kontinuität erhält die Verfassung im formellen Sinn nicht aus sich selbst heraus, sondern kraft des hinter ihr stehenden Staates als Verbandseinheit.[89] Und natürlich steht im Kaiserreich auch für Jellinek noch die monarchische Gewalt als *pouvoir reservé* zur Lückenfüllung bereit.[90] Nach dem monarchischen Prinzip ist die Verfassung eine Selbstbeschränkung des Monarchen,[91] dem nach der konstitutionellen Auffassung nur eine Organ-

[87] »Die Schöpfung des nationalen Staates selbst besteht darin, dass eine Ordnung hergestellt wird, gemäss welcher die Functionen des Gemeinlebens ausgeübt, dass Organe bestellt werden, durch welche die bisher nur als natürliche Thatsache wirkende Nation rechtliche Gestaltung, d.h. Willens· und Handlungsfähigkeit empfängt. Eine solche Ordnung nennt man aber eine Verfassung. Der Act der Staatsschöpfung ist daher hier identisch mit dem Act der Verfassungsschöpfung. Staat und Verfassung sind unabtrennbar voneinander gegeben, und die erste Verfassung eines Staates ist bereits mit seinem Dasein als solcher gesetzt, ja ist die logische Voraussetzung des Staates selbst. Denn ein Staat, der vor seinen Organen existirt, ist eine unvollziehbare Vorstellung. Das wesentlichste Moment im Begriffe des Staates ist, dass er Ordnung ist und eine Ordnung vor der Ordnung ist ein Widerspruch in sich selbst. Daher ist die erste Ordnung, die erste Verfassung eines Staates juristisch nicht weiter ableitbar«, *Jellinek* 1907, S. 266.

[88] So heißt es nach der gerade zitierten Textstelle in den »Staatenverbindungen« (*Jellinek* 1907, S. 266): Die Verfassung »hat ihren Grund in der Existenz des Staates, welche stets etwas Factisches ist. Die Verfassung eines neuentstandenen Staates ist daher ebenso ein Factisches wie der Staat selbst. So wenig als dieser, lässt sie sich juristisch construiren. Sie gehört mit zu dem Gegebenen, von dem der Jurist auszugehen hat: erst mit der Existenz des Staates und damit seiner ursprünglichen Ordnung ist das Feld für seine Thätigkeit geschaffen«.

[89] *Jellinek* 1959, S. 281: »Die herrschende völkerrechtliche Lehre erklärt, daß weder tiefgreifende Verfassungswechsel und Revolutionen noch Vergrößerungen und Verkleinerungen des Staatsgebietes und damit des Staatsvolkes die Identität des Staates stören [...]. Ein Wechsel in seiner Verfassung ändert die Form, aber nicht das Sein des Verbandes«. Die Form ist jedoch bloße Form, Formalismus. Jellinek sieht hier eine längere Traditionslinie in der völkerrechtlichen Argumentation, deren Niveau er jedoch kritisiert: Aristoteles' »Lösung, daß der Staat mit dem Wechsel der Verfassung selbst sich ändere, entspringt seiner Grundanschauung, die das Wesen der Dinge in die Form setzt. Sie ist seit Grotius von den Völkerrechtslehrern abgelehnt worden, allein mit Argumenten, die denen des bekämpften Gegners keineswegs ebenbürtig sind«. Dies wird hier jedoch nicht weiter ausgeführt.

[90] Oder eine andere Macht, *Jellinek* 1959, S. 359.

[91] *Jellinek* 1959, S. 705. Diese Einschränkung ist jedoch wesentlich. Jellinek wehrt sich ausdrücklich gegen die Vorstellung von der umfassenden Begründung des Staates auf den König: »Mit der Formel vom König als Duell und Inhaber aller Staatsgewalt, die in

stellung zukomme.[92] Am Beispiel der Charte Constitutionelle Ludwigs XVIII. von 1814 zeigt Jellinek, daß, wenn »die Verfassung ein Geschenk des Königs« ist, »sich auch nicht absehen [läßt, S.K.], weshalb ihre Änderung besonderen Garantien unterliegen sollte«, also Änderungsregeln enthalten müßte; denn ihre Kontinuität hängt nicht von der Mehrheit in den Kammern ab.[93] Die Verfassung ist ein rechtsstaatliches Mittel zur sachgemäßen Gliederung, Ordnung und (Selbst-)Beschränkung der Staatsgewalt,[94] deren Einheit ihr aber immer vorausliegt. Sie bringt den Staat nicht hervor, sondern setzt ihn voraus.[95]

Die Verfassung im formellen Sinn ist also bei Jellinek nicht klar gegenüber anderen Normen abgeschlossen und in ihrem Rang bestimmt. Jellinek setzt sich durchaus mit der Frage des Vorrangs der Verfassung auseinander. Im historischen Teil seines Kapitels über die Staatsverfassung in der »Allgemeinen Staatslehre« führt er sie auf den Verfassungsvertrag, wie er durch die verfassunggebende Gewalt des Volkes geschlossen sei, zurück.[96] Seinen Vorrang gewinnt der Verfassungsvertrag aus der mit der Vertragsnatur gegebenen notwendig einstimmigen Verabschiedung und damit der Rückbindung an die Volkssouveränität. Ihn führt Jellinek ideengeschichtlich auf kirchen- und naturrechtliche Grundlagen zurück.[97] Beispielhaft sind die Gesellschaftsverträge – allen voran der Mayflower Compact –, den Jellinek wie-

---

viele deutsche Verfassungen übergegangen ist und vom Deutschen Bund als unverrückbare Norm für die Stellung der deutschen Monarchen zu den Kammern erklärt wurde, ist eine wirklich wissenschaftliche Erklärung des Verfassungsstaates unmöglich«, *Jellinek* 1907, S. 41.

[92] *Jellinek* 1907, S. 43.

[93] *Jellinek* 1959, S. 527.

[94] *Jellinek* 1959, S. 326.

[95] *Jellinek* 1959, S. 342 und passim: »selbst da, wo die Entstehung eines Staates durch rechtliche Akte vorbereitet ist, fällt [...] der Vorgang der Entstehung selbst außerhalb des Rechtsgebietes«.

[96] *Jellinek* 1959, S. 510f. – historisch sei ein solcher Vertrag, der eine gestufte Rechtsordnung vorsieht (Grundvertrag und Gesetze) nach dem Mayflower Compact erstmals in der Glorious Revolution 1647 aufgetreten: »Hier taucht nun zuerst mit logischer Notwendigkeit die Idee auf, daß der die Verfassung bildende Grundvertrag höherer Art sei als die auf Grund dieses Vertrages erlassenen Gesetze«.

[97] *Jellinek* 1919, S. 42ff., 69: »Getragen ist das Ganze von dem Grundsatze der Volkssouveränität, der in dem Gedanken gipfelt, die ganze Verfassung sei eine gemeinsame Übereinkunft aller. In diesem Punkte sieht man deutlich den alten puritanisch-independentistischen Gedanken des covenants in seiner fortdauernden Wirkung, der später noch in bedeutsamer Weise neue Macht entfalten sollte. Wenn heute in den Einzelstaaten der Union über Verfassungsänderungen entweder von dem Volke selbst, oder durch besondere Verfassungskonventionen beschlossen wird, so lebt in dieser demokratischen Institution dieselbe Idee fort, die einst die Ansiedler von Connecticut und Rhode Island beseelt hatte«.

derholt erwähnt.[98] Sie sind die Vorläufer moderner Grundgesetze oder eben von Verfassungen im formellen Sinn, wie sie sich dann die Völker der unabhängig gewordenen Kolonien Amerikas gegeben haben. Weil sie der Volkssouveränität entspringen, wonach die Macht der Einzelnen der Staatsgewalt anvertraut, nicht aber von ihr abgeleitet ist, sind die Verfassungen der selbständig gewordenen Kolonien Amerikas das höchste Gesetz des Landes, deren Einhaltung richterlich überprüft wird.[99] Diese Rückführung auf die verfassunggebende Gewalt des Volkes fehlt aber im Konstitutionalismus, so daß ein wirklicher Vorrang der Verfassung hier nicht angenommen werden kann.[100]

3.3.2 Die Verfassung im materiellen Sinn

Die Verfassung im formellen Sinn allein vermag jedoch nicht die mit ihrem Inhalt beabsichtigte Abgrenzung des Handelns der Staatsorgane und des Verhältnisses der staatlichen zur gesellschaftlichen Sphäre effektiv zu erreichen.[101] Dies gelingt nur, wenn auch die tatsächliche Machtorganisation des Staates geordnet wird. Diesen Zustand des Geordnetseins des Verhältnisses der Staatsorgane zueinander und zum Bürger nennt Jellinek nun Verfassung im materiellen Sinn.[102] Hier schwingt noch der vorrevolutionäre Sinn des Erfahrungsbegriffs der Verfassung mit: die Verfassung nicht als Zukunftsentwurf, sondern als realisierte Ordnung.[103] Nur materielles Verfassungsrecht ist demnach ungeschriebenes Verfassungsrecht.[104]

---

[98] Etwa *Jellinek* 1898, S. 14: »Alle diese Verträge gelten als dem Willen der Mehrheit entzogen. Ganz wie die Leveller in der Heimat dachten diese englischen Ansiedler: was alle beschlossen haben, kann auch nur von allen geändert werden«.

[99] *Jellinek* 1959, S. 519.

[100] *Wyduckel* 2000, S. 292; entsprechend lehnt Laband diesen Vorrang ab und noch unter der Weimarer Reichsverfassung erscheint er Anschütz als problematisch, *Badura* 2014, Rn. 6; *Dreier* 2009, S. 47 ff.

[101] *Jellinek* 1887, S. 108 f.: »Allerdings aber vermögen Verfassungsurkunden allein den Bau des Staates nicht von Grund auf zu verändern. Da die Verwaltungsordnung dieser Staaten in allem Wechsel der historischen Ereignisse eine sich stetig entwickelnde war und die gesellschaftliche Grundlage des Staatslebens trotz der tiefgehenden Rückwirkung der Revolution dennoch den Typus einer langsamen, ununterbrochenen Umwandlung zeigt, so erkennt der geschärfte Blick des Historikers auch in der neuen Ordnung die fortwirkende Macht der Vergangenheit«.

[102] So sprechen auch *Schmitt* 1928, S. 4 und Böckenförde 1993, S. 3 von »Verfassungszustand«. In funktionaler Perspektive kann auch von der Verfassung im instrumentellen Sinn gesprochen werden, *Brodocz* 2004, S. 155.

[103] *Jellinek* 1959, S. 532. Zu den beiden Begriffsbedeutungen von Verfassung als Erfahrungs- und als Erwartungsbegriff *Grimm* 2004, S. 863.

[104] *Jellinek* 1959, S. 536: »Das eine ist jedenfalls richtig, daß auch geschriebene, starre

Der psychologische Rechtsbegriff erklärt nun auch das subjektive Element in der Dynamik der Verfassung: Während die Verfassungsänderung eine gesteigerte Überzeugung von der Modifikation der Verfassung in Gestalt der Absicht voraussetzt, reicht für den Verfassungswandel bereits die durchschnittliche Anerkennung anderer Verfassungsnormen oder einer anderen Bedeutung der geltenden Verfassungsnormen. Die Verfassungsnormen beziehen wie jeder andere Rechtssatz ihre Geltung nicht aus der Form ihrer Entstehung, sondern aus der Überzeugung von ihrer Verbindlichkeit in der Bevölkerung. Wandelt sich diese, wandelt sich mit ihr auch das Verfassungsrecht.

Den zwei Seiten des Staates – der Macht und der Ordnung – entsprechen die beiden Dimensionen seiner Verfassung – der Verfassung im materiellen und der Verfassung im formellen Sinn. Staat wie Verfassung ruhen auf der Anerkennung der Einzelnen. Es bleibt noch zu klären, welchen Einfluß diese Anerkennung auf die Dynamik der Verfassungen besitzt. Hierzu ist auf Jellineks Begriff der Normentstehung einzugehen.

4. Die Normentstehung

Nach Jellineks psychologischer Rechtstheorie entstehen, bestehen, wandeln, ändern sich oder vergehen Rechtsnormen aus dem eher *irrationalen* Faktor der normativen Kraft des Faktischen und der *rationalen* Kraft der Vorstellung des Naturrechts.

> Es sind somit zwei psychologische Elemente, welche die Umsetzung der Staatsordnung in Rechtsordnung verursachen. Das erste, das tatsächlich Geübte in Normatives verwandelnde, ist das konservative, das zweite, die Vorstellung eines über dem positiven Rechte stehenden Rechts erzeugende, das rationale, evolutionistische, vorwärtstreibende, auf Änderung des gegebenen Rechtszustandes gerichtete Element der Rechtsbildung.[105]

4.1 *Die normative Kraft des Faktischen*

Erstes wesentliches Erklärungsmoment für Normentstehung und -veränderung ist für Jellinek die »normative Kraft des Faktischen«. Dahinter verbirgt sich die Vorstellung, daß das, was normal ist, auch als normativ verbindlich

---

Verfassungen nicht hindern können, daß sich neben ihnen oder gegen sie ein ungeschriebenes Verfassungsrecht entwickelt, so daß auch in solchen Staaten neben der formellen Verfassung rein materielle Verfassungsrechtssatze sich bilden«.

[105] *Jellinek* 1959, S. 354.

gelten, was also aus gewohnheitsmäßiger Überzeugung immer in gleicher Weise vollzogen wurde, auch in Zukunft in dieser Art geschehen soll.[106]

Jellinek beruft sich auf die »Einsicht, daß den tatsächlichen Verhältnissen selbst normative Kraft innewohnt, d.h. daß aus ihnen die Überzeugung hervorgehen muß, daß die tatsächlichen Herrschaftsverhältnisse als rechtliche anzuerkennen seien. Wo diese ausbleibt, kann die faktische Ordnung nur durch äußere Machtmittel aufrechterhalten werden, was auf die Dauer unmöglich ist [...]. Wo [...] das einmal Gegebene durch die in Form der Gewohnheit sich äußernde Anerkennung zur Norm erhoben ist, da werden die dem außen Stehenden selbst noch so unbillig dünkenden Zustände als rechtmäßig empfunden.[107]

Gerade auch die politischen Machtverhältnisse entziehen sich der Steuerung durch das Recht. Die politischen Mächte wirken auf die Überzeugungen, die dann das positive Recht und die es interpretierende verfassungsrechtliche Literatur zu Makulatur werden lassen,[108] so daß Gesetzgebung und Jurisprudenz allenfalls die Aufgabe haben, die geänderten Verhältnisse nachträglich rechtlich und wissenschaftlich zu rechtfertigen.[109] Auch wenn die Wirkungsweise dieser normativen Kraft unterschiedlich beschrieben wird, spielen doch auch hier die Überzeugungen eine wichtige Rolle und keineswegs nur die bloße Machtäußerung. Sie erweist sich diesen gegenüber langfristig sogar als ohnmächtig. Zuweilen bezeichnet Jellinek sie als unbewußte Macht des Umschlagens, dann wieder als »Anerkennung« oder »Umsetzung«.[110] »Vollendete Tatsachen«, »Necessitas«, »rechtschaffende Notwendigkeit« erscheinen hier als Faktoren der Rechtsentstehung.[111] Die Überzeugungen sind es jedoch, die sich an das Normale gewöhnen und es zum Normativen erheben.[112] Dies gilt für die staatliche Macht im allgemeinen;[113] es gilt jedoch auch für die normative Ordnung als Ausdruck dieser Macht.

---

[106] *Jellinek* 1959, S. 336f.; zur normativen Kraft des Faktischen auch *Lembcke* 2014, S. 94f.

[107] *Jellinek* 1959, S. 341.

[108] *Jellinek* 1906, S. 72

[109] *Jellinek* 1959, S. 359.

[110] Nachweise bei *Kersten* 2000, S. 370f.; Pauly 1996, S. XV.

[111] *Jellinek* 1906, S. 21, 27; *Jellinek* 1959, S. 359f.

[112] *Jellinek* 1959, S. 337: »Der Ursprung der Überzeugung von dem Dasein normaler Verhältnisse liegt in einem bestimmten psychologisch bedingten Verhalten des Menschen zu den faktischen Vorgängen. Der Mensch sieht das ihn stets Umgebende, das von ihm fortwährend Wahrgenommene, das ununterbrochen von ihm Geübte nicht nur als Tatsache, sondern auch als Beurteilungsnorm an, an der er Abweichendes prüft, mit der er Fremdes richtet«.

[113] *Jellinek* 1959, S. 342: »Die Umwandlung der zunächst überall rein faktischen Macht

Bei der Entstehung des Normalen spielen nun die Gewohnheit und die Gewöhnung eine entscheidende Rolle. Gewohnheitsrechtlich könnten auch im Zeitalter der Kodifikation sowohl einfache Gesetze als auch Verfassungsrecht entstehen.[114] Insofern müßte man von einer normativen Kraft des Gewöhnlichen oder Gewohnheitsmäßigen sprechen, so als würde die *longa consuetudo* die *opinio iuris* oder *necessitatis* aus sich hervortreiben.[115] Wie dies geschieht, begründet Jellinek nicht systematisch. Stattdessen verweist er mit Beispielen auf entsprechende Erfahrungen. Man könne dies »am Kind in voller Reinheit« studieren. – Gilt jedoch für »erwachsene« Gesellschaften dasselbe wie für einen naiven Entwicklungszustand? Nicht das »Kind« jedoch, wohl aber der pubertierende Jugendliche und der »Erwachsene« verlangen nach Gründen der Gewohnheit, wollen wissen, welche Vernunft einem bestimmten Verhalten zugrunde liegt, den unvernünftigen Brauch ablegen und ein anderes Handeln wählen.

Erwähnt sei aber auch, daß Jellinek zwar die verfassungsrechtliche Bedeutung der normativen Kraft des Faktischen sicherlich stärker ausgearbeitet hat, jedoch auch eine faktische Kraft des Normativen kennt. Zwar werden die Normen durch die Anerkennung der Normunterworfenen getragen und durch ihren Willen hervorgebracht; sie wirken aber auch auf die Erzeugung von Normalität und tatsächlicher Ordnung.[116]

4.2 *Die zukunftsgerichtete Rechtsentstehung*

Bliebe die normative Kraft des Faktischen der einzige Grund für die Entstehung von Normen, gäbe es nur konservatives Recht, wie Jellinek in dem obigen Zitat schreibt. Zudem hätte er das Problem, daß er eine revolutionäre Schaffung neuen Rechts nicht erklären könnte beziehungsweise eine Pe-

---

des Staates in rechtliche erfolgt stets durch die hinzutretende Vorstellung, daß dieses Faktische normativer Art sei, daß es so sein solle, wie es ist. Also rein innerlich, in den Köpfen der Menschen vollzieht sich dieser Prozeß«.

[114] *Jellinek* 1887, S. 334 f.

[115] »Das Gewohnheitsrecht entspringt nicht dem Volksgeiste, der es sanktioniert, nicht der Gesamtüberzeugung, daß etwas kraft seiner inneren Notwendigkeit Recht sei, nicht einem stillschweigenden Willensakt des Volkes, sondern es entsteht aus der allgemeinen psychischen Eigenschaft, welche das sich stets wiederholende Faktische als das Normative ansieht«, *Jellinek* 1959, S. 339.

[116] *Jellinek* 1908, S. 56 f., 93: »Die politische Verfassung und das Wehrsystem tragen das ihrige dazu bei, die Ordnungsliebe und die Achtung vor dem Gesetze in den Bürgern zu heben und dadurch die Summe sozialer Gefühle und Denkungsart zu vergrößern«.

riode der Anarchie annehmen müßte, bis sich das neu gesetzte Recht in Gewohnheiten manifestiert und somit Geltung erlangt hätte.

Jellinek nimmt aber ebenso eine faktische Wirkung von Normen an.[117] Tatsächlich hatte Jellinek aber in dem obigen Zitat zur Rechtsentstehung noch von der »Vorstellung eines über dem positiven Rechte stehenden Rechts« gesprochen, die auf eine Rationalisierung des Rechts und damit auf seine Erneuerung ziele. Als Pendent zum konservativen erweise sie sich als das innovative »Element der Rechtsbildung«.[118] Hier sieht Jellinek offensichtlich auch kritische Überzeugungen als Faktoren der Rechtsentstehung an. Damit ist Platz gewonnen für eine Lehre vom richtigen Recht, die als Entwicklungsfaktor an die Seite der gewohnheitsmäßigen Rechtsentstehung tritt.[119] So wenig ein Faktum von selbst zu Recht wird, so wenig wird richtiges Recht allein aufgrund seiner Richtigkeit zu geltendem Recht. Beide wirken vermittels des psychologischen Elements der Überzeugung. Das Naturrecht selbst wird so psychologisiert und auf eine subjektive Vorstellung zurückgeführt.[120]

Beide Formen der Rechtsentstehung ergänzen sich: Während die Macht der Gewohnheit eher unbewußt Normen hervorbringt und die Vorstellung des Naturrechts eher rationalisierend wirkt, kann Vernünftigkeit auch aus der Bewährung der Tradition resultieren.[121] Wirken sie einseitig, kann jedes für sich die Geltung des Rechts gefährden. Die normative Kraft des Faktischen kann zur Erstarrung des Rechts führen; die rational-kritische Überzeugung hingegen stellt die Kontinuität und damit die Rechtssicherheit in Gefahr.[122] Beide müssen vermittelt werden, um eine geordnete Rechtsentwicklung sicherzustellen.

---

[117] Vgl. das Zitat oben Fn. 72.

[118] *Jellinek* 1959, S. 354.

[119] *Kersten* 2000, S. 372f.

[120] *Jellinek* 1959, S. 345.

[121] *Jellinek* 1959, S. 354.

[122] *Jellinek* 1959, S. 355: »So wenig aber das konservative Element der Rechtsbildung für sich allein die ununterbrochene Rechtsentwicklung zu garantieren vermag, so ist andererseits da, wo im Denken der Menschen ausschließlich das rationale Element hervortritt und jede Verbindung mit dem konservativ-historischen ablehnt, die Kontinuität der Entwicklung aufs höchste gefährdet.«

5. Verfassungsänderung und Verfassungswandel – innovative Rechtsentstehung und normative Kraft des Faktischen

Nunmehr haben wir die Elemente zum Verständnis von Jellineks Theorie der Verfassungsdynamik beisammen: Recht und Verfassung sind nach Jellinek weder rein machtmäßige Faktizität noch naturrechtliche Normativität, sondern werden beide über das psychische Medium der Anerkennung vermittelt. Entsprechend wurzeln Verfassungsänderung und Verfassungswandel in der rational-kritischen Rechtsentstehung einerseits und in der normativen Kraft des Faktischen andererseits.[123] Zukunft und Vergangenheit werden also geschichtlich vermittelt. Dabei ist die Umwandlung des rein Empirischen durch die Vorstellung der Normadressaten[124] in Normatives das eigentlich tragende Element der Dynamik von Staat und Verfassung.[125] Im Verfassungswandel zeigt sich gerade die »Tendenz, das Faktische zum Normalen zu erheben«.[126]

Freilich gibt es in seinem Werk keine Anzeichen dafür, daß Jellinek Verfassungsänderung und innovative, rational-kritische Rechtsentstehung einerseits sowie die normative Kraft des Faktischen mit dem Verfassungswandel andererseits gleichgesetzt hätte. Am ehesten läßt sich die Gleichung wohl für die normative Kraft des Faktischen als Grundlage des Verfassungswandels erhärten. Wenn Jellinek immer wieder die Macht der Überzeugung vom Gewohnheitsmäßigen als dem Normalen und Richtigen als Grundlage für einige Formen des Verfassungswandels anführt,[127] wenn er diese normative Kraft als eine unbewußt wirkende ansieht und den Verfassungswandel gerade als eine nicht nur unbeabsichtigte, sondern auch unbewußte bezeichnet, dann sind hier gleiche Wirkungsweisen angesprochen. Allerdings verbleiben auch Formen wie der Wandel durch Lückenschließung, der nicht in dieser Weise erklärt werden kann.

Auf der anderen Seite kennzeichnet Jellinek die Verfassungsänderung als eine bewußte und beabsichtigte Änderung des Verfassungstextes. Das bedeutet sicher nicht notwendig, daß die inhaltliche Änderung auf richtiges Recht gerichtet sei. Doch werden die Textbelege nicht überinterpretiert,

---

123 Zu letzterer auch *Pauly* 1996, S. XII f.

124 Des »Durchschnittes eines Volkes«, *Jellinek* 1959, S. 334, Fn. 1.

125 *Jellinek* 1959, S. 342.

126 *Jellinek* 1959, S. 338.

127 Auch in der »Allgemeinen Staatslehre« (*Jellinek* 1959, S. 338): »Das Tatsächliche kann später rationalisiert werden, seine normative Bedeutung liegt aber in der weiter nicht ableitbaren Eigenschaft unserer Natur, kraft welcher das bereits Geübte physiologisch und psychologisch leichter reproduzierbar ist als das Neue.«

wenn man in dem Nichtgewohnheitsmäßigen der gezielten Textänderung gerade ein rationales, bewußtes und Neues schaffendes Element sieht. Ihm steht er freilich eher skeptisch gegenüber: Treibende Kräfte der Rechtsentwicklung seien vielmehr die irrationalen Mächte.[128]

Gerade weil er die Überzeugung vom Verpflichtetsein ins Zentrum seiner Theorie rechtlicher Geltung stellt, kann Jellinek sowohl den eher konservativ wirkenden Verfassungswandel als auch die eher innovative Verfassungsänderung begründen. Diese hinter der Anerkennung stehende Überzeugung als Grundlage der Normativität sowohl des richtigen oder Naturrechts als auch des machtmäßig gesetzten und durchgesetzten Rechts ist sowohl die Grundlage der kritischen Verfassungsänderung als auch des konservativen Verfassungswandels.

6. Leistung und Grenzen von Jellineks Theorie der Verfassungsdynamik

Insofern ist Jellineks Theorie schlüssig. Zweifel treten auf, wenn es um die Verhältnisbestimmung von vorwärtstreibendem und konservativem Moment des Rechts und um die Festlegung des Kreises der für die Anerkennung notwendigen Menschen geht. Beim ersten Problem fordert Jellinek einen Ausgleich zwischen bewahrenden und vorwärtstreibenden Kräften. Woher kann er jedoch das Kriterium für diesen Ausgleich beziehen? Bei der Anerkennung verweist er auf die durchschnittliche Anerkennung, die für die Geltung des Rechts ausreichend sei. Wo bleibt die Möglichkeit der Abweichler, sich zu artikulieren?

Der moderne Verfassungsstaat, der nicht nur weiterentwickelter Rechtsstaat, sondern demokratischer Verfassungsstaat ist, hat beide Aspekte aufgegriffen: Die Begründung des Staates auf das Recht hat seinen Schlußpunkt in der Verfassungsgerichtsbarkeit; Anerkennung und *status activus*[129] haben ihre Umsetzung in der Demokratie gefunden. Jellineks Analyse ist realitätsgetreu: Sie beschreibt das Forschungsobjekt, den Verfassungszustand des ausgehenden Kaiserreichs. Dazu entwickelt sie Kategorien, die auch gegen-

[128] *Jellinek* 1906, S. 2.

[129] Dies ist bei Jellinek keineswegs ausgeschlossen: Er kennt und diskutiert sowohl die verfassunggebende Gewalt des Volkes als auch die demokratische Auffassung des Staates. »Das monarchische, das liberale, das demokratische, das nationale und das soziale haben sich zusammengefügt, um den Staat der Gegenwart zu gestalten. Aufgabe der Politik ist es, das richtige Verhältnis dieser Elemente zu finden, die in jedem Staat vorhanden, in jedem aber anders gestaltet sind.« (Jellinek 1905, S. 61 f.) *Brugger* 2010, S. 423 f.

wärtig noch hilfreich sind, und versucht, die reduktionistische Interpretation der Verfassung als technisches Instrument durch den Nachweis ihrer politischen Funktion zu überwinden.[130]

Mit der Einführung von differenzierten Verfahren zur Änderung der Verfassung unter Einbeziehung des Volkes als Legitimationssubjekt der gesamten Staatsgewalt und gegebenenfalls auch materiellen Grenzen für die Verfassungsänderung wird die Forderung nach dem Ausgleich innovativer und konservativer Kräfte unter Berücksichtigung des subjektiven Anerkennungsmoments aufgenommen. Das Anerkennungsproblem ist also im demokratischen Verfassungsstaat rechtlich rezipiert, formalisiert und damit prozeduralisiert worden. Der Normbruch als Motor der Verfassungsentwicklung ist selbst obsolet geworden, seit sich übertretungsgeneigte Kräfte dieser Verfahren bedienen können und daraufhin von Verfassungsgerichten überprüft werden. Durch Einführung und Ausbau der Verfassungsgerichtsbarkeit entfaltet sich mithin die gesellschaftliche und politische Dynamik, die bisher von außerhalb des Rechts auf die Verfassung einwirkte, unter den Regeln und innerhalb der Grenzen der Rechtsfortbildung. »Stillschweigender« und Interpretationswandel der Verfassung vollziehen sich in den ebenfalls transparenteren Verfahren der Anpassung der Verfassungsinterpretation durch die Verfassungsgerichtsbarkeit.[131] Der gesellschaftlich naheliegende Verfassungswandel hat somit Formen gefunden, in denen er sich geordnet artikulieren kann. Für Verfassungsgewohnheitsrecht ist daneben praktisch kein Raum mehr.[132] Dort freilich, wo die Verfassung durch Selbstverewigung die verfassungsrechtliche Änderung ausgeschlossen hat, mag sich ihr Wandel im Verständnis der Bedeutung von Grundprinzipien verstärkt Bahn brechen.[133] Der materiale Verfassungsbegriff, den Jellinek mit seinen vielen Beispielen aus der britischen Verfassungsgeschichte zu favorisieren scheint, ist somit umgekehrt in einen formellen einzubinden, will man der verfassungsrechtliche Realist bleiben, der Jellinek sein wollte. Verfassungswandel ist dann Rechtsfortbildung[134] und vollzieht sich in deren verfassungsrechtli-

---

[130] *Kersten* 2000, S. 207.

[131] Hier wird dann der Begriff des Verfassungswandels zu einem dogmatischen Begriff, der die Änderung der Verfassung im materiellen Sinn in den Grenzen ihres Offenheitsbereichs bezeichnet, *Böckenförde* 1993, S. 5f.; *Jestaedt* 2014, Rn. 70; *Wolff* 2000, S. 147.

[132] *Badura* 2014, Rn. 11. *Implied powers* im Bereich der Bundesstaatlichkeit sind die beschränkte Ausnahme dazu.

[133] *Dreier* 2009, S. 76, der angesichts der Ewigkeitsklausel des Art. 79 III GG auf die Notwendigkeit evolutionärer Prozesse verweist.

[134] *Starck* 2014, Rn. 35, Beispiele wären etwa die grundrechtlichen Schutzpflichten (Rn. 39).

chen Grenzen, insbesondere der Demokratie und der Gewaltenteilung.[135] Wenn im demokratischen Rechtsstaat selbst die Art und der Umfang der Anerkennung normativ geregelt sind, dann liegt es nahe, nicht Recht auf Anerkennung, sondern umgekehrt die rechtliche Anerkennung auf das Recht als Norm zu stützen.

Literatur

Anter, Andreas (2004): Modernität und Ambivalenz in Georg Jehrings Staatsdenken. In: ders. (Hrsg.): Die normative Kraft des Faktischen. Das Staatsverständnis Georg Jellineks. Baden-Baden, S. 37–62.

Badura, Peter (2014): § 270. Verfassungsänderung. Verfassungswandel. Verfassungsgewohnheitsrecht. In: Isensee, Josef/Kirchhof, Paul (Hrsg.): Handbuch des Staatsrechts der Bundesrepublik Deutschland. Bd. XII. Heidelberg, S. 591–612.

Böckenförde, Ernst-Wolfgang (1993): Anmerkungen zum Begriff Verfassungswandel. In: Badura, Peter/Scholz, Rupert (Hrsg.): Wege und Verfahren des Verfassungslebens. Festschrift für Peter Lerche zum 65. Geburtstag. München, S. 3–14.

Boldt, Hans (2004): Staat, Recht und Politik bei Georg Jellinek. In: Anter, Andreas (Hrsg.): Die normative Kraft des Faktischen. Das Staatsverständnis Georg Jellineks. Baden-Baden, S. 13–36.

Brodocz, André (2004): Georg Jellinek und die zwei Seiten der Verfassung. In: Anter, Andreas (Hrsg.): Die normative Kraft des Faktischen. Das Staatsverständnis Georg Jellineks. Baden-Baden, S. 153 ff.

Brugger, Winfried (2010): Georg Jellinek als Sozialtheoretiker und Kommunitarist. In: Der Staat 49, S. 405–434.

Ders. (2013): Georg Jellineks Statuslehre: national und international. Eine Würdigung und Aktualisierung anläßlich seines 100. Todestages im Jahr 2011. In: ders.: Integration, Kommunikation und Konfrontation in Recht und Staat. Gesammelte Aufsätze. Hrsg. von Stephan Kirste und Helen Brugger. Berlin, S. 237–273.

Danwerth, Christopher (2011): Die prägenden Thesen und Ideen des Georg Jellinek (1851–1911). In: Jura, S. 406–411.

Dreier, Horst (2009): Gilt das Grundgesetz ewig? Fünf Kapitel zum modernen Verfassungsstaat. München.

Grimm, Dieter (2004): Verfassung II. In: Brunner, Otto/Conzer, Werner/Koselleck, Reinhart (Hrsg.): Geschichtliche Grundbegriffe. Bd. 6. Stuttgart, S. 863 ff.

Jellinek, Georg (1882): Die Lehre von den Staatenverbindungen. Wien.

Ders. (1887): Gesetz und Verordnung. Staatsrechtliche Untersuchungen. Freiburg i. Br.

Ders. (1892): System der subjektiven öffentlichen Rechte. Freiburg i. Br.

Ders. (1895): Die Erklärung der Menschen- und Bürgerrechte. Ein Beitrag zur modernen Verfassungsgeschichte, Leipzig.

Ders. (1898): Das Recht der Minoritäten. Wien.

Ders. (1905): System der subjektiven öffentlichen Rechte. 2. Aufl. Tübingen.

Ders. (1906): Verfassungsänderung und Verfassungswandlung. Berlin.

---

135 *Badura* 2014, Rn. 17 f.

Ders. (1907): Der Kampf des alten mit dem neuen Recht. Prorektoratsrede. Heidelberg.

Ders. (1908): Die sozialethische Bedeutung von Recht, Unrecht und Strafe. 2. Aufl. Berlin.

Ders. (1919): Die Erklärung der Menschen- und Bürgerrechte. 3. Aufl. München und Leipzig.

Ders. (1959): Allgemeine Staatlehre. 3. Aufl. 6. Nachdruck. Darmstadt.

Jestaedt, Matthias (2014): § 264. Selbstand und Offenheit der Verfassung gegenüber nationalem, supranationalem und internationalem Recht. In: Isensee, Josef/Kirchhof, Paul (Hrsg.): Handbuch des Staatsrechts der Bundesrepublik Deutschland. Bd. XII. Heidelberg, S. 327–382.

Kersten, Jens (2000): Georg Jellinek und die klassische Staatslehre. Tübingen.

Ders. (2011): Georg Jellinek. In: Enzyklopädie zur Rechtsphilosophie. Unter: http://www.enzyklopaedie-rechtsphilosophie.net/.

Kirste, Stephan (2010): Einführung in die Rechtsphilosophie. Darmstadt.

Ders. (2014): Vom Status Subiectionis zum Recht auf Rechtssubjektivität. Die Status-Lehre Georg Jellineks und der normative Individualismus. In: Kähler, Lorenz (Hrsg.): Normativer Individualismus. Tübingen, S. 177–203.

Landau, Peter (2000): Rechtsgeltung bei Georg Jellinek. In: Paulson, Stanley L. (Hrsg.): Georg Jellinek. Beiträge zu Leben und Werk. Tübingen, S. 299–307.

Lembcke, Oliver W. (2014): Staats(rechts)lehre oder Rechts(staats)lehre? Zum Rechtspositivismus bei Jellinek und Kelsen. In: Schmidt, Rainer (Hrsg.): Rechtspositivismus: Ursprung und Kritik. Zur Geltungsbegründung von Recht und Verfassung. Baden-Baden, S. 83–136.

Lepsius, Oliver (2004): Die Zwei-Seiten-Lehre des Staates. In: Anter, Andreas (Hrsg.): Die normative Kraft des Faktischen. Das Staatsverständnis Georg Jellineks. Baden-Baden, S. 63–88.

Monhaupt, Heinz (2004): Verfassung I. In: Brunner, Otto/Conze, Werner/Koselleck, Reinhart (Hrsg.): Geschichtliche Grundbegriffe. Bd. 6. Stuttgart, S. 831 ff.

Pauly, Walter (1996): Verfassungswandel und normative Kraft des Faktischen. In: Jellinek, Georg: Verfassungsänderung und Verfassungswandlung, Hrsg. von Walter Pauly. Goldbach, S. VII–XXX.

Schmitt, Carl (1928): Verfassungslehre. Berlin.

Starck, Christian (2014): § 271. Maximen der Verfassungsauslegung. In: Isensee, Josef/Kirchhof, Peter (Hrsg.): Handbuch des Staatsrechts der Bundesrepublik Deutschland. Bd. XII. Heidelberg, S. 613–657.

Wolff, Heinrich Amadeus (2000): Verfassungswandel und ungeschriebenes Verfassungsrecht bei Georg Jellinek. In: Paulson, Stanley L. (Hrsg.): Georg Jellinek. Beiträge zu Leben und Werk. Tübingen, S. 133–153.

Wyduckel, Dieter (2000): Georg Jellineks Beitrag zur Entwicklung der Verfassungsgerichtsbarkeit. In: Paulson, Stanley L. (Hrsg.): Georg Jellinek. Beiträge zu Leben und Werk. Tübingen, S. 277–295.

Jellineks »Lehre von den Staatenverbindungen« und der Streit um die Souveränitätsverständnisse

Christian Hillgruber

1. Einleitung: Auf dem Weg zur Organisierung der Staatengemeinschaft

Als Georg Jellinek 1882 seine »Lehre von den Staatenverbindungen« schrieb, befand sich die Völkerrechtsordnung in einer Umbruchsituation. Sie war durch das Aufkommen zahlreicher organisierter Staatenverbindungen gekennzeichnet, die, vorangetrieben durch den technischen Fortschritt in einer ersten Welle wirtschaftlicher und kommunikativer Globalisierung,[1] zu einer allmählichen Internationalisierung und »Vergemeinschaftung« nationaler Verwaltungen und so zu Ansätzen einer sektoralen Integration führten, die das überkommene Souveränitätsverständnis in Frage stellen mußten.

Zwar haben sich entgegen einer doktrinären introvertierten Sichtweise vom selbstherrlichen und selbstgenügsamen Staat die konkret existierenden Staaten, wie Jellinek mit Recht betont, seit jeher als Teil einer sie zu einer Gesamtheit vereinigenden Gemeinschaft begriffen, die rechtlich verfaßt war:

> Die natürliche Thatsache der Vielheit der Staaten verwandelt sich daher durch den Umstand, dass die einzelnen Staaten durch ihre Beschaffenheit gezwungen sind, miteinander in Verkehr zu treten, in eine Gemeinschaft und zwar in eine Rechtsgemeinschaft. Denn Gemeinschaft ist überall da vorhanden, wo es Verkehr gibt. [...] Wo aber Gemeinschaft ist, da ist nothwendig Recht. [...] Dieses aus der Natur der internationalen Lebensverhältnisse hervorgehende, von dem Rechtsbewusstsein der Völker getragene, durch den souveränen Willen der Staaten sanktionierte Recht ist das Völkerrecht in der stricten Bedeutung des Wortes. Es umfasst alle miteinander in Gemeinschaft stehenden Staaten.[2]

So erscheint Jellinek »die in der Natur gegründete und durch das Völkerrecht zur Rechtsgemeinschaft erhobene Staatengemeinschaft« als »die erste und umfassendste Form der Staatenverbindung«.[3] Aber diese Staatengemeinschaft und auch die innerhalb derselben gebildeten regionalen Staaten-

---

[1] Zu diesem »epochalen Markenzeichen« siehe nur *Osterhammel* 2009, S. 1010ff., 1290f.

[2] *Jellinek* 1882, S. 94f.

[3] *Jellinek* 1882, S. 95f.

systeme, wie das europäische, sind noch keine organisierten Verbindungen der Staaten. »Nur auf dem Gebiete der Verwaltung hat der unorganisierte Zustand bereits Anfängen einer Organisation Platz gemacht, und hier«, so die Einschätzung Jellineks, »stehen wir jedenfalls auf dem Anfangspunkte einer Entwickelung, deren Ziele sich heute noch nicht absehen lassen.«[4] Der Zweite Abschnitt, der von den organisierten Staatenverbindungen handelt, widmet sich denn auch an erster Stelle den »organisierten Verwaltungsbündnissen« oder »internationalen Verwaltungsvereinen«,[5] »die sämmtlich dem neunzehnten Jahrhundert, besonders der zweiten Hälfte desselben, ihren Ursprung verdanken und als Vorboten dessen zu betrachten sind, was die Zukunft als internationale Verwaltung vielleicht in weiterem Umfange kennen lernen wird, als wir es heute zu ahnen vermögen«.[6] »Auf jeden Fall stehen wir am Beginne einer Epoche internationaler Verwaltungsbündnisse, welche dem Verkehrsleben der civilisirten Welt ein neues Gepräge aufdrückt.«[7] Internationale Flußschiffahrtskommissionen, wie die europäische Donaukommission, der Telegraphen- und Weltpostverein und die internationale Metercommission markieren nach Jellinek nur den Beginn einer sich verstetigenden und ausgreifenden Entwicklung.

> Die Abneigung der Staaten aus dem Inhalt ihrer Machtfülle auch nur den geringsten Bruchtheil einem gemeinsamen Institute zu übertragen, ist das größte Hindernis einer Weiterentwicklung dieser embryonalen Anfänge einer internationalen Verwaltungsorganisation. Trotzdem dehnt sich aber der Kreis der Angelegenheiten, welche zur Bildung internationaler Organe drängen, immer weiter und weiter. [...] Das gilt für eine nicht allzuferne Zukunft. Da dieser Process der internationalen Verwaltungsorganisation aber im Laufe der Geschichte ein Gebiet der Verwaltung nach dem anderen, mit Ausnahme der ausschliesslich einzelstaatlichen Zwecke fördernden Staatsfunctionen, ergreifen wird, so ist diese Form der Staatenverbindung berufen, zu einer immer steigenden Wichtigkeit im Staatenleben zu gelangen.[8]

2. Was heißt Souveränität?

Die zunehmende völkervertragliche Einbindung der Staaten, mehr noch die nicht bloß vereinzelte Herausbildung selbständiger, mit eigener Rechtsmacht ausgestatteter internationaler Organe, auf die staatliche Befugnisse

[4] *Jellinek* 1882, S. 99.

[5] *Jellinek* 1882, S. 158–172.

[6] *Jellinek* 1882, S. 160.

[7] *Jellinek* 1882, S. 111. Zustimmend *Brie* 1884, S. 122. Jellinek habe sich hier L. v. Stein angeschlossen, »aber ohne dessen übertreibende Identificirung des internationalen Verwaltungsrechts mit dem Völkerrecht der Zukunft sich anzueignen«.

[8] *Jellinek* 1882, S. 165.

übertragen wurden,[9] warf die Frage auf, wie sich dies mit der dem Staat seit Bodin zugesprochenen Souveränität vereinbaren ließ. Eine Völkerrechtswissenschaft, die sich nicht in spekulative Begrifflichkeit flüchtete, sondern, wie Jellinek es forderte, sich der Wirklichkeit der internationalen Beziehungen stellte, konnte an den vielfältigen organisierten und nichtorganisierten Formen der Staatenverbindungen nicht vorübergehen, sondern mußte diese in eine im Wege der Induktion aus den Erscheinungen des internationalen Lebens gewonnene Begrifflichkeit integrieren.

Die gewaltige Entwickelung des internationalen Lebens hat auch das Völkerrecht von einer idealen Forderung zu einer sichtbar wirkenden Macht erhoben. Internationale Institute wie die Genfer Convention, die internationalen Flusscommißionen, der Weltpostvertrag u.s.w. zeugen von der Realität eines Rechts, dessen Leugnung stets nur die doctrinäre Consequenz einer Schuldefinition des Rechtes ist, in deren Schablone für die Rechtsverhältnisse des Völkerlebens sich kein Platz findet.[10]

Den unorganisierten Beziehungen von Staat zu Staat gegenüber hat die Leugnung des Völkerrechtes verhältnissmässig leichtes Spiel, weil sie hier auf zahllose Fälle ungesühnten Unrechtes hinweisen kann. Bei den organisirten Staatenverbindungen liegt aber die Sache ganz anders.[11]

So eröffnet sich uns denn von den organisirten Verwaltungsbündnissen aus ein grossartige Perspektive in die Zukunft der Völkerrechtes, sowohl in Theorie als Praxis.[12]

Ein theoretischer Erkenntnisgewinn aber ließ sich nur erzielen, wenn man einen »prüfenden Blick auf die Grundlagen und die Methode des Staats- und Völkerrechts« warf.[13] Nach Jellineks methodischem Ansatz müssen »die *a priori* an den Stoff gebrachten Anschauungen durch den concreten Stoff geläutert, aus der Vergleichung der historisch gegebenen Staatsformen und Staatsbildungen die höheren Begriffe berichtigt [...] werden«.[14] »Die Induction gilt in demselben Masse für die Feststellung der Rechtsbegriffe wie für alle anderen aus der Erfahrung abstrahirten Begriffe. Auch der Staat und seine Rechtsverhältnisse sind keine jenseits der Erfahrung liegenden Entitäten [...].«[15] Die zu suchenden Rechtsbegriffe aber müssen dessen ungeachtet »scharf, bestimmt, fest und gegeneinander streng abgegrenzt sein. [...] Wo die Begriffe einmal anfangen, in den heraklitischen Fluss der Dinge zu gerathen, da hat die Jurisprudenz ihr Feld verloren.«[16]

---

9 Vgl. *Jellinek* 1882, S. 162.

10 *Jellinek* 1882, S. 8f.

11 *Jellinek* 1882, S. 111.

12 *Jellinek* 1882, S. 112.

13 *Jellinek* 1882, S. 4.

14 *Jellinek* 1882, S. 14.

15 *Jellinek* 1882, S. 11; zur induktiven Methode siehe auch *Jellinek* 1914, S. 737.

16 *Jellinek* 1882, S. 15, S. 211: »Dynamische Begriffe finden ihre Stelle in der Politik, aber das Recht braucht feste, durch einheitliche Grenzen von einander geschiedene.«

Der erste und wichtigste völkerrechtliche Begriff, der im Lichte der vielfältigen Phänomene der Staatenverbindungen einer Überprüfung seines Gehaltes bedurfte, war für Jellinek der Souveränitätsbegriff. Ihm, dem »Grund- und Eckstein der juristischen Erkenntnis des Staates sowohl in Beziehung auf sein Territorium und seine Unterthanen als auch in seinen Verhältnissen zu anderen Mächten«, sind denn auch in erster Linie die der systematischen Behandlung der einzelnen Formen der Staatenverbindungen vorangestellten, »einleitenden Untersuchungen« gewidmet.[17] Ja, man kann letztlich Jellineks gesamte Lehre von den Staatenverbindungen als Abhandlung über die Souveränität lesen, geht es ihm doch dabei vornehmlich darum, entscheiden zu können, »wem in einem bestimmten [zusammengesetzten, C.H.] staats- oder völkerrechtlichen Gebilde die Souveränität zukommt«, das heißt, »den Sitz der Souveränität« zu bestimmen.[18]

Es ist zunächst, ohne daß Jellinek dies noch besonders betonen müßte, angesichts des »Geflecht[s] der internationalen Rechtsnormen, das sie [die zivilisierten Staaten; C.H.] umschlingt«,[19] praktisch ausgeschlossen, Souveränität in einem absoluten Sinne mit Autarkie oder mit Unverpflichtbarkeit und daher Ungebundenheit gleichzusetzen;[20] denn dann stünden die Idee der Souveränität und die das Wesen des Völkerrechts ausmachende Selbstbindung durch Vertrag in einem unauflösbaren Widerspruch. Souveräne Staaten aber sind praktisch, schon aufgrund ihrer Verkehrsinteressen, auf Kooperation angewiesen.

»Keine Nation«, so Jellinek, »darf es wagen, den hochmüthigen Hegel'schen Gedanken sich anzueignen, dass in ihr allein der Weltgeist seinen Thron aufgeschlagen habe – vor solchen Ideen sind die Völker weniger durch ihre Einsicht, als durch die unerbittliche Gewalt der socialen, vor Allem der ökonomischen Verhältnisse bewahrt, welche selbst die abgeschlossenste Gemeinschaft zum Verkehre mit anderen drängen. Ein Staat, der Autarkie im Sinne des cynischen oder stoischen Weisen besässe, daß er allein, von allen fesselnden Beziehungen zu anderen losgelöst, existieren könnte, ist auf Erden so wenig vorhanden, wie jenes Idealbild des Menschen. Deshalb würde der Staat, der das Völkerrecht nicht anerkennte, sein eigenes Todesurtheil sprechen. Und darum wagt kein civilisirter Staat, selbst wenn er hundertmal die Norm des Völkerrechtes bricht, die Geltung der Norm selbst in Abrede zu stellen. Der Satz, daß ein Staat durch Vertrag rechtlich gebunden ist, kann wohl in der Studierstube geläugnet und akademisch belächelt werden. Aber kein Souverän und kein leitender Staatsmann wird den Muth haben, solches im Angesicht Europa's zu thun.«[21]

---

[17] *Jellinek* 1882, S. 16ff.
[18] *Jellinek* 1882, S. 17, 18.
[19] *Jellinek* 1882, S. 96.
[20] Ausdrücklich *Jellinek* 1914, S. 740f.
[21] *Jellinek* 1882, S. 95.

Für Jellinek ist Souveränität vielmehr »die Eigenschaft eines Staates, kraft welcher er nur durch eigenen Willen rechtlich gebunden werden kann«. Nicht Autarkie, sondern Autonomie. »Ausschließliche Verpflichtbarkeit durch eigenen Willen ist das juristische Merkmal des souveränen Staates.«[22] Diese Souveränitätsdefinition schließt nahtlos an die Begründung der Geltung des Völkerrechts im Wege staatlicher Selbstverpflichtung an, wie sie Jellinek in seiner 1880 erschienenen Schrift über »Die rechtliche Natur der Staatenverträge« entwickelt hatte:[23] Denn »auch im Vertrage bleibt der Staat nur seinem Willen unterworfen, er selbst ist es, der sich bindet, indem er Anderen Rechte gewährt, wie überhaupt alle Beschränkungen des Staatswillens für ihn nur gelten, insoferne und weil er sie gewollt hat.«[24]

Indem er mit seinesgleichen in Verkehr tritt, erkennt er die Normen, welche logisch aus der Natur des internationalen Rechtsverhältnisses fliessen, als für seinen Willen geltend an. Auch die auf dem Wege der Völkergewohnheit entstandenen Rechtssätze erkennt er an und verleiht denselben damit durch seinen Willen Geltung für ihn.[25]

Versteht man Souveränität mit Jellinek nicht als schrankenlose Machtentfaltung eine Staates, sondern umgekehrt als die – allerdings allein in seinen freien Willen gestellte – Möglichkeit der Selbstbeschränkung, erscheint die vertragliche Einschränkung in der Ausübung bestimmter staatlicher Hoheitsbefugnisse nicht länger als eine mit der staatlichen Souveränität an sich unvereinbare, »schwer oder gar nicht zu erklärende Ausnahme, sondern als die Regel«: »Was bis jetzt nur trotz der Souveränität und gegen die Souveränität behauptet werden konnte, kann nun durch die Souveränität und aus der Souveränität erklärt werden.«[26] Jellinek trat damit einer in der zweiten Hälfte des 19. Jahrhunderts in der Völkerrechtslehre durchaus wirkmächtigen, in einen Völkerrechtsnihilismus einmündenden Vorstellung von einer absoluten Ungebundenheit des souveränen Staates entgegen, einer Fehlvorstellung, die sich, wie Jellinek erkannte, die pragmatisch operierende, aber der Notwendigkeit einer völkerrechtlichen Grundordnung der internationalen Beziehungen stets bewußte Staatengemeinschaft in ihrer Praxis nie zu eigen gemacht hat.

Auf die faktische Macht eines Staates kann es für den Rechtsbegriff der Souveränität nicht ankommen. Im Außenverhältnis haben andere Staaten

[22] *Jellinek* 1882, S. 34.

[23] Siehe dazu auch *v. Bernstorff* 2000, S. 197.

[24] *Jellinek* 1882, S. 23.

[25] *Jellinek* 1882, S. 33. Ein neuentstandener Staat wird zu diesem Akzept der bestehenden Völkerrechtsordnung durch die praktische Notwendigkeit seiner eigenen Anerkennung als Völkerrechtssubjekt durch die Altstaaten genötigt.

[26] *Jellinek* 1882, S. 36.

von »gleicher Souveränität« staatlichem Machtstreben und Herrschaftswillen faktisch immer Einhalt geboten. Mit Recht wendet daher Jellinek ein:

> Will man die internationale Existenz eines Staates davon abhängen lassen, daß er sich nicht nur rechtlich, sondern auch factisch als Macht zur Geltung zu bringen versteht, dann würde jeder sichere Maßstab für die Feststellung der Souveränität fehlen, denn selbst Großmächten kann es geschehen, daß es ihnen an der factischen Freiheit anderen gegenüber mangelt.[27]

Aber auch jene »mechanische Definition«, »welche das Vorhandensein bestimmter staatlicher Tätigkeiten als das Kriterium der Souveränität angeben, welche also die Souveränität als eine Summe einzelner staatlicher Befugnisse ohne innere Einheit auffassen« will, weist er als »nicht nur theoretisch unrichtig, sondern auch praktisch unhaltbar« zurück.[28] Ja, Jellinek geht konsequenterweise so weit, daß die Souveränität – was die Substanz des Herrschaftsrechts angeht – zum *nudum ius* werden kann: Aus dem Wesen der Souveränität als allein auf den eigenen Willen zurückzuführende Möglichkeit der Selbstbeschränkung folge, »dass die Delegation auch der wichtigsten Hoheitsrechte eines Staates an einen anderen den ersteren der Souveränität nicht beraube. Denn da es im Begriffe der Souveränität liegt, dass sie sich selbst beschränken kann, so lässt sich für diese Beschränkung keine Grenze ziehen.«[29] Das gilt nicht nur für die bloße Überlassung der Hoheitsrechtsbefugnis zur Ausübung, sondern auch für den Fall, »dass ein Staat aus der Fülle seiner Gewalt einem anderen souveränen Staate Hoheitsrechte zu eigenem Rechte überträgt«. »Auch für Selbstbeschränkungen der Souveränität dieser Art lassen sich keine Grenzen ziehen«; denn »jeder Entäußerung eines Hoheitsrechts auf dem Wege des Vertrages [ist] keine absolute«[30], vielmehr unter bestimmten rechtlichen Voraussetzungen revozierbar. Alle Staatenverträge sind von Rechts wegen lösbar; alle gelten ex- oder implizit mit der *clausula rebus sic stantibus*. Mit ihr könne zwar Mißbrauch betrieben werden; »das ist aber unvermeidlich, so lange die Staaten sowohl nach Innen wie nach Außen in letzter Instanz Richter in eigener Sache sind, so lange in ihren Händen die höchste Entscheidung über alle ihre Angelegenheiten liegt.«[31] Die Löslichkeit des Vertrags läßt es »möglich erscheinen, daß die Ausübung der Herrschaftsrechte, welche der Staat entweder für sich selbst beschränkt oder an andere übertragen hat, wieder zu ihm zurückkehrt.«[32]

---

[27] *Jellinek* 1882, S. 21.
[28] *Jellinek* 1882, S. 19f.
[29] *Jellinek* 1882, S. 53f.
[30] *Jellinek* 1882, S. 54.
[31] *Jellinek* 1882, S. 102f.
[32] *Jellinek* 1882, S. 137.

Diese Erkenntnis führt Jellinek zu der Feststellung – »als oberste Norm zur Beurtheilung des rechtlichen Verhältnisses zweier Staaten« – , »dass jeder Staat souverän ist, der nur durch Vertrag gebunden ist.«[33] Rechtlich betrachtet müsse jeder Staat, sofern und solange er nur durch einen Vertrag verpflichtet sei, was auch durch diesen seine politische Stellung werden möge, als souveräner Staat angesehen werden; denn Souveränität ist eben das »Recht, nur durch eigenen Willen verpflichtbar und verpflichtet zu sein.«[34] Eben darin und in nichts anderem soll sich die *suprema potestas* des Staates, sein Zuhöchstsein äußern.

Die Auffassung, die den Kernpunkt der Souveränität in der Kompetenz-Kompetenz sieht, hält Jellinek für unzulänglich: Zwar sei es innerstaatlich betrachtet richtig, daß der Staat, der alle rechtsetzende Macht in sich vereine, auch seine eigenen Kompetenzen bestimme.

»Aber anders steht die Sache, wenn man den Staat in seinen Beziehungen nach Aussen in's Auge fasst. Im Vertrag bestimmt sich der Staat frei, er selbst setzt dadurch seine Competenz dem anderen Paciscenten gegenüber fest; hat er aber einmal seine Handlungsfreiheit einem anderen gegenüber beschränkt, dann kann nur ein rechtlicher Grund ihn seiner Verbindlichkeit entheben.«[35]

Auch die *clausula rebus sic stantibus* erlaube nur unter bestimmten engen Voraussetzungen die Lösung von einem Vertrag, aber keine einseitige Aufkündigung nach Belieben.[36]

Der Staat ist also competent, d.h. frei, indem er den Vertrag schliesst, er ist jedoch incompetent, d.h. gebunden dem geschlossenen Vertrag gegenüber. Die Souveränität schlechthin als Rechtsmacht des Staates über seine Competenz erklären, heisst also das Völkerrecht leugnen.[37]

Aus der Jellinekschen Definition des Attributs staatlicher Souveränität als ausschließliche Verpflichtbarkeit durch eigenen Willen folgt dessen Unteilbarkeit:

---

[33] *Jellinek* 1882, S. 137, nochmals S. 101, 132.

[34] *Jellinek* 1882, S. 55.

[35] *Jellinek* 1882, S. 29.

[36] *Jellinek* 1882, S. 29. In diesem Punkte könnte man Jellinek allerdings entgegenhalten, daß der Souveränität der Staaten, im Konsens Bindungen einzugehen, anschließend, nachdem der Konsens erzielt ist, die Souveränität zu autonomer Interpretation des Konsentierten folgt. Diese Interpretationskompetenz mag materiellrechtlich durch den Grundsatz von Treu und Glauben begrenzt sein, verfahrensrechtlich bleiben die Vertragsstaaten ungeachtet der eingegangenen Bindung vorbehaltlich der Unterwerfung unter internationale Gerichtsbarkeit oder eine sonstige Instanz mit der Kompetenz zur verbindlichen Letztentscheidung in der Interpretation frei, d.h. souverän. Siehe dazu näher *Hillgruber* 2004, § 32 Rn. 64.

[37] *Jellinek* 1882, S. 28f.

> [E]in ausschließliches Recht kann nicht getheilt werden, sonst wäre es eben nicht ausschließlich. Die logische Unmöglichkeit, von einer gedoppelten, getheilten, gebrochenen, modificierten, fragmentarischen Souveränität zu reden, [...] ist von hier aus unwiderleglich festgestellt.[38]

Die Souveränität schwebt folglich nicht; sie hat ihren festen Platz; sie läßt sich verorten.

3. Völkerrechtssubjektivität jenseits des souveränen Staates? Politische Gebilde mit begrenzten Herrschaftsbefugnissen zu eigenem Recht – Unvollendete Ansätze einer Theorie der internationalen Organisation

Jellinek kennt neben dem souveränen Staat auch noch den nichtsouveränen. Es gebe, so Jellinek, außer dem souveränen Staat auch noch andere politische Gebilde, »welchen einerseits keine Souveränität zugeschrieben werden darf, die aber andererseits ein wesentliches Merkmal aufweisen, durch welches sie sich von dem Staate ein- und untergeordneten Corporationen unterscheiden«.[39] Es seien dies jene politischen Gebilde, denen Herrschaftsrechte »zu eigenem Recht« zustünden. Das Wesen des eigenen Rechts bestehe weder in Originarität noch in Unentziehbarkeit desselben. Sein spezifisches Merkmal sei einzig und allein, daß derjenige, dem es zusteht, in dessen Ausübung gegenüber demjenigen, der es ihm eingeräumt hat, rechtlich unverantwortlich sei. »Eigenes Recht ist rechtlich uncontrolirbares Recht.«[40] Immer dann, wenn »auf einem begrenzten Gebiete staatlicher Thätigkeit eine öffentlichrechtliche Corporation berechtigt ist, innerhalb desselben die regelnden Normen in letzter Instanz, mit Ausschluß einer Controlle einer höheren Macht zu erlassen«, könne man von einem »Staat« sprechen, der allerdings nicht souverän sei, »weil das Gebiet seiner Thätigkeit nicht von seinem Willen allein abhängt, weil er nicht als ein in jeder Hinsicht selbständiger Staat, sondern nur als Glied eines höheren souveränen Ganzen erscheinen kann«.[41]

Ein solches nichtsouveränes Herrschaftsgebilde kann nur durch Übertragungsakt seitens eines souveränen Staates entstehen. Es leitet seine begrenz-

[38] *Jellinek* 1882, S. 35.

[39] *Jellinek* 1882, S. 39.

[40] *Jellinek* 1882, S. 42.

[41] *Jellinek* 1882, S. 43f. Kritisch *Brie* 1884, S. 99f.: Es widerspreche »ebenso der gewöhnlichen Anschauung, wie der [...] richtigen wissenschaftlichen Auffassung, ein Gemeinwesen, welchem nur in einer einzelnen bestimmten Beziehung Herrschaftsrechte zukommen, als Staat zu bezeichnen«.

ten Herrschaftsbefugnisse, die es zu eigenem Recht innehat und frei ausüben kann, vom souveränen Staat ab.

Da der souveräne Staat sich selbst beschränken kann, so kann er auch aus der Fülle seiner Competenz einer ihm unterstehenden öffentlich-rechtlichen Corporation staatliche Macht derart zuweisen, dass diese nun Inhaber derselben ist, er kann aus seinen Theilen Subjecte von Herrschaftsrechten schaffen.[42]

Auch der nichtsouveräne Staat soll Rechtssubjekt im völkerrechtlichen Sinne sein;[43] das galt und gilt indes nur für einige, aber keineswegs alle Gliedstaaten von Bundesstaaten. Das Institut der Bundesexekution, auf das Jellinek als vermeintlichen Beleg rekurriert, ist ein verfassungsrechtliches, kein völkerrechtliches Instrument.

Wichtiger ist indes die Jellineksche Erkenntnis von der Möglichkeit der Loslösung einzelner aus der Souveränität sich ergebender Rechte und deren Übertragung zur Ausübung nach eigenem Recht. Für sie kann er auf das (gewillkürte) Staatsservitut verweisen, in dessen Ausübung der berechtigte Staat gegenüber dem verpflichteten – innerhalb der vertraglich gezogenen Grenzen – selbständig, unkontrolliert und unverantwortlich ist.

Nichtsouveräne, in ihrer Reichweite begrenzte, aber doch selbständige Hoheitsgewalt – damit sind an sich bei Jellinek alle Voraussetzungen auch für die Anerkennung der Völkerrechtspersönlichkeit internationaler Organisationen gelegt. Warum dringt er gleichwohl zu dieser Anerkennung nicht vor? Warum können Herrschaftsbefugnisse zu eigenem Recht nach Jellinek nur von einem souveränen Staat auf einen anderen oder von einem souveränen Staat auf seiner Herrschaftsgewalt unterstehende Körperschaften, aber nicht auf einen zusammen mit anderen souveränen Staaten kreierten neuen Hoheitsträger wie eine Verwaltungsunion übertragen werden? Dem steht das Dogma entgegen, daß das Völkerrecht keine anderen Rechtssubjekte als die Staaten kennt, und mit diesem Dogma bricht auch Jellinek nicht,[44] obwohl er doch erkannt hat, daß bestimmte internationale Verwaltungsvereine eigene Organe besitzen, die einen internationalen Charakter haben, und daß deren Funktionäre »nicht etwa gemeinsame Beamte der Vereinsstaaten, sondern Angestellte des Vereins als solchen« sind.[45] Ausdrücklich wendet sich Jellinek gegen die von Haenel bejahte Anwendbarkeit

[42] *Jellinek* 1882, S. 44.

[43] *Jellinek* 1882, S. 49f.

[44] Siehe *Jellinek* 1882, S. 178–180 im Zusammenhang mit der Qualifizierung des Staatenbundes.

[45] *Jellinek* 1882, S. 159, 167, 171. In seiner »Allgemeinen Staatslehre« (*Jellinek* 1914, S. 736ff., 739) spricht Jellinek denn auch selbst schon von »Ansätzen einer internationalen Organisation«.

der Kategorie der juristischen Person im Völkerrecht[46] mit der Begründung, souverän und einer Organisation untergeordnet sein, seien absolut unvereinbare Kategorien.[47] Aber die partielle »Unterordnung« unter eine zu bestimmten Zwecken vertraglich gegründete, rechtlich verselbständigte Gemeinschaft von Staaten ist von keiner anderen Qualität als diejenige, die bei der – auch nach Jellinek ohne weiteres möglichen – die Souveränität des »abgebenden« Staates unberührt lassenden Übertragung bestimmter Hoheitsrechte auf einen anderen Staat entsteht. Durch die Übertragung staatlicher Funktionen und Hoheitsbefugnisse auf zwischenstaatliche Einrichtungen verliert ein Staat ebensowenig seine Souveränität. Auch hier gilt: Wer nur durch Vertrag gebunden ist, bleibt souverän! Das zeigt sich nicht zuletzt daran, daß sich im Konfliktfall, wenn die souveräne staatliche und die nichtsouveräne Hoheitsgewalt kollidieren, sich die souveräne durchsetzt und den Konflikt nach ihrem Willen durch ihre Organe löst.[48]

4. Jellineks Einteilung der Staatenverbindungen

Daß Jellinek eigentlich ein sicheres Gespür für die Bedeutung des Organisatorischen auch und gerade in den internationalen Beziehungen hat, zeigt das Einteilungsprinzip, nach dem er die verschiedenen Formen von Staatenverbindungen für die nachfolgende Untersuchung ordnet: Es ist nicht primär die Unterscheidung nach dem völkerrechtlichen oder staatsrechtlichen Charakter der Verbindung, also nach Koordination oder Über-/Unterordnung ihrer Glieder, die Jellinek als systembildend ansieht, sondern ob die jeweilige Verbindung eine Organisation erhalten hat oder nicht: »Nichtorganisirte und organisirte Verbindungen sind die beiden Gruppen, in welchen wir die Staatenverbindungen betrachten werden.«[49] Sie stellen verschiedene Phänotypen dar. Besitzt eine Staatenverbindung keine Organe, so handelt es sich nach Jellinek bloß um ein »mechanisches Neben- oder Ineinander von Staaten«.[50] Organisierte Staatenverbindungen stellen eine höherentwickelte, auf Dauer bestimmte Form derselben dar.

---

[46] Mit Recht kritisch *Brie* 1884, S. 125: »Die mannigfachen Ansätze zu corporativen Bildungen [...] in das rechte Licht zu setzen, wurde er durch seinen ungenügenden Ausgangspunkt verhindert.«

[47] *Jellinek* 1882, S. 179 Fn. 14.

[48] Vgl. dazu *Jellinek* 1882, S. 52.

[49] *Jellinek* 1882, S. 58.

[50] *Jellinek* 1882, S. 58.

Alle Verhältnisse des menschlichen Gemeinlebens, welche dauernde Beziehungen der Glieder aufrecht erhalten sollen, bedürfen einer, sei es vertragsgemäßen, sei es auf Herrscherbefehlen beruhenden Organisation, mittels welcher die durch das Gemeinschaftsverhältnis zu erstrebenden Zwecke verwirklicht werden. [...] Nur das Organisirte kann die Garantie für die Erreichung des Zweckes der Vereinigung bilden. [...] Daher drängt jede auf berechtigter historischer und politischer Basis ruhende Gemeinschaft zu einer Organisation.[51]

Erst wenn eine Staatenverbindung materiell auf eine bleibende Gemeinschaft der Zwecke gebaut und formell durch die Errichtung einer gemeinsamen Organisation verstärkt ist, nimmt sie einen strengeren rechtlichen Charakter an.[52]

5. Staatenbund oder Bundesstaat – eine Frage der Souveränität

Jellinek macht seine Sicht der Souveränität fruchtbar für die scharfe Unterscheidung von Staatenbund und Bundesstaat. Sie ist für ihn keine graduelle, sondern eine kategorische. Es gibt keinen gleitenden Übergang vom Staatenbund zum Bundesstaat, weil die Souveränität als das wesentliche Moment nur entweder bei den im Staatenbund vereinigten Staaten oder aber beim Bund als neuer Zentralgewalt liegen kann. *Tertium non datur.*

Jellinek versteht unter dem Staatenbund ein dauerndes, im Unterschied zum Verwaltungsverein politisches Bündnis, dessen Zweck mindestens in gemeinsamer Verteidigung besteht und das mit ständigen Bundesorganen ausgestattet ist, dem es aber an der Souveränität mangelt, die vielmehr weiterhin bei den verbündeten Staaten residiert:[53]

Ein Zweck, dessen Minimum in dem Schutze des Bundesgebietes besteht, eine Organisation, um dem Bundeszweck zu genügen, Fortdauer der Souveränität der verbündeten Staaten, das sind die wesentlichen Merkmale des Staatenbundes, welche alle Formen desselben aufweisen [...].[54]

Die Souveränität der in einem Staatenbund zusammengeschlossenen Staaten wird nicht dadurch in Frage gestellt, daß ein Bundesorgan (verbindliche Beschlüsse) mit Mehrheit treffen kann oder die Staaten im Wege der Bundesexekution zur Vertragserfüllung gezwungen werden können; denn der überstimmte Staat vollführe in Befolgung des Mehrheitsbeschlusses nur seinen eigenen Willen, indem er im Bundesvertrag eingewilligt habe, seinen

[51] *Jellinek* 1882, S. 59. Nochmals S. 108.
[52] *Jellinek* 1882, S. 124.
[53] *Jellinek* 1882, S. 172, 197, 213. In der Zuordnung der Souveränität im Staatenbund ebenso etwa *Huber* 1957, § 37 II 2, S. 666.
[54] *Jellinek* 1882, S. 174.

Willen dem der Mehrheit anzupassen, und auch im Erfüllungszwang begegne dem Staat nur sein eigener Vertragswille.[55]

»Ebensowenig ist die Errichtung eines Bundesgerichts, das über Streitigkeiten der Bundesglieder entscheidet, mit der Souveränität der Staaten unvereinbar. Der Staat, welcher einem Schiedsspruche sich unterwirft, ordnet sich nicht einem ihm fremden Richterwillen unter, sondern lässt die logische Function des Findens des Rechtes durch einen Dritten besorgen. Ein Bundesgericht im Staatenbunde hat den Charakter eines permanenten Schiedsgerichtes, es ist und bleibt ein gewillkürtes Gericht. Es ist endlich sogar denkbar, dass ein Hoheitsrecht dem Centralorgan in der Weise übertragen wird, dass es von diesem direct, ohne Vermittlung der Einzelstaatsgewalt ausgeübt wird«,[56] also – modern gesprochen – Hoheitsgewalt mit Durchgriffswirkung besitzt.

Auch die direkte Unterordnung der Untertanen unter die Bundesgewalt ohne Vermittlung der Hoheitsgewalt der Einzelstaaten widerspricht mithin nicht dem Wesen des Staatenbundes, charakterisiert vielmehr eine fortentwickelte Art des Staatenbundes, wie sie Jellinek theoretisch im Calhounschen Konzept eines *federal government* erblickt.[57]

Andererseits muß den verbündeten Staaten um ihrer zu wahrenden Souveränität willen die Letztentscheidung über die Einhaltung der Vertragsgrenzen durch den Bund sowie das Recht verbleiben, den Bund wieder zu verlassen:

> [D]a verbündete Staaten souveräne Staaten sind, und die Auslegung von Staatenverträgen nach Völkerrecht den Vertragstheilen selbst anheimgestellt ist, so folgt daraus mit unerbittlicher Consequenz, dass, wenn nach der Ansicht eines der verbündeten Staaten sein Verweilen im Bunde ihn in seinen Existenzbedingungen angreift, wenn die Bundesgewalt nach dem Ermessen des Staates die ihr eingeräumten Competenzen überschreitet und kein anderes Mittel für ihn übrig bleibt, als Unterwerfung unter den Bund oder Austritt aus demselben, der Austritt gerechtfertigt erscheint. Nullification und Secession, absolut verboten den Gliedern des Einheits- oder Bundesstaates, folgen logisch

[55] *Jellinek* 1882, S. 176f.; siehe auch bereits S. 170f. Es sei unzutreffend anzunehmen, daß in Staatenbünden »in wichtigen Fragen stets Einstimmigkeit herrschen müsse, das Majoritätsprinzip daher nur als Ausnahme in nebensächlichen Dingen zu Anwendung kommen dürfe«.

[56] *Jellinek* 1882, S. 177. Zu weitgehend dürfte indes die Annahme Jellineks sein, daß der souverän bleibende Staat dem Spruch eines Bundesgerichts »kraft seiner Souveränität Gehorsam verweigern kann« (*Jellinek* 1882, S. 183f.). Er entfaltet vielmehr grundsätzlich auch vom unterlegenen Staat ex ante akzeptierte Bindungswirkung. Allenfalls eine Letztentscheidung über die Kompetenzgemäßheit im Sinne einer *ultra-vires*-Kontrolle wird man ihm zubilligen können und müssen.

[57] *Jellinek* 1882, S. 187ff., 197.

als Rechtsmittel aus dem Wesen des Staatenbundes als eines vertragsmässigen Institutes.«[58]

Obwohl es den Anschein hat, als bilde die Gesamtheit der verbündeten Staaten im Außenverhältnis gegenüber Drittstaaten eine völkerrechtliche Einheit und der Staatenbund in der Praxis tatsächlich wie ein völkerrechtliches Subjekt behandelt wird, ist er Jellinek zufolge doch kein solches und kann es wegen der Beschränkung der Völkerrechtssubjektivität auf Staaten auch nicht sein. Er sei vielmehr ein bloßes Rechtsverhältnis, eine völkerrechtlich organisierte Gesellschaft.[59] Es ist nach Jellinek beim Staatenbund »eben in Wahrheit keine selbständige Macht, sondern nur ein Quantum einem gemeinsamen Organe mehrerer Staaten von diesen delegierter Macht vorhanden«.[60] Der Bund übe nur »delegated powers« aus, ihm stehe aber keine Hoheitsmacht zu eigenem Recht zu.[61] Folgt man Jellinek, agieren die Staaten im Staatenbund also bloß in gesamthänderischer Verbundenheit, aber nicht der Bund als eigenes Völkerrechtssubjekt.[62]

In diesem Punkt kann Jellineks Lehre nicht überzeugen.[63] Er räumt selbst ein, daß es angesichts der einheitlichen Behandlung der Staatenbünde in der völkerrechtlichen Praxis naheliege, »auch ein einheitliches Subject für das Bundesverhältnis zu supponiren«; allein, was nicht sein darf, das nicht sein kann. Auch Jellinek vermochte die dogmatische Enge der Völkerrechtswissenschaft seiner Zeit, die den damals bereits erreichten Stand der internationalen Beziehungen nicht hinreichend reflektierte, nicht zu überwinden und zur Anerkennung einer eigenen Völkerrechtspersönlichkeit internationaler Organisationen vorzudringen. Die Annahme, die Bundesgewalt werde im Staatenbund von den (Regierungen der) verbündeten Staaten lediglich gemeinschaftlich ausgeübt, die organische Einheit repräsentiere eine rechtliche Mehrheit, wirkt gekünstelt, wird der Rechtswirklichkeit nicht gerecht und verkennt, daß auch der Staatenbund nicht nur in seinen völkerrechtlichen

---

[58] *Jellinek* 1882, S. 175, 193. Zum Sezessionsrecht als entscheidendem Abgrenzungskriterium zwischen Staatenbund und Bundesstaat siehe auch *Jellinek* 1882, S. 196f.

[59] *Jellinek* 1882, S. 178ff.

[60] *Jellinek* 1882, S. 24.

[61] *Jellinek* 1882, S. 190. Wenn Jellinek dies aus dem Umstand folgern will, daß das Bundesorgan »blos durch den Vertragswillen der Staaten geschaffen« sei, setzt er sich allerdings in Widerspruch zu seiner Annahme, daß die Ableitung eines Hoheitsrechts, auch seine vertragliche Einräumung, seinen Charakter als eigenes Recht desjenigen, dem es übertragen worden ist, nicht hindert (vgl. *Jellinek* 1882, S. 44f.).

[62] Vgl. *Jellinek* 1914, S. 764: »Der Staatenbund kann [...] mit der Reserve, der alle Analogien unterliegen, als völkerrechtliche Gemeinschaft zur gesamten Hand bezeichnet werden.«

[63] Kritisch auch *Brie* 1884, S. 128f., 131f.

Außenbeziehungen, sondern ebenso im Verhältnis zu den ihm angehörenden Staaten eine eigenständige »Verbandsperson«, eine Gesamtheit bildet, die etwas anderes als bloß die Summe ihrer Teile ist: »Er [der Staatenbund; C. H.] ist nicht nur ein *zwischen* den Gliedstaaten bestehendes Dauerbündnis, sondern eine *über* den Gliedstaaten errichtete Staatengemeinschaft.«[64]

Der Bundesstaat weist nach Jellinek im Gegensatz zum Staatenbund eine von Gliedstaatsgewalten unterschiedene, selbständige Zentralgewalt auf.[65] Für ihn sind konstitutiv die Souveränität der Zentralgewalt, die von ihrer Kompetenzfülle unabhängig ist, die direkte Unterordnung des Volkes unter dieselbe und die Existenz von Gliedstaaten.[66] Ein Bundesstaat kann nicht durch Vertrag zwischen vormals souveränen Staaten, die durch denselben auf den Status bloßer Gliedstaaten zurückgestuft werden, begründet werden.[67] »Denn durch Vertrag kann man keinen höheren Willen über sich und keinen selbständigen Willen neben sich hervorbringen.«[68] Solange die Gliedstaaten als die Schöpfer des Bundesstaates und damit unmittelbar oder mittelbar seiner Verfassung erschienen, gebe es keine rechtliche Handhabe gegen die Sezession eines Gliedes; es sei jedoch kein Staat vorhanden, wo man ein Recht auf Sezession deduzieren könne.[69] Die Ausstattung der Gliedstaaten mit eigener, von der Zentralgewalt nur auf Einhaltung der verfassungsmäßigen Schranken kontrollierter Herrschaftsgewalt beruht nicht auf vertraglichem Vorbehalt, sondern auf einer souveränen Entscheidung der Zentralgewalt,[70] ist »juristisch daher als eine neue Schöpfung aufzufassen«.[71] Die Gliedstaaten sind als durch die Bundesstaatsverfassung geschaffen zu denken. Sofern sie an der Bildung des Willens der Zentralge-

---

[64] *Huber* 1957, § 37 I 2, S. 663 zur Rechtsnatur des Deutschen Bundes.

[65] *Jellinek* 1882, S. 253 f.

[66] *Jellinek* 1882, S. 291.

[67] *Jellinek* 1882, S. 189, 256 ff. Wenn der Gründung eines Bundesstaates ein Vertrag vorausgegangen ist, so darf er »nicht als Rechtsgrund der neuen staats- und völkerrechtlichen Existenz betrachtet werden« (*Jellinek* 1882, S. 57).

[68] *Jellinek* 1882, S. 257. Erneut betont Jellinek, daß die Völkerrechtsordnung juristische Personen nicht kenne, diese daher durch voneinander unabhängige Staaten auch nicht kreiert werden könnten (*Jellinek* 1882, S. 260).

[69] *Jellinek* 1882, S. 260 f. Das Nichtbestehen eines Sezessionsrechts der Glieder wird damit zum Lackmustest für die Existenz eines Bundesstaates (vgl. *Jellinek* 1882, S. 297 f.). Es gab und gibt indes Staatsverfassungen von Bundesstaaten, die ein solches Sezessionsrecht stipulieren. Die Souveränität des Zentralstaates wird dadurch gleichwohl nicht beeinträchtigt, weil über die Berechtigung der Inanspruchnahme dieses Rechts Organe der Zentralgewalt und nicht des sezessionswilligen Gliedes entscheiden.

[70] *Jellinek* 1882, S. 272, 278.

[71] *Jellinek* 1882, S. 281.

walt beteiligt sind, fungieren sie als deren Organe.[72] Wie auch immer die Kompetenzverteilung zwischen Bundes- und Gliedstaatsgewalten ausfällt, »dem Bundesstaate bleibt der Charakter als souveräner Staat dadurch gewahrt, dass potentiell alle Hoheitsrechte, auch die den Gliedstaaten zur selbständigen Innehabung überwiesenen, in ihm enthalten sind, der Gliedstaat hingegen bleibt nichtsouverän, weil sein Wirkungskreis ihm als ein, wenn auch uncontrolirbarer, durch die Bundesstaatsverfassung eingeräumt ist.«[73] Der Bund besitzt verfassungsmäßig die Kompetenz-Kompetenz, kann die Kompetenzverteilung ohne Vetoposition einzelner Gliedstaaten ändern und entscheidet Kompetenzstreitigkeiten abschließend, auch für den Gliedstaat verbindlich, durch seine (rechtsprechenden) Organe.[74]

6. Die Europäische Union und ihre Mitgliedstaaten – Eine Analyse im Licht von Jellineks »Lehre von den Staatenverbindungen«

Was zu Jellineks Zeiten »nur in der politischen Speculation vorhanden« und der »schwer zu enträthselnde[n] Zukunft« anheimgestellt war: eine politische Vereinigung und Organisierung Europas »zu einer Art Staatenbund« auf vertraglicher Grundlage,[75] ist in Gestalt der Europäischen Union mittlerweile historisch konkrete Wirklichkeit geworden. Kann die Jellinekschen Lehre von den Staatenverbindungen und das darin zum Ausdruck kommende Souveränitätsverständnis heute noch helfen, die Rechtsnatur der Europäischen Union und ihr Rechtsverhältnis zu ihren Mitgliedstaaten näher zu bestimmen?

Die Antwort auf diese Frage fällt nicht einheitlich aus. Über Jellineks auch und gerade auf der Basis seiner eigenen wissenschaftlichen Prämissen wenig plausible, schon zu seiner Zeit der Rechtswirklichkeit widersprechende Verneinung eigener Rechtssubjektivität völkerrechtlicher Staatenverbindungen ist die weitere Entwicklung des Völkerrechts und der Völkerrechtswissenschaft hinweggegangen. Die selbständige Rechtspersönlichkeit Internationaler Organisationen als von ihren Mitgliedstaaten gekorener Völkerrechtssubjekte ist längst unbestritten.

Durch völkerrechtliche Verträge haben europäische Staaten einen Teil ihrer umfassenden staatlichen Hoheitsmacht ausgegliedert und auf eine »zwischenstaatliche Einrichtung« verlagert. Die im Zuge des europäischen Inte-

[72] *Jellinek* 1882, S. 300.
[73] *Jellinek* 1882, S. 290f.
[74] *Jellinek* 1882, S 294, 295f., 309f.
[75] *Jellinek* 1882, S. 98.

grationsprozesses geschaffenen Gemeinschaften besaßen von Anfang an völkerrechtliche Rechts- und Handlungsfähigkeit. Gleiches bestimmt der Vertrag von Lissabon für die zur Rechtsnachfolgerin der Europäischen Gemeinschaft erklärte Europäische Union.[76] In ihr üben also nicht etwa bloß die Mitgliedstaaten ihre Kompetenzen gemeinschaftlich-gebündelt aus; eine überkommene Vorstellung, der indes noch so manche europaverfassungsrechtliche Bestimmung verhaftet geblieben ist.[77] Vielmehr hat die der Union von ihren Mitgliedstaaten verliehene Hoheitsgewalt eigenberechtigte Existenz. Sie übt die ihr übertragenen Hoheitsbefugnisse in der Terminologie Jellineks »zu eigenem Recht« aus. Ihre Hoheitsgewalt ist zwar von den Mitgliedstaaten abgeleitet, auf diese folglich auch rückbezogen, aber gleichwohl eigenständig, von der der Mitgliedstaaten (auch in ihrer gesamthänderischen Verbundenheit) zu unterscheiden.

Sieht man von der anders entschiedenen Frage der Völkerrechtssubjektivität einmal ab, so können Jellineks Einteilungen der Staatenverbindungen für die Einordnung der Europäischen Union und ihrer Vorläuferorganisationen allerdings durchaus fruchtbar gemacht werden.

So dürfte die Montanunion als organisierter Verwaltungsverein im Sinne Jellineks zu qualifizieren gewesen sein.[78]

Die Vereinsstaaten haben hier also wichtige staatliche Befugnisse dem gemeinsamen Organe zur Ausübung delegirt, es sind Acte der Staatshoheit, welche zur Erreichung des internationalen Zweckes von keinem Staate allein vorgenommen werden, sondern zur Ausgleichung der etwa vorhandenen Gegensätze und Differenzen einer eigenen internationalen Autorität übertragen sind [...].[79]

---

[76] Über die Rechtsnatur der Europäischen Union *vor* dem Vertrag von Lissabon bestand keine Einigkeit. Sie wurde verbreitet nur als Plattform für eine Kooperation der (Regierungen der) Mitgliedstaaten angesehen, der es an rechtlicher Selbständigkeit mangelte. Überzeugender war allerdings die Deutung, nach der die Europäische Union im Innenverhältnis zu ihren Mitgliedstaaten im Bereich der GASP und der PJZS Trägerin eigener, durch ihre Organe wahrgenommener Kompetenzen, also ein gegenüber ihren Mitgliedstaaten verselbständigtes autonomes Rechtssubjekt war und damit über interne Rechtsfähigkeit verfügte, während ihr nach dem maßgeblichen Willen ihrer Mitgliedstaaten im Außenverhältnis gegenüber Drittstaaten und anderen internationalen Organisationen – anders als der Europäischen Gemeinschaft – keine Völkerrechtsfähigkeit zukam; vgl. dazu *Hillgruber* 2000, S. 15–36.

[77] Vgl. Art. 88-1 der französischen Verfassung in der Fassung des Verfassungsgesetzes vom 4.2.2008: »Die Französische Republik wirkt an der Europäischen Union mit, welche aus Staaten besteht, die sich in freier Entscheidung dazu entschlossen haben, einige ihrer Befugnisse gemeinsam auszuüben gemäß dem Vertrag über die Europäische Union und dem Vertrag über die Arbeitsweise der Europäischen Union, wie diese sich aus dem am 13. Dezember 2007 in Lissabon unterzeichneten Vertrag ergeben.«

[78] So expressis verbis *Huber* 1957, § 37 I 1, S. 658 Fn. 2.

[79] *Jellinek* 1882, S. 162.

Diese Charakterisierung dürfte auch noch auf die Europäische Wirtschaftsgemeinschaft zutreffen, die Hans Peter Ipsen bekanntlich mit dem inhaltlich dasselbe meinenden Begriff des »Zweckverbandes funktioneller Integration« belegt hat.[80] Erst allmählich, beginnend mit der Europäischen Politischen Zusammenarbeit, hat sich auch eine über die Verfolgung begrenzter wirtschaftlicher Zwecke hinausgehende politische Union entwickelt, und erst mit dem eine Bündnispflicht der Mitgliedstaaten untereinander begründenden Vertrag von Lissabon (Art. 42 Abs. 7 EUV) ist, folgt man Jellinek, ein Staatenbund entstanden, der sich von dem reinen Verwaltungsverein durch das wesentliche Element eines politischen Zwecks unterscheidet, der zumindest in der gemeinsamen Verteidigung bestehen muß. Von Jellinek kann man auch lernen, daß die politische Dimension, die die Union angenommen hat, diese potentiell instabiler macht.

> Bei der steten Gefahr, dass selbst coincidirende politische Interessen der Staaten sich in collidirende verwandeln können, ist die Existenz politischer Bündnisse immer eine sehr prekäre. [...] Kein politisches Bündnis ist vor dem Bruche oder der Auflösung sicher.[81]

Daß die Europäische Union nur Staatenbund ist, nicht Bundesstaat sein kann, folgt für Jellinek schon aus ihrer völkervertraglichen Grundlage, von der sie sich nicht lösen kann. Die Union ist derivative Vertragsgemeinschaft. Ihre Existenz und ihr Fortbestand sowie ihre kompetentielle Ausstattung hängen vom gesamthänderisch gebundenen Willen der Mitgliedstaaten ab. Sie können die Union auflösen und ihr Kompetenzen entziehen (vgl. Art. 48 Abs. 2 S. 2 EUV). Wenn eine internationale oder supranationale Organisation sich aus dieser rechtlichen Abhängigkeit zu befreien sucht, dann handelt es sich völkerrechtlich betrachtet um einen untauglichen Versuch, der keine Rechtswirkung zu entfalten vermag. In der europarechtlichen Literatur ist bisweilen behauptet worden, daß sich die Europäische Union (vormals: die Europäische Gemeinschaft) von ihrer völkervertraglichen Grundlage abgelöst habe und ein Gebilde sui generis geworden sei. Die Verträge hätten eine neue Rechtsordnung eigener Art geschaffen, die sich von der des Völkerrechts grundlegend unterscheide.[82] Eine Erklärung für eine solche Metamorphose konnte nie gegeben werden. Auch Jellinek verweist eine solche Vorstellung in das Reich der Phantasie:

---

[80] *Ipsen*, 1972, S. 196 ff.

[81] *Jellinek* 1882, S. 109.

[82] EuGH, Urteil vom 15.7.1964 – Rs. 6/64 – Costa/E.N.E.L. – EuGHE 1964, 1251 ff, 1269; zum Konzept der Verträge als »Verfassung« der Union siehe EuGH – Gutachten 1/91 (EWR) vom 14.12.1991 – EuGHE 1991, I-6079 ff., 6080.

Wie es aber möglich ist, dass ein Vertrag geschlossen werden kann, der keines der wesentlichen Merkmale des Vertrages bewahrt, wie die Beschlüsse der durch Vertrag creirten Bundesgewalt das Moment des auf den Willen der Paciscenten berruhenden Vertrages derart abgestreift haben, dass sie zu Herrscherbefehlen an die Staatsgewalten werden, dieses juristische Rätsel haben die Anhänger jener Anschauung nicht gelöst und nicht zu lösen versucht.[83]

Vielmehr macht »die Natur der Souveränität in unerbittlicher Weise die Existenz der blos vertragsmäßigen Gemeinschaft zu einer bedingten, von dem Willen der Vertragsglieder ununterbrochen abhängigen«.[84]

Die auf ihrer vertraglichen Existenzgrundlage beruhende Abhängigkeit der Europäischen Union vom Willen ihrer Mitgliedstaaten steht indes nach Jellinek der Annahme, daß sie Hoheitsgewalt »zu eigenem Recht« innehat, nicht entgegen. »Indess, weder die Thatsache, dass ein Recht übertragen, noch dass es eventuell von dem ursprünglichen Eigner zurückgenommen werden kann, hindern nach unseren Ausführungen seinen Charakter als eigenes Recht [....].«[85] Die Eigenberechtigung der Europäischen Union wäre nur in Frage gestellt, wenn sie einem umfassenden *ius supremae inspectionis* der Mitgliedstaaten unterstünde. Davon kann indes keine Rede sein. Die Europäische Union nimmt die ihr zugewiesenen Aufgaben und Befugnisse grundsätzlich nach eigener Einschätzung wahr, ohne dabei einer mitgliedstaatlichen Oberaufsicht zu unterliegen. Andererseits kommt der bloß staatenbündische Charakter der Union darin zum Ausdruck, daß sich die Mitgliedstaaten die Letztentscheidung darüber vorbehalten, ob die Vertragsgrenzen eingehalten werden oder die europäische Hoheitsgewalt die ihr eingeräumten Kompetenzen überschreitet. Gerade darin zeigt sich die fortbestehende Souveränität der Mitgliedstaaten; »denn durch nichts manifestiert sich die Souveränität eines Staates klarer, als durch die Fähigkeit, über seine Zuständigkeit zu entscheiden«.[86] Hätte die Europäische Union (in Gestalt ihres Gerichtshofes) das alleinige und abschließende Recht der Entscheidung über den Umfang ihrer Kompetenzen, wie dies Europarechtler behaupten,[87] so wäre sie nach Jellinek selbst souverän. Mit der grundsätzlich

---

[83] *Jellinek* 1882, S. 178.

[84] *Jellinek* 1882, S. 188.

[85] *Jellinek* 1882, S. 44f.

[86] *Jellinek* 1882, S. 294.

[87] Sie berufen sich zur Stützung dieser These auf das unionsrechtliche System des gerichtlichen Rechtsschutzes. Nach Art. 344 AEUV sind die Mitgliedstaaten verpflichtet, Streitigkeiten über die Auslegung oder Anwendung der Verträge »nicht anders als hierin vorgesehen zu regeln«. Es besteht daher keine Möglichkeit, europarechtliche Rechtsfragen auf einem anderen, als dem in den geregelten gerichtlichen Verfahren vorgezeichneten Weg einer Klärung zuzuführen; insbesondere kann die Rechtswidrigkeit und Nichtigkeit von Handlungen der Unionsorgane außerhalb des Verfahrens der

reklamierten, aber zur Vermeidung eines Konflikts möglichst zurückhaltend ausgeübten *ultra-vires*-Kontrolle[88] weist das Bundesverfassungsgericht diese Souveränitätsbehauptung und die damit angemaßte Staatsqualität der Europäischen Union zurück und wahrt folglich die durch die vertragliche Begründung der Europäischen Union nicht aufgegebene Souveränität des Mitgliedstaates Bundesrepublik Deutschland.

Würden [...] die Mitgliedstaaten vollständig auf die Ultra-vires-Kontrolle verzichten, so wäre die Disposition über die vertragliche Grundlage allein auf die Unionsorgane verlagert, und zwar auch dann, wenn deren Rechtsverständnis im praktischen Ergebnis auf eine Vertragsänderung oder Kompetenzausweitung hinausliefe.[89]

Das aber kann von einem souveränen Staat nicht hingenommen werden. Das Bundesverfassungsgericht weist daher auch die vom Europäischen Gerichtshof für das Recht der Europäischen Union beanspruchte »Autonomie« ganz im Jellinekschen Sinne in ihre vertragsgemäßen Schranken:

Die ›Verfassung Europas‹, das Völkervertrags- oder Primärrecht, bleibt eine abgeleitete Grundordnung. Sie begründet eine im politischen Alltag durchaus weitreichende, aber immer sachlich begrenzte überstaatliche Autonomie. Autonomie kann hier nur – wie im Recht der Selbstverwaltung gebräuchlich – als eine zwar selbständige, aber abgeleitete, d. h. von anderen Rechtssubjekten eingeräumte Herrschaftsgewalt verstanden werden. Dagegen beansprucht die völker- und staatsrechtliche Souveränität gerade für ihre konstitutionellen Grundlagen die Unabhängigkeit von fremdem Willen.[90]

Die den Organen der Union vertraglich eingeräumte Befugnis zur Rechtsetzung mit Durchgriffswirkung, das heißt die Möglichkeit der unmittelbaren rechtlichen Inanspruchnahme der Staatsangehörigen der Mitgliedstaaten ohne einen diese Wirkung erst vermittelnden staatlichen Hoheitsakt verleiht ihr einen supranationalen Charakter und weist sie nach der Klassifikation Jellineks als praktischen Anwendungsfall der zweiten möglichen

---

Nichtigkeitsklage nicht geltend gemacht beziehungsweise dürfen solche Akte ohne vorherige Durchführung eines Vorabentscheidungsverfahrens nicht von nationalen Gerichten als nichtig beziehungsweise unanwendbar behandelt werden. Verfahrensrechtlich besitzt also allein der Gerichtshof der Europäischen Union im Rahmen seiner Zuständigkeiten die Befugnis, über die Frage der Vereinbarkeit von Rechtsakten der Union mit den Ermächtigungsgrundlagen in den Verträgen abschließend zu befinden. Er hat insoweit das Entscheidungs- und Verwerfungsmonopol. Gleichwohl läßt sich vertreten, daß das bloße Fehlen eines Verfahrens nicht zum Verlust der bei den Mitgliedstaaten liegenden Kompetenz-Kompetenz führen kann und sich aus dem materiellrechtlichen Prinzip der begrenzten Einzelermächtigung ungeachtet des Verfahrensrechts als Ultima Ratio das Recht der Mitgliedstaaten ergibt, unilateral die Unverbindlichkeit vertragsübersteigender Judikate des EuGH geltend zu machen.

[88] BVerfGE 123, 267, 353 f. – Lissabon; 126, 286, 301 ff. – Honeywell.

[89] BVerfGE 126, 286, 303 – Honeywell.

[90] BVerfGE 123, 267, 349 – Lissabon.

Form des Staatenbundes aus, die durch direkte Unterordnung der Untertanen unter die Bundesgewalt gekennzeichnet ist.[91]

Nach Jellinek läßt sich die Frage, ob eine Staatenverbindung als Staatenbund oder Bundesstaat zu qualifizieren ist, theoretisch sicher dadurch entscheiden, daß man feststellt, ob die Glieder ein Sezessionsrecht besitzen oder nicht.[92] Der Vertrag von Lissabon hat die Frage expressis verbis zugunsten eines Sezessionsrechts der Mitgliedstaaten der Europäischen Union entschieden (Art. 50 EUV). Nach richtiger Ansicht bestand es auch schon vorher. Die Qualifikation des Europarechts als Völkervertragsrecht erlaubte den Rückgriff auf die Regeln des allgemeinen Völkerrechts über die einseitige Beendigung des Gründungsvertrages einer internationalen Organisation unter den Voraussetzungen der *clausula rebus sic stantibus* (vgl. Art. 62 WVK). Europarechtler, die dies vehement bestritten hatten,[93] befinden sich allerdings nun in Erklärungsnot. Sie müßten, was mit ihrer eschatologischen Deutung des Integrationsprozesses an sich unvereinbar ist, insoweit konsequenterweise einen Integrationsrückschritt konstatieren.

Auch nach Inkrafttreten des Vertrags von Lissabon hat die Europäische Union folglich die Schwelle zum Bundesstaat noch nicht überschritten.[94]

Das gilt nach Jellinek ungeachtet des mittlerweile erreichten Umfangs der auf die Union übertragenen Kompetenzen. Aus dem Wesen der Souveränität folgt, daß selbst die Übertragung der wichtigsten Hoheitsrechte eines Staates dessen Souveränität nicht tangiert, sofern sie nur auf vertraglichem Wege und daher widerruflich erfolgt. Ausdrücklich erklärt Jellinek die Lehre für unhaltbar, »welche in dem verschiedenen Inhalte der Competenzen den specifischen Unterschied zwischen Staatenbund und Bundesstaat erblickt […] Vertragsgemässe Gemeinschaft bei noch so weitgehender Centralisation bringt keinen Staat hervor […].«[95] Die vom Bundesverfassungsgericht im Lissabon-Urteil vorgenommene Abschichtung von essentiellen,

---

[91] Wenn das BVerfG die Europäische Union als »Staaten*verbund*« qualifiziert (E 89, 155, 181, 186 – Maastricht), so soll damit die sich in ihrer Organisationsstruktur und Kompetenzfülle ausdrückende, besondere Verbundenheit der Mitgliedstaaten, ihr völkerrechtlich gebundener Wille zur gemeinsamen Wahrnehmung von hoheitlichen Aufgaben und Befugnissen in einer institutionell verfestigten, integrierten Form der Zusammenarbeit auf einen Begriff gebracht werden, ohne daß sich dieser Staatenverbund von Jellineks Staatenbund in seiner zweiten, höher entwickelten Form substantiell unterschiede.

[92] *Jellinek* 1882, S. 196f., 297f.

[93] Siehe nur *Ipsen* 1972, S. 99; *Constantinesco* 1977, S. 182.

[94] Vgl. BVerfGE 123, 267, 370f. – Lissabon.

[95] *Jellinek* 1882, 1882, S. 291.

nicht übertragbaren Staatsaufgaben[96] ist danach jedenfalls nicht zur Erhaltung der Souveränität der Bundesrepublik Deutschland notwendig.[97]

Auch die Geltung des Entscheidungsprinzips qualifizierter Mehrheit im Rat der Europäischen Union hebt die Souveränität der Mitgliedstaaten nicht auf, weil auch sie auf ihren eigenen souveränen Willen zurückzuführen ist. Sie haben die Union selbst vertraglich mit der Organkompetenz zu Mehrheitsentscheidungen ausgestattet.

Ein europäischer Bundesstaat kann, folgt man Jellinek, nicht durch Vertrag geschaffen werden, auch wenn er sich Verfassungsvertrag nennt. Ein Bundesstaat kann nur durch einen originären, souveränen Akt der Verfassunggebung entstehen. Dafür müßte die Europäische Union ihre, den Ableitungszusammenhang mit den Mitgliedstaaten begründende völkervertragsrechtliche Grundlage aufgeben, das sie an die Mitgliedstaaten fesselnde, vertragliche Band lösen und ihre normative Existenzgrundlage auswechseln, indem sie sich nicht länger auf den vertraglich gebildeten Gesamtwillen ihrer Mitgliedstaaten stützt, sondern auf die verfassunggebende Gewalt der Gesamtheit der Unionsbürger, die sich als europäisches Volk konstituieren und die Herrschaftsgewalt der Union fortan unmittelbar und unabgeleitet legitimieren.[98]

> Die Thatsache, dass eine Gesamtheit sich als Einheit fühlt und weiss, und diese Einheit dadurch zum Ausdruck bringt, dass sie sich als Gesammtpersönlichkeit, als wollendes und handelndes Subject constituirt, das ist der innere Grund der Entstehung des Staates, unter welchen äusseren Verhältnissen und Beiwirken sie auch immer vor sich gehen mag.[99]

Durch diesen Konstitutionsakt würde die Union zugleich souverän, nämlich von den Mitgliedstaaten vollständig unabhängig. Ob es dazu kommen wird, ist offen. So wenig ein Bundesstaat sich notwendig in einen Einheitsstaat verwandeln, das heißt Episode bleiben muß,[100] gibt es irgendeinen inneren Zwang, der einen Staatenbund, wie ihn die Europäische Union nach Jellinekschen Maßstäben gegenwärtig darstellt, zu einem Bundesstaat werden lassen müßte. Die Geschichte wird es erweisen.[101]

---

[96] BVerfGE 123, 267, 357 ff. – Lissabon.

[97] Das schließt nicht aus, daß sie aus anderen, etwa demokratischen Gründen, verfassungsrechtlich geboten ist. Darauf hebt das BVerfG (E 123, 267, 357 – Lissabon) maßgeblich ab: »Das Demokratieprinzip setzt […] der Übertragung von Hoheitsrechten inhaltliche Grenzen, die nicht bereits aus der Unverfügbarkeit der verfassungsgebenden Gewalt und der staatlichen Souveränität folgen.«

[98] Vgl. dazu *Grimm* 1995, S. 581, 590.

[99] *Jellinek* 1882, S. 257.

[100] *Jellinek* 1882, S. 312 f.

[101] *Jellinek* 1914, S. 768 f. hält den Staatenbund allerdings – anders als den Bundesstaat

7. Was bleibt von Jellineks »Lehre von den Staatenverbindungen«?

Jellineks bleibendes Verdienst besteht darin, ein Souveränitätsverständnis entwickelt zu haben, das die schon immer den internationalen Realitäten widersprechende, verfehlte Vorstellung von einem bindungslosen, autarken Staat überwunden und die Möglichkeit der Selbstverpflichtung des Staates und seiner völkerrechtlichen Verbindung mit anderen Staaten unter Aufrechterhaltung voller Souveränität eröffnet hat, die gerade durch freiwillige, gegenseitige und gleichberechtigte Bindung gekennzeichnet ist.

Das Grundgesetz der Bundesrepublik Deutschland hat sich dieses maßgeblich auf Jellinek zurückgehende Souveränitätsverständnis zu eigen gemacht.

»Das Grundgesetz löst sich von einer selbstgenügsamen und selbstherrlichen Vorstellung souveräner Staatlichkeit und kehrt zu einer Sicht auf die Einzelstaatsgewalt zurück, die Souveränität als ›völkerrechtlich geordnete und gebundene Freiheit‹ auffasst [...]. Es bricht mit allen Formen des politischen Machiavellismus und einer rigiden Souveränitätsvorstellung. [...] Souveräne Staatlichkeit steht danach für einen befriedeten Raum und die darin gewährleistete Ordnung auf der Grundlage individueller Freiheit und kollektiver Selbstbestimmung. Der Staat ist weder Mythos noch Selbstzweck, sondern die historisch gewachsene, global anerkannte Organisationsform einer handlungsfähigen politischen Gemeinschaft«,[102] also Ausdruck der Entscheidung eines Volkes für seine organisierte, politische Existenz.[103]

Modern gesprochen: Staatliche Souveränität erhält einem Volk seinen primären Ort demokratischer Selbstbestimmung.[104]

Aber auch entmystifiziert und zugleich entdämonisiert, mit Jellinek als Rechtsbegriff verstanden, ist und bleibt Souveränität nichtsdestoweniger höchst bedeutsam, weil im wahrsten Sinne des Wortes »entscheidend«! Die Verortung der Souveränität ist dann keine durch Waffengewalt entscheidba-

---

– für »eine höchst unbefriedigende Form dauernder Organisation der Staaten«, die sich »auf die Dauer nicht zu erhalten imstande ist«.

[102] BVerfGE 123, 267, 346 – Lissabon.

[103] Dies klingt auch bei Jellinek in seinen Ausführungen zur Bildung nationaler Staaten (*Jellinek* 1882, S. 262ff.) an: »Die nationale Staatenbildung besteht darin, dass ein Volk, welches sich als Einheit fühlt und weiss, diese Einheit dadurch zum Ausdruck bringt, das es sich als solche organisiert und demgemäss als Staat darstellt« (S. 263). Jellinek lehnt nicht die Idee der Volkssouveränität als solche, sondern nur die Verwerfung der Staatssouveränität zugunsten der Volkssouveränität ab, weil das Volk ein Element des Staates ist (S. 24–26).

[104] BVerfGE 123, 267, 382 – Lissabon.

re Macht-, sondern eine juristisch klar zu beantwortende Rechtsfrage.[105] Das schließt nicht aus, daß es ein historisches Ringen um die Souveränität gibt und daß sie ihren Träger wechselt. Aber immer läßt sich – zu einem gegebenen Zeitpunkt – angeben, wo sie – gegenwärtig – ihren Sitz hat.

Es mag unter Umständen politisch klug sein, die Souveränitätsfrage nicht zu stellen und damit offenzuhalten. Aber als juristische Kategorie ist Souveränität unausweichlich. Sie bringt sich, wie Jellinek es ausgedrückt hat, »in unerbittlicher Weise«[106] und mit letzter Konsequenz zur Geltung.

Literatur

Bernstorff, Jochen von (2000): Völkerrecht als modernes öffentliches Recht. In: Paulson, Stanley/Schulte, Martin (Hrsg.): Georg Jellinek, Beiträge zu Leben und Werk. Tübingen, S. 183–206.

Brie, Siegfried (1884): Zur Lehre von den Staatenverbindungen. In: Zeitschrift für das Privat- und Öffentliche Recht der Gegenwart 11, S. 85–159.

Constantinesco, Léontin-Jean (1977): Das Recht der Europäischen Gemeinschaften. Bd. I. Baden-Baden.

Grimm, Dieter (1995): Braucht Europa eine Verfassung? In: JZ, S. 581–591.

Hillgruber, Christian (2000): Die Rechtsnatur der Europäischen Union nach dem Amsterdamer Vertrag. In: Kluth, Winfried (Hrsg.): Die Europäische Union nach dem Amsterdamer Vertrag. Baden-Baden, S. 15–36.

Ders. (2004): Der Nationalstaat in der überstaatlichen Verflechtung. In: Isensee, Josef/Kirchhof, Paul (Hrsg.): Handbuch des Staatsrechts II. 3. Aufl. Heidelberg.

Huber, Ernst-Rudolf (1957): Deutsche Verfassungsgeschichte seit 1789. Bd. I: Reform und Restauration, 1789 bis 1830. Stuttgart.

Ipsen, Hans-Peter (1972): Europäisches Gemeinschaftsrecht. Tübingen.

Jellinek, Georg (1882): Die Lehre von den Staatenverbindungen. Wien.

Ders. (1914): Allgemeine Staatslehre. Unter Verwertung des handschriftlichen Nachlasses durchgesehen und ergänzt von Walter Jellinek. 3. Aufl. Berlin.

Osterhammel, Jürgen (2009): Die Verwandlung der Welt. Eine Geschichte des 19. Jahrhunderts. 4. Aufl. München.

105 Vgl. dazu auch *Hillgruber* 2004, § 32 Rn. 48.

106 *Jellinek* 1882, S. 188.

Georg Jellineks Einfluß auf die russische Rechtskultur

Elena Pribytkova[1]

1. Einleitung

Georg Jellinek war eine Schlüsselfigur der europäischen Rechtsphilosophie Ende des 19. und Anfang des 20. Jahrhunderts. Ein zeitgenössisches juristisches Lexikon nennt ihn als den dritten hervorragenden Wissenschaftler auf dem Gebiet des Staatsrechts neben Karl Friedrich von Gerber und Paul Laband.[2] Vermutlich war Jellineks Wirkung nirgends so stark wie in Rußland.[3] Seine Ideen haben einen grundlegenden Einfluß auf die Philosophie und Rechtswissenschaft sowie auf die Politik und Rechtsordnung des Russischen Reichs ausgeübt. Allgemeine Anerkennung erwarb er sich in verschiedenen Positionen: als bekannter Rechtsphilosoph und Staatsrechtler, als Professor der Universität Heidelberg und Lehrer vieler Vertreter der russischen intellektuellen und politischen Elite sowie als Jurist, dessen Meinung Autorität besaß und ihn zu einer Prominenz werden ließ. Im vorrevolutionären Rußland zählte er zu den am meisten übersetzten und gelesenen Autoren: Elf Monographien Jellineks wurden ins Russische übersetzt, einige davon in mehrfachen Auflagen. Die besten russischen Verlage stritten um das Recht, seine Werke als erste übersetzen und veröffentlichen zu dürfen.[4] Er galt als hervorragendster und einflußreichster zeitgenössischer Staatsrechtler, der ein nie dagewesenes Niveau im Bereich der Rechtslehre und des Staatsrechts etabliert hatte.[5]

---

[1] Die Forschung wurde von der Fritz-Thyssen-Stiftung gefördert. Ich bedanke mich bei den Organisatoren der Tagung für die Einladung sowie bei allen Teilnehmern für ihre wertvollen Bemerkungen und Empfehlungen. Ich möchte auch Herrn Dr. Florian Weber, Frau Irina Vorobyeva und Herrn Dr. Matthias Hartwig für die Korrektur der deutschen Version meines Artikels danken. Für alle noch vorhandenen Fehler bin allein ich verantwortlich.

[2] *Keller* 2001, S. 333–334; *Kleinheyer/Schröder* 1996, S. 215–220.

[3] *Kl-ko* 1911, S. 1560.

[4] Siehe den Briefwechsel Jellineks mit Bogdan Kistiakowski, Konstantin Kusnetzow, Helene Saitzeff. Häufig hat man Monographien Jellineks ohne seine Genehmigung ins Russische übersetzt und veröffentlicht. Mehrmals erschienen gleichzeitig einige parallele Übersetzungen seiner Werke.

[5] *Kistiakowski* 1911, S. 3; *Korff* 1911, S. 384; *Dolmatowsky* 1911, S. 234.

Jellinek überraschte seine russischen Kollegen mit seinem »außerordentlichen Einfühlungsvermögen für neue Phänomene des gesellschaftlichen Lebens, mit der Fähigkeit, ihren eigentlichen Sinn zu öffnen und sie in Verbindung mit der allgemein fortschreitenden Bewegung der Menschheit zu setzen, mit der Weite und Unvoreingenommenheit seiner Anschauungen, ihrer Originalität und Kühnheit«.[6] Die Ideen Jellineks – die Konzeption des subjektiven öffentlichen Rechts, die Zwei-Seiten-Theorie des Staates, die Theorie der Rechtspersönlichkeit des Staates, der Begriff der rechtlichen Selbstbeschränkung des Staates, die Abgrenzung von Gesetz und Verordnung, die Lehre vom Recht der Minoritäten, die These von der »normativen Kraft des Faktischen« – standen im Brennpunkt des Interesses. Seine Lehre vom Recht als »ethischem Minimum« war für die liberale rechtsphilosophische Tradition in Rußland grundlegend, deren Herausbildung mit dem Bemühen um eine moralische Rechtfertigung des Rechts aufs innigste verbunden war.

Es sind zwei Besonderheiten der Jellinek-Rezeption hervorzuheben: Einerseits wurden seine Ideen allgemein im vorrevolutionären rechtsphilosophischen Diskurs aufgegriffen und prägten in vielem die russische liberale Rechtstradition. Andererseits bildete sich eine Interpretationsrichtung heraus, die Jellinek auf sehr selektive Weise deutete, getrieben von dem Bemühen, ihre eigenen Tendenzen in Jellineks Lehre von Recht und Staat hineinzulesen und dadurch ihre »ewigen Fragen« einer Lösung zuzuführen.

Dieser Artikel behandelt die wichtigsten Aspekte von Jellineks Einfluß auf die russische Rechtskultur. Der auf die Einleitung folgende zweite Teil des Artikels betrachtet Jellinek als Lehrer der russischen vorrevolutionären Elite. Der dritte Teil ist seinem Beitrag zur Entwicklung des russischen Konstitutionalismus gewidmet. Die Rezeption der pluralistischen Rechtstheorie sowie der Theorie des ethischen Minimums in Rußland wird im vierten und fünften Teil thematisiert. Der letzte Teil analysiert den Einfluß, den Jellineks Lehre von den Menschenrechten auf die religiös-moralische rechtsphilosophische Tradition in Rußland ausgeübt hat.

2. Georg Jellinek als Lehrer der russischen vorrevolutionären Elite

Zu Beginn des 20. Jahrhunderts versammelten sich an der Universität Heidelberg – die eine der führenden rechtswissenschaftlichen Fakultäten dieser Epoche besaß – zahlreiche russische Studenten, um weltbekannte Wissen-

[6] *Alexeieff* 1908, S. 4.

schaftler wie Heinrich Rickert, Wilhelm Windelband, Emil Lask, Gustav Radbruch und Max Weber. Die zentrale Figur des rechtsphilosophischen Heidelberg war jedoch Georg Jellinek. In seinen Erinnerungen an den »lieben Lehrer« gibt der russische Rechtsphilosoph, Staatsrechtler, Soziologe, und Privatdozent an der Moskauer Universität Bogdan Kistiakowski (1868–1920) die Worte Windelbands, eines Heidelberger Kollegen von Jellinek, wieder: »Ich kann nicht auf die Fragen der Rechtsphilosophie näher eingehen, hier, wo Sie den bedeutendsten deutschen Rechtsphilosophen unserer Zeit hören können«.[7] Die Vorlesungen Jellineks an der Heidelberger Universität besuchte eine große Zahl bekannter russischer Philosophen, Rechtswissenschaftler und Politiker.

Ein Forschungsaufenthalt bei Professor Jellinek galt als wesentlicher Bestandteil einer erfolgreichen Karriere von Staatsrechtlern, Rechtstheoretikern und Rechtsphilosophen. Die Professoren der leitenden Universitäten Rußlands empfahlen ihren Schülern, seine populären Vorlesungen zu besuchen. Ein Schüler Jellineks, der Doktor der Philosophie, Rechtsanwalt und Professor des Moskauer juristischen Instituts, Aron Dolmatowsky (1880–1939), berichtete folgendes: »Auf seinen Lehrveranstaltungen kamen Leute aus allen Ländern zusammen; häufig unterrichteten sie in ihrer Heimat selbst, studierten aber bei Jellinek. Hier erfolgte wahrlich Völkerverständigung infolge von wissenschaftlichen Interessen«.[8] Nach Meinung seiner Studierenden war Jellinek ein hervorragender Lehrer. Einer seiner Schüler, der Professor des Verfassungs- und Völkerrechts an der Universität Helsinki und zugleich Vizegouverneur Finnlands, Baron Sergei Korff (1876–1924), erinnerte sich, daß das Arbeiten bei Jellinek »im vollsten Sinne des Wortes anregend war. Auf seinen Vorlesungen schuf er augenblicklich vor den Hörern brillante juristische Konstruktionen«.[9] So setzte Bogdan Kistiakowski über Jellinek fort:

> Seine Fähigkeit, Probleme so darzustellen, daß sie sofort das Interesse erweckten, seine ewig suchende Denkweise, seine mit sich fortreißende logische Folgerichtigkeit, seine Kunst, einen tiefen Inhalt in eine einfache und verständliche Form zu kleiden, fesselten die Aufmerksamkeit der Zuhörerschaft. Er besaß die seltene Gabe, die Aufmerksamkeit seiner Zuhörer zu fassen und vollkommene Herrschaft über ihr Bewußtsein zu gewinnen.[10]

---

[7] *Kistiakowski* 1911, S. 3.

[8] *Dolmatowsky* 1911, S. 234.

[9] *Korff* 1911, S. 388.

[10] *Kistiakowski* 1911, S. 7. Die Übersetzung wurde mit der vom Autor vorgenommenen Übersetzung verglichen, die Bogdan Kistiakowski an Camilla Jellinek in seinem Brief vom 12. April 1911 geschickt hat.

Jellinek verhalf Juden und Frauen, die keine Bildungsmöglichkeit im Russischen Reich besaßen, zu einer Immatrikulation an der Universität Heidelberg.[11] Unter ihm promovierten zehn Doktoranden aus Rußland (Bekerman, Dobranicke, Dolmatowsky, Güntzberg, Katz, Kalantaroff, Kusnetzow, Saitzeff, von Swatikow, Wyszewianski).[12] Mehrere von ihnen wurden später zu hervorragenden Forschern und Lehrern. Er kommunizierte viel und gern mit seinen Schülern. Im Bundesarchiv in Koblenz und in der Abteilung für Handschriften und alte Drucke der Bayerischen Staatsbibliothek befinden sich die Briefwechsel Jellineks mit seinen russischen Schülern Kistiakowski, Kusnetzow, Kokoschkin, Korff, Philosophoff, Saitzeff, Kalantaroff, Wyszewianski, Okuneff sowie seinen russischen Kollegen Korkunoff, Alexeieff, Martens, Melnik, Loewenton, der von mir ins Russische übersetzt wurde. Mit vielen seiner Schüler hielt Jellinek auch nach ihrer Heimkehr Kontakt. Er unterstützte einige seiner Studierenden, wie zum Beispiel Helene Saitzeff,[13] in ihrer weiteren Karriere und kam ihnen bei der Lösung ihrer Probleme mit der Regierung des Russischen Reiches zu Hilfe.[14]

Jellinek schöpfte viel aus der Kommunikation mit ausländischen Wissenschaftlern. Seine Seminare, in denen Rechtsansichten aus der ganzen Welt zur Sprache kamen, verschafften ihm reiches Material.[15] Durch die russischen Studierenden, Doktoranden und Kollegen wurde Jellinek an die russische Kultur und russische rechtsphilosophische Tradition herangeführt.[16] Es wäre nicht übertrieben zu sagen, daß er zur Verbreitung der Kenntnisse

[11] Siehe B. Kistiakowskis, Th. Kokoschkins und N. Korkunoffs Briefe an Jellinek mit Empfehlungsschreiben für ihre Studenten und Bitten, zu ihrer Immatrikulation an der Universität Heidelberg beizutragen.

[12] Siehe *Bekerman* 1910; *Dobranicke* 1912; *Dolmatowsky* 1907; *Güntzberg* 1907; *Kalantaroff* 1908; *Katz* 1913; *Kusnetzow* 1906; *Saitzeff* 1907; *Swatikow* 1904; *Wyszewianski* 1909.

[13] Auf Antrag von Jellinek hat Helene Saitzeff die Monographie André Lebons »Das Verfassungsrecht der französischen Republik. Das öffentliche Recht der Gegenwart« aus dem Französischen ins Deutsche übersetzt. Der Name der Übersetzerin ist im Buch nicht angegeben. Siehe *Lebon* 1909.

[14] Mit wenigen Ausnahmen war es Juden im Russischen Reich verboten, in Hauptstädten zu leben und dort zu studieren. Auf Antrag Jellineks erhielten seine jüdischen Studierenden die Erlaubnis, in Moskau und Sankt Petersburg zu wohnen und sich an den Moskauer und Sankt Petersburger Universitäten zu immatrikulieren. Siehe die Briefe Saitzeffs und Wyszewianskis an Jellinek.

[15] *Korff* 1911, S. 388.

[16] Ein großes Interesse für Rußland zeigte auch Professor Max Weber, ein Kollege Jellineks an der Universität Heidelberg. Er lernte die russische Sprache unter Anleitung Kistiakowskis und verfaßte zwei Artikel über die politische Situation im revolutionären Rußland: »Zur Lage der bürgerlichen Demokratie in Rußland« und »Rußlands Übergang zum Scheinkonstitutionalismus« (beide 1906).

über das russische Recht und die russischen rechtsphilosophischen Ideen in Deutschland beitrug. Die unter Leitung Jellineks geschriebenen Dissertationen von Michael Kalantaroff und Sergius von Swatikow analysierten wichtige Probleme der damaligen Verfassungsordnung des Russischen Reiches. Auf Veranlassung Jellineks wurden Werke über das russische Staatsrecht der bedeutenden russischen Rechtswissenschaftler und Professoren der Sankt Petersburger Universität, Nikolai Korkunoff (1853–1904) und Wiatscheslaw Gribowski (1867–1924), in Deutschland veröffentlicht.[17]

3. Georg Jellineks Beitrag zur Entwicklung des russischen Konstitutionalismus

Im vorrevolutionären Rußland fand ein echter »Kampf um das Recht« und die konstitutionelle Ordnung in der wissenschaftlichen und politischen Arena statt. In diesem Kontext besaßen Jellineks Ideen über die Herrschaft des Rechts, eine rechtliche Selbstbeschränkung des Staates und die Unveräußerlichkeit der Menschenrechte hohe politische Aktualität. Nach Kistiakowski stand ihm, Jellinek, »kein Problem des russischen gesellschaftlichen Lebens fern, das bei uns in Theorie und Praxis nur mühevoll gelöst werden konnte«.[18] Bei der Rechtskonzeption Jellineks handelte es sich nicht nur um ein vielversprechendes wissenschaftliches System, sondern auch um eine theoretische Analyse bestehender Verfassungsordnungen, die sich für das Programm einer rechtspolitischen Reform Rußlands verwenden ließ. In diesem Sinne stellten seine Werke für das russische Auditorium »eine theoretische und praktische Lehre der Verfassungspolitik« dar.

In seinem Vorwort zur russischen Übersetzung von Jellineks Werk »Verfassungsänderung und Verfassungswandlung« (1906) schrieb Kistiakowski folgendes: »Für uns sind im gegenwärtigen Moment, da in Rußland die Verfassungsformen des Staats konstruiert werden, die durch Jellinek entwickelten Problemstellungen wesentlich und nah«.[19] Die Grundgesetze von 1905 hatten in Rußland die absolute zu einer konstitutionellen Monarchie

[17] Siehe *Korkunoff* 1911. Georg Jellinek suchte für die Buchreihe »Handbuch des öffentlichen Rechts der Gegenwart in Monographien« nach einem Autor für eine Monographie über das russische Staatsrecht (siehe Briefe Kistiakowskis, Alexeieffs und Th. Martens an Jellinek von 1906 bis 1909). Die Schrift Gribowskis, die »dem Andenken des unvergeßlichen Georg Jellineks« gewidmet ist, erschien erst nach dem Tod Jellineks: *Gribowski* 1912.

[18] *Kistiakowski* 1907, S. XIX.

[19] Ebd.

gemacht. Die inkonsequenten Reformen der Jahre 1905 bis 1907 brachten jedoch nur eine unvollständige Konstitutionalisierung des Russischen Reiches, ohne die Bedürfnisse der Gesellschaft nach den Änderungen der Staatsordnung in vollem Umfang nachzukommen. Die Folge dessen war die Koexistenz von zwei Rechtsordnungen: eine, die die Prinzipien der neuen Verfassungsordnung verkörperte, und eine andere, die im Gegenteil Bemühungen begünstigte, die Reformen zu paralysieren (aufschlußreiche Beispiele waren die Auflösungen der ersten und zweiten Staatsduma).[20]

Die Ideen Jellineks dienten einerseits der Entlarvung der Ideologie der Kontrareformen in Rußland, indem sie, wie der Professor für Staatsrecht, Dekan der Juristischen Fakultät der Moskauer Universität und Vorsitzender der Moskauer Rechtsgesellschaft Alexandr Alexeieff (1851–1916) definierte, die »Geistesschwäche« der »dunklen Mächte des Absolutismus« offenbarten.[21] So demonstrierte Jellineks Werk »Der Kampf des alten mit dem neuen Recht« (1907), daß die Versöhnung der Autokratie und der Verfassungsreformen sowie die Harmonisierung der alten Idee des souveränen Monarchen »von Gottes Gnaden« und der neuen Konzeption des liberalen Rechtstaats prinzipiell unmöglich waren. Andererseits stellte Jellinek dem offiziellen Recht das lebendige, in dem sozialen Rechtsbewußtsein wurzelnde Recht gegenüber und präsentierte somit eine theoretische Begründung der Herausbildung der verfassungsmäßigen Staatsordnung durch andere Methoden als die Gesetzgebung.[22] Seine Schriften »Verfassungsänderung und Verfassungswandlung« und »Der Kampf des alten mit dem neuen Recht« betonten die Bedeutung der ethischen und rechtlichen Ideale für die Verfassungsordnung des Staates. Seine Konzeption überpositiver Determinanten des Rechts bestärkte die Hoffnung, daß die reaktionären Kräfte, wie stark sie auch seien, der Macht der Ideen, die die wichtigste Quelle der inoffiziellen Rechtsschöpfung bildet, auf Dauer nicht würden widerstehen können.

Mit großem Interesse verfolgte Jellinek Informationen über die rechtliche und politische Situation in Rußland. Er interessierte sich für und sympathisierte mit der russischen Freiheitsbewegung während der Revolution von 1905, er begrüßte, daß Rußland zu kulturellen Formen der Staatsexistenz überging, und erwartete, daß diese Prozesse sich auf die politische Entwicklung ganz Europas auswirkten.[23] Über die neuesten Ereignisse in Rußland

---

[20] *Alexeieff* 1908, S. 6–8.

[21] Ebd., S. 15.

[22] *Kistiakowski* 1907, S. III. Unter anderem bemerkt Kistiakowski, daß man am Beispiel der russischen Verfassung fast alle von Jellinek beschriebenen Arten der Verfassungswandlung beobachten könne, trotz ihrer kurzen Dauer.

[23] Kistiakowski erinnerte sich an die Worte, die Jellinek während ihres Spaziergangs

war er stets als einer der ersten informiert,[24] befanden sich doch unter seinen Schülern viele aktive Vertreter verschiedener politischer Parteien: Kadetten (konstitutionelle Demokraten: Kokoschkin, Kistiakowski, Iliyn, Hessen, Nolde), Sozialdemokraten (von Swatikow, Stepun) und Sozialrevolutionäre (Fondaminsky, Katz, Savinkov, Zenzinov, Vishnyak, Steinberg). Mehrere von ihnen wurden später Abgeordnete der Staatsduma.

Man wendete sich mehrmals an Jellinek mit der Bitte, die zeitgenössische politisch-rechtliche Situation im Russischen Reich zu kommentieren. Seine Briefwechsel und seine privaten und öffentlichen Reden enthielten bedeutsame Äußerungen über die aktuellen Ereignisse Rußlands (über die Russische Revolution von 1905 und die verfassungsmäßigen Umgestaltungen, die politischen Programme verschiedener Parteien, die Frage der Abschaffung der Todesstrafe,[25] Diskussionen über den Status Finnlands im Russischen Reich[26] usw.). So konnte Jellinek in seinem Brief vom 4. April 1906, der für den russischen Sammelband »Gegen die Todesstraffe« (1906/07) geschrieben wurde, die Enttäuschung über die politische Situation in Rußland ausdrücken:

> Ich sehe mich vergebens nach einem Staate der Gegenwart um, wo die Gebote der Humanität mit solchem Hohne missachtet werden, wie in Russland, wo die eine Hälfte des Volkes damit beschäftigt ist, die andere zu massakrieren. Regierung und Regierte haben sich gleicherweise mit Blutschuld beladen. Was helfen da Proteste, wo Niemand Ohren hat, zu hören? Aber schmerzlich ist mir der Gedanke, noch fernerhin von unterbrochener Entweihung der Menschheit und Menschlichkeit in einem Lande zu hören, das trotz alledem den Anspruch erhebt, einen Bestandteil der gesitteten Welt zu bilden.[27]

---

in Heidelberg geäußert hatte: »Ich würde sehr gerne auf die politische Landkarte Europas in fünfzig Jahren einen Blick werfen. Nur aus Neugier wünschte ich mir, ewig zu leben«. *Kistiakowski* 1911, S. 5.

[24] Nach der Ausrufung des Manifests vom 17. Oktober erhielt Jellinek die Postkarte von seinen Studierenden Bogdan und Marie Kistiakowski, Sergei Givago, Aron und Adel Dolmatowsky, Ivan Teletow und Lev Pollack: »Es grüssen den Herrn Geheimen Rat Freie Bürger vom freien Staat! [...] Hoch die russische Verfassung! Hoch das allgemeine direkte Wahlrecht!« Im Oktober 1905 schickte Petr Struve an Jellinek das Konzept der russischen Verfassung, das durch die Partei »Bund der Befreiung« ausgearbeitet wurde, zur Diskussion.

[25] Jellinek sprach sich in dem russischen Sammelband, in dem 30 Artikel berühmter russischen Denker und 22 Briefe hervorragender ausländischen Philosophen, Soziologen und Politikern veröffentlicht wurden, gegen die Todesstrafe aus. Der Brief Jellineks eröffnete den Teil, der den ausländischen Autoren gewidmet war. Siehe *Gernet* 1907.

[26] Jellinek war ein Advokat der Autonomie Finnlands. Im Jahr 1899 unterschieb er »pro Finlandia« und am 25. Januar 1910 schloß er sich den 65 deutschen Professoren in dem Aufruf für die finnische Autonomie an, den er »mit besonderer Motivierung« vermerkte.

[27] Siehe *Jellinek* 1907, S. 353.

Obwohl Jellinek in diesem Brief Zweifel erhob, daß »die Ansicht von Männern des Geistes von Einfluß auf die Praxis der Regierung« sein könne, besaßen seine öffentlichen Äußerungen in Rußland Gewicht, da sich durch sie laut seiner Schülerin Ewa Okuneff die »moralische Kraft« der absolutistischen russischen Staatsmacht verringert habe.[28] Verfechter des Liberalismus hegten aufgrund seiner Ideen die Hoffnung, daß der Übergang von der Autokratie zur Verfassungsordnung in jeder zivilisierten Gesellschaft unvermeidlich sei. In diesem Zusammenhang sprach Alexeieff davon, daß die Ideen Jellineks »für den russischen Leser tief belehrend sind und diejenigen ermutigen sollten, die, indem sie die äußerlichen Erfolge der politischen Reaktion betrachten, sich verzweifelnd nach dem Hoffnungsstrahl in der politischen Dämmerung sehnen, die in den heutigen Tagen auf dem russischen Lande als ein schwerer Schleier liegt«.[29]

4. Die integrative Rechtstheorie in Rußland

Das Ende des 19. und der Anfang des 20. Jahrhunderts sind in die Geschichte als Epoche der russischen religiös-philosophischen Renaissance sowie als »goldenes Zeitalter« der russischen Rechtsphilosophie eingegangen. Diese Epoche erforderte das fundamentale Überdenken des Wesens und Wertes des Rechts und rückte eine der wichtigsten Fragen der russischen Rechtsphilosophie in den Vordergrund: das Problem der moralischen Rechtfertigung des Rechts. Eine dringende rechtstheoretische Aufgabe bestand darin, einerseits die Konzeptionen des staatlichen Absolutismus sowie die korrespondierende, dezisionistische Interpretation des Rechts als Produkt der Staatstätigkeit allein, andererseits die des Rechtsnihilismus und Anarchismus zu widerlegen. Im vorrevolutionären Rußland wurde das Bestreben deutlich, die traditionellen Vorstellungen Jellineks als eines juristischen Positivisten zu überwinden und die psychologischen, moralischen und religiösen Aspekte des Rechts in seiner Lehre zu betonen. Auf diese Weise stieß Jellineks These, daß die überpositiven Determinanten für »das Leben« und »den Tod« der Rechtsinstitute ausschlaggebend seien, in der russischen Rechtswissenschaft auf große Resonanz. Am meisten rezipiert wurden daher Jellineks integrative Definition des Rechts sowie seine Lehren von

---

[28] Siehe den Brief Ewa Okuneffs an Georg Jellinek vom 15./28. Januar 1910: *Okuneff* 1910. Siehe auch den Brief Wladimir Loewentons an Georg Jellinek vom 26. Januar 1910: *Loewenton* 1910.

[29] *Alexeieff* 1908, S. 3.

ethisch-sozialen Funktionen des Rechts und der religiös-moralischen Bedingtheit der Menschenrechte.

Nach Meinung seiner russischen Kollegen bestand Jellineks wichtigster Verdienst in der Entlarvung der Einseitigkeit des Rechtspositivismus mit der Begründung, daß das Recht ein multidimensionales Phänomen sei. Alexeieff erkannte an, daß »jedes Recht gleichzeitig ein soziales Phänomen, eine Norm des Sollens und ein Objekt der Bewertung ist. Falls wir das Recht verstehen wollen, können wir es von einem Standpunkt aus nicht erforschen und sollen es von allen Seiten tun«.[30] In seinem Werk »Allgemeine Staatslehre« (1900) stellte Jellinek fest:

> Das Recht führt ein Doppelleben. Einmal als tatsächliche Rechtsübung, als welche es eine der sozialen Mächte ist, die das konkrete Kulturleben eines Volkes ausgestalten. Sodann aber als ein Inbegriff von Normen, der bestimmt ist, in Handlungen umgesetzt zu werden. Das Recht in diesem letzten Sinne gehört nicht in das Gebiet des Seienden, sondern des Seinsollenden, es besteht aus Begriffen und Sätzen, die nicht der Erkenntnis des Gegebenen, sondern der Beurteilung der Wirklichkeit dienen.[31]

Neben der dogmatischen Jurisprudenz, die die existierende normative Ordnung erforscht, und der Rechtssoziologie, die sich auf die soziale Natur des Rechts fokussiert, untersuchte Jellinek die Rechtspolitik als Lehre vom Zweck des Rechts. Dabei betrachtete er das Recht auch als eine »innermenschliche Erscheinung«, die ein Teil des geistigen Lebens sei. Es ist kein Zufall, daß Jellineks Lehre Anhänger unter Vertretern verschiedener rechtsphilosophischer Konzeptionen erwarb. So trug sie beispielsweise zur Entwicklung der soziologischen und psychologischen Rechtslehren sowie der Renaissance des Naturrechts in Rußland bei.[32]

Versuche Jellineks, die dogmatische Jurisprudenz, die soziale Rechtslehre und die Rechtspolitik zu vereinigen, standen im Einklang mit dem Streben der russischen Rechtsphilosophie zu Ende des 19. und Anfang des 20. Jahrhunderts, eine integrative Rechtskonzeption auszuarbeiten. Im Rahmen der integrativen Herangehensweise sind zwei Tendenzen zu unterscheiden: die synthetische (zentripetale), die den Zweck hat, die durch die unterschiedliche und auch konkurrierende Herangehensweise erkennbaren Aspekte des Rechts in eine ganzheitliche Formel zu fassen; und die pluralistische (zentrifugale), die die Vielheit der wissenschaftlichen Rechtsbegriffe legitimiert. Die erste synthetische Tendenz erhielt ihre theoretische Begründung in der Philosophie der Alleinheit von dem russischen religiösen Philosophen und

---

[30] *Alexeieff* 1912, S. 35.

[31] *Jellinek* 1905, S. 132.

[32] Nach Vladimir Hessens Meinung gehörte Jellinek zur Schule des Naturrechts. Siehe *Hessen* 1902.

Publizisten Vladimir Solov'ev (1853–1900). In seinem Werk »Die Rechtfertigung des Guten« (1897) wurde das Recht als ein dreieiniges Phänomen beschrieben, das eine psychologische Determinante, einen rationalen Sinn und eine geistige Idee des Rechts integriert. In Anknüpfung an Solov'ev formulierte Alexander Jaschschenko (1877–1934), Rechtsphilosoph und Professor der Sankt Petersburger Universität, seine synthetische Definition des Rechts, die »den logischen Umfang, den materiellen Gehalt und die formellen Zeichen des Rechts« in Einklang bringt.[33]

Jellinek und seine russischen Nachfolger lassen sich den Verfechtern der pluralistischen Tendenz zuordnen. Der Rechtwissenschaftler verteidigte die methodologische Forderung, für eine richtige Erkenntnis des Rechts seine verschiedenen Aspekte abzugrenzen: So sollten jeder synthetischen Arbeit selbständige sorgfältige Studien aller Seiten des Rechts vorausgehen. Diese These entwickelte der Jellinek-Schüler Kistiakowski in seiner »pluralistischen Rechtstheorie«, der zufolge »das Recht ein staatsorganisatorisches, soziales, psychologisches und normatives Phänomen ist. All diese verschiedenen Äußerungen oder all diese Seiten seiner vielfältigen Existenz sollen ganz selbständig untersucht und entwickelt werden. [...] Deswegen sind nicht nur ein, sondern mehrere Begriffe wissenschaftlich berechtigt«.[34] Wenn man die Methoden der Aufteilung und Isolierung nutzt, erhält man vier Arten der theoretischen Erforschung des Rechts. Im Rahmen seiner »Theorie der Vielfalt der wissenschaftlichen Rechtsbegriffe« behauptete der russische Denker, daß diese grundlegenden Aspekte des vielseitigen Phänomens des Rechts im Bezug zueinander irreduzibel seien. Dabei glaubte er, daß »*das Recht* neben der Vielfalt der wissenschaftlichen Rechtsbegriffe als *ein einheitliches Phänomen* verstanden wird«. Wenn man keinen einzigen Rechtsbegriff formulieren könne, dann solle man jedoch nicht darauf verzichten, eine allgemeine Rechtstheorie herauszubilden, die die Integration aller Seiten der umfassenden Rechtskenntnis darstelle.[35]

Die Entwicklung der pluralistischen und synthetischen Rechtskonzeptionen findet sich in Schriften von den bekannten Vertretern des »goldenen Zeitalters« der russischen Rechtsphilosophie wie Nikolai Alekseev (1879–1964), Ivan Ilyin (1883–1954), Georges Gurvitch (1894–1965), Pitirim Sorokin (1889–1968), Iosif Pokrovsky (1868–1920) und Juri Gambarov (1850–1926). Ihr Streben nach der Ausarbeitung verschiedener Elemente der integrativen Rechtstheorie ist für die moderne Rechtswissenschaft in Rußland

---

[33] *Jashchenko* 1999, S. 175; *Jashchenko* 1912, S. 13.
[34] *Kistiakowski* 1998, S. 191.
[35] Ebd., S. 194–195.

von großer Bedeutung. Sie legen zugleich ein Zeugnis von den Schwierigkeiten ab, mit denen die Formulierung einer integrativen Rechtskonzeption unvermeidlich verbunden ist. So versuchen gegenwärtige russische Rechtsphilosophen einen integrativen Rechtsbegriff weiterzuentwickeln, der, wie Professor Vladimir Grafsky formuliert, nach wie vor »aktuell und ein immer noch nicht abgeschlossenes Projekt« ist.[36]

5. Theorie des ethischen Minimums in Rußland

Es ist merkwürdig, daß gerade das erste rechtsphilosophische Werk Jellineks, »Die sozialethische Bedeutung von Recht, Unrecht und Strafe« (1878), die bedeutendste Rolle in der Geschichte der russischen Rechtsphilosophie spielte. In diesem Werk postulierte der Autor den ontologischen Status des sittlichen Elements im Recht, der den Minimalstandards des sittlich-pflichtgemäßen Verhaltens entspreche, ohne die die Gesellschaft nicht existieren und sich nicht entwickeln könne. Sein Ziel war es, den sozialen Charakter von Sittlichkeit[37] sowie eine sittliche Bestimmung des Rechts aufzuzeigen. So gab der Rechtsphilosoph und -historiker, Professor der Sankt Petersburger Universität Fedor Taranovsky (1875–1936) das Hauptvorhaben Jellineks wieder, die Anerkennung der »sozialen Herkunft und Bestimmung der Ethik« sei eine »notwendige Korrektur zu diesem individualistischen Verständnis, das zur absoluten Trennung zwischen Recht und Sittlichkeit führte«.[38] Jellinek strebte danach, die Vorstellung von dem ausschließlich inneren Charakter der Sittlichkeit und dem ausschließlich äußeren Charakter des Rechts zu überwinden (bereits in diesem Werk stellte er die These über die psychologische Natur des Rechts in den Vordergrund, die er in seinen Spätwerken weiterentwickelte). Die äußerliche Befolgung des Gesetzes setzt einen »Grad inneren Wollens der Normen« voraus. Auf diese Weise wird der »organische« Zusammenhang zwischen Recht und Sittlichkeit deutlich.

Die sozialethische Bedeutung von Recht besteht darin, die Erhaltung derjenigen Normen zu garantieren, ohne die die langfristige Existenz einer

---

[36] *Grafsky* 2000.

[37] Nach einer treffenden Charakteristik von Kersten versuchte Jellinek, die überindividuellen Bedingungen von gesellschaftlicher Kommunikation zu beschreiben. *Kersten* 2000, S. 328.

[38] *Taranovsky* 2001, S. 121. Lask betrachtet die Lehre Jellineks als einen Versuch, den hundertjährigen Streit zwischen den Anhängern von Kant und Hegel zu lösen. Siehe *Lask* 1905, S. 20.

Gesellschaft unmöglich ist. Gerade diese Normen bilden »die sittliche Basis des Rechts«, die kontextspezifisch sind und sich im Zeitverlauf sowie von Nation zu Nation ändern. Jellinek formulierte:

Das Recht ist nichts Anderes, als das *ethische Minimum*. Objectiv sind es die Erhaltungsbedingungen der Gesellschaft, soweit sie vom menschlichen Willen abhängig sind, also das Existenzminimum ethischer Normen, subjectiv ist es das Minimum sittlicher Lebensbethätigung und Gesinnung, welches von den Gesellschaftsgliedern gefordert wird.[39]

Für seine Rechtskonzeption übernahm Jellinek den wirtschaftlichen Begriff »Existenzminimum«, der die Mindestanzahl der Wirtschaftsgüter bedeutet, die ein Mensch für seine Lebenserhaltung braucht.[40] Es kommt nicht von ungefähr, daß in der russischen Philosophie die Idee der Sicherung des »Existenzminimums ethischer Normen« das Fundament für die Begründung des Rechts auf menschenwürdiges Daseins war (Solov'ev, Novgorodcev, Pokrovsky und Kistiakowski).[41]

Die enorme Popularität von Jellineks Definition des Rechts als »ethisches Minimum« wuchs soweit, daß dieser Begriff zu einem geflügelten Wort wurde.[42] Zur Verwunderung des Autors begann seine Definition ein Eigenleben zu führen und einen Gehalt anzunehmen, den Jellinek gar nicht in Erwägung gezogen hatte. So interpretierte der Theologe und Soziologe Ernst Troeltsch das »ethische Minimum« als moral-theologische Funktion des Rechts.[43] Eine »erweiterte« Interpretation der Theorie des ethischen Minimums ist in der rechtsphilosophischen Konzeption Solov'evs und seiner Nachfolger zu konstatieren.

Jellineks sozialethische Definition des Rechtes fand durch Solov'ev ihre grundsätzliche Anerkennung und notwendige Vervollständigung.[44] Der russische Philosoph war ein Anhänger der Lehre des ethischen Minimums,

---

[39] *Jellinek* 1967, S. 42.

[40] Siehe *Taranovsky* 2001, S. 122.

[41] Solov'ev war der erste in der russischen rechtsphilosophischen Tradition (»Die soziale Frage in Europa«, 1892), der das Recht auf menschenwürdiges Dasein als ein Naturrecht, d.h. als unbedingte und unverzichtbare Charakteristik der Person, begründet hat. Die Sicherung des Rechts auf menschenwürdiges Dasein ist nach Solov'evs Meinung ein echter Beweis für den sittlichen Fortschritts des Rechts.

[42] In seinem Brief an Jellinek vom 11. September 1908 schrieb der bekannte Philosoph und Soziologe Simmel: »Das ›ethische Minimum‹ ist einer meiner *standard* Begriffe u. vielleicht bin ich nicht ganz unschuldig daran, dass er zum ›geflügelten Wort‹ geworden ist«. *Simmel* 2005, S. 656.

[43] *Troeltsch* 1912, S. 273ff.

[44] Solov'evs Kenntnis der Lehre des deutschen Rechtswissenschaftlers ist sicher. Offensichtlich lernte Solov'ev Jellineks Ideen in zwei Werken kennen: »Vorlesungen von allgemeiner Rechtstheorie« (1886) von N. Korkunoff und »Ethik. Eine Untersuchung

die der Grundgedanke seiner rechtsphilosophischen Konzeption wurde, und der Autor ihrer religiös-moralischen Interpretation. Die These vom Recht als »Minimum des Guten« zeigte sich 16 Jahre nach der Veröffentlichung von Jellineks Werk. 1895 veröffentlichte Solov'ev in der Zeitschrift *Vestnik Evropy* (»Europäischer Bote«) zwei Artikel: »Sittlichkeit und Recht« und »Bedeutung des Staates«. Die Lehre vom Recht als »Minimum des Guten« wurde in seiner Monographie »Die Rechtfertigung des Guten. Eine Moralphilosophie« (1897, 1899) sowie in seiner Broschüre »Recht und Sittlichkeit« (1897, 1899) systematisch dargelegt.

Eine vergleichende Analyse der Theorie des ethischen Minimums Jellineks und der Konzeption Solov'evs vom Recht als »Minimum des Guten« zeigt ihre grundsätzliche Verwandtschaft:[45] Sie besteht in der Idee der subjektiven und objektiven Bedingtheit des Rechtes durch Sittlichkeit, der Wechselbeziehungen des moralischen Bewußtseins und des Rechtsbewußtseins, der normativen Kraft des sittlichen Gefühls und des Rechtsgefühls und der ethisch-sozialen Funktionen des Rechtes. Die grundlegende These von Jellinek und Solov'ev war die Idee der sozialen Bestimmung der Sittlichkeit, die sie zur Suche nach einer gemeinsamen Basis der individuellen und sozialen Aspekte der Ethik motivierte. Ähnlich war auch ihre Auffassung vom Hauptziel ihrer rechtsphilosophischen Studien: der Überwindung der für die individualistischen und atomistischen Konzeptionen bezeichnenden Entgegenstellung von Recht und Sittlichkeit.

Ein Fundament der Theorien Jellineks und Solov'evs zeigt sich in Schopenhauers Aussage über die Gerechtigkeit als unterster Stufe der Liebe. Bei der Analyse der Wechselbeziehung von Gerechtigkeit und Barmherzigkeit kam Solov'ev zu folgendem Schluß über den Zusammenhang zwischen Recht und Sittlichkeit: Obgleich Recht und Sittlichkeit einen gemeinsamen ethischen Zweck hätten, könne das Recht nur ein gewisses »Minimum des Guten« realisieren (ebenso wie die Gerechtigkeit »lediglich den geringsten Grad der allgemeinen altruistischen Tugend« ausdrücke). Im Vergleich zu Sittlichkeit sichere das Recht im gewissen Sinne auch *die Freiheit, unsittlich zu sein*, und lasse Zwang zu.

---

der Thatsachen und Gesetze des sittlichen Lebens« von Wundt (1886, die russische Übersetzung 1887/88).

[45] Aus diesem Grund kann man die Ansichten von Gurvitch, Laserson und Gäntzel über die Unmöglichkeit der Annäherung von rechtsphilosophischen Standpunkten beider Denker bezweifeln. Siehe *Laserson* 1933, S. 305; *Gurwitsch* 1922/23, S. 94; *Gäntzel* 1968, S. 294. Die Verwandtschaft ihrer Ansichten wurde kursorisch durch Mikhailovsky, Taranovsky, Walicki und Soloviev festgestellt: *Mikhailovsky* 1999, S. 262–263; *Taranovsky* 2001, S. 126; *Walicki* 1987, S. 201; *Soloviev* 2001, S. 138, 188.

Auf diese Weise resümierte Solov'ev, daß die Beziehung von Recht und Sittlichkeit zwei Aspekte besitze: Im subjektiven Sinne seien rechtliche Prinzipien, die in der Gesellschaft anerkannt würden, »eine niedere Grenze oder ein gewisses Minimum der Sittlichkeit, für alle in gleicher Weise verbindlich«, und im objektiven Sinne sei das »Recht [...] die zwingende Forderung zur Verwirklichung eines bestimmten minimalen Guten oder einer solchen Ordnung, die gewisse äußerste Erscheinungen des Bösen nicht zuläßt«.[46] Es liegt auf der Hand, daß Solov'ev unter subjektiven und objektiven Aspekten des Rechts das vom sittlichen Bewußtsein abgeleitete Rechtsbewußtsein sowie die Rechtsordnung verstand, in der die Verwirklichung des Guten, das für die Existenz der Gesellschaft unbedingt notwendig ist, durch die Realisation von Rechtsnormen bedingt ist.

Die Hauptunterschiede zwischen Solov'ev und Jellinek bestehen in folgenden Punkten: Erstens ist die »persönliche« Moral nach Solov'ev ursprünglicher als die »gesellschaftliche« Sittlichkeit, während Jellinek die persönliche Moral aus der sozialen Sittlichkeit ableitet. Zweitens verzichtete der russische Philosoph auf Schopenhauers Trennung der positiven und negativen Seiten des Altruismus und stimmte Wundts Kritik an Jellineks Idee der negativen ethischen Rechtsfunktion zu. Der wichtigste Unterschied der Lehre Solov'evs zu Jellineks Theorie besteht drittens in der religiös-sittlichen Deutung der These vom Recht als Minimum des Guten.[47] Solov'ev grenzte drei Aspekte des Guten voneinander ab: das Gute in der menschlichen Natur, das soziale Gute oder die sittliche Ordnung der Gesellschaft und das Gute in Gott. So fundierte er den ethischen Wert des Rechts in drei Dimensionen: der individuell-psychologischen, der sozialen und der religiösen. Nach Solov'evs Meinung soll die Rechtsphilosophie vor allem ein Bild der geistigen Rechtsidee (sittlich-religiösen Grundlagen des Rechts) sein. Dabei war es das Hauptziel seiner Studien, die Beziehungen zwischen Recht und Sittlichkeit vom Standpunkt des »göttlichen Guten« aus aufzuzeigen.

Das Minimum des Guten, das durch das Recht garantiert sein müsse, stellt in der philosophischen Konzeption Solov'evs den rechtlichen Aspekt der Gerechtigkeit dar. Seine Grenze wird durch das Konzept des Gleichgewichts zwischen der persönlichen Freiheit und dem allgemeinen Wohl konkretisiert, die als die wesentliche Idee des Rechtes definiert wird. Auf diese Weise formulierte Solov'ev die folgende ontologische Definition des Rechts:

---

[46] *Solowjow* 1971, S. 55, 57.

[47] Die religiös-moralische Interpretation des »ethischen Minimums« kann man bei den religiösen Philosophen Messner, Janssens und Luijpen finden: *Messner* 1960; *Luijpen* 1962, 1967; *Janssens* 1952.

Recht ist die geschichtlich wechselhafte Bestimmung eines zwingenden Gleichgewichtes zwischen zwei sittlichen Interessen: dem formal-sittlichen Interesse der persönlichen Freiheit und dem materiell-sittlichen Interesse des allgemeinen Wohles.[48]

Die Definition des Rechts als »ethisches Minimum« ist sehr bedeutsam für die axiologischen Rechtslehren Mikhailovskys, Hessens, Gurvitchs und Alekseevs und fand eine wesentliche Anerkennung und Entwicklung in den Werken von Zalessky, Jaschschenko, Taranovsky und Laserson. Demgegenüber rief sie in Rußland auch viel Kritik hervor, etwa bei Chicherin, Korkunoff, Trubetskoy, Shershenevich, Novgorodcev oder Gins.

Den Autoren der Theorie des ethischen Minimums gelang es deutlicher und grundlegender als ihren Vorgängern und Zeitgenossen, das Wesen des Zusammenhanges von Recht und Sittlichkeit aufzuspüren.[49] Erstens bildet die Theorie einen spezifischen Typ axiologischer Rechtskonzeptionen, die einen Friedensstifter darstellt, der den erwünschten Schlüssel für die Versöhnung der konkurrierenden Traditionen des juristischen Positivismus und der Naturrechtslehre gefunden hat. Einerseits überwindet die Lehre vom ethischen Minimum das für den juristischen Positivismus charakteristische Vorurteil der unüberwindbaren Dualität von Recht und Sittlichkeit, andererseits begrenzt sie die Ansprüche von Naturrechtslehren auf eine »Moralität« des Rechts. Zweitens beschreibt die Lehre vom ethischen Minimum höchst adäquat die Beziehungen des Rechts und der Moral in einer ungleichartigen Umgebung, indem sie einerseits die Notwendigkeit der Universalisierung von Rechts- und Sittlichkeitsprinzipien vertritt und andererseits die Unvermeidlichkeit des Multikulturalismus der sozialen Welt konstatiert. Ein zweifelloses Verdienst ihrer Autoren war die Aufklärung der folgenden wichtigen Gesetzmäßigkeit: Gerade deshalb, weil das Recht lediglich darauf Anspruch erhebt, die (nach Solov'ev) »unterste Stufe des Sittlichen« abzubilden, ist seine Funktion in einer pluralistischen Gemeinschaft, in der das Recht – gemäß der treffenden Bemerkung von Marcic – »zur Hauptbedingung des Erdendaseins aufgerückt ist«, eine schicksalhafte.[50] Daher rührte die große Resonanz der Theorie des ethischen Minimums in Rechtswissenschaft, Philosophie, Soziologie und Theologie. Für die rechtstheoretischen und moralphilosophischen Diskussionen in Westeuropa und Rußland war sie richtungweisend.

---

48 *Solowjow* 1971, S. 61.

49 Zu diesem Schluß kam in bezug auf die Theorie Solov'evs H.H. Gäntzel. Siehe *Gäntzel* 1968, S. XII.

50 *Marcic* 1965, S. 547. Marcic charakterisiert die Position Solov'evs als »weltpolitische und existentielle Gesichtspunkt«. Siehe auch *Marcic* 1969, S. 33.

6. Georg Jellinek und die Lehre von den Menschenrechten in Rußland

Jellineks Lehre von den Menschenrechten sowie sein System des subjektiven öffentlichen Rechts »haben allgemeine Anerkennung gefunden und sich in das wissenschaftliche Gemeingut verwandelt«.[51] Die vorherrschende Richtung, die die Rezeption seiner Lehre der Menschenrechte in Rußland nehmen sollte, konnte Jellinek nur schwer voraussehen. Seine Begründung der zentralen Rolle religiöser Überzeugungen für die Anerkennung und die gesetzgeberische Verankerung von Menschenrechten, die aus seinen Werken »Die Erklärung der Menschen- und Bürgerrechte« (1895) und »Adam in der Staatslehre« (1906) spricht, wurde von der russischen religiös-sittlichen Rechtsphilosophie am Ende des 19. und zu Beginn des 20. Jahrhunderts stark betont. Im Vorwort zur russischen Übersetzung der »Erklärung der Menschen- und Bürgerrechte« stellte der Rechtsanwalt, Wirtschaftswissenschaftler und Privatdozent an der Moskauer Universität Alfons Worms (1868–1939) zutreffend fest, daß man »dieses Buch als eine beispielhafte Erforschung der Rolle, die die Ideale in der Geschichte spielen, und der Bedingungen, unter denen diese Ideale ins Leben eindringen und es transformieren können«, betrachten könne.[52] Einen genetischen Zusammenhang der unveräußerlichen Menschenrechte mit den religiös-kulturellen Bewegungen des 16. bis 18. Jahrhunderts akzentuierte auch der russische Politiker und Philosoph Petr Struve (1870–1944).[53]

In Anknüpfung an diese These wiesen neben dem schon genannten russischen Rechtsphilosophen Solov'ev auch Berdyaev, Bulgakov, Taranovsky, Frank und Alekseev auf eine nicht nur historische, sondern auch ontologische Verwurzeltheit der Menschenrechte in der religiösen Moral sowie einen metaphysischen Sinn der Menschenrechte hin. Ein Fundament der Menschenrechte im juristischen Sinne schaffe »das oberste Recht« jedes Menschen, derjenige zu werden, der er laut der christlichen Idee der Vervollkommnung sei. Aufgrund des angeborenen Gefühls der Ehrfurcht und der Pflicht der moralischen Vervollkommnung dürfe der Mensch die Sicherung der Voraussetzungen für die Verwirklichung seiner hohen Bestimmung fordern.

Es ist zu anzumerken, daß die Konzeption einer religiös-moralischen Grundierung der Menschenrechte in Rußland auch noch auf ältere Quellen zurückgeht, die unabhängig von Jellineks »Erklärung der Menschen- und

[51] *Kistiakowski* 1998, S. 302, 311.
[52] *Worms* 1905, S. XVIII.
[53] *Struve* 1999.

Bürgerrechte« sind und dennoch mit der Theorie des ethischen Minimums verbunden waren. Die sittlich-religiöse Projektion von Solov'evs Definition des Rechtes als des »Minimums des Guten« hängt mit seiner Lehre der Menschenrechte zusammen. Er definiert die religiös-ethische Bestimmung des Rechts als Basis für das Gottmenschentum. So bilden die Menschenrechte eine *minimale notwendige Stufe* für die moralische Vervollkommnung des Menschen. In den Werken »Rußland und die universale Kirche« (1889) und »Die Idee der Menschheit bei Auguste Comte« (1897) findet man eine Äußerung, die als das Herzstück der rechtsphilosophischen Konzeption der Menschenrechte Solov'evs betrachtet werden kann: »[D]enn natürlich sind alle Menschenrechte enthalten in jener Macht der Menschen, Gottes Kinder zu werden, die vom Evangelium verkündet ist (Johannesevangelium 1,12)«.[54] Eine ausführliche Erläuterung dieser Metapher gibt Solov'ev in »Die Rechtfertigung des Guten«: Die »doppelte Unendlichkeit« – »die Fähigkeit, alles mit seiner Vernunft zu verstehen und alles mit seinem Herzen zu umfassen«, die in der Bibel das Bild und Gleichnis Gottes heißt und unveräußerliches Besitztum einer jeden Person ist, gibt »die unbedingte Bedeutung, die Würde und den Wert der menschlichen Persönlichkeit« und legt »den Grund ihrer unantastbaren Rechte«.[55]

In seiner Rezension über »Die Erklärung der Menschen- und Bürgerrechte« deklarierte der Religions- und politische Philosoph Nikolai Berdyaev (1874–1948), ein Schüler Jellineks, daß man zu Schlußfolgerungen kommen müsse, zu denen der deutsche Denker gelangt sei. Berdyaev interpretiert die Idee der Souveränität der Person als eine Bedingung der Realisierung seiner Natur, die nicht von dieser Welt sei. Für ihn haben die Menschenrechte »einen tiefen metaphysischen und religiösen Sinn«. Der historischen und relativen »Erklärung der Menschen- und Bürgerrechte« setzt er eine ewige und absolute »Erklärung« entgegen.[56] Im Anschluß an Solov'ev schrieb Berdyaev über die »Erklärung der Rechte der menschlichen Seele«, die durch die christliche Offenbarung gegeben sei, sie sei die Quelle aller Menschenrechte und stelle die Grenzen für das staatliche Eingreifen in das geistige Leben des Menschen dar.[57]

Nach Meinung des Rechtsphilosophen Nikolai Alekseev manifestieren sich die religiös-sittlichen Grundlagen in den Erklärungen der Menschenrechte in zwei verschiedenen Aspekten: erstens im Sinne der ethischen Forderungen, die durch das organisierte Rechtssystem geschützt seien; und

---

[54] *Solowjow* 1980, S. 339.

[55] *Solowjow, Wladimir* 1976, S. 304.

[56] *Berdyaev* 2008, S. 303.

[57] Siehe *Berdyaev* 1991, S. 69.

zweitens durch die moralischen Prinzipien, die die Basis der Rechtsordnung darstellten. Die »letzte Grundlage« der Erklärungen der Menschenrechte, so Alekseev, »Wenn wir nur danach streben, sie zu finden, sind die sich entwikkelnden religiösen und metaphysischen Anschauungen, auf der jede Moral beruht«.[58]

7. Schlußfolgerung

Zusammenfassend möchte ich noch einmal betonen, daß Jellinek eine Schlüsselrolle in der russischen Rechtskultur am Ende des 19. und Anfang des 20. Jahrhunderts spielte. Seine Verdienste bestanden – erschöpften sich jedoch nicht – darin, daß er als Lehrer zahlreicher Vertreter der russischen Elite im vorrevolutionären Rußland einen bedeutenden Einfluß auf die Entwicklung des Konstitutionalismus und Liberalismus sowie der Rechtswissenschaft insgesamt ausübte, deren wesentliche Bestandteile die Entwicklung der integrativen Rechtskonzeption, die moralische Legitimation des Rechts im Rahmen der Theorie des ethischen Minimums sowie die Begründung der religiös-sittlichen Determinanten der Menschenrechte waren.

Da die Ideen Jellineks für die Entstehung der liberalen Tradition im Russischen Reich grundlegend waren, hat die Wiederherstellung dieser Tradition im postsowjetischen Raum das Interesse an seinem Nachlaß neu geweckt. Die Erforschung seiner Wirkung auf die Rechtswissenschaft sowie auf die rechtspolitische Ordnung Rußlands liefert den Schlüssel zum Verständnis der Quellen und der Besonderheiten der russischen Rechtskultur und ist daher für die gegenwärtige Rechtswissenschaft in Rußland von eminenter Bedeutung.

Literatur

Alekseev, Nikolai (1930): Religiya, pravo i nravstvennost‘ [Religion, Recht und Moral]. Paris.

Alexeieff, Aleksandr (1908): Vstupitel'naya stat'ya [Vorrede]. In: Jellinek, Georg: Bor'ba starogo prava s novym [Der Kampf des alten mit dem neuen Recht]. Moskau. S. 3–15.

Ders. (1912): Georg Jellinek i ego nauchnoe nasledie [Georg Jellinek und sein wissenschaftlicher Nachlaß]. Moskau.

Bekerman, Lucjan (1910): Die wichtigsten Mittel der parlamentarischen Kontrolle im Deutschen Reich, England und Frankreich. Borna-Leipzig.

[58] *Alekseev* 1930, S. 32–33.

Berdyaev, Nikolai (1991): Filosofiya neravenstva [Die Philosophie der Ungleichheiten]. In: Russkoe zarubezh'e: iz istorii sotsial'noy mysli. Leningrad.

Ders. (2008): G. Jellinek. Deklaratsiya prav cheloveka i grazhdanina [G. Jellinek. Die Erklärung der Menschen- und Bürgerrechte]. In: Berdyaev, Nikolai: Sub"ektivizm i individualizm v obshchestvennoy filosofii [Subjektivismus und Individualismus in der Sozialphilosophie]. Moskau. S. 301–303.

Dobranicke, Mieczyslaw (1912): Das Proportionalwahlgesetz in der württembergischen Verfassungsreform. Borna-Leipzig.

Dolmatowsky, Aron (1907): Der Parlamentarismus in der Lehre Benjamin Constants. Heidelberg.

Ders. (1911): Zametki [Notizen]. In: Logos. Bd. 1. S. 233–234.

Gäntzel, Hans Helmut (1968): Wladimir Solowjows Rechtsphilosophie auf der Grundlage der Sittlichkeit. Frankfurt a. M.

Gernet, Mikhail/Gol'dovskiy, Onisim/Sakharova, Irina (1907): Protiv smertnoy kazni. Sbornik statey [Gegen die Todesstrafe. Sammelband]. 2. Aufl. Moskau.

Grafsky, Vladimir (2000): Integral'naya (sintezirovannaya) yurisprudentsiya: Aktual'nyy i vse eshche nezavershennyy proekt [Integrale (synthetische) Jurisprudenz: Ein aktuelles und immer noch nicht abgeschlossenes Projekt]. In: Pravovedenie [Rechtswissenschaft]. Bd. 3. S. 49–64.

Gribowski, Wiatscheslaw (1912). Das Staatsrecht des Russischen Reiches. Das Öffentliche Recht der Gegenwart. Bd. 17. Tübingen.

Güntzberg, Benedikt Elias (1907): Die Gesellschafts- und Staatslehre der Physiokraten. Leipzig.

Gurwitsch, George (1922/23): Die zwei größten russischen Rechtsphilosophen: Boris Tschitscherin und Wladimir Ssolowjew. In: Philosophie und Recht 2 (2), S. 80–102.

Hessen, Vladimir (1902): Vozrozhdenie estestvennogo prava [Renaissance des Naturrechts]. Sankt Petersburg.

Janssens, Louis (1952): Naastenliefde en rechtvaardigheid. In: Kultuurleven 19, S. 9–18.

Jashchenko, Aleksandr (1912): Sinteticheskaya tochka zreniya v yuridicheskikh teoriyakh [Der synthetische Standpunkt in juristischen Theorien]. In: Zhurnal Ministerstva Yustitsii [Zeitschrift des Justizministeriums]. Januar.

Ders. (1999): Teoriya federalizma. Opyt sinteticheskoy teorii prava i gosudarstva [Die Theorie des Föderalismus. Versuch einer synthetischen Rechts- und Staatstheorie]. Sankt Petersburg.

Jellinek, Georg (1905): Allgemeine Staatslehre. 2. Aufl. Berlin.

Ders. (1907): Otvet Georga Jellineka [Georg Jellineks Antwort]. In: Gernet, Mikhail/Gol'dovskiy, Onisim/Sakharova, Irina: Protiv smertnoy kazni. Sbornik statey [Gegen die Todesstrafe. Sammelband]. 2. Aufl. Moskau, S. 291.

Ders. (1967): Die sozialethische Bedeutung von Recht, Unrecht und Strafe. Hildesheim.

Kalantaroff, Michael (1908): Die moderne Staatsverfassung des russischen Reiches. Heidelberg.

Katz, Leonid (1913): Das parlamentarische Interpellationsrecht. Borna-Leipzig.

Keller, Christian (2001): Jellinek, Georg (1851–1911). In: Stolleis, Michael (Hrsg.): Juristen. Ein biographisches Lexikon. Von der Antike bis zum 20. Jahrhundert. München, S. 333f.

Kersten, Jens (2000): Georg Jellinek und die klassische Staatslehre. Tübingen.

Kistiakowski, Bogdan (1907): Predislovie k russkomu perevodu [Vorwort zur russischen Übersetzung]. In: Jellinek, Georg: Konstitutsii, ikh izmeneniya i preobrazovaniya

[Verfassungsänderung und Verfassungswandlung]. Übersetzung von Bogdan Kistiakowski. Sankt Petersburg.

Ders. (1911): Georg Jellinek kak myslitel' i chelovek [Georg Jellinek als Denker und Mensch]. Moskau. Auf Deutsch: Georg Jellinek als Denker und Mensch. In: Bundesarchiv Koblenz. Nl. 137, Georg Jellinek. Bd. 38.

Ders. (1998): Sotsial'nye nauki i pravo [Sozialwissenschaften und Recht]. Sankt Petersburg.

Kleinheyer, Gerd/Schröder, Jan (Hrsg.) (1996): Deutsche und Europäische Juristen aus neun Jahrhunderten. Eine biographische Einführung in die Geschichte der Rechtwissenschaft. 4 Aufl. Heidelberg.

Kl-ko, A. (1911): Moskovskoe yuridicheskoe obshchestvo. Jellinek i ego nauchnoe nasledie [Moskauer juristische Gesellschaft. Jellinek und sein wissenschaftlicher Nachlaß]. In: Vestnik prava i notariata [Bote des Rechts und des Notariats]. Bd. 50, S. 1559–1562.

Korff, Sergei (1911): Professor Georg Jellinek [Professor Georg Jellinek]. In: Vestnik Evropy [Europäischer Bote], S. 384–388.

Korkunoff, Nikolai (1911): Das russische Staatsrecht: Auszüge aus dem allgemeinen Teil. Par. 17, 18. Bd. 1. S. 188–204. St. Petersburg. 1909. Berlin.

Kusnetzow, Konstantin (1906): Das Zweikammersystem in Nordamerika im XVII. und XVIII. Jahrhundert. Heidelberg.

Lask, Emil (1905): Rechtsphilosophie. In: Die Philosophie im Beginn des 20. Jahrhunderts. Festschrift für Kuno Fischer. Bd. 2. Heidelberg, S. 1 ff.

Laserson, Max (1933): Die russische Rechtsphilosophie. In: Archiv für Rechts- und Wirtschaftsphilosophie 26 (3), S. 289–358.

Lebon, André (1909): Das Verfassungsrecht der französischen Republik. Das öffentliche Recht der Gegenwart. Bd. 6. Tübingen.

Loewenton, Wladimir (1910): Brief an Georg Jellinek vom 26. Januar 1910. In: Bundesarchiv Koblenz. Nl. 137, Georg Jellinek. Bd. 16.

Luijpen, William A. (1962): Existential Phenomenology. Pittsburg.

Ders. (1967): Phenomenology of Natural Law. Pittsburgh.

Marcic, René (1965): Um eine Grundlegung des Rechts. Existentiale und fundamentalontologische Elemente im Rechtsdenken der Gegenwart. In: Kaufmann, Arthur (Hrsg.): Die ontologische Begründung des Rechts. Darmstadt.

Ders. (1969): Rechtsphilosophie. Eine Einführung. Freiburg.

Mikhailovsky, Iosif (1999): O religiozno-nravstvennykh osnovaniyakh prava [Über religiös-moralische Grundlagen des Rechts]. In: Russkaya filosofiya prava. Antologiya [Russische Rechtsphilosophie. Eine Anthologie]. Sankt Petersburg. S. 254–319.

Messner, Johannes (1960): Das Naturrecht. Handbuch der Gesellschaftsethik, Staatsethik und Wirtschaftsethik. 4 Aufl. Berlin.

Okuneff, Ewa (1910): Brief an Georg Jellinek vom 15.–28. Januar 1910. In: Bundesarchiv Koblenz. Nl. 137, Georg Jellinek. Bd. 21.

Saitzeff, Helene (1907): William Godwin und die Anfänge des Anarchismus im XVIII. Jahrhundert: Ein Beitrag zur Geschichte des politischen Individualismus. Altenburg.

Simmel, Georg (2005): Briefe 1880–1911. In: Simmel, Georg. Gesamtausgabe. Bd. 22. Frankfurt a. M.

Soloviev, Erikh (2001): Filosofsko-pravovye idei V. S. Solov'eva i russkiy »novyy liberalizm« [Rechtsphilosophische Ideen V. S. Solov'evs und der russische »neue Liberalismus«]. In: Istoriya filosofii [Geschichte der Philosophie]. Moskau.

Solowjow, Wladimir (1971): Recht und Sittlichkeit. Übersetzt von H. H. Gäntzel. Frankfurt a. M.

Ders. (1976): Die Rechtfertigung des Guten. In: Deutsche Gesamtausgabe der Werke von Wladimir Solowjew. Bd. 5. München.

Ders. (1980): Die Idee der Menschheit bei Auguste Comte. In: Deutsche Gesamtausgabe der Werke von Wladimir Solowjew. Bd. 8. München.

Struve, Petr (1999): V chem zhe istinnyy natsionalizm? [Worin besteht der wahre Nationalismus?] In: Struve, Petr: Izbrannye sochineniya [Ausgewählte Schriften]. Moskau.

Swatikow, Sergius von (1904): Die Entwürfe der Änderung der russischen Staatsverfassung. Heidelberg.

Taranovsky, Fedor (2001): Entsiklopediya prava [Enzyklopädie des Rechts]. 3 Aufl. Sankt Petersburg.

Troeltsch, Ernst (1912): G. Jellinek Ausgewählte Schriften und Reden. 2. Bde. Berlin 1911. In: Zeitschrift für das Privat- und Öffentliche Recht der Gegenwart 39.

Walicki, Andrzej (1987): Legal Philosophies of Russian Liberalism. Oxford.

Worms, Alfons (1905): Predislovie k russkomu perevodu [Vorwort zur russischen Übersetzung]. In: Jellinek, Georg. Deklaratsiya prav cheloveka i grazhdanina [Die Erklärung der Menschen- und Bürgerrechte]. Moskau, S. XVI–XVIII.

Wyszewianski, Szema Jona (1909): Über die formalrechtliche Behandlung der Nationalitäten in der modernen Gesetzgebung: ein Beitrag zum Nationalitätenrecht. Mannheim.

Jellinek und Spinoza

Eine übersehene Verbindung

Manfred Walther

1. Zur Plausibilisierung des Themas

Sieht man sich die umfangreiche Literatur zu Georg Jellineks Werk an, so ist von einer »Verbindung« beider fast nirgends die Rede.[1] Über einen nicht vorhandenen Gegenstand zu sprechen, ist aber wissenschaftlich höchst problematisch.

Ein erster Schritt auf dem Wege zur Plausibilisierung des anscheinend nicht vorhandenen Gegenstandes meines Beitrags besteht darin, an die Bedeutung Spinozas für jüdische Intellektuelle in Deutschland generell zu erinnern: In der Zeit von Lessing über Jacobi, Herder, Fichte, Hegel und Schelling avanciert Spinoza, im Gegenüber zu Kant, zu einer systematisch relevanten Bezugsfigur erster Ordnung. Das heißt, daß ein Denker jüdischer Herkunft, der sich von seiner religiösen Frühbindung emanzipiert hat, in der deutschen wissenschaftlichen, aber auch literarischen Kultur unmittelbar präsent ist und kraft der Rolle, die er um 1800 in Deutschland spielt, zum Klassiker der Philosophie überhaupt wird.

Das ist der Grund dafür, daß Spinoza seit dem 19. Jahrhundert für deutsche Intellektuelle jüdischer Herkunft, sieht man einmal vom orthodoxen Judentum ab, zu einer Bezugsgröße erster Ordnung wird, sei es im Kontext des Ringens um jüdische Identität in der Moderne, sei es im Zuge der Emanzipation von der religiösen Herkunft.[2] So wird der Nachweis der Bedeutung, welche Spinoza bei der Herausbildung der Moderne, vor allem in

---

[1] Eine Ausnahme ist die Habilitationsschrift des Schweizer Rechtsphilosophen und Rechtshistorikers Marcel Senn »Spinoza in der deutschen Rechtswissenschaft« (*Senn* 1991), in der ein kurzer Abschnitt (S. 85f.) »Die abweichende Auffassung eines Einzelgängers (Georg Jellinek)« behandelt.

[2] »[D]ie Wirkung, die von ihm [d. i. Spinoza] ausgegangen ist, […] liegt ganz außerhalb der jüdischen Welt. Erst seit das Judentum den Anschluß an das geistige Leben der europäischen Völker gefunden hat, ist sie von hier aus auch in die jüdische Welt gedrungen«, heißt es in *Guttmann* 1933, S. 331.

Deutschland, zukommt, ein bevorzugter Gegenstand der Forschung für Vertreter des Reformjudentums im Kontext der Etablierung einer Wissenschaft des Judentums: Je bedeutender nämlich der Beitrag von Juden zur Kultur der Gegenwart nachweislich ist, desto stärker wird das, so die Erwartung, die Bemühungen um die Emanzipation der Juden in Deutschland, um ihre »bürgerliche« und insgesamt ihre kulturelle Gleichstellung befördern.[3] Zahlreiche Dissertationen und Monographien von Reformrabbinern sind daher Spinoza, speziell seinem Einfluß auf die Entwicklung von Philosophie und Wissenschaft in Deutschland, gewidmet.[4] Noch größer ist die Wirkung Spinozas auf diejenigen deutsch-jüdischen Intellektuellen, denen es um die Emanzipation nicht nur von der Ghettoexistenz, sondern von der religiösen Bindung überhaupt geht. Schon Berthold Auerbach, der Spinozas Werke ins Deutsche übersetzt, legt in seinem Roman »Spinoza. Ein Denkerleben« Spinozas Freund Lodewijk Meijer folgende Beurteilung Spinozas in den Mund: »Der von seiner eigenen ohnedies zerrissenen Tradition freigewordene Jude ist der eigentliche unbefangene Fremdling in der Welt, ausgerüstet mit allen Waffen des männlichen Geistes und doch wie mit unbestochenem Kinderauge die ganze historisch gegebene Welt prüfen und umstellen, das ist ein Vorzug und eine Freiheit, die kein anderer sich so leicht erringen kann«[5], und artikuliert damit die Vision einer Welt, in der allererst von wirklicher Überwindung der durch die jeweilige Herkunft fest geprägten Einstellungen, und zwar für alle, die Rede sein kann. Spinoza wird für diese Gruppe bis zu Einstein zur Identifikationsfigur schlechthin.

Mit den Brüdern Adolf und Hermann Jellinek, dies mein zweiter Schritt, tritt die mährische Familie Jellinek, ein »im 18. Jahrhundert aus religiöser Überzeugung« zum Judentum übergetretenes »tschechische[s] Bauerngeschlecht«[6], in die durch die geschilderten Konstellationen geprägte deutschsprachige Kultur ein.

Adolf Jellinek (*1821), nach jugendlichem Talmudstudium in Dresden in Leipzig akademisch ausgebildeter Orientalist, wird Religionslehrer und, kraft seines großen rhetorischen Talents, Prediger der in Bildung begriffenen jüdischen Gemeinde in Leipzig und später in gleicher Funktion nach Wien berufen. Schon 1844 übersetzt und überarbeitet er eine französische

[3] Dieser Satz ist wörtlich übernommen aus *Walther* 2000, S. 298.

[4] Ich verweise nur auf die Monografien von *Krakauer* 1881 über *Grunwald* 1892 und 1897 bis hin zu *Bäck* 1895 – von der großen Zahl der Aufsätze zu diesem Thema ganz zu schweigen. Nachweise in der Bibliografie in *Walther* 2000, S. 327–330 sowie zu den genannten Autoren insgesamt in der Online-Bibliografie www.spinoza-bibliografie.de.

[5] *Auerbach* 1858, S. 230.

[6] Art. *Jellinek* 2004, S. 481.

Monografie über die Kabbala, in deren Vorrede er Spinoza erwähnt[7], und in einem Brief an Sohn Georg bezeichnet er Leopold Zunz, den bedeutenden Vertreter der Wissenschaft des Judentums, als den »schärfsten Denker seit Spinoza«.[8]

Ganz anders liegen die Dinge bei Adolfs jüngerem Bruder *Hermann* Jellinek (*1823), der zwar bereits 1848, also drei Jahre vor der Geburt seines Neffen Georg, im Rahmen der Wiener Revolutionskämpfe zum Tode verurteilt und erschossen wird, dessen Schriften Georg Jellinek aber gut kennt.[9] Für Hermann Jellinek, der in Prag und dann ebenfalls in Leipzig studiert, und zwar vor allem Philosophie, geht es um die »Emanzipation« nicht nur der Juden, sondern »der gesamten Menschheit«.[10] Vorbild in diesem Kampf ist ihm vor allem Spinoza, dessen große Leistung er nicht in der meistens behandelten Metaphysik des 1. Teils der »Ethik«, sondern in der mit Stillschweigen übergangenen ethischen Lehre der Teile 3–5 sieht, wie er in einer Schrift über Karl Gutzkows Tragodie »Uriel da Costa« anmerkt. In dessen Nachfolge stellt er sich explizit.[11][12] »*Spinozas Hauptsatz* ist die Begründung einer Moral durch eine Lehre von den menschlichen Leidenschaften, welche die Theologie total auflöst«, heißt es in einer These gleich zu Beginn einer 1847 erschienenen Sammlung von Schriften.[13]

Auf diesem Hintergrund überrascht es nun nicht mehr so sehr – das ist mein dritter Schritt –, daß Georg Jellinek (*1851), dem »das Judentum« seines Vaters »konfessionell gleichgültig war«[14], der also zu der zweiten der oben genannten Strömungen gehört, Spinozas Schriften gegenwärtig sind. In der Entgegnung auf eine scharfe Kritik seiner 1895 publizierten Schrift über die Entstehung der Menschenrechte durch Emile Boutmy, von der ja später noch ausführlich die Rede sein wird, antwortet er auf dessen Vorwurf, er, Jellinek, habe beabsichtigt, unter Herabsetzung der Rolle Frankreichs die Rolle Deutschlands ungebührlich hervorzuheben: »[Q]and il s'agit d'approfondir une question de science, quelle qu'elle puisse être, mon principe est de rester toujours dans la même disposition d'esprit ›ac si quae-

---

[7] *A. Jellinek* 1990, S. XIII–XIX.

[8] Zit. nach *Kempter* 1998, S. 178.

[9] *G. Jellinek* 1970d, S. 266.

[10] *Kempter* 1998, S. 389f.

[11] *H. Jellinek* 1847a, S. 35f.

[12] »In Briefen an seine Lebensgefährtin Amalie Hempel [...] offenbarte sich, daß es um den Mann, der sich gerne im Scherz mit Jesus und Spinoza verglich ...« (*Kempter* 1998, S. 54).

[13] *H. Jellinek* 1847b, S. 3. Zu weiteren Nachweisen der Spinoza-Erwähnungen in Hermann Jellineks Schriften s. www.spinoza-bibliografie.de, unter »Jellinek, Hermann«.

[14] *C. Jellinek* 1970, S.*14.

stio de lineis, planis aut de corporibus esset«», zu Deutsch: »als ginge es um Linien, Flächen oder Körper«.[15] Jellinek formuliert sein Wissenschaftsethos also mit einem wörtlichen Zitat aus Spinozas »Ethik«[16], und zwar ohne Quellenangabe, so vertraut ist er mit diesem Denker.

In seiner zum – gescheiterten – Habilitationsvorhaben vorgelegten Schrift von 1878 über »Die sozialethische Bedeutung von Recht, Unrecht und Strafe« wird Spinoza insgesamt sechsmal erwähnt[17], und mindestens neun weitere Formulierungen, darunter das schon erwähnte Zitat zur Maxime der Werturteilsfreiheit[18], belegen die Präsenz Spinozas beim Verfasser. Sein ebenfalls 1878 publizierter, wohl im Spinoza-Jubiläumsjahr 1877 gehaltener Vortrag über »Die Beziehungen Goethes zu Spinoza«[19] verrät seine detaillierte Spinoza-Kenntnis.

Ich übergehe die Spinoza-Erwähnungen in seiner philosophischen Dissertation von 1872[20] und wende mich den frühesten Zeugnissen zu.

In einem Brief an seinen Vater aus der Zeit seines zweiten Leipzig-Aufenthaltes äußert sich der 23-jährige begeistert über die Philosophievorlesung des damaligen Privatdozenten, auch späteren Heidelberger Universitätskol-

---

[15] *G. Jellinek* 1970e, S. 64 f.

[16] *Spinoza*, Ethik, S. 220 f. Der Satz steht am Schluß des Vorworts zum 3. Teil der »Ethik«.

[17] *G. Jellinek* 2010, S. 65, 69, 71 m. Fn. 10, 102, 107.

[18] *G. Jellinek* 2010: S. 11: »Die Gesellschaft [...] ist gleichsam die *Substanz* für die Socialwissenschaften und jene Äusserungen [Staat, Wirtschaft, Recht etc.] die *Attribute*, unter welchen sie angeschaut werden«; S. 17: »den ursprünglich jedem Organismus innewohnenden *Trieb, sich zu behaupten* und so viel als möglich seine Bedürfnisse zu befriedigen«; S. 21: »für den rein theoretischen Forscher, der alles nur nach seinem Erkenntnisswerthe mißt, gibt es so wenig Krankheit als Gesundheit«; S. 26: »so ist auch die *Gesellschaft* für die *individualethische Betrachtung* nur *ein Mittel* zur Erreichung des letztern Zweckes, der Erhebung der Persönlichkeit zu der Höhe des Ideals«; S. 30: »Ob [...] die *weise Befriedigung des individuellen Begehrens* zum Prinzip der Ethik gemacht wird«; S. 32: »Je nachdem das Princip der Welt als sich ewig gleiche, *denkende und ausgedehnte Substanz* [...] erfasst wird«; S. 57: »Der *Trieb der Nachahmung*, der uns innewohnt, ist eine der wirksamsten Ursachen socialer Ereignisse überhaupt«; S. 82: »wenn man bedenkt, dass es zwar dem Denker [...] möglich ist, sich ohne Stütze einer bestimmten Glaubensform seine eigene sittliche Lebensanschauung zu bilden, nicht aber dem weitaus grössten Theile der Menschen«; S. 98: Postulat der Werturteilsfreiheit; S. 99: »der an wissenschaftlicher Schärfe in der *causa sui* eine ebenbürtige Schwester hat«; S. 114: »ein psychologisches Axiom, auf welches einer der grössten Denker das Gebäude seiner Ethik stützt«; S. 124: »so kann als allgemeine Folgerung an die Strafe [...] nur aufgestellt werden, dass die durchschnittlich aus der Strafe erwachsende *Unlust grösser* sei, *als die* aus dem Verbrechen entspringende *Lust*«. Die - von einer Ausnahme abgesehen - nicht im Original zu findenden Kursivierungen heben die typisch spinozanischen Termini oder äquivalente Ausdrücke hervor.

[19] *G. Jellinek* 1970c.

[20] *G. Jellinek* 1970b, S. 5.

legen und langjährigen Freundes Wilhelm Windelband folgendermaßen: »Ich fühle mich so wohl in der Freude am Lernen und Forschen. Nun verstehe ich, was Spinoza mit dem Amor intellectualis meinte ...«.[21] Das »nun« zeigt an, daß ihm Spinoza schon vorher bekannt war. In einer Tagebuchaufzeichnung während seines Studiums in Leipzig im Wintersemester 1870/71 spricht der damals erst 19-jährige davon, daß von den »drei Geistesrichtungen [...] [u]nter den bedeutenderen Menschen [...] [d]ie zweite [...] die *ethische*« ist, für die er »*Spinoza* [...] als Beispiel« anführt.[22]

2. Die Präsenz Spinozas im staatstheoretischen Denken Georg Jellineks

Mit dieser Plausibilisierung der Existenz des Gegenstandes meines Beitrags im Rücken wende ich mich nun der Frage zu, welches Anregungspotenzial Spinozas Philosophie, vor allem seine gesellschafts-, politik-, staats- und rechtsphilosophischen Lehren, für die Formierung von Georg Jellineks eigener staatswissenschaftlicher Theorie haben konnte, auch wenn er bei der Entwicklung entsprechender Gedankengänge Spinoza nicht zitiert, sondern Autoren seiner Zeit als Referenz angibt.

Ich gehe dabei so vor, daß ich unter insgesamt drei Stichwörtern zunächst kurz, weil weitgehend bekannt, Jellineks Position charakterisiere und mich dabei häufig an Arbeiten Winfried Bruggers orientiere. Ihr stelle ich dann Gedanken Spinozas, wegen der Neuheit der Materie für viele teilweise mit wörtlichen Zitaten, gegenüber, richtiger wohl: an die Seite, freilich ohne die Parallelen jeweils umfassend zu explizieren.

Wenn ich mich dabei auf die »Allgemeine Staatslehre« konzentriere, so natürlich vor allem deshalb, weil sie die nicht nur umfassendste, sondern auch die definitive Gestalt des Denkens Jellineks darstellt, aber auch deshalb, weil in ihr, vor allem aufgrund des Eindrucks der Publikationen Adolf Menzels über Spinoza[23], dieser wieder stärker präsent ist als an den nach 1878 entstandenen Werken.[24]

---

[21] *C. Jellinek* 1970, S. 20*.

[22] *G. Jellinek* 1970f, S. 165f.

[23] Vgl. *Walther* 2003b. Ein weiteres Zeugnis dieses Eindrucks und Einflußes ist die Bemerkung in *G. Jellinek* 1927, S. 61/*Schnur* 1974, S. 67, wo es im neu hinzugefügten Abschnitt VIII zur Naturrechtslehre heißt: »Als erstes individualisiertes Freiheitsrecht tritt uns daher auch in den Lehren der Philosophen [...] das Recht der Denk-, Glaubens-, Gewissensfreiheit entgegen. [...] wird von Spinoza Denk- und innere Glaubensfreiheit als unveräußerliches Menschenrecht behauptet«, und es folgt in Fn. 145 der Verweis auf einen Aufsatz Menzels.

[24] Die Veränderungen des Textes der 3. Auflage unter dem Gesichtspunkt zu unter-

2.1 Die Vorrangstellung des öffentlichen Rechts vor dem Privatrecht

»Alles Privatrecht ist nur möglich aufgrund der Anerkennung der individuellen Persönlichkeit, näher gefaßt durch Anerkennung bestimmter Qualitäten des einzelnen, vermöge deren er in den Stand gesetzt ist, in seinem Interesse die Staatsgewalt in Bewegung zu setzen. [...] Daher ruht das ganze Privatrecht auf dem Boden des öffentlichen Rechtes«[25] – entgegen der besonders durch Kant geprägten Lehre.[26]

Nach Spinoza sind alle Einzelnen alternativlos darauf angewiesen, sich schon um des bloßen Überlebens willen zu vergesellschaften.

> Weil schließlich alle Menschen, *sive barbari sive culti*, [...] immer schon irgendeinen *status civilis* herstellen, sind die Ursachen und natürlichen Grundlagen des Staates [*imperii*] [...] aus der gemeinsamen Natur oder Verfaßtheit der Menschen herzuleiten.[27]

Gesellschaft und Staat bilden sich, wie Spinoza unter Rückgriff auf sozialpsychologische Gesetze der Handlungsmotivation detailliert darlegt, naturwüchsig; die Einzelnen »erstreben [...] von Natur aus den staatlichen Zustand [*statum civilem*] und [können] diesen niemals auflösen«.[28] »Von einem Recht der Natur, das dem Menschengeschlecht eigen ist, [kann] kaum anders als dort gesprochen werden [...], wo die Menschen gemeinsame Rechte [*iura communia*] haben«[29], also erst im Staate.

Konstitutions- wie geltungslogisch gilt also: »Unter dem *ius* [...] *civile privatum* können wir nichts anderes verstehen als die Freiheit des einzelnen, sich in seinem Zustand [*in suo statu*] zu erhalten, eine Freiheit, die durch die Erlasse der höchsten Gewalt bestimmt und durch ihre Autorität allein geschützt ist«,[30] so daß unter solchen Bedingungen der Einzelne »in Wirklichkeit kein anderes Recht auf [die Dinge der Natur] hat als dasjenige, das das gemeinsame Recht ihm zugesteht«[31] – ist doch die Vorstellung von einem vorstaatlichen ursprünglichen Naturrecht dadurch entstanden, daß die Menschen, »gewohnt in einem Staate zu leben, nicht unangemessen dasjenige Vergehen [nennen], was gegen die Gebote der Vernunft geschieht«.[32]

---

suchen, ob und ggf. wie sich die Lektüre der Aufsätze Menzels zu Spinoza in ihnen niedergeschlagen hat, wäre eine kleine Spezialuntersuchung wert.

[25] *G. Jellinek* 1976, S. 385.

[26] *G. Jellinek* 1976, S. 383 Fn. 1.

[27] *Spinoza*, TP 2/7. Zit. nach Kapitel- und Paragraphen-Nr.

[28] *Spinoza*, TP 6/1.

[29] *Spinoza*, TP 2/15.

[30] *Spinoza*, TTP 16, S. 241.

[31] *Spinoza*, TP 2/16.

[32] *Spinoza*, TP 2/21.

2.2 Die formelle Absolutheit und die materielle Gebundenheit des Staates und die Lehre von der rechtlichen Selbstbindung des Staates

Daß »der Staat […] auch dann noch juristisch begriffen werden [kann], wenn er sich nicht an seine eigenen Gesetze hält«, räumt Jellinek ein, so daß die Begründung einer »Bindung des Staates an sein Recht […] metajuristischer« Argumente bedarf, nämlich »sozialpsychologischer«.[33] Die materielle Bindung des Staates gründet in der motivierenden Kraft von Rechtsnormen fürs Handeln, innerstaatlich also darauf, daß die Bürger seinen Setzungen Vertrauen entgegenbringen. Die Stabilität staatlicher Herrschaft, die Effektivität staatlicher Anordnungen ist nämlich auf solche Rechtsüberzeugungen angewiesen, wie Jellinek immer und immer wieder betont. »In diesem Vertrauen auf die Unverbrüchlichkeit der Rechtsordnung wurzelt zum nicht geringen Teil die für jeden einzelnen notwendige Berechenbarkeit seiner Handlungen und ihrer Folgen.«[34] Das ist aber nur dann gewährleistet, wenn »in jedem Rechtssatz die Zusicherung an die Rechtsuntertanen verborgen [ist], daß er für die Dauer seiner Geltung auch den Staat selbst verpflichte«.[35]

Nach Spinoza ist das Gemeinwesen beziehungsweise wer die Staatsgewalt innehat, ebenfalls formell an keine selbst gegebenen Gesetze gebunden. Aber das »Recht der höchsten Gewalten, alles was sie wollen zu befehlen«, steht ihnen »nur so lange« zu, »wie sie wirklich die höchste Gewalt haben«.[36] Weil aber »das Recht des Staates oder der höchsten Gewalt durch die Macht der Menge, die wie von einem Geist geleitet ist, bestimmt« ist[37], das heißt nichts anderes als die Dispositionsmacht (*potestas*) darüber ist, wie die einzelnen Bürger ihre eigene, niemals übertragbare Handlungsmacht einsetzen, unterfällt all das nicht staatlichem Recht, was ihre Befolgungsbereitschaft – sei sie durch Furcht oder durch Hoffnung motiviert[38] – zum Verschwinden bringt »und in eins damit auch das Gemeinwesen aufhebt«.[39] Das bedeutet, daß »nicht Gegenstand der Rechtsgesetze eines Gemeinwesens« ist, was (1) »Handlungen« befiehlt, »zu denen niemand durch Belohnung oder Dro-

---

[33] *G. Jellinek* 1976, S. 370.

[34] *G. Jellinek* 1976, S. 369 f.

[35] *G. Jellinek* 1976, S. 370. Jellinek artikuliert seine Lehre von der rechtlichen Selbstbindung des Staates an seine Setzungen, soweit ich sehe, zuerst im Zusammenhang völkerrechtlicher Erörterung, um das *pacta sunt servanda*-Prinzip als allem Recht immanente Selbstbindung nachzuweisen (*G. Jellinek* 1996, S. 29 u. ö.).

[36] *Spinoza*, TTP 16, S. 238.

[37] *Spinoza*, TP 4/1.

[38] *Spinoza*, TP 3/8 mit TP 2/10.

[39] *Spinoza*, TP 4/4.

hungen gebracht werden kann«, zum Beispiel (1a) jemand »dazu zu bringen, daß er das Gegenteil von dem, was er fühlt und denkt, glaubte« oder (1b) »sich selbst zu martern, seine Eltern zu töten«[40], was (2) »bei den meisten Empörung hervorruft«, sie zu gewaltsamem kollektivem Abwehrhandeln wie Racheakten motiviert[41], oder (3) was gar die Autorität der Inhaber der Staatsgewalt schmälert und Achtung in Empörung umschlagen läßt, zum Beispiel wenn »die Inhaber der Regierung [...] die selbst erlassenen Gesetze offen verletzen oder mißachten«, was »den *statum civilem* in einen *statum hostilitatis* verwandelt«.[42] Fazit: »[W]eil [also] das Recht des Gemeinwesens durch die gemeinsame Macht der Menge [*multitudinis*] definiert [!] wird, verringert sich sicherlich dessen Recht, d. h. dessen Macht, in dem Maße, in dem es selber Veranlassung gibt, daß viele sich zusammentun.«[43]

Das Ineinanderschieben nüchterner Analyse des positiven Rechts – von Jellinek als »formaljuristische[r] Standpunkt«[44] abqualifiziert, eine den Älteren unter uns aus der Zeit der Studentenbewegung nicht ganz unbekannte Formulierung – und des auf die Geschichte der modernen Staaten als einer Fortschrittsgeschichte gestützten, moralisch begründeten rechtspolitischen Engagements in der Staatsrechtslehre Jellineks kommt in seiner Lehre von der Selbstbindung des Staates an von ihm gesetztes Recht bezüglich des Völkerrechts besonders deutlich zum Ausdruck.

Erkennen die Staaten, bei denen »[d]ie letzte Entscheidung über [des Völkerrechts] Dasein« liegt, dieses »als für sie bindend an, dann ist bei der psychologischen Natur alles Rechtes die feste Basis für seine Existenz gegeben«.[45] Garantien liegen, da »[d]er rechtlich geordnete Zwang [...] ausgeschlossen« ist, in dem »gemeinsame[n] Interesse der Staaten«. Wo freilich »die Beobachtung des Völkerrechtes mit der Existenz des Staates in Konflikt kommt«, geht das Existenzrecht des Staates vor.[46]

Ein Völkerrecht gibt es für Spinoza nicht, insofern die Einzelstaaten autark sind.[47] Und daß *salus populi suprema lex* für das Gemeinweisen zu sein hat, hebt er für alle zukunftsbezogenen *pacta* unter Bezugnahme auf die *clausula rebus sic stantibus* ausdrücklich hervor.[48] Erst wenn sich, so läßt sich die von Spinoza damit eröffnete Perspektive lesen, die wechselseitigen Beziehungen

[40] *Spinoza*, TP 3/8.
[41] *Spinoza*, TP 3/9.
[42] *Spinoza*, TP 4/4.
[43] *Spinoza*, TP 3/9.
[44] *G. Jellinek* 1976, S. 375.
[45] *G. Jellinek* 1976, S. 376; Kursivierung nicht im Original.
[46] *G. Jellinek* 1976, S. 376 f.
[47] *Spinoza*, TP 3/11–12.
[48] *Spinoza*, TP 3/14.

der Einzelstaaten so gestalten, daß es im dauerhaften Eigeninteresse eines Staates liegt, sich an Verträge oder transnationale Regeln zu halten, entsteht wirkliches Völkerrecht.[49]

2.3 Die Status-Lehre

Im Zuge der, wie Winfried Brugger schreibt, »zunehmende[n] Subjektivierung und Individualisierung als Bewegung der Moderne« ist in das positive öffentliche Recht eine Reihe von subjektiven Rechten der Staatsbürger aufgenommen worden, die nach Jellinek Ausdruck einer im Verhältnis zu früheren Zeiten fortgeschrittenen Anerkennung ihrer mehrdimensionalen »Zugehörigkeit zum Staate«[50], ihrer Status sind. Sie »gliedern sich«, so wieder Brugger, »aus in solche (a) [der] Unterordnung des Rechtsgehorsams«, den *status subjectionis*; das ist natürlich nicht neu, weiter aber »der [b] Abwehr von Herrschaft über Abwehrrechte«, den *status negativus*, ferner »der (c) positiven Leistung im Individualinteresse im Hinblick auf staatliche Leistungen durch Verwaltung und Gerichte«, den *status positivus,* »sowie (d) der Aneignung der bislang fremden Staatsgewalt durch die Betroffenen über die Stadien Herrschaftssouveränität, Staatssouveränität, Volkssouveränität«, den *status activus.*[51]

Die einzelnen Status sind, freilich nicht in der Systematisierung, welche Jellinek gelingt, bei Spinoza leicht zu identifizieren:

a) »[N]on ratio obtemperandi, sed obtemperatio facit subditum«[52]: daß er staatlichen Anordnungen Folge leistet, definiert den Untertan, auf die Motivation kommt es nicht an – das ist der *status subjectionis.* Sofern die Menschen »kraft des staatlichen Rechts alle Vorteile des Gemeinwesens genießen«, heißen sie »Bürger« (*cives*).[53] Das ist der Anknüpfungspunkt für die Jellinekschen Status, die auf den *status subjectionis* folgen.

b) Es gibt nur ein einziges ursprüngliches Menschenrecht, die Freiheit des je eigenen Urteils. Auf dieses kann der Staat zwar vielfach manipulativ einwirken, aber er kann es letztlich nicht kontrollieren. Daraus folgt, daß jeder Staat sich schwächt, wenn er das versucht. Da zudem jeder einen Überzeugungsdrang hat, also seine Meinung anderen mitzuteilen strebt, damit diese sie teilen, ist die Unterdrückung der Meinungsäußerungsfreiheit ebenfalls kontraproduktiv für die Effektivität staatlicher Maßnahmen, trifft sie doch

---

[49] Vgl. dazu *Walther* 2003a, S. 663 ff. sowie *Altwicker* (2014).

[50] *G. Jellinek* 1976, S. 86.

[51] *Brugger* 2011, S. 9, 12.

[52] *Spinoza*, TTP 17, S. 249.

[53] *Spinoza*, TP 3/1.

vor allem diejenigen, die aufgrund ihrer Aufrichtigkeit eigentlich eine Stütze jeder Rechtsordnung wären, während sie die Opportunisten begünstigt. Spinoza schließt sein Plädoyer für die staatliche Anerkennung der Denk- und Meinungsäußerungsfreiheit mit den Worten: »Der Zweck des Staates ist in Wahrheit die Freiheit«[54] – das ist der *status negativus*, dazu noch mit Jellinekscher Begründung; die funktionale Sicht auf das staatliche Recht ist offensichtlich.

Erst nachdem Spinoza, ganz wie – übrigens unter Berufung auf ihn, Jellinek[55] – die Bildungs- und Funktionsweisen des souveränen Staates aus der »Natur« des Menschen, also empirisch-wissenschaftlich, dargelegt hat, wendet er sich den Optimierungsmöglichkeiten der jeweiligen Staatsform zu, von Spinoza »die beste Form für den jeweiligen Staat« genannt.[56]

c) In seiner Skizze der besten Form des monarchischen Staates führt er aus, daß die »Hauptaufgabe der Ratsversammlung [...] darin bestehen« soll, »die *iura fundamentalia* des Staates zu verteidigen«[57] und im Zuge dessen un-

---

[54] *Spinoza*, TTP 20, S. 301.

[55] »Daß Beobachtung und Feststellung des Gegebenen der Ausgangspunkt aller sozialwissenschaftlichen Disziplinen ist«, diese Erkenntnis »entstammt der Auffassung der Gesamtheit des Seienden als eines empirisch Gegebenen, die aller menschlichen Wissenschaft zugrunde zu legen ist. Die Begründung der empirischen Methoden im Gegensatz zu den spekulativen ist nicht zum geringsten das Werk der modernen Philosophie gewesen: [...] Spinoza [...] haben die allgemeinen Prinzipien der Erfahrungswissenschaft [...] entwickelt« (*G. Jellinek* 1976, S. 156f. Fn. 2).

[56] *Spinoza*, TP 5/2. Dem entspricht, so scheint es, Jellineks Definition der wissenschaftlichen Politik als Wissenschaft von geeigneten Mitteln zum Erreichen staatlicher Zwecke vollkommen: »Die angewandte oder praktische Staatswissenschaft ist die *Politik*, d.h. die Lehre von der Erreichung bestimmter staatlicher Zwecke und daher die Betrachtung staatlicher Erscheinungen unter bestimmten teleologischen Gesichtspunkten, die zugleich den *kritischen Maßstab* für die Beurteilung der staatlichen Zustände und Verhältnisse liefern« (*G. Jellinek* 1976, S. 13; zweite Kursivierung nicht im Original). Nach Spinoza lässt sich die Staatsbildung *kausal-analytisch* als Prozeß der naturwüchsigen, d.h. meist in Form von Machtkämpfen sich vollziehenden Herausbildung und Steigerung von Formen der Koordination und Kooperation der Handlungsmächte der Individuen in einer Welt (Natur) begreifen, die nicht von vornherein auf die Entfaltung der spezifisch menschlichen Fähigkeiten ausgerichtet ist (Kritik der teleologischen Weltsicht). Da das Selbsterhaltungsstreben der Individuen (der spezifisch menschliche *conatus*) als Streben nach der vollen Entfaltung des menschlichen Vermögens (*potentia*) das der Rechts- und Staatsbildung zugrunde liegende *immanente Prinzip* ist, können die jeweils faktisch ausgebildeten (staatlich-rechtlichen) Institutionen daraufhin untersucht werden, wie sich die aus diesem Streben resultierenden rechtlich-staatlichen Institutionen in dieser Funktion sowohl steigern als auch auf Dauer stellen lassen. Der Übergang von der kausal-analytischen Theorie der Gesellschafts- und Staatsbildung, speziell der rechtlichen Institutionen, zur Ausarbeitung von Optimierungsmodellen ist also kein Fehlschluß vom Sein auf das Sollen. Vgl. dazu auch Fn. 62.

[57] *Spinoza*, TP 6/17.

ter anderem einen Ausschuss einzusetzen, der alle von der Justiz »gefällten Urteile überprüft, ob sie nämlich unter gehöriger Beachtung der Gerichtsordnung und ohne Parteilichkeit zustande gekommen sind«[58] – das ist die institutionelle Gewährleistung des *status positivus* in höchster Potenz, nämlich mit einer obersten Staatsgerichtsbarkeit an der Spitze.[59]

d) In derselben Skizze spricht er davon, daß der Monarch zwar definitionsgemäß das Letztentscheidungsrecht über alle Fragen von Gemeinwohlbelang, vor allem also über die Gesetzgebung, hat, daß dieses Letztentscheidungsrecht aber beschränkt ist auf die Fälle, in denen die ihn beratende Ratsversammlung ihm mehrere Entscheidungsalternativen vorlegt; »nicht aber« hat er »das Recht, gegen den Geist der ganzen Versammlung eine Entscheidung zu treffen oder ein Urteil zu fällen«.[60] So ist zwar in einem solchen Staate »jedes Gesetz der erklärte Wille des Königs, [...] aber nicht jeder Wille des Königs auch Gesetz«[61] – eine knappe und zugleich präzise Definition der konstitutionellen Monarchie.[62] Generell gilt: Je stärker die Bürger bei der Formung der Staatstätigkeit beteiligt sind, umso stärker sind deren Sicherheit und Freiheit und damit ihre Befolgungsbereitschaft einerseits, die Sicherheit des Monarchen und die Effektivität seiner Anordnungen andererseits, sich gegenseitig verstärkend, zugleich gewährleistet.

An anderer Stelle macht Spinoza klar: Nach der reinen Konstitutionslogik des Staates als der Institution, kraft derer durch staatlich-rechtliche Koordination und Kooperation der Menschen ein Höchstmaß an gemeinsamer Handlungsmacht akkumuliert werden kann, ist der Staat eine Demokratie[63] – das ist der *status activus*, zweihundert Jahre vor Jellinek sogar konsequenter

---

[58] *Spinoza*, TP 6/26.

[59] Sozialstaatliche Maßnahmen thematisiert Spinoza nicht, wohl aber deren Prinzip: Als Zweck des »staatliche[n] Zustand[s]« gibt *Spinoza* (TP 3/6) an, »das weithin verbreitete Elend abzuwehren«.

[60] *Spinoza*, TP 7/4.

[61] *Spinoza*, TP 7/2.

[62] Verletzt der König dieses Recht der *civitas*, so kann die Rechtsordnung des monarchischen Staates, wie jede Rechtsordnung, nicht wiederum durch das *ius civile*, sondern nur durch das *ius bellli* geschützt werden. Da aber ein solcher Verstoß das Recht der – sehr großen – Ratsversammlung verletzen würde und zudem auch alle anderen aktiven Staatsbürger an den Beratungen ihrer Repräsentanten im Rat beteiligt, also politisch gut informiert sind, muß der König in solchem Falle die Empörung des größten Teils der Bürger befürchten, die leicht in kollektives Handeln umschlagen kann, so dass er das tunlichst unterlassen wird, »sei es aus Furcht vor der Menge, sei es um die Mehrheit des bewaffneten Volkes an sich zu binden, sei es um aus Großmut für das öffentliche Wohl zu sorgen« (*Spinoza*, TP 7/11) – also unabhängig von den jeweils ihn beherrschenden Affekten.

[63] *Spinoza*, TTP 16, S. 237f. Vgl. auch *Spinoza*, TP 7/5, S. 101.

durchgeführt.[64] Weitere Beispiele dafür, daß Jellinek aus seiner Spinoza-Kenntnis eine Fülle von Anregungen für seine eigene Theorie hat schöpfen können, ließen sich anfügen.

3. Differenzen

Ich habe bei der Gegenüberstellung der Gedanken beider Autoren die – wohl überzufälligen– Übereinstimmungen herauszuarbeiten versucht, ganz im Sinne meiner These von dem Anregungspotenzial, das Spinozas Philosophie für Jellineks Denken bietet.

Es sind jedoch die Differenzen nicht zu übersehen: Das beginnt schon damit, daß Jellinek in seiner Habilitationsschrift im sozialethischen Teil dem Selbsterhaltungs- und Behauptungstrieb »einen zweiten ursprünglichen Trieb, mit anderen Individuen vereint zu leben«, den er »altruistisch« nennt[65], zur Seite stellt, »welcher nothwendig eine Beschränkung« jenes ersten Strebens »zur Folge hat« – während für Spinoza es der Mechanismus der Affektnachahmung ist, dem zufolge der bei anderen wahrgenommene Affekt sich auf uns überträgt, uns also zum Beispiel einem anderen zu Hilfe kommen läßt, aber ebenso Ursache von Konkurrenz und Neid ist. Jellinek spricht zwar ebenfalls von dem »Trieb der Nachahmung, der uns innewohnt«, der »eine der wirksamsten Ursachen socialer Ereignisse überhaupt« ist[66], hält ihn aber in dualistischer Denkweise für einen Ausdruck des Altruismus.[67]

Wo Spinoza von Ratschlägen der Vernunft im Interesse der Stabilisierung staatlich-rechtlicher Verhältnisse spricht, ist bei Jellinek von »Werten« die Rede, die durch staatliches Recht geschützt oder realisiert werden sollen.[68]

---

[64] Beachte jedoch Jellineks Äußerung: »Frei ist derjenige, der niemandem unterworfen ist als sich selbst; das ist die zweite weltgeschichtliche Nuance in der neueren Geschichte« (*G. Jellinek* 1970a, Bd. 2, S. 54), während Spinoza von der demokratischen Regierung sagt, sie sei »die natürlichste und [komme] der Freiheit, welche die Natur jedem einzelnen gewährt, *am nächsten*« (*Spinoza*, TTP 16, S. 240; Kursivierug nicht im Original).

[65] *G. Jellinek* 2010, S. 17.

[66] *G. Jellinek* 2010, S. 32.

[67] *G. Jellinek* 2010, S. 29.

[68] Für Jellinek sind die Zwecke als Werte, deren zweckrationale Realisierung Gegenstand der wissenschaftlichen Politik ist, ihrerseits keiner kausalwissenschaftlichen Erkenntnis zugänglich, sondern gehören als Gegenstand eines Sollens ins Gebiet der (Sozial-) *Ethik*, die sich freilich auf einen ebenfalls dem Menschen eigenen Trieb, nämlich den bereits erwähnten altruistischen, gründen, der sich als »Hingabe an die Gattung, welche das subjektive Wesen des Sittlichen bildet« (*G. Jellinek* 2010, S. 18), ausdrückt. In dieser Perspektive ist die »äußerliche Befolgung« der Normen, welche »die Existenz-

Auch wenn der Zug zur Ethisierung rechtlicher Verhältnisse in Richtung auf Sittlichkeit, wohl im Anschluß an Hegel, bei Jellinek unverkennbar ist, beschränkt er, wohl im Anschluß an Kant, den Regelungsbereich des Rechts auf äußeres Verhalten. Spinoza geht es demgegenüber sehr viel radikaler um die Begründung solcher rechtlichen Institutionen, welche dazu führen, »daß alle, Regierende wie Regierte, mögen sie wollen oder nicht, dasjenige tun, was im Interesse des gemeinsamen Wohls ist, das heißt daß alle spontan oder gewaltsam oder durch die Erfordernisse [*necessitates*] genötigt«[69], vernunft*gemäß* leben, welches auch immer ihre Motive sind.[70] Wer von der Vernunft geleitet, also frei handelt, wird freilich die Rechte anderer verteidigen, als seien es seine eigenen.[71]

Ob die sparsameren oder die voraussetzungsvolleren anthropologischen Prämißen leistungsfähiger sind, ist bekanntlich umstritten. Und Spinoza ist, was Fortschrittsvorstellungen bezüglich der ethischen Vervollkommnung der Individuen betrifft, ganz offensichtlich noch zurückhaltender als Jellinek[72], der freilich die zunehmende Positivierung der von Spinoza erwähnten »Vorteile« in Form subjektiver öffentlicher Rechte der Bürger im Rükken hat.

Die Grunddifferenz besteht darin, daß die von Spinoza getroffene Unterscheidung des staatlichen Rechts, wie es in einer Naturlehre des Staates identifizierbar ist, von demjenigen Recht, wie es in einem Staat sein könnte, der nach dem *dictamen rationis*[73] gestaltet ist, bei Jellinek in einem anspruchsvollen Rechtsbegriff weitestgehend verschwindet.[74]

---

und Entwicklungs[!]bedingungen des Collectivums« in Gestalt des Rechts zum Inhalt haben, »das ethische Minimum dessen, was sie [d. i. die Norm] vom Menschen verlangt« (*G. Jellinek* 2010, S. 18f., 49f.). Spinozas Gesellschafts- und Staatstheorie hätte Jellinek die Möglichkeit geboten, die Sein-Sollen-Differenz mit guten epistemologischen Gründen zu überwinden – eine Möglichkeit, die zu ergreifen freilich der herrschende Neukantianismus praktisch ausschloss.

[69] *Spinoza*, TP 6/3, teilweise eigene Übersetzung. Vgl. auch den Schluß von Fn. 62.

[70] *Spinoza*, TP 2/6.

[71] Die Ausbildung dieser rechtlich-ethischen Disposition kann zwar durch rechtliche Institutionen erleichtert, aber nicht herbeigeführt werden.

[72] Von einem »ethischen Minimum« (so zuerst in *G. Jellinek* 1976, S. 48 u. ö.) ist bei Spinoza nicht die Rede. Aber auch Jellinek vertritt nicht den Gedanken eines planen Fortschritts (vgl. *G. Jellinek* 1976, S. 43; dazu *Brugger* 2011, S. 19.

[73] *Spinoza*, TP 2/20 u. ö.

[74] Sichtbar wird die Differenz z. B., wenn Jellinek davon spricht, dass »andere höchste Staatswillensakte, wie das *rechtmäßige*, aber *rechtswidrig gefaßte* Urteil, rechtlicher Be- und Verurteilungen fähig [sind]«, und sieht darin »einen neuen Beweis für jene *merkwürdige Grundtatsache des Rechtslebens* [...], daß Unrecht Recht zu erzeugen vermag« (*G. Jellinek* 1976, S. 374; Kursiv. nicht im Original).

4. Schlußbemerkung: Ein paradoxer Befund

Lässt sich, wie ich hoffe gezeigt zu haben, auf der einen Seite die Genese von Jellineks Staatslehre ohne Rekurs auf Spinoza kaum angemessen verstehen, so steht dem, wie eingangs erwähnt, auf der anderen Seite die vollständige Abwesenheit des Themas in der gegenwärtig blühenden Jellinek-Forschung gegenüber. Also doch alles ein Produkt besonders lebhafter Imagination? Ich denke, dieser paradoxe Befund läßt sich leicht erklären.

a) Zunächst ist daran zu erinnern, daß durch die Ausrottungspolitik in der Zeit des Nationalsozialismus beziehungsweise durch die Emigration einer großen Zahl deutscher Wissenschaftler ab 1933[75] eine wichtige Trägerschicht der Philosophie Spinozas, nämlich die jüdischen Intellektuellen, heute in der wissenschaftlichen Kultur und Diskussion weitgehend fehlt. Man kann die Bedeutung dieses Faktors angesichts dessen, was ich über die Bedeutung Spinozas für die Identitätsbildung jüdischer Intellektueller in Deutschland bis 1933 ausgeführt habe, gar nicht überschätzen.[76]

b) Von denjenigen Wissenschaftlern in der Bundesrepublik, die noch in der Weimarer Zeit akademisch sozialisiert worden waren, wo er vielfach präsent war[77], und von einigen ihrer Schüler ist Spinoza daher immer einmal wieder behandelt worden. Denjenigen aber, die in der NS-Zeit ihre geistige Prägung erhalten hatten, war Spinoza weitestgehend entweder nicht mehr gegenwärtig, oder aber Spinozas nüchtern-analytische Denkweise besonders im Bereich von Staat, Recht und Politik roch so sehr nach dem ja angeblich für die Misere des deutschen Juristenstandes und anderer akademischer Professionen verantwortlichen Positivismus oder gar Naturalismus, daß sich eine Beschäftigung mit ihm ohnehin, zum zweiten Mal, verbot.[78]

---

[75] Für die Rechtswissenschaft umfassend dokumentiert in *Breunung/Walther* 2012.

[76] Die bedeutende Rolle, welche Spinoza in der Philosophie und Literatur der deutschen Klassik gespielt hat, und seine auch durch zahlreiche Romane vermittelte Präsenz noch in der NS-Zeit stellen für die Behauptung der nationalsozialistischen Lehre von der Überlegenheit der deutschen und der zerstörerisch-zersetzenden Rolle des jüdischen Geistes eine, vielleicht sogar die einzige offensichtliche Herausforderung dar: Wie konnte es sein, dass die größten echten Deutschen, also ein Goethe, Fichte, Hegel etc., den jüdischen Denker so hoch geschätzt hatten? Vgl. *Walther* 2013a.

[77] S. zur Präsenz Spinozas in der Weimarer Republik *Walther* 2013b.

[78] Nur einen Beleg möchte ich anführen: In dem Artikel »Demokratie« sowohl im »Historischen Wörterbuch der Philosophie« als auch in den »Geschichtlichen Grundbegriffen«, die beide ausführlich das Demokratiekonzept in ideengeschichtlichen Überblicken darstellen, kommt Spinoza *nicht ein einziges Mal* vor!

Das Paradox, von dem ich sprach, läßt sich also auf einen kurzen Nenner bringen: Die Schatten unserer Vergangenheit sind länger, als wir zu glauben geneigt sind.

Da es sich also bezüglich der gegenwärtigen Forschergeneration weitgehend um ein unverschuldetes Unwissen handelt, möchte ich, nicht um überflüssigerweise das Kritikpotenzial der Leser(innen) zu stimulieren, sondern des bloßen Effekts wegen, mit einem Aphorismus des erst 19-jährigen Jellinek aus seiner ersten Leipziger Zeit schließen. Er lautet: »Der Geistesreichtum und die Gelehrsamkeit gar vieler besteht oft nur in einer für sie glücklichen Unwissenheit ihres Publikums.«[79]

Literatur

Altwicker, Tilmann (2014): Spinozas Theorie der internationalen Beziehungen (TP 3,11–18). In: Bartuschat, Wolfgang/Kirste, Stephan/Walther, Manfred (Hrsg.): Naturalismus und Demokratie. Ein Kommentar zu Spinozas Politischem Traktat, Tübingen, S. 67–77.

Auerbach, Berthold (1858): Spinoza. Ein Denkerleben. Hrsg. von Anton Bettelheim. Leipzig.

Bäck, Leo (1895): Spinozas erste Einwirkungen auf Deutschland. Berlin.

Breunung, Leonie/Walther, Manfred (2012): Die Emigration deutschsprachiger Rechtswissenschaftler ab 1933. Ein bio-bibliographisches Handbuch. Bd. 1. Berlin.

Brugger, Winfried (2011): Georg Jellineks Statuslehre: national und international. Eine Würdigung und Aktualisierung anläßlich seines 100. Todestages im Jahre 2011. In: Archiv des öffentlichen Rechts 136/1, S. 1–43.

Grunwald, Max (1892): Das Verhältnis Malebranches zu Spinoza. Breslau.

Ders. (1897): Spinoza in Deutschland. Berlin.

Guttmann, Julius (1933): Die Philosophie des Judentums. München.

Jellinek, Adolf (1990): Vorrede des Übersetzers. In: Franck, Adolphe: Die Kabbala oder die Religionsphilosophie der Hebräer. Übersetzt von Adolf Jellinek. Reprint der Ausgabe Leipzig 1844. Amsterdam, S. XIII–XIX.

[Art.] »*Jellinek, Adolf*«. In: Biographisches Handbuch der Rabbiner. Teil I: Die Rabbiner der Emanzipationszeit in den deutschen, böhmischen und großpolnischen Ländern 1787–1871. Bearbeitet von Carsten Wilke. Hrsg. von Michael Brocke u. a. Bd. 1. München 2004, S. 481–485.

Jellinek, Camilla (1970): Georg Jellinek. Ein Lebensbild, entworfen von seiner Witwe C. J. In: Jellinek, Georg: Ausgewählte Schriften und Reden. Neudruckausgabe vermehrt um ein Lebensbild in 2 Bänden. Bd. 1. Nachdruck der Ausgabe Berlin 1911. Aalen, S. *1–*140.

Jellinek, Georg (1927): Die Erklärung der Menschen- und Bürgerrechte. In 3. Aufl. bearbeitet von Walter Jellinek. 4. Aufl. Leipzig. Auch in: Schnur, Roman (Hrsg.): Zur Geschichte der Erklärung der Menschenrechte. 2. Aufl. Darmstadt 1974, S. 1–77.

[79] *G. Jellinek* 1970a, Bd. 1, S. 167.

Ders. (1970a): Ausgewählte Schriften und Reden. Neudruckausgabe vermehrt um ein Lebensbild in 2 Bänden. Nachdruck der Ausgabe Berlin 1911. Aalen.

Ders. (1970b): Die Weltanschauung Leibniz' und Schopenhauers. Ihre Gründe und Berechtigung (1872). In: Ders.: Ausgewählte Schriften und Reden. Neudruckausgabe vermehrt um ein Lebensbild in 2 Bänden. Bd. 1. Nachdruck der Ausgabe Berlin 1911. Aalen, S. 3–41.

Ders. (1970c): Die Beziehungen Goethes zu Spinoza. Vortrag gehalten im Vereine der Literaturfreunde zu Wien (1878). In: Ders.: Ausgewählte Schriften und Reden. Neudruckausgabe vermehrt um ein Lebensbild in 2 Bänden. Bd. 1. Nachdruck der Ausgabe Berlin 1911. Aalen, S. 179–207.

Ders. (1970d): Hermann Jellinek (Gestorben am 23. November 1948). Wiener Wochenschrift »Die Zeit« vom 10. Dezember 1898. In: Ders.: Ausgewählte Schriften und Reden. Neudruckausgabe vermehrt um ein Lebensbild in 2 Bänden. Bd. 1. Nachdruck der Ausgabe Berlin 1911. Aalen, S. 266–271.

Ders. (1970e): La déclaration des droits de l'homme et du citoyen. Réponse de M. Jellinek à M. Boutmy (1902). In: Ders.: Ausgewählte Schriften und Reden. Neudruckausgabe vermehrt um ein Lebensbild in 2 Bänden. Bd. 2. Nachdruck der Ausgabe Berlin 1911. Aalen, S. 64–81. Deutsch als: Die Erklärung der Menschen- und Bürgerechte. Antwort an Emile Boutmy. In: Schnur, Roman (Hrsg.): Zur Geschichte der Erklärung der Menschen- und Bürgerrecht. 2. Aufl. Darmstadt 1974, S. 116–128.

Ders. (1970f): Aus einem Notizbuche (1911). In: Ders.: Ausgewählte Schriften und Reden. Neudruckausgabe vermehrt um ein Lebensbild in 2 Bänden. Bd. 1. Nachdruck der Ausgabe Berlin 1911. Aalen, S. 165 f.

Ders. (1976): Allgemeine Staatslehre (1914). Unveränderter Nachdruck des fünften Neudrucks der 3. Aufl. Kronberg/Ts.

Ders. (1996): Die Lehre von den Staatenverbindungen. Wien. Hrsg. von Walter Pauly. Nachdruck der Ausgabe Wien 1882. Goldbach.

Ders. (2010): Die socialethische Bedeutung von Recht, Unrecht und Strafe (1878). Reprint. Whitefish/Mont.

Jellinek, Hermann (1843): Rezension von: Die Judenfrage. Von Bruno Bauer, näher beleuchtet von Dr. Gustav Philippson. Dessau 1843. In: Der Orient 17 Literaturblatt, S. 257–264.

Ders. (1847a): Uriel Acosta's Leben und Lehre. Ein Beitrag zur Kenntniß seiner Moral, wie zur Berichtigung der Gutzkow'schen Fiktionen über Acosta, und zur Charateristik der damaligen Juden. Aus den Quellen dargestellt. Zerbst.

Ders. (1847b): Die religiösen, socialen und literarischen Zustände der Gegenwart. In ihren praktischen Folgen. Erster Theil: Die religiösen Zustände der Gegenwart oder Kritik der Religion der Liebe. Zerbst.

Kempter, Klaus (1998): Die Jellineks 1820–1955. Eine familienbiographische Studie zum deutschjüdischen Bildungsbürgertum. Düsseldorf.

Krakauer, Moses (1881): Zur Geschichte des Spinozismus in Deutschland während der ersten Hälfte des achtzehnten Jahrhundert. Breslau.

Schnur, Roman (Hrsg.) (1974): Zur Geschichte der Erklärung der Menschenrechte. 2. Aufl. Darmstadt.

Senn, Marcel (1991): Spinoza in der deutschen Rechtswissenschaft. Eine historische Studie zum Rezeptionsdefizit des Spinozismus in der Rechtswissenschaft des deutschsprachigen Kulturraumes. Zürich.

Spinoza, Baruch de: Tractatus politicus (TP). Politischer Traktat. Lateinisch-deutsch. Neu übersetzt und hrsg. von Wolfgang Bartuschat. In: Sämtliche Werke in sieben Bdn. Bd. 5.2. 6. Aufl. Hamburg 1994.

Ders.: Theologisch-Politischer Traktat (TTP). Auf der Grundlage der Übersetzung von Carl Gebhardt neu bearbeitet und hrsg. von Günter Gawlick. In: Sämtliche Werke in sieben Bdn. Bd. 3. Hamburg 1994.

Ders.: Ethik in geometrischer Ordnung dargestellt. Lateinisch-deutsch. Neu übersetzt und hrsg. von Wolfgang Bartuschat. In: Sämtliche Werke in sieben Bdn. Bd. 2. Hamburg 1999.

Walther, Manfred (2000): Spinoza und das Problem einer jüdischen Philosophie. In: Stegmaier, Werner (Hrsg.): Die philosophische Aktualität der jüdischen Tradition. Frankfurt a. M., S. 281–330.

Ders. (2003a): Natural Law, Civil Law, and International Law in Spinoza. In: Cardoso Law Review (Spinoza's Law) 25/2, S. 657–665.

Ders. (2003b): Die Staatslehre Spinozas. Die (Neu-)Entdeckung der politischen Philosophie Spinozas durch Adolf Menzel. In: Der Staat 42/2, S. 284–298. Französisch: La doctrine politique de Spinoza. La (re)découverte de la philosophie politique de Spinoza par Adolf Menzel. In: Tosel, André u. a. (Hrsg.): Spinoza au XIXe siècle. Actes des journées d'études organisée à la Sorbonne 9 et 16 mars, 23 et 30 novembre 1997. Paris 2007, S. 455–472.

Ders. (2013a): Die Präsenz Spinozas in Deutschland während der Zeit des Nationalsozialismus. Spinoza als »Gegenbeweis« gegen den »zersetzenden« Einfluß des Judentums auf den deutschen Geist? In: Li, Wenchao/Rudolph, Hartmut (Hrsg.): »Leibniz« in der Zeit des Nationalsozialismus. Stuttgart, S. 203–218.

Ders. (2013b): Spinoza in der Rechts- und Staatslehre der Weimarer Republik – eine vergessene Tradition, in: Der Staat 52(4), 563–595.

Autorenverzeichnis

Rolf Gröschner
r.groeschner@uni-jena.de

Oliver W. Lembcke
oliver.lembcke@uni-jena.de/mail@oliver-lembcke.de

Klaus Dicke
klaus.dicke@uni-jena.de

Winfried Brugger
(26.02.1950–13.11.2010)

Andreas Anter
andreas.anter@uni-erfurt.de

Bart van Klink
b.van.klink@vu.nl

Christoph Enders
skenders@uni-leipzig.de

Manfred Rehbinder
manfred.rehbinder@gmail.com

Hans Vorländer
hans.vorlaender@tu-dresden.de

Winfried Kluth
Winfried.Kluth@jura.uni-halle.de

Jens Kersten
jens.kersten@jura.uni-muenchen.de

Stephan Kirste
stephan.kirste@sbg.ac.at

Christian Hillgruber
sekretariat.hillgruber@jura.uni-bonn.de

Elena Pribytkova
E.Pribytkova@unibas.ch

Manfred Walther
manfred.walther@jura.uni-hannover.de

Anliegen der Reihe POLITIKA

herausgegeben von
Rolf Gröschner und Oliver W. Lembcke

POLITIKA mit K. Damit erinnert der Titel dieser Reihe an die aristotelischen »politika« und deren Anliegen, die Belange der Bürgerschaft zu verstehen, und zwar in wissenschaftlicher Absicht. So verschieden die gesellschaftlichen Bedingungen der Gegenwart gegenüber der griechischen Antike sind, so vergleichbar ist die Frage nach dem Gelingen des Lebens in einer Gemeinschaft freier und gleicher Bürger. Der Vergleich verlangt eine Vergegenwärtigung alteuropäischer Traditionen politischen oder – im lateinischen Traditionsstrang synonym – republikanischen Denkens.

Eine Republik, die diesen Namen verdient, lebt vom Verweisungszusammenhang zwischen Freiheit und Ordnung. Herausgefordert durch den Humanismus der italienischen Renaissance, verwirklicht im Gewissen der christlichen Reformation und verstärkt durch die Menschenrechte der neuzeitlichen Revolutionen sind die individuellen Freiheiten der Bürger in ein spannungsreiches Verhältnis zur institutionellen Freiheit der bürgerschaftlichen Ordnung als ganzer getreten. Die Publikationen der POLITIKA haben dieses Spannungsverhältnis zum Thema. Gemeinsam ist ihnen das Bestreben, Voraussetzungen und Möglichkeiten der Organisation eines dynamischen Gleichgewichts zu begreifen: zwischen der Freiheit aller und der Freiheit aller Einzelnen.

Für freiheitliche Ordnungen stellt sich die Aufgabe stetiger Stabilisierung eines solchen Gleichgewichts nicht nur auf wirtschaftlichem Gebiet und nicht allein im Nationalstaat, sondern auf allen Gebieten der Politik, allen Ebenen nationaler, supranationaler und internationaler Organisationen und für alle Wissenschaften, die sich mit dem Phänomen des Politischen beschäftigen. Die Dogmatik des Öffentlichen Rechts wird sich daher um die Wiedergewinnung ihres politischen Horizonts und die Weiterentwicklung des ius publicum zum ius politicum bemühen müssen. In der Tradition der politischen Philosophie bleibt aber auch den innovativen Kultur- und Sozialwissenschaften das Grundproblem der guten Ordnung erhalten. Es nimmt sie in die Verantwortung, im Bewußtsein der Rechtsprinzipien verfaßter Gemeinschaften Sinn für normative Strukturen zu bewahren. Einer entsprechenden Vielfalt an Theorien und Methoden bieten die POLITIKA ihr Forum – möglichst interdisziplinär im Dialog und möglichst transdisziplinär im Ergebnis.

POLITIKA

herausgegeben von
Rolf Gröschner und Oliver W. Lembcke

POLITIKA mit „K". Damit erinnert der Reihentitel an die aristotelischen *politika* und deren Anliegen, die Belange der Bürgerschaft zu verstehen, und zwar in wissenschaftlicher Absicht. Die Reihe verbindet die alteuropäische Grundfrage nach dem Gelingen gemeinsamen Lebens in einer politischen oder – im lateinischen Traditionsstrang synonym – republikanischen Ordnung mit den Gegenwartsproblemen freiheitlicher Verfassungen und bringt die Freiheit aller in ein dynamisches Gleichgewicht mit der Freiheit aller Einzelnen. *POLITIKA* spricht alle Wissenschaften an, die sich mit Recht und Staat beschäftigen, um ihnen zur Wiedergewinnung ihres politischen Horizonts zu verhelfen – möglichst interdisziplinär im Dialog und möglichst transdisziplinär im Ergebnis.

ISSN: 1867-1349
Zitiervorschlag: POLITIKA

Alle lieferbaren Bände finden Sie unter *www.mohr.de/politika*

Mohr Siebeck
www.mohr.de